Ephraim Carlebach Stiftung/Sächsische Landeszentrale
für politische Bildung (Hg.)

Antisemitismus in Sachsen im 19. und 20. Jahrhundert

Redaktion: Solvejg Höppner

Ephraim Carlebach Stiftung/Sächsische Landeszentrale für politische Bildung (Hg.)

ANTISEMITISMUS
IN SACHSEN

im 19. und 20. Jahrhundert

Redaktion: Solvejg Höppner

Dresden 2004

Dieses Buch stellt keine Meinungsäußerung der herausgebenden Institutionen dar.

Dieses Buch ist nicht zum Verkauf bestimmt und wird für Zwecke der politischen Bildung im Freistaat Sachsen kostenlos abgegeben.

Ephraim Carlebach Stiftung/Sächsische Landeszentrale
für politische Bildung (Hg.)
Antisemitismus in Sachsen im 19. und 20. Jahrhundert
Redaktion: Solvejg Höppner
Dresden 2004

Satz: Saxonia Werbeagentur
Druck: Grafia Druck Radeberg GmbH

1. Aufl. 2004

Eine inhaltsgleiche Buchhandelsausgabe ist erhältlich bei
ddp goldenbogen
Bärensteiner Straße 30
01277 Dresden

Inhaltsverzeichnis

Nationalsozialismus (1933–1945)

SBZ und DDR (1945–1988)

Anhang

Vorwort

Die Juden Europas mußten viele Jahrhunderte lang rechtliche und soziale Ausgrenzung erdulden. Ihre Geschichte kennzeichneten Verfolgung und Vertreibung, Mordpogrome und der Massenmord der Nationalsozialisten im 20. Jahrhundert. Trotzdem gehörten sie auch zu den prägenden Kräften der europäischen Städte, Länder und Staaten. Ihr Status als einzige nichtchristliche Minderheit war die Ursache für diese Ambivalenz.

Die politische Vielfalt Europas bewirkte, daß Juden in den einzelnen Staaten oder Regionen niemals gleichzeitig auf vergleichbare Rahmenbedingungen stießen. So kam es häufig zu jüdischen Fluchtbewegungen innerhalb des Kontinents, etwa aus Spanien nach Italien und Südosteuropa, aus England nach Mitteleuropa oder von Mittelosteuropa Richtung Westen.

Das Neben- und Miteinander von Juden und Christen im römisch-deutschen Reich bewegte sich nochmals in einem speziellen Kontext. Denn Deutschland war hinsichtlich seiner politischen Vielfalt dem europäischen Rahmen nicht unähnlich, in gewisser Weise ein Europa im kleinen. Die deutschen Fürstentümer, Kleinstaaten und Städte verfolgten ihre stets eigene Politik gegenüber den Juden, woraus sich trotz allgemeiner Entwicklungsstränge kein einheitliches Bild ergab.

Der Antisemitismus als solcher entwickelte sich erst im Verlauf des 19. Jahrhunderts. Zuvor, in Mittelalter und Neuzeit, besaßen christlicher Antijudaismus oder Judenfeindlichkeit einen anderen Charakter. Für den Antisemitismus war nicht mehr ein religiöser Unterschied als Begründung ausschlaggebend, sondern die sogenannte „jüdische Rasse", die als Feindbild konstruiert wurde. Im Jahre 1879 erschien in Bern ein Buch mit dem bezeichnenden Titel „Der Sieg des Judentums über das Germanentum". Sein Autor, Wilhelm Marr, trug entscheidend zur Prägung und Verbreitung des Begriffes Antisemitismus bei, aus dem sich nach und nach eine aberwitzige politische Programmatik mit rassistischen, fundamentalistisch-religiösen und nationalistischen Elementen entwickelte. Obgleich dieses Phänomen in ganz Europa anzutreffen war, fand es doch in Deutschland seine schärfste Ausprägung. Die Nationalsozialisten sahen im „antisemitischen Rassismus" ein Kernelement ihrer totalitären Ideologie, das den Weg in die Katastrophe wies.

Die hier skizzierten Entwicklungen werden im vorliegenden Band aus landesgeschichtlicher Perspektive betrachtet. In Sachsen galten bis weit ins 19. Jahrhundert hinein äußerst restriktive Gesetze und Bestimmungen, die eine Niederlassung von Juden massiv beschränkten. Deshalb blieb die Zahl der Juden im Lande verschwindend gering. Sächsische Wirtschaft, Wissenschaft, Bildung und Kunst waren damals ihrer Zeit voraus, während die Emanzipation der Juden hinter der Entwicklung anderer Staaten, zum Beispiel Preußens, zurückblieb. Und so gehen die Autorinnen und Autoren unter anderem der zentralen Frage nach, weshalb in einem wirtschaftlich und kulturell fortschrittlichen Land mit einem vergleichsweise geringen Anteil jüdischer Bevölkerung ein außergewöhnlich aggressiver Antisemitismus entstehen konnte.

Die vielfältigen Themen der Beiträge belegen insgesamt anschaulich und eindrucksvoll, daß der Antisemitismus nicht allein Mißachtung von Menschenrechten und Verweigerung religiöser Toleranz bedeutete, sondern politischer Manipulation, Agitation und dem Machtmißbrauch allgemein Tür und Tor geöffnet hat.

Im historischen Rückblick sind die Unterschiede von Antijudaismus, Judenfeindlichkeit und Antisemitismus erkennbar, abhängig von jeweiligen politischen und sozialen Beweggründen und Zielstellungen. Hieraus ergibt sich wiederum ein entscheidender Anknüpfungspunkt für die politische Bildung: Vor dem Hintergrund vergangener Fehlentwicklungen und Katastrophen lassen sich richtige und wichtige Fragen zur Analyse der Gegenwart formulieren.

Die Werte eines freiheitlichen und demokratischen Staates und einer der Menschenwürde verpflichteten Gesellschaft sind durch antisemitische Erscheinungen und Bestrebungen einem Frontalangriff ausgesetzt. Der demokratische Staat und die freiheitliche Gesellschaft stehen heute gemeinsam den extremistischen Gegnern gegenüber: Das ist der große Unterschied zu den meisten Staats- und Gesellschaftsformen der vergangenen Jahrhunderte in Sachsen, Deutschland und Europa.

Die politische Bildung muß deshalb alles daran setzen, die vielfältigen alten und neuen Erscheinungen von Antisemitismus, Rassismus und politischem Extremismus zu entlarven. Ihre Bekämpfung trägt zur Sicherung von Freiheit und Demokratie bei.

Die Ephraim Carlebach Stiftung und die Sächsische Landeszentrale für politische Bildung danken dem Zeitgeschichtlichen Forum für seine Unterstützung und Mitwirkung bei der Durchführung des Symposions „Antisemitismus in Sachsen", das anläßlich der 4. Jüdischen Woche im Jahre 2001 in Leipzig stattgefunden hat. Aus den Vorträgen dieser Veranstaltung entstand das vorliegende Buch. Allen Autorinnen und Autoren danken wir für die Bereitstellung ihrer Beiträge. Und abschließend gilt ein besonderer Dank Frau Solvejg Höppner für die Gesamtredaktion des Bandes. Möge er dazu beitragen, daß Antisemiten und Antisemitismus in Sachsen, Deutschland und Europa niemals wieder eine Chance bekommen.

Ephraim Carlebach Stiftung
Leipzig

Sächsische Landeszentrale
für politische Bildung
Dresden

Solvejg Höppner

Einleitung

Der vorliegende Band geht dem Phänomen des Antisemitismus und seinen Erscheinungsformen am Beispiel des Landes Sachsen im 19. und 20. Jahrhundert nach.

Er basiert auf den Beiträgen eines von der Ephraim Carlebach Stiftung, Leipzig, der Sächsischen Landeszentrale für politische Bildung und dem Zeitgeschichtlichen Forum Leipzig veranstalteten Symposiums im Juni 2001. Ziel des Symposiums und dieses Bandes war bzw. ist, den Antisemitismus in Sachsen in seiner Kontinuität und seiner Spezifik anhand von Beispielen zu beschreiben, Ergebnisse auch der regionalen Forschung vorzustellen und neue Untersuchungen anzuregen. Insofern ist es keine geschlossene Darstellung des Antisemitismus in Sachsen im 19. und 20. Jahrhundert. Die Mehrzahl der gehaltenen Vorträge ist in diesem Band zusammengefaßt.[1] Dieser richtet sich – wie auch schon das Symposium – vor allem an interessierte Laien, Mittler der politischen Bildung, Lehrer und Lehrerinnen, Schüler und Schülerinnen sowie Studenten und Studentinnen.

Sachsen gilt als ein Land, in dem der Antisemitismus eine besondere Rolle spielte. Seit der zweiten Hälfte des 16. Jahrhunderts unter der Regierung des Kurfürsten August (1553–1586) kam es im Zusammenhang mit der Reformation zu einem Siedlungsverbot für Juden in Sachsen. Lediglich auf den Leipziger Messen waren sie als Handelspartner in den Warengeschäften zwischen Ost- und Westeuropa, wie auch anderen Jahrmärkten des Kurfürstentums gelitten. So hielten sich zeitlich begrenzt immer wieder Juden in Leipzig, aber auch in anderen Orten des Kurfürstentums, wie z. B. der Residenzstadt Dresden auf.

Unter der Herrschaft des Kurfürsten Friedrich August I. (1696–1733), als August II. König von Polen[2], konnten sich mit dessen ausdrücklicher Genehmigung die ersten jüdischen Familien wieder in Dresden und Leipzig ansiedeln. Hintergrund bildeten die fiskalischen Bedürfnisse des Kurfürsten im Zusammenhang mit seinen absolutistischen Machtinteressen. Bis in das erste Drittel des 19. Jahrhunderts kamen nach und nach gegen erhebliche Widerstände von kommunaler und staatlicher Seite weitere jüdische Menschen hinzu, so daß um 1835 in Dresden über 700 und in Leipzig etwa 60 Juden lebten.[3]

In diese Zeit, die dreißiger Jahre des 19. Jahrhunderts, fallen wichtige Umwälzungen in Sachsen. Die industrielle Revolution, in der Sachsen unter den deutschen Ländern eine Pionierrolle einnahm, trat in ihre zweite

---

1 Es fehlen die Beiträge von THOMAS KÜHNE, STEPHAN WENDEHORST und des leider Ende des Jahres 2001 verstorbenen KURT NOWAK. Letzteres ist insofern besonders schmerzlich, als er sich als einziger auf dem Symposium dem Thema evangelische Kirche und Antisemitismus widmete. Soviel bekannt ist, ist daran gedacht, die Arbeiten von Professor Kurt Nowak gesammelt herauszugeben. Möglicherweise wird der Symposiumsbeitrag in überarbeiteter Form in diesem Zusammenhang erscheinen können.

2 Besser bekannt ist er unter seinem Beinamen „August der Starke".

3 Vgl. SHStAD, MdI 826c, Bl. 79ff.
  Vgl. zur Geschichte der Juden in Sachsen insgesamt die Literaturangaben in der Auswahlbibliographie am Ende des Bandes.

Phase. Die bürgerliche Umgestaltung der Gesellschaft nahm konkrete Formen an. Damit rückte auch die Frage nach dem Umgang mit der jüdischen Minderheit immer drängender ins Blickfeld des Interesses. Mit der sich vollziehenden bürgerlichen Emanzipation verband sich der Prozeß der rechtlichen Gleichstellung der Juden, der in Europa bzw. den einzelnen deutschen Ländern bis etwa 1870 sehr unterschiedlich verlief. Sachsen gehörte zu den Ländern, in denen sich die Emanzipation der Juden in mühsamen, kleinen, von mannigfachen Widerständen begleiteten Schritten vollzog.[4] Dies läßt sich nach Simone Lässig aus dem Widerspruch zwischen wirtschaftlicher und sozialer Moderne einerseits und politischer Stagnation vor allem zu Beginn des 19. Jahrhunderts andererseits erklären. Hinderlich wirkten u. a. die Vorstellungen von konfessioneller Homogenität des Landes[5], das geringe Interesse mit jüdischen Unternehmern ein „Ersatzbürgertum" zu importieren sowie die fehlende Toleranztradition aus der Zeit des „Aufgeklärten Absolutismus". In den Argumentationen der Gegner einer Emanzipation der Juden im Königreich Sachsen verbanden sich – wie andernorts auch – traditioneller Antijudaismus, ökonomisches Konkurrenzdenken und Keime von Nationalismus und Rassismus.

Dennoch fällt in diesen Zeitraum, von den dreißiger Jahren des 19. Jahrhunderts bis zur Gründung des Kaiserreichs, ein erster bescheidener Aufschwung jüdischen Lebens in Sachsen. In Dresden und Leipzig konstituierten sich Israelitische Religionsgemeinden basierend auf vom Ministerium für Kultus und öffentlichen Unterricht konfirmierten Statuten. In beiden Städten wurden repräsentative Gemeindesynagogen errichtet, mit denen die jüdischen Gemeinden gemäß bürgerlichen Vorstellungen von Kultus in die Öffentlichkeit traten. Entgegen allen Versuchen, die Anzahl von Juden im Königreich möglichst gering zu halten, wuchs die jüdische Bevölkerung zwischen 1834/35 und 1867 von ca. 800 auf über 2.000 Personen.[6] Dieses Bevölkerungswachstum beruhte auf der Einwanderung von Juden vor allem in die Handels- und Messestadt Leipzig, in deutlich geringerem Maße auch nach Dresden. In Leipzig bildeten die Großhandelskaufleute sowie Kommissions- und Meßmakler einen Großteil der Einwanderer. Daneben spielten Frauen, die vor allem nach Dresden heirateten, sowie Angestellte und Dienstpersonal eine wichtige Rolle unter den jüdischen Immigranten. Die Einwanderer stammten vor allem aus dem damals österreichischen Galizien, aus Anhalt und Böhmen, außerdem aus den preußischen Provinzen Schlesien, Posen, Brandenburg und Sachsen.

Infolge der politischen Veränderungen, die mit der Bildung des Norddeutschen Bundes und etwas später des Deutschen Reiches im Zusammen-

---

[4] Vgl. zu den deutschen Ländern den Beitrag von WERNER BERGMANN, hier insbesondere die Seiten 21–27, zu Sachsen die Beiträge von SIMONE LÄSSIG und JOSEF REINHOLD im vorliegenden Band.

[5] In Sachsen, dem Kernland der Reformation, bekannten sich 1834 etwa 98 % der Bevölkerung zum evangelisch-lutherischen Glauben. Knapp 2 Prozent der Bevölkerung waren römisch-katholischer Konfession. Diese konzentrierten sich in der Residenzstadt Dresden (hier vor allem das Königshaus) und in der Oberlausitz (der sorbische Bevölkerungsanteil). Verschwindend gering mit 0,05 Prozent war der Anteil der Juden. Vgl. Zeitschrift des Sächsischen Statistischen Landesamtes 72/73 (1926/27), S. 14, 67.

[6] Vgl. Zeitschrift des Königlich-Sächsischen Statistischen Bureaus 48 (1902), Heft 1/2, S. 5, 127.

hang standen, entfielen alle restriktiven Gesetze für Juden auch in Sachsen und es begann sich ein reges jüdisches Leben im gesamten Land zu entwik-keln. Die Einwanderung von Juden erhielt eine neue Dynamik und ließ die Anzahl der in Sachsen lebenden Juden rasch anschwellen. Neben der Zu-wanderung von Juden aus den anderen deutschen Ländern gewann die Einwanderung von ausländischen Juden aus Osteuropa, vornehmlich Galizien und Kongreßpolen, immer mehr an Bedeutung. Auf dieser Basis entstanden zwischen 1873 und 1904 neue jüdische Gemeinden in Chemnitz, Zittau, Plauen, Bautzen, Annaberg und Zwickau. Alle sächsischen Gemein-den verstanden sich in religiöser Hinsicht als liberale Gemeinden.

Ein am 10. Juni 1904 verabschiedetes Gesetz und die Verordnung des Ministeriums für Kultus und öffentlichen Unterricht vom 7. März 1905[7] re-gelten vorerst die Existenz der Israelitischen Religionsgemeinden – so von nun an die einheitliche Bezeichnung aller Gemeinden in Sachsen – in sei-nen wesentlichen Bestimmungen bis zum Ende der Weimarer Republik. Nach diesem Gesetz erhielten die acht bestehenden Gemeinden die Korpo-rationsrechte und ihnen wurde ein Gemeindebezirk zugeordnet. Alle im einem Gemeindebezirk lebenden Juden wurden Mitglied der jeweils beste-henden Gemeinde. Die israelitischen Religionsgemeinden erhielten damit den Charakter von „Zwangsgemeinden". Das bedeutete, daß ein Austritt aus der Gemeinde dem Austritt aus dem Judentum gleichkam – entweder durch Konversion zum Christentum oder durch Austritt aus jeglichen Kon-fessionen. Daneben war weiterhin festgelegt, daß es neben der jeweiligen bestehenden, staatlich anerkannten israelitischen Religionsgemeinde keine weitere in dem jeweiligen Gemeindebezirk geben durfte, deren Existenz auf eine religiöse Spaltung der ursprünglichen Gemeinde zurückzuführen war. Es war die Absicht des Gesetzgebers, ähnlich der evangelischen oder katholischen Kirche auf einen bestimmten Bezirk begrenzte Einheits-gemeinden zu schaffen. In der Konsequenz bedeutete dies, daß alle Diffe-renzen und Auseinandersetzungen in politischer und religiöser Richtung unter dem Dach einer Gemeinde ausgetragen werden mußten.[8]

Infolge der osteuropäischen Einwanderung befanden sich in Sachsen die ausländischen Juden, d. h. Juden, die nicht im Besitz der Staatsangehörig-keit eines der Länder des Deutschen Reiches waren, bald in der Überzahl. Unter diesen gab es bedingt durch wesentlich schwierigere politische wie ökonomische Bedingungen für die jüdische Minderheit in Osteuropa zum einen ein wesentlich stärkeres Festhalten an den überlieferten Traditionen, so daß orthodoxe und chassidische Juden in einer großen Anzahl anzutref-fen waren, zum anderen jedoch auch eine viel stärkere Radikalisierung und eine Hinwendung zur sozialdemokratischen und kommunistischen Bewe-gung. Ausdruck dessen ist die Herausbildung solcher Organisationen oder Parteien wie der Poale Zion oder des Allgemeinen jüdischen Arbeiterbundes

---

7 Gesetz die israelitischen Religionsgemeinden betreffend vom 10. Juni 1904, in: GVBlS 1904, Nr. 49, S. 206–208; Bekanntmachung, die Bezirke der israelitischen Religionsgemeinschaf-ten betreffend vom 7. März 1905, in: ebd., 1905, Nr. 13.

8 Vgl. KURT GRAF, Das Recht der Israelitischen Religionsgemeinden im Königreich Sach-sen, Frankfurt/Main 1914, S. 23–37; PAUL SALINGER, Der Sächsische Israelitische Gemeindeverband, in: Jüdisches Jahrbuch für Sachsen 1931/32 (Ausgabe Leipzig), Berlin-Leipzig 1931, S. 9–10.

für Litauen, Rußland und Polen, kurz Bund genannt. Während erstere zionistisch ausgerichtet war, vertrat der Bund die Gleichberechtigung der Juden auf nationaler, politischer und sozialer Ebene in den jeweiligen Siedlungsländern. Diese Spezifika trugen die Einwanderer mit nach Sachsen. Die Zusammensetzung der sächsischen jüdischen Gemeinden zeichnete sich bald durch eine politische und religiöse Heterogenität aus, die zu Spannungen und massiven internen Auseinandersetzungen zwischen Vertretern der Orthodoxie und des religiösen Liberalismus einerseits sowie deutschen und ausländischen Mitgliedern in den Gemeinden andererseits führte und so das Zusammenleben unter dem Dach einer Gemeinde schwierig machte. Teilweise waren die Spannungen in religiöser wie politischer Hinsicht innerhalb der jüdischen Gemeinden eine Reaktion auf den Antisemitismus des Kaiserreichs: die Herausbildung des Zionismus – die Betonung der eigenen nationalen Identität genauso wie der Versuch vieler deutscher Juden, sich in kultureller Hinsicht weitestgehend an das deutsche Bürgertum anzupassen. Der Anpassungsdruck, der seitens der deutschen Mehrheitsgesellschaft auf der jüdischen Minorität in kultureller Hinsicht lastete, war enorm. Trotz der Gleichberechtigung der Juden in staatsbürgerlicher Hinsicht konnte von einer wirklichen Integration keine Rede sein.

Der Antisemitismus des Kaiserreiches fand in Sachsen ein reges Echo. Nur teilweise war er direkte Reaktion auf die konkrete Situation der Juden in Sachsen, insbesondere die jüdische Einwanderung aus Osteuropa. Breiten Zulauf fanden antisemitische Parteien und Vereine neben den Zentren Leipzig und Dresden gerade auch in Ostsachsen, in dem im Vergleich zum westlichen Landesteil verhältnismäßig weniger Juden lebten und das von der osteuropäischen jüdischen Einwanderung nur marginal betroffen war. Die antisemitische Bewegung war ebenso Reaktion auf die politischen wie ökonomischen Verhältnisse – die starke Sozialdemokratie einerseits und die Umstrukturierung des Wirtschaftslebens in Verbindung mit dem Bedeutungsverlust für kleine Handwerker und Gewerbetreibende.[9]

Seine größte Blüte erreichte das jüdische Leben in Sachsen in den Jahren der Weimarer Republik. 1925 lebten mehr als 23.000 jüdische Menschen in Sachsen, über die Hälfte von ihnen in Leipzig. Vor allem über Stiftungen und Vereine hatte sich ein soziales Netzwerk herausgebildet, das das religiöse und kulturelle Leben sowie das Wohlfahrtswesen der Gemeinden wirksam unterstützte und erweiterte sowie Hilfe bei wirtschaftlichen Unternehmungen bot. Die bis etwa Mitte der zwanziger Jahre anhaltende Einwanderung führte weiterhin Juden aus Osteuropa nach Sachsen. Die bereits oben angeführten Auseinandersetzungen innerhalb der Gemeinden dauerten an und nahmen sogar an Schärfe zu. Die Demokratisierung des öffentlichen Lebens zum einen, wie die heftigen politischen Auseinandersetzungen in den Jahren der Weimarer Republik zum anderen fanden ihren Niederschlag auch im Leben der jüdischen Minderheit. Außerdem bedingte der zunehmende Antisemitismus, der sich im Gegensatz zu den Jahren des Kaiserreichs nicht mehr nur auf Parteien bzw. Vereine beschränkte und versuchte, auf legislativer

---

[9] Vgl. hierzu die Beiträge von HANSJÖRG PÖTZSCH, KATRIN GRIEBEL, WALTRAUD SCHMIDT, STEFFEN HELD, SOLVEJG HÖPPNER und THOMAS HENNE im vorliegenden Band.

Ebene gegen die Juden vorzustoßen, sondern sich zunehmend in Gewalt gegen Juden äußerte[10], härtere Auseinandersetzungen unter den Juden über wirksame Methoden, dem Antisemitismus zu begegnen.

Die politischen Unruhen zur Zeit der Weimarer Republik, insbesondere aber die wirtschaftlichen Probleme – hingewiesen sei auf die Inflation, die sogenannte „Zwischenkrise" 1925/26 und letztlich die Weltwirtschaftskrise – trafen Sachsen besonders hart. Das hing mit der vorwiegend mittelständischen Industriestruktur zusammen, die zudem wegen des Überwiegens der Fertigwarenproduktion stark exportabhängig war. Diese Situation erwies sich für kleine Händler und Gewerbetreibende sowie Handwerker unter den Juden oft als existenzbedrohend. Bereits in der zweiten Hälfte der 1920er Jahre setzte ein allmählicher Niedergang im klein- und mittelständischen jüdischen Wirtschaftsleben ein, der u. a. auch zu einer verstärkten Mobilität innerhalb Deutschlands führte. In der zweiten Hälfte der zwanziger Jahre begann der jüdische Bevölkerungsanteil in Sachsen bedingt durch Abwanderung und auch Überalterung der jüdischen Bevölkerung zurückzugehen.

Dem sich entfaltenden, oft widersprüchlichen Leben der Juden in Sachsen setzte der Nationalsozialismus ein Ende. Antisemitismus wurde jetzt nicht mehr von einzelnen Personen oder Vereinen und Parteien getragen sondern war integraler Bestandteil der Regierungspolitik. Er wurde von der Mehrheit der deutschen Bevölkerung zumindest geduldet, wenn nicht gar aktiv mitgetragen.[11] Sachsen und hier besonders auch Leipzig spielte in dem Prozeß der schrittweisen Ausgrenzung der jüdischen Minorität eine Vorreiterrolle. Die antijüdischen Maßnahmen führten zunächst zu einer Intensivierung des Lebens innerhalb der Gemeinden. Jüdische Vereine wurden zu Orten, in denen sich die Ausgegrenzten relativ frei bewegen konnten. Widersprüche und Spannungen zwischen den verschieden Fraktionen der Gemeindemitglieder verschwanden zwar nicht völlig, rückten jedoch durch den Druck von außen zunehmend in den Hintergrund. Die systematische Entrechtung und Verdrängung und der sich steigernde Terror trieb mehr und mehr jüdische Menschen zur Emigration. Wem die rechtzeitige Auswanderung oder Flucht nicht gelang, wurde ab Januar 1942 in die Ghettos und Vernichtungslager deportiert. Die meisten von diesen überlebten den Holocaust nicht. Im Juni 1933 hatten noch über 20.000 jüdische Menschen in Sachsen gelebt. Zwölf Jahre später waren es nur noch einige wenige. Zahlen, wie viele im sicheren Ausland, in Sachsen oder auch in Ghettos und Konzentrationslagern überlebten, gibt es nicht.[12]

---

[10] Vgl. zum Antisemtismus in der Weimarer Republik AVRAHAM BARKAI, Jüdisches Leben in seiner Umwelt, in: MICHAEL A. MEYER unter Mitwirkung von MICHAEL BRENNER (Hg.), Deutsch-Jüdische Geschichte in der Neuzeit, Band IV: Aufbruch und Zerstörung, 1918–1945, S. 50–73, hier S. 50–59, Dirk Walter, Antisemitische Kriminalität und Gewalt. Judenfeindschaft in der Weimarer Republik, Bonn 1999.

[11] Auch wenn dieses Thema in der öffentlichen Diskussion sehr stark präsent ist, gibt es aus historiographischer Sicht mehr Fragen als Antworten. Am besten untersucht sind wohl Dresden und Leipzig. Dem Thema aus gesamtsächsischer Sicht nähert sich erstmals STEFFEN HELD, Von der Entrechtung zur Deportation: Die Juden in Sachsen, in: Clemens VOLLNHALS (Hg.), Sachsen in der NS-Zeit, Leipzig 2002, S. 200–223.

[12] Vgl. zur NS-Zeit die Beiträge von WERNER BRAMKE, SIEGFRIED HOYER und FRANZISKA SPECHT im vorliegenden Band.

Nach dem Ende des Zweiten Weltkrieges blieben einige wenige überlebende Juden in Sachsen und gründeten in Chemnitz, Dresden, Leipzig und zunächst auch in Plauen und Zwickau[13] neue jüdische Gemeinden. Hinzu kamen Remigranten, die aus politischen Gründen sich in der damaligen SBZ niederließen, und displaced persons, wenngleich für letztgenannte Sachsen meist nur Durchgangsstation war. 1946 hielten sich etwa 650 jüdische Menschen in Sachsen auf. Von diesen wanderte ein Teil bald wieder ab, da sie von vornherein nicht beabsichtigt hatten, in Sachsen zu bleiben. Die zunehmende Stalinisierung des Lebens in der SBZ bzw. DDR führte zu einer neuen antisemitischen Verfolgungswelle Anfang der 1950er Jahre, die wiederum eine Fluchtwelle unter Mitgliedern der jüdischen Gemeinden auslöste. Zwar setzte ab der zweiten Hälfte der fünfziger Jahre ein Konsolidierungsprozeß in den Gemeinden ein, doch führten sie in den Folgejahren eher ein von der breiten Öffentlichkeit kaum wahrgenommenes Schattendasein. Die Mitgliederzahlen verringerten sich stetig, das Durchschnittsalter der Gemeindemitglieder hingegen nahm kontinuierlich zu. Damit einher ging eine Tabuisierung der Geschichte der Juden. Nur wenige, wie z. B. der Dresdner Historiker Helmut Eschwege oder von der Kirche getragene Arbeitsgemeinschaften, widmeten sich diesem Thema. Erst in den letzten Jahren der Existenz der DDR begannen aus politischen Erwägungen heraus von staatlicher Seite Versuche, die Geschichte und Gegenwart jüdischen Lebens zu erforschen.[14]

Nach der Vereinigung der beiden deutschen Staaten erhielt auch das jüdische Leben in den neuen Bundesländern neue Impulse. Die Einwanderung von Juden aus den Ländern der ehemaligen Sowjetunion ließ die Mitgliedszahlen der jüdischen Gemeinden in Sachsen wieder ansteigen und stellt die Gemeinden vor neue Herausforderungen. Das Phänomen des Antisemitismus blieb immer virulent und äußert sich, wie eingangs erwähnt, auch in Sachsen wieder stärker.

Der Band folgt wie das Symposium einer chronologischen Gliederung. Er beginnt mit einem Beitrag von Werner Bergmann, der einen Überblick über die Entwicklung von Antijudaismus und Antisemitismus von der frühen Neuzeit bis in die Gegenwart gibt.

Es folgen mit den Beiträgen von Simone Lässig und Josef Reinhold Untersuchungen zum Verhältnis von Antisemitismus und Emanzipation der Juden in Sachsen bzw. Leipzig während der beiden ersten Drittel des 19. Jahrhunderts.

Der sich anschließende umfangreichste Teil widmet sich den Jahren des Kaiserreichs und der Weimarer Republik. Zunächst vergleicht Hansjörg Pötzsch antisemitische Erscheinungsformen in Sachsen, Hessen, Hessen-Nassau und Braunschweig. Die anschließenden Beiträge von Katrin Griebel und Waltraud Schmidt beschreiben Antisemitismus an ausgewählten Beispielen in Zittau (Oberlausitz) und Plauen (Vogtland). Die Beiträge von Steffen Held, Solvejg Höppner und Thomas Henne widmen sich spezifischen Bereichen der sächsischen Gesellschaft, in denen sich Antisemitis-

---

[13] Die beiden letztgenannten Gemeinden kamen über Anfänge der Wiedergründung nicht hinaus. Dauerhafte Gemeinden, die auch in der Gegenwart noch existieren, entstanden in Chemnitz, Dresden und Leipzig.

[14] Vgl. dazu die Beiträge von MARIO KEßLER, NORA GOLDENBOGEN und SIEGFRIED HOLLITZER im vorliegenden Band.

mus bemerkbar machte: der Justiz und den staatlichen und kommunalen Behörden am Beispiel der Einwanderungs- und Einbürgerungspolitik. Für den Zeitraum der Weimarer Republik liegen für Sachsen bisher keine geschlossenen Untersuchungen vor. Einige Anmerkungen finden sich in den Beiträgen von Thomas Henne und Solvejg Höppner.

Der NS-Zeitraum wird eingeleitet durch einen Beitrag von Werner Bramke zur Etablierung des NS-Systems. Da Antisemitismus ab 1933 zur Staatspolitik avancierte, erscheint die Darstellung der Herausbildung der staatlichen Strukturen der NS-Diktatur in diesem Zusammenhang sinnvoll. Es folgen Beiträge zur Verdrängung jüdischer Wissenschaftler von der Leipziger Universität von Siegfried Hoyer und zum kulturellen Leben der jüdischen Minorität in Sachsen unter den Bedingungen des Nationalsozialismus von Franziska Specht.

Den Abschluß des Bandes bilden Beiträge zum Antisemitismus und Antizionismus in der SBZ bzw. DDR. Zunächst gibt Mario Keßler einen Überblick zum Verhältnis von Kommunismus und Antisemitismus in Deutschland unter besonderer Berücksichtigung des „Falles Merker". Dem Zusammenhang von Antisemitismus und den spätstalinistischen Säuberungswellen in Sachsen zwischen 1949 und 1953 widmet sich Nora Goldenbogen. Siegfried Hollitzer beschreibt in seinem Beitrag die Auseinandersetzung Eugen Gollombs, langjähriger Vorsteher der Israelitischen Religionsgemeinde zu Leipzig, mit dem Antizionismus in der DDR.

Allen Referenten und Referentinnen sowie Autoren und Autorinnen sei an dieser Stelle noch einmal für ihre Mitarbeit an dem Symposium und dem nunmehr vorliegenden Band ausdrücklich gedankt. Gleiches gilt für die Ephraim Carlebach Stiftung, die Sächsische Landeszentrale für politische Bildung und das Zeitgeschichtliche Forum Leipzig, die die Durchführung des Symposiums und das Erscheinen dieses Bandes ermöglichten.

Leipzig, im Januar 2004

Einführung

Werner Bergmann

Vom Antijudaismus zum Antisemitismus

Zur Geschichte eines Vorurteils von der Frühen Neuzeit bis in die Gegenwart

Die Judenvertreibungen des 15./16. Jahrhunderts, hinter denen häufig der Wunsch der Städte nach Autonomie gegenüber den Eingriffsrechten anderer Gewalten steckte, die ihre Judenschutzrechte zur politischen Einflußnahme zu nutzen suchten, verliefen zumeist in rechtlich geregelten Bahnen, etwa durch Nichtverlängerung von Schutzbriefen oder durch Entzug der wirtschaftlichen Basis auf Grund enger Zoll- oder Zinsvorschriften. Sie führten zur Abwanderung vieler Juden nach Polen und in ländliche Regionen, so daß es im 16. Jahrhundert zu einer extremen Zersiedelung jüdischen Lebens kam und nur noch wenige der alten Gemeinden existierten, etwa in Worms, Würzburg, Frankfurt und Prag.[15] Mit den Kosaken-Aufständen gegen die polnische Herrschaft verlagerte sich ab 1650 ein Schwerpunkt jüdischen Lebens wieder stärker nach Mitteleuropa, wo sich neben dem ländlichen Judentum durch Neuzulassung in einigen Städten (Berlin, Breslau, Dresden, Halle, Hannover, Hamburg) und Gründung neuer Gemeinden in ritterschaftlichen „Judendörfern" jüdisches Leben etablierte.

In der Frühen Neuzeit wurden das wirtschaftliche Konkurrenzmotiv und der Wuchervorwurf für die Judenfeindschaft dominant, doch blieb die christliche Auffassung, wonach die Juden für ihre Schuld am Tode Christi und wegen ihrer Weigerung, dem neuen Gottesbund beizutreten, in einer demütigenden und sozial untergeordneten Stellung leben sollten, bis in die Zeit der Aufklärung in Geltung. Die mit der Reformation ausgelöste konfessionelle Krise und das anschließende Zeitalter der Konfessionalisierung hatten hier zu keiner wesentlichen Änderung der antijudaistischen Position der Kirchen geführt. Luther hatte in seiner Schrift „Dass Jesus Christus ein geborner Jude sei" (1523) zunächst die gängigen Blutbeschuldigungen und Zwangstaufen zurückgewiesen und den verderbten Zustand der Papstkirche dafür verantwortlich gemacht, daß die Juden sich nicht zum Christentum bekehrten, doch dann, angesichts der Erfolglosigkeit der Judenmission und christlicher Übertritte zum Judentum, vehement antijüdische Schriften publiziert (Von den Juden und ihren Lügen, 1543). Er war nun überzeugt, daß die Juden in ihren Gottesdiensten Christus frevelten und den Christen zu schaden suchten. Andere lutherische wie auch reformierte Theologen haben einen weniger harten Kurs verfolgt, wenn sie auch die Juden als ungebildet, unbelehrbar und als Verderber der Heiligen Schrift ansahen, und es im 17. Jahrhundert in den Niederlanden eine mildere, „philosemitische" Strömung gab, die eine generelle Verurteilung der Juden ablehnte. Der christliche Humanismus war durchaus noch von der alleinigen Wahrheit des Christentums überzeugt, so daß ihm der inferiore Status der Juden als Strafe Gottes gerecht-

---

[15] Vgl. dazu und zum Folgenden FRIEDRICH BATTENBERG, Die Juden des römisch-deutschen Reiches von der Reformationszeit bis zur Aufklärung, München 2001.

fertigt erschien.[16] Daraus ergaben sich in Form von „Judenordnungen"
oder sonstigen Sonderregelungen reale rechtliche Einschränkungen, die
vor allem auf die Kontrolle der Juden und ihre soziale Segregation von
den Christen zielten. Doch ist insgesamt mit Friedrich Battenberg zu konstatieren, daß der fortschreitende Prozeß der Verrechtlichung jüdischer
Existenz größere Rechtssicherheit brachte, neue Chancen des Rechtsschut-
zes eröffnete und sich Ende des 16. Jahrhunderts die Ansicht durchsetzte,
daß die Juden, „wenn sie ruhig und friedlich leben, zu dulden sind und
nicht vertrieben werden dürfen".[17]

Galt also der christliche Antijudaismus fort, so trat doch ein wirtschaftliches Konkurrenzmotiv in den Vordergrund, da die Zünfte versuchten, die
Juden mit dem Argument vom städtischen Markt fernzuhalten, sie entzö-
gen der christlichen Bevölkerung durch Wucher die Mittel zum Lebensun-
terhalt. Die Verdrängung vom städtischen Markt veränderte seit Mitte des
16. Jahrhunderts die jüdische Berufsstruktur. Juden konzentrierten sich nun
auf die Mittlertätigkeit zwischen Dorf und Stadt: Sie boten agrarische Er-
zeugnisse auf Messen und Jahrmärkten an und versorgten umgekehrt die
Dorfbevölkerung mit Waren aller Art. Dieser Wandel führte zur Verarmung
der Mehrheit der Juden, die mehr schlecht als recht vom Hausier- und Trödelhandel, der Pfandleihe und als kleinere Korn-, Vieh- und Weinhändler lebten, während eine kleine Schicht von Kaufleuten und Händlern einen Aufstieg zum Hoflieferanten an merkantilistischen Fürstenhöfen erlebte. Diese
Hofjuden wurden im 17. Jahrhundert rechtlich und sozial gegenüber der
Masse der Schutzjuden privilegiert und bildeten eine Elite in der Judenschaft. Die Landesfürsten, für die Judenpolitik vor allem Fiskalpolitik war,
banden Schutzbriefe an Besitz und Zahlungen. Der Verarmungsprozeß führte dazu, daß es immer mehr „unvergleitete", also Juden ohne Schutzbrief
gab, die umherziehen mußten und auch von den jüdischen Gemeinden nicht
mehr aufgenommen werden durften. So bildete sich ein Heer von wan-
dernden, häufig in die Kriminalität abgedrängten „Betteljuden", die um
1780 einen Anteil von ca. 10 Prozent der jüdischen Bevölkerung ausmachten und als soziales Problem einen wesentlichen Ansatzpunkt für die Reformer im späten 18. Jahrhundert bildeten.

Mit dem Ende des starren Gegensatzes zwischen den christlichen Konfessionen kam es im 17./18. Jahrhundert auch zu einer gewissen Entspannung im christlich-jüdischen Verhältnis und zu einer Verstärkung sozialer
und kultureller Beziehungen, zumal die Juden seit Mitte des 17. Jahrhunderts begannen, aus ihrer Ghettoexistenz herauszutreten. Arno Herzig nennt
die Periode von 1650 bis 1815 die „wohl ausgeglichenste in der deutsch-
jüdischen Geschichte", in der die christliche Umwelt ihre krasse Feindse-
ligkeit überwunden hatte und in der das friedliche Leben das Normale,
Konflikte die Ausnahme waren. Antijüdische Initiativen gingen von den
Zünften oder sonstigen Interessengruppen aus, weil sie die wirtschaftliche
Konkurrenz der Juden fürchteten, während sich in der Landbevölkerung
kein ausgeprägter Judenhaß findet, wohl aber ein volkstümlicher Anti-

---

[16] HEIKO A. OBERMAN, Wurzeln des Antisemitismus. Christenangst und Judenplage im
    Zeitalter von Humanismus und Reformation, Berlin 1981.
[17] Zit. nach BATTENBERG, Juden, S. 16.

judaismus.[18] Philosemitische Strömungen etwa im Pietismus dürfen nicht als grundsätzliche Toleranz mißdeutet werden, ein besseres Verständnis des Judentums zielte immer auf dessen Widerlegung und Bekehrung. Die katholischen Theologen schrieben ebenso wie die protestantische Orthodoxie die antijudaistische Tradition der Alten Kirche bis ins 19. Jahrhundert fort.

Die kirchliche Tradition sah sich im 18. Jahrhundert ihrerseits radikaler Kritik seitens der antiklerikalen Aufklärungsphilosophie ausgesetzt. Mit der Kritik am Christentum, der Idee des säkularen Staates, dem Glauben an die Formbarkeit von Staat und Individuum und dem Grundsatz der Rechtsgleichheit aller Menschen stellte sich auch die Frage nach der Stellung der Juden neu. Diese Neueinschätzung war von einer grundsätzlichen Ambivalenz gekennzeichnet. Die Trennung von Staat und Religion sowie der Erziehungsgedanke hoben tendenziell den Ausschluß der Juden von der gleichberechtigten Teilhabe am gesellschaftlichen und politischen Leben auf: Die „bürgerliche Verbesserung der Juden", so der Titel der epochemachenden Schrift des preußischen Aufklärers Christian Wilhelm Dohm, wurde als Möglichkeit denkbar.[19] Dieses neue Denken drückte sich auch in der Belletristik und Philosophie aus, in der Juden erstmals als ethisch hochstehende Menschen (Typ des „edlen Juden") porträtiert wurden, wie z. B. bei Christian Fürchtegott Gellert, in Gotthold Ephraim Lessings frühem Stück „Die Juden" von 1749 oder in Moses Mendelssohns „Jerusalem oder über religiöse Macht und Judentum" (1783). Diese Schicht der Aufklärer war zahlenmäßig klein und in ihrer Haltung zu den Juden lassen sich Ambivalenzen und Ressentiments erkennen.[20] Die Religionskritik nahm das Judentum nicht aus, und einer rationalistischen Geschichtsschreibung erschien die Geschichte Israels, gemessen an rationalen Vorstellungen von Moral, Vernunft, an seiner wissenschaftlichen und künstlerischen Produktivität sowie der Fähigkeit zur Staatsbildung als Ansammlung von Sittenlosigkeit, Grausamkeit, Aberglauben und politischer Unfähigkeit. Jüdische Geschichte wurde dabei als historische Einheit gedacht, so daß negative Charakterzüge aus der Antike auf die gegenwärtigen Juden übertragen wurden.

Dennoch bedeuteten Aufklärung und französische Revolution einen Wendepunkt für die Geschichte der Juden und der Judenfeindschaft, denn der Toleranzgedanke, die revolutionäre Praxis und die rationalistische Kritik an der bestehenden Gesellschaftsordnung, die sowohl die ständische Hierarchie wie auch das Nebeneinander autonomer Einheiten wie der Judenschaft betraf, zielten auch auf die Aufhebung der Gruppenschranken zwischen Christen und Juden. Die Forderung nach Emanzipation der Juden war eingebettet in eine wirtschaftlich-politische „Doppelrevolution", die auf rechtliche Gleichstellung, größere politische und wirtschaftliche Freiheit für alle Bürger und auf kulturelle Homogenisierung innerhalb eines Territoriums zielte und zwischen 1780 und 1870 zur Entstehung der bür-

---

18 ARNO HERZIG, Jüdische Geschichte in Deutschland. Von den Anfängen bis zur Gegenwart, München 1997, S. 139.

19 CHRISTIAN WILHELM DOHM, Über die bürgerliche Verbesserung der Juden, Berlin/Stettin 1781.

20 Vgl. dazu KLAUS L. BERGHAHN, Grenzen der Toleranz. Juden und Christen im Zeitalter der Aufklärung, Köln/Weimar/Wien 2000.

gerlichen Gesellschaft führte.[21] Damit fielen sukzessive auch für Juden Einschränkungen fort und sie wurden zu politischen und wirtschaftlichen Mitspielern in einer Gesellschaft, in der die soziale Position zunehmend nicht mehr ererbt, sondern über das persönliche Verdienst definiert wurde. Diese neuen Freiheiten wurden in vielen europäischen Ländern von der jüdischen Minderheit erfolgreich zum sozialen Aufstieg genutzt und öffneten ihr den Zugang zu den neuen Eliten, setzten andererseits aber traditionell privilegierte Gruppen unter Konkurrenzdruck und produzierten soziale Spannungen, die sich in der Ablehnung der Modernisierung und der Judenemanzipation äußerten. Modernisierung bedeutete weiterhin die Zurückdrängung des Einflusses intermediärer Institutionen wie Kirchen, Zünfte und korporativer Gruppen auf das Erziehungswesen, das Wohlfahrts- und Gesundheitswesen. Daraus ergaben sich für die Juden einerseits Integrationschancen, hatten doch gerade die Kirchen und Zünfte wesentlichen Anteil an ihrer Exklusion, andererseits untergrub diese Entwicklung aber auch die Autonomie der jüdischen Gemeinschaft. Dies führt auf den für die Juden problematischsten Punkt des Modernisierungsprogramms, nämlich den kulturellen Homogenisierungsdruck innerhalb der sich herausbildenden christlichen Nationalstaaten, denn dieser zwang zur Akkulturation an die Nationalsprache, das Bildungssystem, an Sitten und Gebräuche. Der Integrationserfolg hing dabei nicht allein von der Akkulturationsbereitschaft der Juden ab, sondern auch von der ethnischen Exklusivität der Mehrheitsgesellschaft.

Wie ihr Zickzackkurs über fast ein Jahrhundert hin belegt, war die Judenemanzipation umstritten, denn die christlich-jüdische Beziehungsgeschichte hatte die Juden in dreierlei Hinsicht von der christlichen Gesellschaft abgesondert: religiös, politisch und ökonomisch.[22] Als Integrationshindernis wurde vor allem die jüdische Religion wahrgenommen, welche die Juden zu kulturell Fremden machte, denen man religiösen Separatismus vorwarf. Diese Sicht der Juden als eine ihrerseits exklusive, aber eng vernetzte Solidargemeinschaft fand eine Stütze in der Organisation der jüdischen Gemeinden, die als autonome Korporationen über die religiösen hinaus auch zahlreiche andere Aufgaben erfüllten. Es hielt sich der Eindruck, das Netzwerk der Gemeinden bilde einen „Staat im Staate" bzw. über den einzelnen Nationalstaat hinaus existiere so etwas wie eine „jüdische Internationale". Und noch in einer dritten Dimension wichen die Juden von der Feudalgesellschaft ab: in ihrer sozialen und beruflichen Schichtung. Es gab weder Adel noch Klerus noch abhängige Bauern, sondern es herrschte eine Schicht von kleinen, zum Teil verarmten Selbständigen vor (Händler, Pfandleiher, Schankwirte, Pächter), über die eine kleine Spitze überregional oder gar international tätiger Finanziers und Kaufleute herausragte. Diese erzwungene berufliche Spezialisierung brachte den Juden in der entstehenden kapitalistischen Gesellschaft Startvorteile, da sie auf Grund ihrer Mittlerposition teils über genügend Kapital, teils über die Kenntnis von Märkten verfügten, mobil waren, Erfah-

---

[21] Dazu grundlegend REINHARD RÜRUP, Emanzipation und Antisemitismus, Göttingen 1975.

[22] Siehe dazu und zum Folgenden VICTOR KARADY, Gewalterfahrung und Utopie. Juden in der europäischen Moderne, Frankfurt a. M. 1999, S. 58ff.

rung als Unternehmer besaßen und, an Selbständigkeit gewöhnt, die zukunftsträchtigen freien Berufe des Journalisten, Arztes oder Rechtsanwalts wählten. Ihre wichtige Funktion im wirtschaftlichen Austauschsystem und ihre modernen Geschäftspraktiken wurden von ihren christlichen Geschäftspartnern und Kunden als Abhängigkeitsverhältnis oder als jüdische Übermacht empfunden. Die Erwartung auch von Seiten der Emanzipationsbefürworter, die als „gemeinschädlich" betrachtete berufliche Schichtung der Juden würde sich im Laufe der Zeit an die der Christen angleichen, erfüllte sich nicht, hätte dies doch die Wahl übersetzter und zudem rückläufiger Berufszweige wie Bauern oder Handwerker bedeutet.

Die Ausgangslage für die Judenemanzipation unterschied sich in West-, Mittel- und Osteuropa beträchtlich. Ein Faktor war die Größe, Siedlungsstruktur, soziale Lage und Assimilationsbereitschaft der jeweiligen jüdischen Minderheit. Anders als in den westeuropäischen Ländern mit sehr kleinen und z. T. bereits verbürgerlichten Judenheiten ergab sich für Preußen, Österreich und Rußland ein Reformbedarf allein schon aus dem großen Zuwachs an jüdischer Bevölkerung durch die polnischen Teilungen. Hatten um die Mitte des 18. Jahrhunderts auf dem Gebiet des späteren deutschen Kaiserreichs ungefähr 70.000 Juden gelebt, die gleiche Zahl kann man für die Habsburgischen Länder annehmen, so stieg sie am Ende der napoleonischen Kriege im mitteleuropäischen Raum auf ca. vier- bis fünfhunderttausend an. Dies entspricht für Deutschland einem Bevölkerungsanteil von einem Prozent. Die von West nach Ost ungünstigere Lage ging keineswegs überwiegend auf das Konto der jüdischen Minderheit, sondern wurde wesentlich durch zwei andere Faktoren bedingt: den erreichten Grad an gesellschaftlicher Modernisierung, vor allem die Stärke einer bürgerlich-liberalen Gesellschaftsschicht, und die Probleme der Nationalstaatsbildung. In beiden Fällen bestand ebenfalls ein West-Ost-Gefälle: Im vormaligen Heiligen Römischen Reich traf die nationale Einheitsbewegung mit der Emanzipationsphase zusammen, und das Bürgertum blieb gegenüber den fortbestehenden ständischen Strukturen schwach.

Die Forderung nach einer Emanzipation der Juden wurde in Deutschland und Österreich im späten 18. Jahrhundert von einer kleinen Schicht von Aufklärern und aufgeklärten Staatsbeamten erhoben. Diese Bemühungen trafen sich mit Bestrebungen nach einer Reform des jüdischen Lebens in Teilen des west- und mitteleuropäischen Judentums. Während es der Politik um die Eingliederung und „Nutzbarmachung" der Juden ging, stand das Gros der Gesellschaft, insbesondere die Kirchen und bestimmte Berufsgruppen, etwa Kaufleute, aber auch nicht wenige Juden, den Reformbestrebungen ablehnend gegenüber. In der Diagnose eines „verdorbenen Nationalcharakters" der Juden herrschte Konsens unter den Christen, uneinig war man sich nur über die Ursachen: Sahen deutsche wie französische Reformer in der jahrhundertelangen Diskriminierung die Ursache der „Verdorbenheit", so war dies für ihre Gegner eine Verwechslung von Ursache und Wirkung. Für sie war die Diskriminierung die notwendige Folge der „Gemeinschädlichkeit", so daß die Juden ihre Lage selbst verschuldet hätten. Deshalb setzte man mit Rücksicht auf die ablehnende Haltung der Bevölkerung in Mittel- und später in Osteuropa auf schrittweise, staatlich gelenkte Reformen. Diese sollten dem Staat „nützliche" Bürger schaffen und die christliche Bevölkerung vor der „schädlichen" Handelstätigkeit der Juden bewahren, und sie sollten die Juden aus ihrer marginalen Stellung befreien und ihre Sozialstruktur der christlichen Mehrheitsgesellschaft angleichen. Beide Ziele konnten durchaus in Widerstreit geraten. Der Erziehungsgedanke zielte in letzter Konsequenz auf ein völliges Aufgehen der Juden in die christliche Gesellschaft, zu dem, wie es ein Beamter für die Sektion Cultus der preußischen Regierung 1809 formulierte, „nichts Geringeres als Austilgung des alten innern National-Prinzips erforderlich ist. Die jüdische Nation beruht auf ihrem Glauben, und sie wird nicht eher unter den Christen sich völlig nationalisieren, als bis sie aufhöret jüdisch zu sein, d. h. als bis die Juden Christen werden".[23] Die Emanzipationsgegner verwiesen allerdings zu ihrer Legitimation auf die judenfeindliche Haltung der Bevölkerung, die sich dagegen sträube, Christen und Juden „in einem Volk zusammenzuschmelzen".[24]

Der Widerstand gegen die Judenemanzipation unterschied sich vom traditionellen Antijudaismus, da er neben den religiösen und ökonomischen Vorbehalten bereits kulturelle, nationalistische und protorassistische Argumente benutzte, um – zum Teil mit Gewalt – gegen die „kulturelle Einwanderung" und rechtliche Gleichstellung der Juden anzukämpfen.[25] Er war also eine moderne Erscheinung, insofern er sich gegen die Modernisierung von Staat und Gesellschaft (freie Wirtschaft, Religionsfreiheit, Freizügigkeit, rechtliche Gleichstellung aller Bürger usw.) wandte. Er bildete im Unterschied zum späteren Antisemitismus noch keine politische Bewegung und trat noch nicht in Form einer geschlossenen Ideologie auf, welche die Modernisierung der Gesellschaft als Resultat der „Judenherrschaft" ablehnte.

Im Deutschen Reich zeitigte die Debatte über Dohms obengenannte Schrift zunächst kaum rechtliche Folgen. Die politische Zersplitterung Deutschlands führte zu einem von Herrschaftsgebiet zu Herrschaftsgebiet verschiedenen Entwicklungspfad und -tempo der Emanzipation, so daß diese durch Ungleichzeitigkeiten und eine verworrene Gesetzeslage charakterisiert ist. Für die deutschen Staaten kam der wesentliche Anstoß zur politischen Umsetzung von außen: entweder durch den Import der französischen Gesetze im Zuge der Besetzung durch napoleonische Truppen, im Zuge territorialer Neuordnung nach 1806 oder durch die Reformen, die den nach den Kriegsniederlagen offenbar gewordenen Reformstau beseitigen sollten. Mit dem Ende des Alten Reiches wurden unter dem Einfluß Frankreichs nach 1806 zuerst in einigen Rheinbundstaaten Reformgesetze erlassen, in denen die wirtschaftliche und politische Gleichstellung der Juden ganz (in Westfalen) oder mit Abstrichen realisiert wurde (1808 in Württemberg, 1809 in Baden, 1813 in Bayern). In Preußen kam es 1812 verbunden mit den Hardenbergschen Reformen (Gewerbefreiheit, Freizügigkeit) auch zu einem, von den Juden enthusiastisch begrüßten Emanzipationsgesetz, das sie zu „Einländern und preußischen Staatsbürgern" machte. Dies bedeutete gleiche Steuern, Freizügigkeit, freie Berufswahl, Landbesitz und Zulassung zum Militärdienst,

---

23 ISMAR FREUND, Die Emanzipation der Juden in Preußen, 2 Bde., Bd. 2, Berlin 1912, S. 285.
24 Allgemeiner Anzeiger der Deutschen, 1817, sp. 2948f., hier sp. 2948.
25 RAINER ERB/WERNER BERGMANN, Die Nachtseite der Judenemanzipation. Der Widerstand gegen die Integration der Juden in Deutschland 1780–1860, Berlin 1989, S. 195ff.

andererseits den Verlust bestimmter korporativer Gemeinderechte.[26] Dieses Edikt wirkte sich vor allem positiv auf die Beteiligung der Juden an der Wirtschaft aus, während die politische Gleichstellung, vor allem nach der restaurativen Wende ab 1815, hinterherhinkte und die Diskriminierung auf Grund der überkommenen Vorurteile kaum nachließ.

Dieser Reformschub kam mit dem Ende der napoleonischen Herrschaft zum Erliegen oder wurde gar zurückgeschraubt, denn der Wiener Kongreß und die anschließende Phase der Restauration schufen mit ihrer antifranzösischen, antiaufklärerischen, christlichen, und romantisch-nationalen Orientierung ein für die weitere Judenemanzipation ungünstiges Klima. Die meisten Bundesstaaten hoben die Gleichstellung der Juden wieder auf und kehrten zum Rechtsstatus des 18. Jahrhunderts zurück. Vor allem die Königreiche Hannover und Sachsen hinkten hier der allgemeinen Entwicklung hinterher. Im Königreich Sachsen etwa wurden Juden nur in Dresden und in Leipzig zur Messezeit geduldet, so daß hier Mitte der 1840er Jahre weniger als tausend Juden lebten, während sie in Sachsen-Weimar 1823 in der Praxis allerdings stark eingeschränkte Staats- und Lokalbürgerrechte bekamen.[27] Eine Lübecker Bittschrift vom 31. Mai 1814 an Senat und Bürgerschaft, die beantragte, „die Bekenner der Mosaischen Religion aus den Ringmauern der Stadt zu vertreiben, ihre Läden zu schließen, und den Handel ihnen zu untersagen", führt exemplarisch die Argumente der Judengegner an: Die Juden seien sittlich verdorben, lebten fast ausschließlich vom Schacher und Wucher, die unmoralischen Grundsätze ihrer Religion erlaubten es, die Christen zu betrügen, ihrem Eid sei kein Glauben zu schenken usw.[28] Dem hatten ihre Anwälte und Verteidiger nur moralische Appelle an die „Gebote der Menschlichkeit" und an „aufgeklärte Grundsätze" entgegenzuhalten, zudem wurden sie von ihren Gegnern als Verräter denunziert, die gedungen seien, gegen bares Geld zu schreiben. Sie seien „von Judenfetten ausgestopfte hohle Köpfe und Mägen", und „Judas sei ihr Schutzpatron". [29]

Die Reformer gaben nach 1815 zunächst ihre Bestrebungen zur Gleichstellung der Juden auf, da sie sich mit einem breiten Widerstand konfrontiert sahen: Dieser reichte vom Adel über die Kaufmannschaft und das kleinbürgerliche Handwerk bis zu den Bauern, von den Kirchen bis zu Teilen eines national gestimmten, gebildeten Bürgertums. Diese heterogene „Koalition" mit durchaus widerstreitenden politischen, wirtschaftlichen und religiösen Interessen fand einen gemeinsamen Nenner in dem gerade erst im Kampf gegen Napoleon erwachten Nationalbewußtsein, so daß bereits hier ein nationaler Gegensatz von Juden und Deutschen konstruiert wurde, was seine Gegner als „Germanomanie" und „Deutschtümelei" verspotteten.[30] Mit die-

---

[26] ANNEGRET BRAMMER, Judenpolitik und Gesetzgebung in Preußen 1812 bis 1847, Berlin 1987.

[27] ALBERT BRUER, Preußen und Norddeutschland 1648–1871, in: ELKE-VERA KOTOWSKI/ JULIUS H. SCHOEPS/HILTRUD WALLENBORN (Hg.) Handbuch zur Geschichte der Juden in Europa, Bd. 1, Darmstadt 2001, S. 47–66, hier S. 60.

[28] Zitiert in einer Verteidigungsschrift von CARL AUGUST BUCHHOLZ, Über die Aufnahme der jüdischen Glaubensgenossen zum Bürgerrecht, Lübeck 1814, S. 24f.

[29] Luthers und von Herders Stimmen über die Juden, Nebst einem Epilog, Deutschland [Lübeck] 1817.

[30] SAUL ASCHER, Die Germanomanie. Skizze zu einem Zeitgemälde, Berlin 1815.

ser Nationalisierung des Gegensatzes und mit der Rolle der Juden als „Antisymbol" (Arno Herzig) im gesellschaftlichen Umbruch finden wir bereits im Vormärz zwei Elemente des modernen Antisemitismus. Man darf jedoch das Beharrungsvermögen des christlichen Antijudaismus nicht unterschätzen, zumal man das Judentum nicht als bloße Religion betrachtete, sondern als nationale Entität (Nation, Volk, Stamm). Der preußisch-westfälische Landrat Müllensiefen schrieb 1818 in einem Bericht an seine Regierung: „Das mosaische Gesetz ist nicht bloß ein religiöses, sondern ein politisches Gesetz (…) Ihre Verfassung ist eine Theokratie (Gottesherrschaft) und sie können der selben gemäß keinen Regenten, der nicht zu ihrem Volk gehört, als ihren rechtmäßigen Souverän anerkennen. Auch mit der vollständigen Gleichstellung des auserwählten Volkes kann die israelitische Nation sich nicht begnügen. Ihr ist versprochen über alle Nationen zu herrschen, und sie erwartet die Erfüllung dieser göttlichen Zusicherung bei Ankunft des Messias."[31] Die jüdische Religion implizierte nach Auffassung vieler, auch aufgeklärter Christen einen politischen Herrschaftsanspruch, so daß man befürchtete, die bürgerliche Verbesserung der Juden würde die „bürgerliche Verschlechterung der Christen" bedeuten. Gerade die zahlreichen, zum Teil gewaltsam ausgetragenen Konflikte, die sich aus der Verleihung des Ortsbürgerrechts für Juden (und christliche Nicht-Ortsbürger) im Vormärz ergaben, deuten darauf hin, daß die Ablehnung von Juden durchaus auch aus realen Interessenkonflikten, etwa der Mitbenutzung der Allmende oder der Belastung des Gemeinwesens durch die Armenfürsorge resultierte bzw. verschärft wurde.

Die Abwehr der Judenemanzipation blieb nicht auf literarische Debatten mit zum Teil giftigen antijüdischen Angriffen, auf Petitionen und politische Entscheidungen begrenzt, sondern nahm bisweilen gewaltsame Formen an. 1819 brachen in Würzburg die nach dem antijüdischen Hetzruf „Hep-Hep" benannten Unruhen aus, denen in mehreren deutschen Städten weitere Ausschreitungen folgten. Auch während der revolutionären Unruhen 1830 und 1832 sowie in der Zeit vor der Märzrevolution von 1848 gab es immer wieder teils politisch, teils volksreligiös mit Ritualmordvorwürfen motivierte antijüdische Gewalt.[32] Der Tenor vieler Gutachten, Landtagsdebatten und öffentlicher Auseinandersetzungen im Vormärz spiegelt das christliche Selbstschutzinteresse und die Unfähigkeit, den Juden den für eine erfolgreiche Integration nötigen Vertrauensvorschuß zu gewähren, wider. Die Fortschritte in der Emanzipationsgesetzgebung blieben minimal und es entstand der Eindruck, es mit einer schwer lösbaren „Judenfrage" zu tun zu haben. Es bildete sich jedoch, angeschoben durch die Dynamik des Wandels in Wirtschaft, Industrie und Verkehr, seit den 1830er Jahren eine breite Bewegung innerhalb des liberalen Bürgertums für eine völlige Emanzipation der Juden, die zu einer „Frage des Prinzips", zu einem Teil des liberalen Sturmlaufs gegen das ganze reaktionäre Staatssystem wurde, der in der Revolution von 1848 kulminierte. Sie soll-

---

31 Zit. nach ARNO HERZIG, „Schutzjuden – Bürger – Verfolgte". Die Geschichte der jüdischen Minderheit in Iserlohn, Iserlohn 1984, S. 40.
32 STEFAN ROHRBACHER, Gewalt im Biedermeier. Antijüdische Ausschreitungen in Vormärz und Revolution (1815–1848/49), Frankfurt a. M. 1993; ERB/BERGMANN, Nachtseite, S. 217ff. Siehe dazu neuerdings: CHRISTHARD HOFFMANN/WERNER BERGMANN/HELMUT WALSER SMITH (Hg.), Exclusionary Violence. Antisemitic Riots in Modern German History, Ann Arbor 2002.

te die „Freiheit des Glaubens und der privaten und öffentlichen Religionsübung"
und die „Gleichheit aller Religionsparteien in bürgerlichen und politischen
Rechten" bringen.[33] Diese Entwürfe zu einer Reichsverfassung waren jedoch
nach dem Scheitern der Revolution Makulatur, vielmehr folgte eine Phase der
Reaktion, in der die Staaten mit Billigung der Bevölkerung bei ihrer traditionellen Judenpolitik blieben. Damit hinkte die politische Gleichstellung der Juden der ökonomischen Emanzipation hinterher, die die soziale Struktur des
deutschen Judentums in dramatischer Weise veränderte. Es entstanden ein
Großbürgertum und eine breite Mittelschicht, während die verarmte alte „Unter-
klasse" schrumpfte, was z. T. auch auf deren Auswanderung in die USA zurückging. In dieser sozialstrukturellen Modernisierung spielten die Juden eine
Vorreiterrolle, was einen nicht unerheblichen Einfluß auf die Ausbildung des
modernen Antisemitismus haben sollte.

Ab den 1860er Jahren wurde dann bis 1870 die rechtliche Gleichstellung
fast ohne Kontroversen und laute Opposition durchgesetzt, was nicht bedeutet, daß die Judenemanzipation populär war. Sie wurde jedoch als not-
wendiger Bestandteil einer umfassenden liberalen Gesetzgebung angesehen. Unterstützend hat hier der „Gründerjahre-Boom" seit 1867 gewirkt.

Trotz ganz unterschiedlicher Wege der Modernisierung und Integration
der Juden entwickelte sich ab 1880 in vielen europäischen Ländern eine neue
Form der Judenfeindschaft, für die sich schnell der Begriff Antisemitismus
durchsetzte. Sie ist verbunden mit einer Wendung von einem liberalen und
demokratischen Nationalismus hin zum Chauvinismus mit xenophoben Formen und einem imperialistischen Großmachtdenken. Antisemitismus fand
auf verschiedenen Wegen Einzug in die Massenpolitik in ganz Europa, sei es
in Form antisemitischer Parteien oder Bewegungen, sei es in Form autoritä-
rer Regierungspolitik wie im Zarenreich. Er war Ausdruck von Krisen dieser
Politik, die ganz unterschiedliche Ursachen haben konnten: ethnische Konflikte, hohe soziale Mobilität, ökonomische Probleme, politische Machtkämpfe
und raschen kulturellen und sozialen Wandel. Es hing von der Tiefe und
Dauerhaftigkeit dieser Krisenphänomene und von politischen Gegenkräften
ab, welche Rolle der Antisemitismus im politischen und kulturellen Leben
eines Landes spielen konnte.

Politisierung und Organisationsbildung betreffen die äußere Seite des
Antisemitismus, die innere den mit dem Neologismus signalisierten inhalt-
lichen Wandel. Zwar blieb die religiöse Unterfütterung durch den Antijudaismus weiterhin wirksam, und kirchliche Milieus waren oft Treibhäu-
ser der Judenfeindschaft, doch nahm diese nun eine nationalistisch-
xenophobe Form an, die dann rassentheoretisch begründet und zu einer
„Weltfrage" zugespitzt wurde. Ein Programmpunkt der Antisemitischen
Deutsch-Sozialen Partei, ein Zusammenschluß verschiedener antisemitischer Gruppierungen auf dem Bochumer Antisemitentag von 1889, verdeutlicht dies: „Sie [die Partei – W.B.] sieht in der Juden-Frage nicht nur eine
Rassen- oder Religions-Frage, sondern eine Frage internationalen, nationa-

---

[33] Der Siebzehner-Entwurf der Reichsverfassung am 26. April 1848, zit. nach: HEINRICH
SCHOLLER (Hg.), Die Grundrechtsdiskussion in der Paulskirche: eine Dokumentation,
Darmstadt 1982, 2. Aufl., S. 62.

len, sozial-politischen und sittlich-religiösen Charakters".[34] Diese breite Definition offenbart den komplexen Charakter des modernen Antisemitismus. Das zugrunde liegende Problem einer als krisenhaft erlebten Moderne wurde in den Juden personifiziert, die ihre Akkulturation und ihr sozialer Aufstieg zu Symbolen dieser Entwicklung werden ließ. Mit der Forderung nach Rücknahme der Emanzipation versuchte der Antisemitismus die allgemeine Krise zu überwinden.

Die als Gründerkrise bezeichnete tiefe wirtschaftliche Depression von 1873 bis 1879 und der Kulturkampf diskreditierten den Liberalismus, der nun als „jüdischer Liberalismus" geschmäht wurde. Es entwickelten sich eine völkisch-nationale und eine antisemitische Bewegung, in denen Antisemitismus mit einem Nationalismus verschmolz, der durch ein völkisches nationalstaatliches Selbstbewußtsein mit sozialdarwinistischen Zügen gekennzeichnet war. Diese Tendenzen wurden durch die einsetzende Ernüchterung über die negativen Folgen der Hochindustrialisierung verstärkt (Verstädterung, Mechanisierung, Proletarisierung, Vermassung). Eine Zivilisationsmüdigkeit weckte das Interesse an zivilisationskritischen Strömungen, die scheinbar naturgegebene Lebensweisen propagierten. Die Juden wurden nicht nur als Träger des Liberalismus und Gegner des Christentums bekämpft, sondern zum religiösen Konflikt trat, sich mit ihm verbindend, ein durch den Börsenkrach von 1873 ausgelöstes und mit der danach folgenden Depressionsphase vertieftes wirtschaftliches und soziales Ressentiment, in der die Juden als Börsianer und „Gründungsschwindler" attackiert wurden. Otto Glagau forderte in der „Gartenlaube" 1874/75 daraus als Konsequenz die Revision der Emanzipation und die Eingrenzung des Handlungsspielraums für Juden:

„Ich will die Juden nicht umbringen oder abschlachten, sie auch nicht aus dem Lande vertreiben, ich will ihnen nichts nehmen, von dem, was sie einmal besitzen, aber ich will sie revidiren, und zwar funditus revidiren. Nicht länger dürfen falsche Toleranz und Sentimentalität, leidige Schwäche und Furcht uns Christen abhalten, gegen die Auswüchse, Ausschreitungen und Anmaßungen der Judenschaft vorzugehen. [...] Sie führen thatsächlich die Herrschaft über uns [...] Die Weltgeschichte kennt kein zweites Beispiel, dass ein heimatloses Volk, eine physisch wie psychisch entschieden degenerierte Race, blos durch List und Schlauheit, durch Wucher und Schacher über den Erdkreis gebietet".[35]

Für Adolf Stoecker, den Berliner Hofprediger und Begründer der antisemitischen „Berliner Bewegung", und den vormals liberalen Historiker Heinrich von Treitschke war der Gegensatz zum Judentum nicht mehr ein rein religiöser und noch kein rassischer, er war für sie ein geistiger und sozialethischer Gegensatz von jüdischem und germanisch-christlichem Wesen, also letztlich ein nationaler Gegensatz. Der neue Antisemitismus war zwar antiliberal, argumentierte aber wie der Liberalismus säkular, nationalistisch und historisch. Das Neue lag in seinem Charakter als soziale und kulturelle

---

34 Punkt 7 der „Grundsätze und Forderungen", abgedruckt in: Deutsch-Soziale Blätter, Nr. 53 vom 23.6.1889, S. 10f., zit. nach HANSJÖRG PÖTZSCH, Antisemitismus in der Region. Antisemitische Erscheinungsformen in Sachsen, Hessen, Hessen-Nassau und Braunschweig 1870–1914, Wiesbaden 2000, S. 121.
35 OTTO GLAGAU, Der Börsen- und Gründungsschwindel in Berlin, Leipzig 1876, S. XXIVf. und XXX.

Bewegung, in der Rhetorik von der Befreiung vom Judentum als Lösung aller Probleme und in der Legitimation durch „wissenschaftliche" Theorien und historische „Argumente".[36] Mit der Verknüpfung nationaler und christlicher Argumentationsweisen entwickelte sich der Antisemitismus zu einer allgemeinen Weltanschauung, die die Juden als „Symbol der Zeit" (Theodor Barth) benutzte, das für die als bedrohlich erlebten Züge der Modernität insgesamt stand: für Kapitalismus, Sozialismus, Demokratie, Atheismus, Materialismus, Kosmopolitismus, Entsittlichung usw.[37]

Ab 1878 rollte ungehindert eine antisemitische Agitationswelle nach der anderen über das Land, die von einem Netzwerk neu gegründeter antisemitischer Vereine und Parteien mit eigenen Publikationsorganen getragen wurde. Die antisemitische Bewegung war und blieb jedoch in einen eher konservativ-christlich orientierten („Taufbecken-Antisemitismus") und einen radikalen, rassistischen Flügel gespalten, was bis zur Jahrhundertwende eine wirksame organisatorische Vereinigung verhinderte. Der von radikalen jungen Leuten getragene Radauantisemitismus war bedeutsam, weil er aufgrund eines sich explizit antichristlich und wissenschaftlich verstehenden Ansatzes die religiöse und soziale „Judenfrage" in eine „Rassenfrage" umdefinierte.

Ein zweiter Höhepunkt der antisemitischen Agitationswelle fiel mit der Wendung der radikalen Nationalisten und Imperialisten gegen die offizielle Reichspolitik zusammen, die nach dem Rücktritt Bismarcks nicht mehr dem hochgespannten Großmachtdenken entsprach. Hinzu kamen innenpolitische Probleme wie das Anwachsen der Sozialdemokratie und der Preissturz auf dem Agrarmarkt. In diesen Jahren wurden viele Organisationen gegründet, die sich als „völkische Opposition" zur gemäßigten Reichspolitik verstanden. Bis zum Ersten Weltkrieg existierten zwei völkische Strömungen nebeneinander: diejenigen, die das Volkstum in der idealistischen Tradition als kulturell-geistige Einheit definierten, vom „Seelenadel" der Deutschen sprachen und den Rassenbegriff als materialistisch ablehnten, und diejenigen, die es als Rasseneinheit begriffen. Antisemitismus war mit beiden kompatibel. Die rassistische Version gewann bis zum Ersten Weltkrieg immer stärkeres Gewicht. Die antisemitische Bewegung verfiel zwar nach ihrem Höhepunkt in den neunziger Jahren, aber als Ideologie diffundierte der Antisemitismus in die Wilhelminische Gesellschaft, indem er zum programmatischen Bestandteil personell eng vernetzter Parteien und Interessengruppen wurde, zu denen die Konservative Partei, der Bund der Landwirte, der Deutsch-nationale Handlungsgehilfen-Verband (DHV), der Antifeminismus und eine Vielzahl unpolitischer völkischer Splittergruppen gehörten. Der Radauantisemitismus und seine Verquickung mit materiellen Interessen machten im nationalgesinnten Bürgertum des Kaiserreichs einem „idealen Antisemitismus" Platz, der die Judenfrage auf das „völkisch-sittliche" Gebiet übertragen

---

36 CHRISTHARD HOFFMANN, Der Berliner Antisemitismusstreit 1879/1881, in: WOLFGANG BENZ/WERNER BERGMANN (Hg.), Vorurteil und Völkermord. Entwicklungslinien des Antisemitismus, Freiburg 1997, S. 219–251, hier S. 250.
37 WERNER JOCHMANN, Struktur und Funktion des deutschen Antisemitismus, in: WERNER E. MOSSE/ARNOLD PAUCKER (Hg.), Juden im Wilhelminischen Deutschland, Tübingen 1976, S. 389–477; PETER G. J. PULZER, Die Entstehung des politischen Antisemitismus in Deutschland und Österreich 1867-1914, Gütersloh 1966.

wollte.[38] Der Antisemitismus wurde nicht mehr negativ-manipulativ ein-gesetzt, sondern als positiver Bestandteil der völkischen Überzeugung angesehen. Beim Antisemitismus handelte es sich – etwa nach Auffassung des Vereins Deutscher Studenten (VdSt) – nicht „um einen im Rassen-unterschied wurzelnden Hass". „Liebe, nichts als hingebende Liebe zum deutschen Volk und Vaterland drängt uns, das antisemitische Banner al-lem Widerspruch zum Trotz hochzuhalten…, und die klare Erkenntnis, dass in dem Kampf gegen die Geistesmacht des modernen Judentums es sich um nichts geringeres handelt, als um die Erhaltung der heiligsten Güter unseres Volks, um die Verteidigung der national-christlichen Idee, der wir uns ergeben haben, ‚mit Herz und Sinn'. … Und eben dieses nati-onale Prinzip zwingt uns mit eiserner Notwendigkeit antisemitisch zu sein."[39] Der „Kampf gegen das Judentum" gewann so den Anschein von Intellektualität und Zivilisiertheit.

Auf die Verbreitung dieses rassistisch-völkischen weltanschaulichen Antisemitismus gewannen vor allem die um die Jahrhundertwende erschei-nenden Schriften Houston Stewart Chamberlains (Die Grundlagen des neun-zehnten Jahrhunderts, 1899), Arthur de Gobineaus (Essai sur l'inégalité des races humaines, Paris 1853/55; 1898–1901, von Ludwig Scheman auf Deutsch herausgegeben) sowie Paul de Lagardes entscheidenden Einfluß, versprachen sie doch mit der von ihnen postulierten Ungleichheit der Ras-sen, ein wissenschaftliches Fundament für den radikalen Nationalismus ab-zugeben. Der Gedanke der Rassenreinheit wie der des unversöhnlichen Kampfes zwischen der arisch-christlichen und der jüdisch-materialistischen Weltanschauung (gleich Liberalismus, Sozialismus und Demokratie), wo-bei letztere für die Degeneration der modernen Welt verantwortlich gemacht wurde, bildeten den Kern dieser Weltanschauung. Diese Ideen wurden im ersten Jahrzehnt des 20. Jahrhunderts mit den populären sozial-darwinisti-schen Vorstellungen über das „survival of the fittest" verknüpft, das als „Rassenkampf" und „Auslese" auf menschliche Kollektive bezogen wur-de. Wichtigste Trägerschichten waren in dieser Phase nicht mehr das Klein-bürgertum oder die Bauern, sondern die Mittelschichten, freie Berufe, An-gestellte, Intellektuelle, Lehrer, Militärs und die agrarische Oberschicht. Die Forderungen dieser autoritär, antidemokratisch, antisozialistisch, anti-feministisch, exklusiv-antijüdisch eingestellten Gruppierungen zielten auf die Rücknahme der Emanzipation.

Zwischen 1910 und 1913 ist ein regelrechter Gründungsboom antisemi-tisch-völkischer Organisationen festzustellen, die die „goldene und die rote Internationale" als Feind der deutschen Nation auserkoren hatten. Damit war der Antisemitismus am Vorabend des Ersten Weltkrieges zum festen Bestandteil der völkischen Ideologie, ja der „deutschen Kultur" geworden.

Bei Ausbruch des Ersten Weltkriegs wurden die Juden wie auch die Sozi-aldemokraten in den sogenannten „Burgfrieden" einbezogen. Mit Walter

---

[38] Dazu WERNER BERGMANN, Völkischer Antisemitismus im Kaiserreich, in: UWE PUSCHNER/GERHARD SCHMITZ/JUSTUS H. ULBRICHT (Hg.), Handbuch zur „völkischen Bewegung" 1871–1918, München/New Providence 1996, S. 449–463.

[39] Zit. nach NORBERT KAMPE, Studenten und „Judenfrage" im Deutschen Kaiserreich, Göttingen 1988, S. 146f.

Rathenau und Albert Ballin wurden sie in führende Positionen der Kriegswirtschaft berufen, und die Zensur antisemitischer Agitation wurde kurzzei-
tig streng gehandhabt. Der „Burgfrieden" erwies sich jedoch als eine „Schön-
wetter-Konstruktion", je mehr sich das Kriegsglück gegen Deutschland
wandte, desto mehr Raum gewann die Rechte für ihre antijüdische Agitation.[40] Im Militär machte sich auf allen Ebenen bereits 1915 Antisemitismus
wieder offen bemerkbar. Hinter dieser Entwicklung stand eine Kampagne
der Rechten, die antijüdische Eingaben an die Regierung und das Kriegs-
ministerium organisierte, in denen der Vorwurf der „Drückebergerei" erhoben wurde. Dies mündete im Oktober 1916 in die sogenannte „Judenzählung",
die statistisch den Einsatz von Juden an der Front überprüfen sollte.[41] Dagegen erhob sich vor allem von jüdischer Seite Protest, so daß die Ergebnisse
nie veröffentlicht wurden, was antisemitischen Unterstellungen Tor und Tür
öffnete. Für die Juden bedeutete die Zählung eine tiefe Enttäuschung, sie
fühlten sich von dem Land verraten, für das sie ihr Leben einsetzten.

Die antijüdische Stimmung an der Front griff auf die Bevölkerung über, die
die Juden als „Schieber" und „Kriegsgewinnler" für die sich im „Kohlrüben-
winter" 1916/17 drastisch verschlechternde Versorgungslage verantwortlich
machte. Hier zeigte die von der Rechten in die Welt gesetzte Legende von der
jüdisch beherrschten Kriegswirtschaft ihre Wirkung. Die Alldeutschen und die
anderen antisemitischen Gruppen mußten nicht den Waffenstillstand, die Ab-
dankung des Kaisers und die Ausrufung der Republik im November 1918 abwarten, um den Juden die Schuld an der Niederlage zu geben, war doch bereits
1917 der Krieg in einen Kampf ums Dasein zwischen Deutschen und Judentum umgedeutet worden. Mit der „Dolchstoßlegende" besaß man ein wirksames Propagandainstrument, um die plötzliche Wende des Krieges aus der Verantwortung des Militärs auf andere Gruppen wie Juden und Sozialdemokraten
abzuschieben. Einen weiteren Konfliktpunkt bildete die schon vor dem Krieg
debattierte „Ostjudenfrage", also die Einwanderung russischer Juden nach
Deutschland (bis 1915 ca. 90.000), die sich schon bald nach dem Kriegsausbruch intensivierte, da man nun mit der Ausdehnung Deutschlands nach
Osten die Gefahr einer ostjüdischen Masseneinwanderung heraufkommen sah.
Hier wurde mit übertriebenen Zahlen hantiert. Trude Maurer geht von ca. 60.000
ostjüdischen Neueinwanderern zwischen 1914 und 1921 aus, für Leipzig schätzt
man 1925 zehntausend Ausländer, für Dresden etwa dreitausend.[42] Rechts-
stehende Verbände warnten, daß die verstärkte Zuwanderung zum Wieder-
aufleben der innerdeutschen Judenfrage führen würde, die dann nur durch
Aufhebung der Gleichberechtigung zu lösen wäre. Auf jüdischer Seite fürchte-
te man 1918 nicht ohne Grund, man würde sich „auf einen Judenkrieg nach
dem Kriege gefasst machen müssen".[43] Tatsächlich kann man im Ersten Weltkrieg vor allem bei seinen Verlierern einen Wendepunkt hin zu einer unerhör-

---

[40] PETER PULZER, Der Erste Weltkrieg, in: STEVEN M. LOWENSTEIN/PAUL MENDESFLOHR/
PETER G. J. PULZER/MONIKA RICHARZ, Deutsch-jüdische Geschichte in der Neuzeit, Bd. III:
Umstrittene Integration 1871–1918, München 1997, S. 356–380, hier S. 366.

[41] WERNER T. ANGRESS, Das deutsche Militär und die Juden im Ersten Weltkrieg, in: Militär-
geschichtliche Mitteilungen, 19 (1976), S. 77–146.

[42] TRUDE MAURER, Ostjuden in Deutschland 1918–1933, Tübingen 1986, S. 66; ab 1921 nahm
die Zahl aufgrund der einsetzenden Abwanderung bereits wieder ab.

[43] Sein oder Nichtsein - IV, in: Ost und West 17/7, Juli 1918, S. 199.

ten Radikalisierung des Antisemitismus erkennen. Wie der für die Weimarer Republik gebrauchte Schimpfname „Judenrepublik" anzeigt, ergab sich für die Judenfeinde nach 1918 eine neue Konstellation, da nun die Bekämpfung der Juden mit der Bekämpfung des demokratischen Staates zusammenfiel, während sie sich im deutschen Kaiserreich im Rahmen der Ordnung einer von ihnen grundsätzlich bejahten Staatsform bewegt hatte, was ihre Radikalität begrenzt hatte. Dies führte zusammen mit dem hohen innenpolitischen Gewaltniveau nach dem Ersten Weltkrieg zu einem bis dahin nicht gekannten aktionistischen und radikalen Antisemitismus.[44]

In der durch Existenznot und revolutionäre politische Umbrüche geprägten Zeit wuchs die Anfälligkeit der Bevölkerung für judenfeindliche Erklärungen. In Deutschland führten die Kämpfe zwischen den liberalen und linken Parteien (Linksliberale, SPD, USPD, Spartakus), unter deren Führern viele Juden waren, die sich etwa in der Münchener Räteregierung oder im Spartakus-Bund und in den revolutionären Bewegungen Rußlands und Ungarns hervortaten, und rechten bewaffneten Banden bei den Antisemiten, und nicht nur bei ihnen, zur folgenreichen Fusion von Judentum und Bolschewismus. Antidemokratische und völkisch-antisemitische Gruppen erhielten starken Zulauf, so daß in dieser Zeit über hundert derartige Orden, Verbände und Zirkel existierten, die propagandistisch äußerst aktiv waren. Aus diesen Gruppierungen ragten die 1918 gegründete Deutschnationale Volkspartei (DNVP), die Nachfolgerin der antisemitischen Deutschvölkischen Partei, und der „Deutschvölkische Schutz- und Trutzbund" (DSTB) hervor (Mitgliederzahl 200.000). Bis zu seinem Verbot 1922 war letzterer der primäre Träger des Radauantisemitismus und kämpfte mit zum Teil antikapitalistischer Stoßrichtung auch gegen die neue Staatsordnung.[45] Von seinen Trägerschichten her war er mittelständisch geprägt (niedere Beamte, Handwerker, Gewerbetreibende), wobei die Führung sich aus dem gehobenen bis großbürgerlichen Mittelstand rekrutierte. Neben dem DSTB war es die bereits genannte DNVP (1919: 350.000 Mitglieder, 1923: ca. 950.000), die nicht nur für die Monarchie, Volksgemeinschaft, nationale Ehre und den autoritären Staat eintrat, sondern zum Sammelbecken im Kampf gegen den Versailler Vertrag und die Weimarer Demokratie wurde. Sie repräsentierte die führenden Schichten des kaiserlichen Deutschland (Adel, Beamtentum, Offiziere, Agrarier, gewerblicher Mittelstand). Dabei radikalisierte sich die zunächst gemäßigt antisemitische Partei in ihrem Kampf gegen Judentum und Republik 1920/21 ins Rechtsextreme. Über diese Organisationen hinaus reichte der Sympathisantenkreis bis weit ins nationalgesinnte Bürgertum hinein. Durch die Aktivitäten des Schutz- und Trutzbundes und der DNVP brach in den ersten Nachkriegsjahren eine „gewaltige antisemitische Sturmflut" (so Alfred Wiener, ein führender Vertreter des Centralvereins deutscher Staats-

---

[44] Dazu und zum Folgenden grundlegend: WERNER JOCHMANN, Die Ausbreitung des Antisemitismus in Deutschland 1914–1923, in: DERS., Gesellschaftskrise und Judenfeindschaft in Deutschland 1870–1945, Hamburg 1988, S. 99–170; zur Weimarer Republik insgesamt: HELMUT BERDING, Moderner Antisemitismus in Deutschland, Frankfurt a. M. 1988, S. 189ff.; speziell zum Aspekt der Gewalt vgl. DIRK WALTER, Antisemitische Kriminalität und Gewalt. Judenfeindschaft in der Weimarer Republik, Bonn 1999.

[45] UWE LOHALM, Völkischer Radikalismus. Die Geschichte des Deutschvölkischen Schutz- und Trutzbundes 1919-1923, Hamburg 1970.

bürger jüdischen Glaubens im Jahre 1919) über Deutschland herein. Die Aktionsformen reichten vom Verteilen von Propagandamaterial, über öffentliche Massenversammlungen bis zu Mordanschlägen. Die Propaganda bediente sich neuartiger Formen und erreichte riesige Ausmaße. In Zeitschriften, Broschüren und Büchern wurde das völkische und antisemitische Gedankengut verbreitet. 1919 erschien die deutsche Ausgabe der „Protokolle der Weisen von Zion". Dieses Werk des russischen Geheimdienstes, in dem die These von der jüdischen Weltverschwörung verbreitet wird, bildete die Basis für das „Welterklärungsmodell" der Antisemiten: Hinter der Bedrohung durch die bolschewistische Weltrevolution stand demnach ebenso das „Weltjudentum" wie hinter der krisenhaften Entwicklung des Kapitalismus mit Inflation und Weltwirtschaftskrise.

Die frühe NSDAP war um diese Zeit eine von vielen extremistischen rechten Gruppierungen. Ihr Antisemitismus stellte lediglich eine Verdichtung und Radikalisierung der völkisch-imperialistischen Ideen aus der Zeit vor 1918 dar und unterschied sich kaum von dem anderer volkischer Organisationen, die eine haßerfüllte antijüdische Propaganda betrieben. Er bekam aber durch den persönlichen Fanatismus Hitlers und die Dynamik der NS-Bewegung als einer Partei neuen Typs einen anderen Stellenwert. Die NSDAP gab sich im Februar 1920 ein Programm, das Juden aus dem Kreis der „Volksgenossen" und Staatsbürger ausschließen, sie als „Gäste" unter Fremdenrecht stellen und eingewanderte Juden ausweisen wollte. Ihr Antisemitismus besaß einen Doppelcharakter als der „gefühlsmäßige Unterbau der Bewegung" (Gottfried Feder) und als propagandistisches Instrument, um die Verbitterung der Massen auf einen einzigen „Feind" zu lenken. Hitler propagierte einen „Antisemitismus der Vernunft", dessen Basis ein aus pseudowissenschaftlichen Theoremen entwickeltes sozialdarwinistisches Verständnis der Weltgeschichte als „Rassenkampf" bildete. Die „Judenfrage" wurde als eine „Rassenfrage" formuliert, wobei sich in diesem Rassismus Antisemitismus, Rassenutopie, Gesellschaftsbiologie und Rassenhygiene verbanden. In diesem manichäischen Denksystem wurden Juden anders als andere „Nicht-Arier", die in einer Rassenhierarchie auf eine niedrigere Stufe gestellt wurden, als mächtige „Gegenrasse" und „Negativtypus" dem Idealtyp des Ariers gegenübergestellt. Die Definition über das „Blut" war zudem mit der des „jüdischen Geistes" verbunden, denn man sah in Liberalismus, Kapitalismus, Bolschewismus und Freimaurertum zugleich den Ausdruck des jüdisch-materialistischen Geistes wie Herrschaftsinstrumente des Judentums. Das „internationale Judentum" wurde als treibende Kraft hinter allen innen- wie außenpolitischen Problemen gesehen, da ihm ein Streben nach Weltherrschaft zugeschrieben wurde, wie es die in der NSDAP früh rezipierten „Protokolle der Weisen von Zion" zu belegen schienen. Damit nahm der Kampf gegen das Judentum Züge eines apokalyptischen Endkampfes an, in dem es um Erlösung oder Vernichtung ging. Saul Friedländer hat deshalb zur Kennzeichnung dieses spezifischen NS-Antisemitismus den Begriff „Erlösungsantisemitismus" vorgeschlagen.[46] Dieser nahm alle Motive der antisemitischen Tradition auf, weshalb das Bild des „Juden" zwischen dem eines fast übermächtigen Feindes und dem des „Untermenschen" changierte, der para-

---

46 SAUL FRIEDLÄNDER, Das Dritte Reich und die Juden. Bd. 1: Die Jahre der Verfolgung 1933–1939, München 1998.

sitär in anderen Völkern lebt, deren Staaten zerstört und das Rassenniveau durch Rassenmischung senkt.

Antisemitismus und antijüdische Gewalt blieben in der frühen Weimarer Republik nicht auf antisemitische Organisationen oder Parteien begrenzt. Sie finden sich auch in der staatlichen Ausweisungs- und Internierungspolitik und in der Haltung von Teilen der Bevölkerung gegenüber den „Ostjuden". Hitler-Putsch und „Scheunenviertelpogrom" im November 1923 sensibilisierten die Öffentlichkeit gegenüber Antisemitismus und der Gefahr des Rechtsextremismus.[47] Das Ende der Hyperinflation und die positive wirtschaftliche und politische Entwicklung stabilisierten die Weimarer Republik, die zwischen 1924 und 1928 eine ruhigere Phase erlebte. Die antisemitische Hetze wirkte jedoch nach. Der Centralverein deutscher Staatsbürger jüdischen Glaubens (C.V.) berichtete in seiner Zeitung über „kalte Pogrome" auf dem Lande und in kleineren Städten. Es gab den sogenannten „Bäderantisemitismus", also die Diskriminierung von Juden in Kurorten, und Fälle, in denen Firmen Juden bewußt entließen oder nicht einstellten. Nach Werner Jochmann begann eine „neue Periode stiller, aber bewußter Zurücksetzung und Ausgrenzung" der Juden vor allem seitens des konservativen Bürgertums, etwa das Herausdrängen aus Vereinen und nationalistischen Organisationen (z. B. Stahlhelm).[48] Auf der anderen Seite brachte die Weimarer Republik die volle Verwirklichung der Emanzipation, und die stark ansteigende Zahl der „Mischehen" (37 % aller Eheschließungen von Juden, in Großstädten sogar bis 60 %) kann ebenso als ein Indiz für die zunehmende Integration gewertet werden wie die geringe Resonanz des Zionismus unter deutschen Juden. Man kann von einer Blütezeit des deutschen Judentums sprechen, wenn auch Geburtenrückgang und Überalterung sowie wirtschaftliche Stagnation Sorgen bereiteten, und, gespeist aus der Enttäuschung im Ersten Weltkrieg, eine Rückbesinnung auf die jüdische Tradition einsetzte.[49]

Mit der Weltwirtschaftskrise und dem Aufstieg faschistischer Bewegungen wurde der Antisemitismus in den dreißiger Jahren erneut zu einem wichtigen politischen Faktor. In Deutschland war er Element eines weit verbreiteten Einstellungssyndroms geworden, in dem er mit Antikommunismus, Republikfeindschaft und Nationalismus verschmolz. Wenn in der Aufstiegsphase der NSDAP zwischen 1930 und 1932 in ihrer Agitation die Themen „Versailles", der Young-Plan, und die „bolschewistische Gefahr" dominierten, waren Juden damit implizit mitgemeint. Der „Kampf gegen die Juden" stand in dieser Phase nicht im Vordergrund, er wurde aber gezielt zur Gewinnung der Landbevölkerung und mittelständischer Berufsgruppen, die man mit Hinweisen auf das „jüdische Finanzkapital" und den „jüdischen Bolschewismus" schreckte, eingesetzt.[50] Er hatte zudem eine wichtige Funktion bei der Binnenintegration des immer heterogeneren Parteivolkes.

[47] WALTER, Kriminalität, S. 52–79, 151–154.
[48] WERNER JOCHMANN, Der Antisemitismus und seine Bedeutung für den Untergang der Weimarer Republik, in: DERS. Gesellschaftskrise, S. 171–194, hier S. 180.
[49] MICHAEL BRENNER, Jüdische Kultur in der Weimarer Republik, München 2000.
[50] HEINRICH AUGUST WINKLER, Die deutsche Gesellschaft der Weimarer Republik und der Antisemitismus – Juden als „Blitzableiter", in: BENZ/BERGMANN (Hg.), Vorurteil, S. 341–362, hier S. 359.

Mit den Wahlerfolgen begann die NSDAP ab 1930 wieder mit antijüdischen Übergriffen und Boykottaktionen. Neben dieser radauantisemitischen Linie gab es Strömungen, die die „Judenfrage" auf andere Weise
lösen wollten.[51] Bereits ab 1931 schufen alle möglichen Parteistellen Pläne
für Sippenämter, Rassengesetze, Erbgesundheit etc., ohne daß es einen
Generalplan gab. Sprecher der NSDAP, wie Hermann Göring und Gregor
Strasser, verkündeten damals öffentlich, wie sie die theoretischen Überlegungen in praktische Politik umzusetzen gedachten und skizzierten ganz
unverblümt ein Bündel von Maßnahmen, das sie dann ab 1933 umzusetzen
begannen: Entfernung aller Juden aus leitenden Stellungen, Aberkennung
der Staatsbürgerschaft, Ausweisung der „Ostjuden" usw.[52] Weder die Wähler
noch die möglichen Koalitionspartner haben sich offenbar daran gestoßen.
Bei den vielen Zeitgenossen, auch unter Juden, herrschte die Erwartung,
die Sache würde auch bei einer Regierungsbeteiligung der NSDAP „nicht
so heiß gegessen" werden. Vertreibung und gar die Ermordung der Juden
lagen sicherlich für die meisten Deutschen außerhalb des Denkbaren, doch
waren viele mit einer „Zurückdrängung des jüdischen Einflusses" durchaus
einverstanden, so daß die 1933 sogleich einsetzenden antijüdischen Maßnahmen ohne nennenswerten Widerstand von Seiten der Bevölkerung hin-
genommen wurden.

Anfang 1933 wurde Antisemitismus zur Staatsdoktrin und seine politische Umsetzung ließ nicht lange auf sich warten. Mit der Boykottaktion
gegen jüdische Geschäfte und Praxen vom 1. April 1933 demonstrierte das
Regime den Juden wie auch den in ihrer Mehrheit nicht ausgeprägt antisemitischen nichtjüdischen Deutschen seine Entschlossenheit, den Ankündi-
gungen nun konkrete Schritte folgen zu lassen. In den nächsten Jahren
wurden die Juden mit einer Flut von über 2000 Gesetzen und Verordnungen wirtschaftlich ausgeplündert, aus dem gesellschaftlichen Leben ausgegrenzt oder aus dem Lande getrieben, moralisch diffamiert und physisch
bedroht.[53] Angetrieben durch den fanatischen Antisemiten Adolf Hitler und
die Initiativen aus den zahlreichen Parteigliederungen bis hinunter zu ein-
fachen „Volksgenossen", die sich mit Denunziationen aus Neid, Habgier
oder Überzeugung beteiligten, gewann die antijüdische Politik eine ungeheure Dynamik, ohne daß von vornherein eine klare Vorstellung von der
Reihenfolge der Maßnahmen oder ein klares Endziel bestanden hätten.
Terror- und Propagandaaktionen wechselten oder gingen parallel mit administrativen und gesetzlichen Regelungen, wobei dabei auch taktische Rück-
sichten auf „das Ausland" und pragmatische Überlegungen etwa über den
Nutzen von Juden für die deutsche Wirtschaft bis 1937 das Tempo der
Ausgrenzung bestimmten. Man hat für diese Verfolgungspolitik den

---

51 WERNER E. MOSSE/ARNOLD PAUCKER (Hg.), Entscheidungsjahr 1932. Zur Judenfrage
   in der Endphase der Weimarer Republik, Tübingen 1965.
52 WALTER, Kriminalität, S. 232ff.
53 Zur Entwicklung der Judenpolitik des Dritten Reiches gibt es eine Fülle von Arbeiten. Immer
   noch grundlegend ist: UWE DIETRICH ADAM, Die Judenpolitik im Dritten Reich,
   Düsseldorf 1972; ARNOLD PAUCKER (Hg.), Die Juden im nationalsozialistischen Deutschland, Tübingen 1986; WOLFGANG BENZ (Hg.), Die Juden in Deutschland 1933–1943.
   Leben unter nationalsozialistischer Herrschaft, München 1988.

Begriff der „kumulativen Radikalisierung" geprägt, deren Ziel eine forcierte Auswanderung und wirtschaftliche Ausplünderung war.[54]

Über die Frage der Entschlußbildung zum Holocaust, die Bedeutung ideologischer Faktoren, insbesondere des Antisemitismus und Antibolschewismus, und die Rolle, die organisatorische „Sachzwänge" im Zuge des Ostkrieges spielten, ist in den letzten Jahrzehnten heftig gestritten worden. War der Holocaust der logische Endpunkt des weit zurückreichenden, eliminatorischen Antisemitismus der deutschen Bevölkerung, wie Daniel Goldhagen behauptet, oder war er das Resultat der Entwicklung von technischer und bürokratischer Kontrolle in modernen Gesellschaften?[55] Welche Rolle muß anderen ideologischen Komponenten, dem extremen Nationalismus, dem Rassismus und dem Antibolschewismus zugerechnet werden? Heute zeichnet sich ein gewisser Konsens dahingehend ab, Hitlers fanatischem „Erlösungsantisemitismus", der in der Parteielite und auch in den Einrichtungen, die zentral für die antijüdische Politik waren, geteilt wurde, eine Schlüsselrolle zuzuschreiben, ohne die radikalisierende oder hemmende Bedeutung von Partei, Bürokratie, Öffentlichkeit oder dem Ausland zu vernachlässigen. Nach Friedländers Auffassung teilten die alten Eliten und große Teile der Bevölkerung diesen kompromißlosen Antisemitismus nicht, ihr traditioneller Antisemitismus reichte aber aus, die staatliche Verfolgungspraxis hinzunehmen und sich an ihr mehr oder minder willfährig zu beteiligen. 1933 war weder der Weg nach Auschwitz vorgezeichnet noch war der Holocaust das Resultat einer richtungslosen und chaotischen Verkettung zufälliger Ereignisse. Er war das Ergebnis des Zusammenspiels radikaler ideologischer Zielsetzungen (Antisemitismus, Rassismus, Sozialdarwinismus, Antibolschewismus) mit vielfältigen wirtschaftlichen, wissenschaftlichen und politischen Interessen und Entscheidungen sowie unvorhergesehenen Ereignissen oder Problemlagen.[56]

Hatte die NS-Judenpolitik bis Kriegsbeginn die „Lösung der Judenfrage" in der Auswanderung aus Deutschland gesehen, so stellte sich mit der Besetzung Polens sowie mit der anschließenden Besetzung großer Teile Europas die „Judenfrage" nun im europäischen Maßstab. Neben der Forcierung der Auswanderung brachte die neue Situation eine Vielzahl von Nah- und Fernplänen in den zuständigen Ämtern von Staat und Partei hervor, in denen es um Massendeportationen und Zwangsumsiedlungen von Juden ging. Heinrich Himmler rechnete im Dezember 1940 zur „Endlösung der Judenfrage" mit einer Umsiedlung von 5,8 Millionen Juden „aus dem europäischen Wirtschaftsraum des deutschen Volkes in ein noch zu bestimmendes Territorium". Alle diese Pläne wurden mit dem Überfall der deutschen Wehrmacht auf die Sowjetunion endgültig Makulatur. Bis heute werden

---

[54] Zuletzt hat ULRICH HERBERT nach Martin Broszat und Hans Mommsen von einer „kumulativen Radikalisierung" gesprochen: Vernichtungspolitik. Neue Antworten und Fragen zur Geschichte des „Holocaust", in: DERS. (Hg.), Nationalsozialistische Vernichtungspolitik 1939–1945. Neue Forschungen und Kontroversen, Frankfurt a. M. 1982, S. 20.

[55] DANIEL JONAH GOLDHAGEN, Hitlers willige Vollstrecker. Ganz gewöhnliche Deutsche und der Holocaust, Berlin 1996; einen guten Überblick zum Stand der Forschung bietet: DIETER POHL, Die Holocaust-Forschung und Goldhagens Thesen, in: Vierteljahreshefte für Zeitgeschichte 45 (1997) 1, S. 1–48.

[56] FRIEDLÄNDER, Reich, S. 14f.

immer neue Hypothesen über den genauen Zeitpunkt der Entschlußbildung auf der höchsten NS-Ebene formuliert, ohne daß bisher eine Lesart hätte völlig überzeugen können.[57] In der Zeit bis zum Sommer 1941 war die NS-Judenpolitik mit ihrer Mischung aus forcierter Auswanderung, Errichtung von Arbeitslagern und Ghettos, Umsiedlungs- und Mordaktionen noch von Planungswirrwarr und situativ geprägten Entscheidungen gekennzeichnet gewesen.[58] Ab Sommer/Herbst 1941 begann mit den Mordaktionen der Einsatzgruppen, die hinter der kämpfenden Truppe in der Sowjetunion nachrückten, der systematische Völkermord. Dieter Pohl nennt sieben zentrale Faktoren, die zu dieser Radikalisierung beitrugen. Neben der Brutalisierung und Freisetzung von Gewaltpotential durch die Kriegsereignisse, die bereits durch Morde an der osteuropäischen Intelligenzschicht, die Tötung von Behinderten sowie die Massenmorde an sowjetischen Kriegsgefangenen vorweggenommen wurden, sind vor allem die Konfrontation der deutschen Besatzungstruppen und -behörden mit den vermeintlich die Vorurteile bestätigenden „Ostjuden", ein spezifisches Tätermilieu, die gescheiterten Deportationsprojekte von Nisko am San bis Madagaskar und schließlich die weitreichenden Umsiedlungen Volksdeutscher, Südtiroler etc. zu konstatieren.[59] Christian Gerlach fügt dem ein weiteres Argument hinzu, indem er die wellenartig auftretenden Gewalt- und Mordaktionen als Versuche interpretiert, die sich immer wieder zuspitzende schlechte ökonomische Lage und Lebensmittelknappheit zu bewältigen.[60] Der Krieg wurde von den Nationalsozialisten als ein schonungsloser „Weltanschauungskrieg" gegen die „jüdisch-bolschewistische" Sowjetunion geführt, in dem sich Bolschewismus sowie die als minderwertig betrachtete slawische Rasse und der Nationalsozialismus und die germanische Herrenrasse gegenüberstanden. An diesem Ausrottungsfeldzug war auch die deutsche Wehrmacht aktiv beteiligt, dessen Führungsschicht den Juden gleichgültig bis ablehnend gegenüberstand und den Kampf gegen den „jüdischen Bolschewismus" und die Slawen begrüßte. Unter Federführung von Himmler und seiner SS wurde der Genozid immer weiter perfektioniert, um schließlich mit den großen Vernichtungslagern in Polen (Chelmno, Auschwitz-Birkenau, Treblinka, Majdanek, Belzec, Sobibor) die Form industrieller Mordfabriken anzunehmen, um alle Juden Europas umzubringen.[61] Das Morden ging bis zum Ende des Regimes weiter, obwohl oder vielleicht gerade weil sich die militärische Niederlage des Deutschen Reiches immer deutlicher abzeichnete, so als wollte Hitler seine Prophezeiung, daß ein Krieg „das Ende der jüdischen Rasse in Europa sein würde", in jedem Fall Wirklichkeit werden las-

57 Vgl. PHILIPP BURRIN, Hitler und die Juden. Die Entscheidung für den Völkermord, Frankfurt a. M. 1993.

58 Götz Aly, „Endlösung". Völkerverschiebung und der Mord an den europäischen Juden, Frankfurt a. M. 1995.

59 DIETER POHL, Die Ermordung der Juden im Generalgouvernement, in: HERBERT (Hg.), Vernichtungspolitik, S. 114f.

60 CHRISTIAN GERLACH, Kalkulierte Morde. Die deutsche Wirtschafts- und Vernichtungspolitik in Weißrußland 1941 bis 1944, Hamburg 1999.

61 RAUL HILBERG, Die Vernichtung der europäischen Juden. Die Gesamtgeschichte des Holocaust, 3 Bde., Frankfurt a. M. 1990; zur Zahl der Opfer: WOLFGANG BENZ (Hg.), Dimension des Völkermords. Die Zahl der jüdischen Opfer des Nationalsozialismus, München 1991.

sen. Dies belegt, wie sehr Antisemitismus bei Hitler und der SS-Führung zur Obsession geworden war, der man alles andere unterordnete.

Als bei Ende des Krieges das ganze Ausmaß der NS-Verbrechen bekannt wurde, nahm man an, dies würde jedem Antisemitismus den Boden entziehen. Im Mai 1946 schrieb der vormalige Reichsjugendführer Baldur von Schirach: „…wenn aber auf dem Boden der Rassenpolitik und des Antisemitismus ein Auschwitz möglich war, dann muß Auschwitz das Ende der Rassenpolitik und des Antisemitismus sein".[62] Diese Erwartung ist bekanntlich enttäuscht worden. Im Gegenteil, gerade das erste Nachkriegsjahrzehnt war in vielen europäischen Ländern durch einen virulenten Judenhaß, sei es in der Bevölkerung, sei es in der staatlichen Politik, gekennzeichnet. Der „Antisemitismus nach Auschwitz" unterscheidet sich von der traditionellen Judenfeindschaft und von seiner rassistischen Zuspitzung, die nach 1945 wieder an Bedeutung verlor, dadurch, daß er auf den Völkermord, sei es durch Tabuisierung, Leugnung oder eine Schuldprojektion auf die Juden, reagieren muß, daß er in den meisten europäischen Ländern ein Antisemitismus fast ohne Juden ist und daß er seit 1948 die Existenz und die Politik eines jüdischen Staates ideologisch integrieren muß. Das führte zur Entwicklung einer antizionistischen Komponente im Antisemitismus.

In den Besatzungszonen bzw. der Bundesrepublik und der DDR waren Erscheinungsform, Verbreitung, politische Instrumentalisierung und wissenschaftliche Wahrnehmung des Antisemitismus primär von der Haltung der jeweiligen Besatzungsmacht, dem Systemtyp und später vom Ost-West-Konflikt, insbesondere von der deutsch-deutschen Beziehungsgeschichte bestimmt.[63] Ost- und Westdeutschland war jedoch gemeinsam, daß man sich öffentlich in Anpassung an die jeweilige Besatzungsmacht als Sozialist oder Demokrat vom Nationalsozialismus und seinem Rassenhaß lossagte. Diese ost- wie westdeutsche Selbstrepräsentation verdeckte jedoch nur schlecht, daß ambivalente Einstellungen gegenüber Juden vorherrschten und vielfach das berufliche und politische Handeln beeinflußten. Trotz der sich entwickelnden Differenzen der politischen Systeme in beiden deutschen Staaten dürfte sich für die Nachkriegszeit die Haltung der Bevölkerung zu Juden in der Ost- und den Westzonen kaum voneinander unterschieden haben.

In der DDR wurde Anfang der 50er Jahre Antisemitismus offiziell als „mit der Wurzel ausgerottet" deklariert und seine Äußerungen politisch unterdrückt, während die staatliche Politik in der Phase der stalinistischen Säuberungen durchaus antisemitische Züge annahm und auch die antizionistische Propaganda gegen Israel nicht frei von antikapitalistisch-antisemitischen Tönen war.[64] Die SED bestand jedoch immer auf einer Differenz von Antizionismus und Antisemitismus, wobei sie letzteren aus der

---

[62] In: Hitlerjugend, Sonderdokumentation III. Reich, Hamburg 1978, S. 5.

[63] Dazu ausführlich: WERNER BERGMANN, Antisemitismus in Deutschland, in: WILFRIED SCHUBARTH/RICHARD STÖSS (Hg.), Rechtsextremismus in der Bundesrepublik Deutschland. Eine Bilanz, Bonn 2000, S. 131–154; siehe auch die dort angegebene Literatur.

[64] Thomas Haury, Antisemitismus von Links. Kommunistische Ideologie, Nationalismus und Antizionismus in der frühen DDR, Hamburg 2002; Lothar Mertens, Davidstern unter Hammer und Sichel. Die Jüdischen Gemeinden in der SBZ/DDR und ihre Behandlung durch Partei und Staat 1945–1990, Hildesheim 1997.

eigenen Gesellschaft abspaltete und nur noch in Westdeutschland am Werke sah. Hier folgte die Politik zwar einer philosemitischen Leitlinie, doch haben sich antijüdische Positionen in rechtsextremen Organisationen und in – dann jeweils skandalisierten – öffentlichen Verlautbarungen mehr oder minder prominenter Personen zu Wort gemeldet. In der Bevölkerung läßt sich über die Jahrzehnte hinweg ein Rückgang antisemitischer Einstellungen erkennen, insbesondere in den jüngeren Generationen und bei höher Gebildeten. In den neuen Bundesländern hat sich allerdings nach der Vereinigung der beiden deutschen Staaten gerade unter Jugendlichen eine rechtsradikale Subkultur entwickelt, in der auch antisemitische Vorurteile verbreitet sind.

Emanzipationszeitraum (1770–1870)

Simone Lässig

Staat und liberales Bürgertum im Emanzipationsdiskurs des 19. Jahrhunderts – Das Beispiel Sachsen

Grundsätzlich kann die Emanzipation der Juden nur als Teil jenes umfassenden ökonomischen, sozialen, politischen und kulturellen Transformationsprozesses verstanden werden, wie er für die Geschichte West- und Mitteleuropas seit Ende des 18. Jahrhunderts kennzeichnend war. Mit der Herausbildung der Staatsbürgergesellschaft und der europäischen Nationalstaaten im Zeitalter des Absolutismus hatte sich auch das vordem eher unbedeutende Ideal der Gleichheit ausgeformt. Damit erschienen Minderheits-Mehrheits-Verhältnisse in einem neuen, nicht mehr statischen, sondern prinzipiell wandelbaren Licht. Der moderne Staat strebte nach Dekorporierung der Gesellschaft, um einen direkten Zugriff auf alle Untertanen, also auch die bisherigen Randgruppen zu erlangen.

Vergegenwärtigt man sich diese enge Verquickung der Emanzipationsfrage mit den Modernisierungsinteressen und -tendenzen des Staates, so scheint es nur folgerichtig, daß sich grundlegende nationale Spezifika in der Ausformung der bürgerlichen Gesellschaft auch im Gleichstellungsprozeß der Juden spiegelten, daß sie also die jeweilige Form, den Verlauf und die längerfristigen Wirkungen der Emanzipation nachhaltig prägten.[65] Hiervon zeugen beispielsweise die Unterschiede zwischen dem Zentralstaat Frankreich, der den Übergang zur bürgerlichen Gesellschaft auf revolutionärem Weg vollzog, und Deutschland, das seinen Weg in die Moderne nicht als Nationalstaat und schon gar nicht im Gefolge einer erfolgreichen Revolution antrat. In Frankreich war auch die Emanzipation der Juden ein Kind der bürgerlichen Revolution. In Deutschland aber bedingte die fehlende politische Einheit und die im „Aufgeklärten Absolutismus" wurzelnde Affinität zu „Reformen von oben" nicht nur eine sehr langsame, streckenweise qualvolle Durchsetzung neuer Gesellschaftsstrukturen. Sie begünstigte zugleich eine besonders ausgeprägte Orientierung auf kulturell definierte Zugehörigkeiten. Dies wiederum hat den deutschen Weg der Judenemanzipation besonders nachhaltig geprägt: Während in den Nationalstaaten des Westens die politische Loyalität gegenüber der schon recht konturenscharfen Nation im Zentrum der Emanzipationsdiskurse stand, wurde den Juden des deutschen Sprachraumes zunächst eine sozio-kulturelle Angleichung an die Kultur, den Habitus und die Mentalität des gebildeten Bürgertums abgefordert, das der Beamtenschaft als allgemeine soziale Leitformation vor Augen stand. Ins Zentrum des Emanzipationsdiskurses rückte die Angleichung an Sprache, Kleidung und Sitten des Bürgertums, vor allem aber die Aneignung des neuen, nicht auf Talmud- und Torastudium, sondern auf Vernunft und Nützlichkeit basierenden Bildungskonzeptes. „Die bürgerliche Verbesserung der Juden", wie sie der preußische Kriegs- und Archivrat Christian Wilhelm Dohm 1781 konzipiert und Joseph II. in den habsburgischen Territorien fast zeitgleich

---

65 Zur europäischen Perspektive vgl.: JONATHAN FRANKEL/STEVEN ZIPPERSTEIN (Hg.), Assimilation and Community. The Jews in Nineteenth Century Europe, Cambridge 1992; RAINER LIEDTKE/STEPHAN WENDEHORST(Hg.), The Emancipation of Catholics, Jews and Protestants. Minorities and the Nation State in Nineteenth-Century Europe, Manchester 1999.

auch schon praktisch in Angriff genommen hatte, wurde so über kurz oder lang in fast allen deutschen Territorien zum Programm erhoben, ein Programm, das die Gleichstellung der Minderheit von ihrer Erziehung und ihrer sittlichen „Veredelung" abhängig machte.[66]

Ungeachtet dieser – allen deutschen Staaten gemeinsamen – Grundtendenz gab es jedoch auch deutliche regionale Unterschiede. Während in mehreren Einzelstaaten schon in der Napoleonischen Zeit wichtige Emanzipationsgesetze in Kraft traten, blieb das Königreich Sachsen, wo um 1830 kaum eintausend Juden lebten, ein „Nachholstaat". Bis 1837/38, ein Vierteljahrhundert länger als etwa in Baden oder Preußen, war die Minderheit hier Sondergesetzen unterworfen, die im alten Ständestaat wurzelten und die Minderheit gesellschaftlich ausgrenzten.

Im Zentrum dieses Aufsatzes steht nun die Frage, wie diese regionale Verspätung erklärt werden kann und wie sie den Emanzipationsprozeß insgesamt prägte. Die besondere Brisanz dieses Problems leitet sich dabei von der Tatsache ab, daß es sich im Falle Sachsens um das „Pionierland der Industriellen Revolution" in Deutschland und damit um einen Territorialstaat handelte, der mit seiner gewerblich-urbanen Struktur sehr früh ein modernes Bürgertum hervorbrachte.[67] Insofern hätte Sachsen den bürgerlichen Nationen des Westens näher stehen können als Preußen oder Baden. Warum also waren die Barrieren für eine Emanzipation der Juden gerade hier so hoch? Läßt sich dies allein mit dem Stichwort Antijudaismus, vielleicht sogar mit einer spezifisch sächsischen Variante erklären, oder wurzelt die späte und schleppende Hinwendung zur Gleichstellung der Juden vor allem in allgemeineren Spezifika der sächsischen Geschichte? Welche Bedeutung kam der relativen ökonomischen und sozialen Modernität einerseits und der entweder ausgeprägten oder auch gar nicht vorhandenen politischen Reformbereitschaft für den Fortgang der Judenemanzipation in Sachsen zu?

I.

Sachsen stellte während der „Sattelzeit" ein nur mittelgroßes, aber ausgesprochen kompaktes Fürstentum bzw. Königreich dar, das ethnisch und konfessionell eine sehr viel größere Einheitlichkeit aufwies als andere deutsche Staaten vergleichbarer Bedeutung.[68] Hierfür gab es mehrere Ursachen: Die für Sachsen typische, schon recht hohe Bevölkerungsdichte und die fortge-

---

[66] Zur nationalen Perspektive vgl. u. a.: MICHAEL BRENNER/STEFI JERSCH-WENZEL/ MICHAEL A. MEYER, Deutsch-Jüdische Geschichte in der Neuzeit. Bd. 2: Emanzipation und Akkulturation 1780–1871, München 1996; WALTER GRAB, Der deutsche Weg der Judenemanzipation 1789–1938, München 1991; JACOB KATZ: Aus dem Ghetto in die bürgerliche Gesellschaft. Jüdische Emanzipation 1770–1870, Frankfurt/M. 1988; GEORGE L. MOSSE, Jewish Emancipation. Between Bildung and Respectability, in: DERS., Confronting the Nation. Jewish and Western Nationalism, Hanover, London 1993, S. 131–145; DIETER LANGEWIESCHE, Liberalismus und Judenemanzipation in Deutschland im 19. Jahrhundert, in: PETER FREIMARK/ALICE JANKOWSKI/INA LORENZ (Hg.), Juden in Deutschland. Emanzipation, Integration, Verfolgung und Vernichtung, Hamburg 1991, S. 148–163; REINHARD RÜRUP, Judenemanzipation und bürgerliche Gesellschaft, in: DERS.: Emanzipation und Antisemitismus, Göttingen 1975, S. 11–36.
[67] Vgl. HUBERT KIESEWETTER, Industrialisierung und Landwirtschaft. Sachsens Stellung im regionalen Industrialisierungsprozeß Deutschlands im 19. Jahrhundert, Köln, Weimar, Wien 1988; REINER GROß, Geschichte Sachsens, Leipzig 2001, S. 172ff.

schrittene gewerbliche Entwicklung hatten zunächst die gezielte Anwerbung von wirtschaftlich potenten Minderheiten, wie sie etwa das agrarisch geprägte Preußen favorisierte, nicht unmittelbar auf die Tagesordnung gesetzt. Zudem hatte Sachsen im 17./18. Jahrhundert keinen nennenswerten Zuwachs an Gebieten mit abweichender konfessioneller Struktur zu verarbeiten; eine integrative Leitung, wie sie etwa Preußen oder Baden erbringen mußten, wurde der sächsischen Regierung deshalb ebenso wenig abgefordert wie eine hieraus erwachsende und insofern utilitaristisch fundierte Toleranzpolitik. Die schon seit 1635 zu Sachsen gehörende Oberlausitz stellte insofern keine vergleichbare Herausforderung dar, als dieses Territorium erst im Zuge der Staatsreform nach 1830 seinen Sonderstatus als böhmisches Lehen verlor und die dort lebenden katholischen Sorben zudem – anders als dies bei vielen Hugenotten oder städtischen Juden der Fall war – eine sehr traditionale, bodenständige Gruppe darstellten, die sich vergleichsweise gut in das ständische System einfügte und dieses nicht zu neuen politischen Ansätzen inspirierte. Zum dritten schließlich wurde der Spielraum der Regierung in all jenen Fragen, die die Religion und eine religiöse Toleranz tangierten, durch die latente Spannung zwischen der lutherischen Bevölkerung und dem katholischen Fürstenhaus begrenzt, eine Spannung, die von den Ständen erfolgreich als ein zentrales Element ihrer Macht genutzt wurde.

Bereits hier deutet sich an, wie eng Fragen der konfessionellen Toleranz mit den grundlegenden Strukturen und Prozessen der Gesellschaftsgeschichte des jeweils untersuchten Staates verwoben waren. Noch klarer trat dieser Zusammenhang im sächsischen Falle seit Mitte des 18. Jahrhunderts hervor: Da sich Ansätze zur Ausformung eines „Aufgeklärten Absolutismus" in Sachsen nur gegen Ende des Siebenjährigen Krieges nachweisen lassen und zentrale aufklärerische Prinzipien – nach dem raschen Tod des nur drei Monate regierenden Friedrich Christian (1763) – weder das Handeln des Regenten noch das der Regierung nachhaltig und langfristig bestimmten, wurden auch die Toleranzdiskurse der Aufklärung in Sachsen kaum durch den Staat mitgetragen oder gar – wie unter Joseph II. – impulsgebend beeinflußt.[69] So erhielten selbst die christlichen Minderheiten – 1806 die Katholiken und 1811 die Reformierten – erst auf französischen Druck formale Bürgerrechte und damit die Genehmigung, öffentliche Gottesdienste abzuhalten. Darüber hin-

---

[68] Die Emanzipation in Sachsen ist bislang noch kaum systematisch und eingehend untersucht worden. Erste Überlegungen finden sich bei: MICHAEL SCHÄBITZ, Die Emanzipation der Juden im Königreich Sachsen, Magisterarbeit, MS, Berlin 1997; SIMONE LÄSSIG, Emanzipation und kulturelle Verbürgerlichung. Staat und Juden in Sachsen und Anhalt-Dessau, in: JAMES RETALLACK (Hg.), Sachsen in Deutschland. Politik, Kultur und Gesellschaft 1830–1918, Dresden 2000, S. 33–50; RUDOLF MUHS, Verfassungsgebung und Judenfrage, in: Dresdner Hefte 26 (1991), S. 31–35. An älteren Arbeiten: ALPHONSE LEVY, Geschichte der Juden in Sachsen, Berlin 1900; KAIM SIDORI [ISIDOR KAIM], Geschichte der Juden in Sachsen mit besonderer Rücksicht auf die Rechtsverhältnisse, Leipzig 1840; ZACHARIAS FRANKEL, Dr. Bernhard Beer, Breslau 1863; JACOB WEIL, Die 1. Kammer und die Juden in Sachsen, Hanau 1837; Kurt Graf, Das Recht der israelitischen Religionsgemeinschaft im Königreich Sachsen, Frankfurt/M. 1914.

[69] Vgl. HORST SCHLECHTE, Die Staatsreform in Kursachsen 1762–63. Quellen zum kursächsischen Rétablissement nach dem Siebenjährigen Kriege, Berlin 1958; SIMONE LÄSSIG, Wie „aufgeklärt" war das Rétablissement? Religiöse Toleranz als Gradmesser, in: UWE SCHIRMER (Hg.), Sachsen 1763–1832. Zwischen Rétablissement und bürgerlichen Reformen, Beucha 1996, S. 40–76.

aus aber war in Sachsen nach 1806, als mehrere deutsche Staaten eine „defensive Modernisierung" (Wehler) in Angriff nahmen, kein ernsthafter Emanzipations- und Reformwille erkennbar. Zwar trat auch Sachsen – seit Dezember 1806 Königreich von Napoleons Gnaden – dem französisch beherrschten Rheinbund bei. Anders als das enorm vergrößerte Baden oder das durch die militärische Niederlage gedemütigte Preußen gehörte das neue Königreich aber zu den wenigen deutschen Staaten, die sich weder durch Napoleon in ihrer Existenz bedroht sahen noch größere territoriale Neuordnungen zu bewältigen hatten. Aus diesem Grunde entwickelte sich hier kein solcher Zentralisierungs- und Reformdruck wie er aus Süddeutschland oder aus Preußen bekannt ist. Vielmehr verharrte das junge Königreich in einem Zustand der politischen Stagnation, ein Zustand, der im wesentlichen bis zur Staatsreform in den 1830er Jahren andauerte.

Alle diese Faktoren, die einer frühen Hinwendung zur „Judenfrage" entgegenstanden, hatten also zunächst keine primär antijüdische Ausrichtung, sie erschwerten vielmehr auch die Emanzipation des Bürgertums und die Gleichstellung anderer Minderheiten. Im Falle der Juden allerdings verschärfte sich die Ausgangssituation durch deren – sehr deutlich von der „protestantischen Norm" abweichende – Lebensweise und deren spezifische Sozialstruktur, die sich seit Beginn der Wiederansiedlung von Juden rasch und gravierend gewandelt hatte. Zu Beginn des 18. Jahrhunderts waren ursprünglich nur finanzkräftige Juden angeworben worden, die den fürstlichen Geldbedarf und den Luxusbedarf des Hofes befriedigen konnten. Während des Siebenjährigen Krieges aber waren zahlreiche arme Juden nachgezogen. Innerhalb nur einer Generation hatte sich die jüdische Bevölkerung Dresdens um das 8fache auf knapp 1000 Personen vermehrt, wobei die meisten Familien nun am oder unter dem Existenzminimum lebten und so dem gängigen Bild vom „Hofjuden" in keiner Weise mehr gerecht wurden. Damit aber versprachen diese Juden auch keinen Nutzen für den Staat. Anders als die reformierten Kaufleute in Leipzig und anders auch als einige jüdische Großhändler, die man als belebenden Faktor der Messe dort kaum entbehren mochte, sahen Staat und städtisches Bürgertum in den Dresdner Juden überwiegend „schädliche Elemente", die dem Schacher und anderen unproduktiven Tätigkeiten frönten. Daß die einseitige Fixierung auf den Handel – zumeist als Hausier- oder Altwarenhandel betrieben – auch auf die restriktiven Gesetze zurückzuführen waren, nach denen Juden das zünftige Handwerk ebenso verschlossen blieb wie andere Tätigkeitsfelder, spielte in der Debatte dieser Zeit noch kaum eine Rolle.

Statt die Juden zu emanzipieren, wozu sich etwa Baden entschlossen hatte – wollten die sächsischen Entscheidungsträger auch künftig die Zahl der Juden begrenzen. Die jüdische Existenz sollte also nicht an den Prinzipien bürgerlicher Freizügigkeit ausgerichtet, sondern durch neue Einzelregelungen sogar noch stärker reglementiert werden. So sah sich die jüdische Minderheit in Sachsen auch vier Jahrzehnte nach Vollendung der Emanzipation in Frankreich auf die fast mittelalterlich anmutenden Gesetze von 1746 bzw. 1772 verwiesen: Nach wie vor erhielten Juden – wenn überhaupt – nur in Dresden Wohnrecht[70], während alle anderen sächsischen Städte, abgesehen von wenigen Ausnahmefällen vor allem in Leipzig[71], weiterhin offiziell „judenfrei" blieben. Auch die bisherige Reglementierung des Kultus, die etwa das Verbot von Gemeindegründungen, öffentlichen Synagogen und Gottesdiensten beinhaltete, bestand unverändert fort. Gleiches galt für die vielfältigen Einschränkungen in den Besitzverhältnissen und Erwerbszweigen, waren doch das zünftige Handwerk, der Erwerb von Immobilien, Grundbesitz oder auch der Handel in offenen Gewölben weiterhin verboten.

So wie der allgemeine gesellschaftliche Modernisierungsprozeß in Sachsen stagnierte, so stagnierte also auch die Emanzipation. Erst gegen Ende der 1820er Jahre kam auch auf diesem Feld einiges in Bewegung. Die Juden selbst begannen nun, sich der neuen bürgerlichen Öffentlichkeit zu bedienen, um ihre Forderungen geltend zu machen und Unterstützung für deren Durchsetzung zu gewinnen. Auch wenn entsprechende Initiativen zunächst nur auf eine rasche Verbesserung der sozialen Lage, nicht aber auf die Erlangung allgemeiner Menschenrechte ausgerichtet waren, vermochten sie es in der allgemeinen Krisenstimmung am Vorabend der Verfassungskonflikte doch stark genug, die Regierung zu ersten Aktivitäten zu provozieren.[72] So zeigte diese plötzlich ein reges Interesse für den Erfolg der Emanzipationspolitik in anderen Staaten, aber auch für die einschlägigen Verhandlungen des Bundestages in Frankfurt.[73] Von dort berichtete Bernhard August von Lindenau (1779–1854), daß die Zeichen der Zeit generell wieder in Richtung Reform weisen würden und das Selbstbewußtsein der Juden insofern derart wachsen könne, daß Sachsen von außen unter Handlungsdruck geraten würde. Dem liberalen Gesandten jedenfalls schien es ratsam, „daß durch behufige Zugeständnisse eine Eingabe der dortigen [sächsischen] Judenschaft am Bundestage vermieden werden möge, weil solche einige Gunst und Empfehlung wohl darin finden könnte, daß allerdings den Juden in allen anderen Bundesstaaten weit größere Rechte als im Königreich Sachsen eingeräumt worden sind."[74] Insgesamt aber teilte der pragmatisch argumentierende Bundestagsgesandte die abwartende Grundhaltung der sächsischen Regierung. Beide gingen davon aus, daß die Minderheit noch immer nicht reif für eine Emanzipation sei und deshalb der Staat zunächst Maßnahmen ergreifen müsse, um über Verbesserungen im Bildungs- und Kultuswesen „die Regeneration seiner jüdischen Unterthanen einzuleiten und möglichst zu befördern".[75] Selbst dieser Ansatz aber verschwand schnell wieder in den Akten. Wirklich aktuell näm-

---

[70] In Dresden lebten 1817/18 nach regierungsinternen Erhebungen 824 Juden, 1837 wurden vom Statistischen Verein 641 und 1867 bei den Volkszählungen in Sachsen 870 Juden gezählt. In ganz Sachsen waren noch 1849 nur 1022 Juden ansässig gewesen. (= 0,05 % der Gesamtbevölkerung).Vgl. SHStAD, Loc. 6583, Die bürgerlichen Verhältnisse der Juden betr., Bl. 15–24; Ebd., MdI Nr. 826d, o. P; Statistische Mittheilungen aus dem Königreich Sachsen, hg. v. statistischen Bureau des Ministeriums des Innern, Erste Lieferung, Dresden 1851, S. 175f.; Zeitschrift des Königlichen Sächsischen Statistischen Bureaus 14 (1868) 5, S. 66f.

[71] 1818 wurden hier nach einer Erhebung des Leipziger Personensteuer-Einnahmeamtes nur 76 Juden gezählt und 1837 waren es nach einer Erhebung des Statistischen Vereins über die Juden in Sachsen 81 Juden. Nach den Ergebnissen der Volkszählung wurden 1867 bereits 1148 Juden in Leipzig gezählt. Vgl. StadtAL, II. Sekt. J (F) Nr. 246, Bl. 17–20; SHStAD, MdI Nr. 826d, o. P.; Zeitschrift des Königlichen Sächsischen Statistischen Bureaus 14 (1868) 5, S. 70f.

[72] SHStAD, Loc. 6582 – Die bürgerlichen Verhältnisse Vol. II. 1828–1831, Beilage: Petition der Dresdner Judenältesten 04.06.1828.

[73] Ebd.

[74] SHStAD, Loc. 6582 Vol. II, Bl. 17–19, hier 19a (Bericht Lindenaus vom 23.09.1828).

[75] Ebd., Bl. 159a–163a.

lich wurde die Problematik erst im Umfeld der sächsischen Staatsreformen nach 1830, also in einer Phase, in der die Emanzipation des Bürgertums und die Ausformung einer bürgerlichen Gesellschaft insgesamt einen entscheidenden Schub erhielt.

II.

Im September 1830 entlud sich das derart lange aufgestaute Konfliktpotential auf den Straßen mehrerer sächsischer Städte. Die französische Julirevolution vor Augen, stellte König Anton umgehend Reformmaßnahmen in Aussicht, die die Umwandlung des Königreiches in ein bürgerlich-konstitutionelles Staatswesen einleiten sollten. Ein solches Verfassungsversprechen, die Berufung des königlichen Neffen Friedrich August zum Mitregenten und die Übertragung der Regierungsverantwortung auf den gemäßigten Liberalen Bernhard August von Lindenau – dies alles ließ auf tiefgreifende Reformen und damit auch auf Fortschritte in der Emanzipationsgesetzgebung für die Juden hoffen.[76]

Tatsächlich trieb die neue Regierung die Erarbeitung der versprochenen Verfassung zügig voran. Bereits im Frühjahr 1831 wurde der Ständeversammlung ein Regierungsentwurf zur Beratung vorgelegt, auf deren Fortgang auch die jüdische Minderheit umgehend Einfluß zu nehmen versuchte. Wenige Tage nach Einberufung der Ständeversammlung am 1. März 1831 wies eine entsprechende Petition darauf hin, daß gleiche Rechte und Pflichten in dem neuen Verfassungsentwurf nur für Christen jeder Konfession vorgesehen seien, während für die Juden – bis zur Verabschiedung neuer Sondergesetze – die bisherigen mittelalterlichen Verordnungen in Kraft bleiben würden. Anders als noch wenige Jahre zuvor demonstrierten die Wortführer der sächsischen Juden hier ein erstaunliches Selbstbewußtsein. Sie baten weniger als daß sie forderten, sie rangen nicht mehr um Zugeständnisse, sondern versuchten ihr Recht geltend zu machen. Die auch auf jüdischer Seite bislang dominante Fixierung auf Sonder- bzw. Einzelkonzessionen wich der einen liberalen Forderung nach Gleichstellung in allen bürgerlichen Rechten.[77]

Selbstbewußt verwiesen die Wortführer der Dresdner Judenschaft darauf, daß sie ihre staatsbürgerliche Reife aus eigener Kraft, also ohne flankierende Gesetze und ohne „Anreize" für eine „bürgerliche Verbesserung" bereits mehrfach unter Beweis gestellt hätten. Von einem autonomen Verbesserungspotential zeugte nach Ansicht der Petenten, die hier indirekt die gängigen Kritikpunkte wie „mangelnde Bildung und Kultur" oder „Scheu vor produktiven Berufen" aufgriffen, schon die Tatsache, daß von 715 jüdischen Einwohnern etwa 50 bürgerlichen Berufen in Handel, Handwerk, Kunst oder Wissenschaft nachgingen und nahezu alle schulpflichtigen Knaben eine private oder öffentliche Bildungsanstalt besuchen wür-

---

[76] Zur Staatsreform vgl. u. a. GERHARD SCHMIDT, Die Staatsreform in Sachsen in der ersten Hälfte des 19. Jahrhunderts. Eine Parallele zu den Steinschen Reformen in Preußen, Weimar 1966; MICHAEL HAMMER, Volksbewegung und Obrigkeiten. Revolution in Sachsen 1830/31, Weimar/Köln/Wien 1997.

[77] StadtAL, Tit. LI (Kap.) Nr. 8a, Bl. 73b.

[78] Ebd., Bl. 72a.

den.[78] Obwohl der Staat den Juden bislang noch keine entsprechenden Berufsperspektiven eröffnet habe, existiere in Dresden bereits seit 1829 ein Verein, der sich für die Förderung der vom Staat erwünschten Berufsumschichtung engagierte, und deshalb eine Ausbildung in Handwerk oder Kunst, aber auch ein Studium finanziell wie organisatorisch unterstützte.[79] Unzweifelhaft spielte dieser Verein, der – nach Moses Mendelssohn benannt – auf die Initiative des jüdischen Privatgelehrten Bernhard Beer zurückging, im Selbstverständnis seiner Mitglieder wie in der Wahrnehmung der liberalen Öffentlichkeit tatsächlich eine Schlüsselrolle für das Ringen um Emanzipation. Er übernahm den Erziehungsauftrag vom Staat und entwickelte vor allem in den beiden Schlüsselfeldern der kulturellen Verbürgerlichung – Bildung und Religion – eigenständige Initiativen zur „Veredelung" der Juden.

Wichtig waren den Petenten aber nicht nur ihre kulturellen, sondern ebenso die staatsbürgerlichen Kompetenzen, die sich nicht zuletzt daran ablesen ließen, daß mehrere Juden – namentlich sind bislang acht bekannt – einen Dienst in der Kommunalgarde absolvierten. Dies war in der Tat bemerkenswert, und zwar insofern, als die Juden zu diesem Zeitpunkt ja noch gar keine Bürgerrechte besaßen.

Die Verfassungsdebatten allerdings wurden hiervon kaum beeinflußt, so daß das Ergebnis für die Juden, und nun ausschließlich für sie, ausgesprochen unbefriedigend war: Die am 4. September 1831 in Kraft gesetzte sächsische Konstitution sicherte zwar jedem Landeseinwohner „völlige Gewissensfreiheit" zu. Gleiche bürgerliche und politische Rechte sowie die öffentliche Religionsausübung gewährte sie aber nur den Christen unter ihnen, während für Andersgläubige besondere Regelungen erarbeitet werden sollten.[80] Mit diesem lapidaren Nachsatz aber wurden die Juden auch jetzt wieder in eine Sonderrolle gedrängt, aus der sie ein Emanzipationsgesetz eigentlich hätte herauslösen müssen. Aus dieser Sicht drängt sich der Eindruck auf, daß der nun an Schärfe gewinnende und bis Ende der 1830er Jahre fortdauernde Emanzipationsdiskurs, aber auch die hieraus resultierenden legislativen Maßnahmen eher der untergehenden ständischen als der neuen bürgerlichen Ära verpflichtet waren.[81]

Mit ihrer ignoranten Haltung in der Verfassungsdebatte entsprach die neue sächsische Regierung allerdings über weite Strecken der „öffentlichen Meinung", denn auch das städtische Bürgertum lehnte eine Gleichstellung der Juden weiterhin ab. Während der Dresdner Stadtrat immerhin schon zu der Ansicht gelangt war, daß die erstrebte „sittliche und bürgerliche Vervollkommnung" der Juden durch eine schrittweise Verbesserung ihrer rechtlichen Situation zu erreichen sein werde[82], hatten die Dresdner Bürger im September 1830 einen Forderungskatalog vorgelegt, in dem der

---

79 Zur Gründung des Mendelssohn-Vereins: StadtAD, Ratsarchiv CXLII Nr. 167. Vgl. allgemein auch: JACOB TOURY, Soziale und politische Geschichte der Juden in Deutschland 1847–1871. Zwischen Revolution, Reaktion und Emanzipation, Düsseldorf 1977, S. 214–222; DEREK PENSLAR, Shylock's Children. Economics and Jewish Identity in Modern Europe, Berkeley, Los Angeles, London 2001.
80 SCHMIDT, Staatsreform, v. a. S. 138–144.
81 Vgl. auch: MUHS, Verfassungsgebung, S. 31–35.
82 StadtAD, Ratsarchiv CXLII Nr. 167, Bl. 5–29.

„Schutz gegen das Judentum" noch vor allgemeinpolitischen Zielen rangierte.[83] Sogar radikale Demokraten wie Bernhard Moßdorf (1802–1833) wollten die vollen Staatsbürgerrechte nur Christen zubilligen, eine Haltung, die im überwiegend kleinbürgerlich-handwerklichen Anhang des Advokaten offenkundig fest verwurzelt war.[84] Größtenteils sperrte sich das alte Stadtbürgertum beharrlich gegen eine Verbesserung der rechtlichen Situation der Juden. Diese Haltung war ein integraler Bestandteil ihres allgegenwärtigen Kampfes um das knappe Sozialbudget der Gemeinden, gegen den wachsenden Pauperismus und gegen jede Form ökonomischer Konkurrenz.[85] So verwundert es kaum, daß auch die im Dezember 1831 vorgelegte Petition, in der die Dresdner Juden um die „Befähigung zur Erlangung des kommunalen Bürgerrechts und der mit dem Bürgerrecht verbundenen Besitz- und Gewerbeberechtigungen" nachsuchten[86], von der Bürgerschaft brüsk zurückgewiesen wurde und auch die Städteordnung von 1832 – von der Forschung immerhin als Schritt „auf dem Weg zur bürgerlichen Kommunalpolitik" verstanden – kein Bürgerrecht für Juden vorsah.[87]

Mit einer solchen Haltung aber konstruierte bzw. verstärkte das Stadtbürgertum die Ansicht, daß in Deutschland vor allem die Beamtenschaft und die Gelehrten als „Verbündete" der Juden anzusehen seien. Eine Orientierung am Staat schien vielen Juden zu dieser Zeit naheliegender als eine Fixierung auf das noch überwiegend traditional geprägte Besitzbürgertum der Stadt. Und in der Tat waren es in der frühen Phase des Emanzipationsdiskurses eher staatsnahe Kräfte, die sich dem Problem der Judenemanzipation öffneten. Vor allem Wilhelm Traugott Krug, der die Universität Leipzig in der Ersten Kammer des Landtages vertrat, setzte wichtige, auch überregional bedeutsame Zeichen: Er gehörte zu der noch kleinen Gruppe unter den deutschen Frühliberalen, die sich nicht an den deutschen Erziehungsgesetzen, sondern an der Emanzipationspolitik der bürgerlichen Staaten Holland, Frankreich und Nordamerika orientierte und insofern für eine sofortige Gleichstellung ohne jegliche Vorbedingungen plädierte.[88]

---

83 Vgl. MARTIN BERNHARD LINDAU, Geschichte der königlichen Haupt- und Residenzstadt Dresden von den ältesten Zeiten bis zur Gegenwart, Bd. 2, Dresden 1862, S. 7; DAVID A. TAGGESELL, Tagebuch eines Dresdner Bürgers oder Niederschreibung der Ereignisse eines jeden Tages, soweit solche vom Jahr 1806 bis 1851 für Dresden und dessen Bewohner von geschichtlichem, gewerblichem oder örtlichem Interesse waren, Dresden o. J. [1851], S. 551, 561f.; KARL BIEDERMANN, Geschichte der Leipziger Kramer-Innung 1477–1880, Leipzig 1881, S. 167f.

84 BERNHARD MOßDORF, Constitution wie sie das sächsische Volk wünscht, o. O., o. J.[1831].

85 LANGEWIESCHE, Liberalismus und Judenemanzipation, S. 154; PIERRE BIRNBAUM/ IRA KATZNELSON, Emancipation and the Liberal Offer, in: DIES. (Hg.), Paths of Emancipation. Jews, States and Citizenship, Princton 1995, S. 9–15; zu Sachsen auch: VOLKER KNÜPFER, Presse und Liberalismus in Sachsen. Positionen der bürgerlichen Presse im frühen 19. Jahrhundert, Weimar 1996.

86 SHStAD, MdI Nr. 826a, Bl. 8.

87 Vgl. HARTMUT ZWAHR, Vom feudalen Stadtregiment zur bürgerlichen Kommunalpolitik. Eine historisch-soziologische Studie zum Beginn der bürgerlichen Umwälzung in Sachsen 1830/31, in: Jahrbuch für Regionalgeschichte 7 (1979), S. 7–34; INES WERNER, Dresden auf dem Weg zur bürgerlichen Kommunalpolitik, in: Dresdner Hefte (26) 1991, S. 53–57.

88 WILHELM TRAUGOTT KRUG, Über das Verhältnis verschiedener Religionsparteien zum Staate und über die Emancipation der Juden, Leipzig 1828, S. 459–482; DERS., Über die Wiedergeburt des Königreichs Sachsen, Leipzig 1831; CAESAR DIETRICH V. WITZLEBEN, Die Entstehung der konstitutionellen Verfassung des Königreiches Sachsen, Leipzig 1881, S. 243, 260f.; Das Vaterland, 09.03.1831, S. 85 f.

Unter diesen Rahmenbedingungen lag es für die sächsischen Juden durchaus nahe, ihre Forderungen nicht direkt an die gemeinhin fortschrittlichere, stärker bürgerlich geprägte Zweite Kammer zu richten, sondern sie zuerst der von Adel, Beamtenschaft und Bildungsbürgertum dominierten „Ständekammer" vorzulegen: Am 7. März 1833 überreichte Krug der Ersten Kammer die „Vorstellung der israelitischen Gemeinde zu Dresden", in der sich Bernhard Beer engagiert mit den gängigen Vorurteilen auseinandersetzte und sie – auch durch Reformbereitschaft in Kultusfragen und Kooperationsbereitschaft hinsichtlich des Veredelungskonzeptes – zu entkräften suchte.[89] Nachdrücklich betonte er, „daß die Emancipation der im Königreiche Sachsen eingeborenen Israeliten keineswegs übelangebrachte Philanthropie, sondern vielmehr nur eine Maßregel der höchsten Gerechtigkeit und Klugheit sey, welche im dringendsten Interesse für die Gesamtheit der Staatsbürger nothwendig erscheint."[90] Vor allem aber versuchte Beer, einen positiven Erwartungsdruck zu erzeugen, um Staat und Landtag als Verbündete gegen die Emanzipationsgegner auf beiden Seiten aufzubauen.[91]

Tatsächlich beschloß die Erste Kammer daraufhin, die bisherige Gesetzgebung zu revidieren „und zur Verbesserung ihres bürgerlichen Zustandes und zur Beseitigung ihrer begründeten Beschwerden ein Gesetz zu erarbeiten." Bemerkenswert war, daß die hierfür eingesetzte Deputation, als deren Sprecher der Dresdner Bürgermeister Hübler fungierte, nicht nur die Berechtigung der jüdischen Forderungen anerkannte, sondern zunächst auch keinerlei Vorbedingungen formulieren wollte: Eventuelle Defizite in der moralischen Bildung seien eine Folge der Bedrückung, so daß die „moralische Besserung der Juden" ihrer Emanzipation nicht vorangehen könne, sondern erst unter den Bedingungen der Rechtsfreiheit realisierbar sei. Als unerlaubt, anmaßend und zwecklos seien deshalb auch alle Versuche zurückzuweisen, die Aufgabe religiöser Praktiken zum Preis der Gewinnung bürgerlicher Rechte zu machen.[92]

Die Deputation der Zweiten Kammer, griff diese liberalen Grundsätze bald auf. Auch sie definierte die Emanzipation der Juden als Sache der allgemeinen Freiheit und der Menschenrechte.[93] Damit folgte sie insbesondere den Plädoyers des promovierten Juristen Carl Wilhelm Traugott von Mayer auf Lieska, der als Abgeordneter der Rittergutsbesitzer in der Kammer saß. Eine größere Bildung, wie sie die Landtagsmehrheit immer wieder einklagte, konnte nach seiner Ansicht nur aus der Freiheit resultieren und nicht deren Vorbedingung sein.[94]

---

[89] BERNHARD BEER, Vorstellung der israelitischen Gemeinde zu Dresden an die hohe Erste Kammer der Ständeversammlung des Königreichs Sachsen, Dresden 1833; Landtags-Acten vom Jahre 1833 II/1, S. 264–65.

[90] BEER, Vorstellung, S. 11.

[91] Vgl. dazu auch EMIL LEHMANN, Aus alten Acten. Bilder aus der Entstehungsgeschichte der israelitischen Religionsgemeinde zu Dresden, Dresden 1886, S. VII.

[92] Landtags-Acten vom Jahre 1833, Protocolle der ersten Kammer II. Abteilg., 1. Bd., S. 840–46; 1834, Protocolle der zweiten Kammer III. Abt./3. Bd., S. 222–249. Vgl. auch WEIL, 1. Kammer; FRANKEL, Dr. Bernhard Beer, S. 34 ff.

[93] Landtags-Acten von den Jahren 1833/34. Beilagen zu den Protocollen der zweiten Kammer, Dresden 1834, S. 198–99.

[94] Konsequent lehnte er auch jede Argumentation ab, die auf dem „christlichen Staat" aufbaute, denn ein Staat habe mit dem Glauben seiner Angehörigen nichts zu tun. Landtagsacten von den Jahren 1833/34, III/3, S. 245–47; II/1, S. 839–46; III/3, S. 223–50. Beilagen zu den Protocollen der ersten Kammer, dritte Sammlung II/3, S. 117–21. Vgl. dazu auch FRANKEL, Dr. Bernhard Beer, S. 46 ff.; AZJ, 1837, S. 7 ff.

Mit solch dezidiert bürgerlichen Ansätzen aber fanden die Deputationen in keiner der beiden Kammern eine Mehrheit. Zwar hatte immerhin ein Drittel die Forderung nach sofortiger Gleichstellung befürwortet, was sowohl im Vergleich zur sächsischen Entwicklung der folgenden Jahre als auch mit Blick auf den Stand der Emanzipationsdebatten in anderen deutschen Staaten bemerkenswert war. Ungeachtet dessen unterstützte aber selbst diese parlamentarische Minderheit eine Vertagung des Problems: Bevor man weiter debattiere, solle zunächst die Regierung dem nächsten Landtag einen Gesetzentwurf vorlegen, der dezidiert auf die „sittliche Verbesserung" der Juden hinziele.[95]

Immerhin aber wandten sich die Präsidenten der beiden Landtagskammern mit der Bitte an das Kultusministerium, „interimistisch" zumindest jene unzeitgemäßen Beschränkungen aufzuheben, „deren längeres Fortbestehen drückend und irrationell und der Moralität der Juden in höchstem Grade nachtheilig sich darstellt."[96] Hier setzte sich der liberale Ansatz durch, daß zwar politische Rechte nur den Bürgern zukommen sollten, bestimmte Grundrechte aber für alle Menschen zu gelten hätten. Deshalb entfielen jetzt – bei fortdauernder Beschränkung einer jüdischen Ansiedlung auf Dresden und Duldung der Ansiedlung in Leipzig – das Wohnverbot außerhalb der Dresdner Altstadt, die Einschränkungen in Bergstädten und die Konzessionsabgabe für Neuvermählte. Das Gewerbe- und Personensteuergesetz vom November 1834 hob die Sondersteuern für Juden auf, wie sie das Personensteuerausschreiben von 1767 definiert hatte.[97] Das Elementarschulgesetz von 1835 verfügte für die sächsischen Juden eine allgemeine Schulpflicht und gestattete die Gründung jüdischer Schulen, wobei es den Eltern frei stand, ihre Kinder auch an städtischen oder staatlichen Einrichtungen lernen zu lassen.[98] Vor allem aber hatten die Kammerpräsidenten – mit Erfolg – darauf gedrängt, alle Angelegenheiten der Bildung und des Kultus in den Zuständigkeitsbereich des Kultusministeriums zu übernehmen. Die Behörde sollte diese Bereiche aber nicht nur beaufsichtigen, sondern auch „reformieren", denn die Schule sei zweifellos das wichtigste Instrument, um die „Moralität" der Juden zu verbessern.[99]

Faßt man Verlauf und Ergebnisse der Emanzipationsdebatten im ersten konstitutionellen sächsischen Landtag zusammen, so läßt sich folgendes festhalten: Eine Mehrheit der Abgeordneten wollte den Juden alle aus Naturrecht und Humanismus abzuleitenden Grundrechte zugestehen. In dieser Hinsicht erwiesen sich Landtag und Regierung entschluß- und handlungsfähig genug, um binnen kurzem alle die Würde des Menschen grob verletzenden Gesetze aufzuheben. Ganz anders jedoch verhielt sich die Parlamentsmehrheit in Fragen des Bürgerrechts, denn zu Bürgern, die einen aktiven Part

---

95 Landtags-Acten vom Jahre 1834, 3. Abt. Protokolle der 2. Kammer, 3. Bd., Dresden 1834, S. 245–47. Vgl. auch: Landtags-Acten vom Jahre 1834, Protokolle der 1. Kammer, II. Abt. 1. Bd. S. 840ff, 4. Bd., S. 611–16; Protocolle der 2. Kammer III. Abt. 3. Bd. S. 223ff.; Beilagen zu den Protocollen der ersten Kammer, dritte Sammlg. S. 117–121.
96 SHStAD, MfVB Nr. 11131, Bl. 2a; vgl. auch ebenda, MdI 826a, o. P. (Korrespondenz vom 4. Januar 1834).
97 GVBlS 1834, S. 349–414.
98 Ebd.1835, S. 280.
99 Ebd. 1834, S. 540f.

in der bürgerlichen Gesellschaft übernehmen konnten, sollten sich die Juden erst qualifizieren. Es handelte sich hier um einen Ansatz, der seine Verwandtschaft mit der Politik aufgeklärter Fürsten nicht leugnen konnte und der dennoch auch dem bürgerlichen Weltbild des Vormärz entsprach, das generell – und nicht nur bei den Juden – auf die Erziehung noch unbürgerlicher Gruppen ausgerichtet war.[100] Selbstständigkeit im Wirtschaften wie im Denken, möglicherweise auch ein bestimmtes Einkommen, eine spezifische kulturelle Praxis und Lebensführung – das waren zentrale Kennzeichen des Bürger-Seins und deshalb für die Mehrheit der Liberalen auch generelle Vorbedingungen der rechtlich-politischen Gleichstellung.[101]

Aus dieser Sicht verwundert es nicht, daß die vermeintlich nur rudimentär ausgebildete Soziabilität der Juden in den Landtagsdebatten zu den zentralen Argumentationsmustern gehört hatte. Unzählige Redner beklagten die „Verdorbenheit" sowie eine kulturelle und moralische Minderwertigkeit der Juden und forderten dezidiert die Verringerung kultureller Eigenheiten ein. Befürworter wie Gegner der Emanzipation thematisierten die Fremdheit in Sitten und Gebräuchen, in Kleidung und Sprache, ja generell in Lebensweise und Wertesystem. Nicht in jedem Falle läßt sich hierbei exakt unterscheiden, inwieweit sich in dieser fast mythischen Überhöhung der sozio-kulturellen Dimension das Selbstverständnis des frühen Bürgertums artikulierte und inwieweit dieser Topos aus antijüdischen Vorurteilen heraus wirksam konstruiert wurde.

Das alles war freilich noch nicht unbedingt ein sächsisches Spezifikum, ging doch die Mehrheit der deutschen Liberalen noch im Vormärz davon aus, daß die Juden erst ihre – oftmals als „Sklavensinn" apostrophierte – kulturelle „Andersartigkeit" aufgeben und sich als Gruppe der Aufklärung zuwenden müßten, wenn sie emanzipiert werden wollten. Über die Frage, wie dies geschehen sollte, gingen die Meinungen freilich weit auseinander: Während eine Minderheit wie Krug der Meinung war, daß der „Sklavensinn" sofort abgelegt werde, sobald die Sklavengesetze abgeschafft seien, glaubte eine Mehrheit, daß eine „Sinnesänderung" der Verabschiedung freiheitlicher Gesetze unbedingt vorangehen müsse.

In dieser Hinsicht sah sich die parlamentarische Mehrheit in Übereinstimmung mit der gemäßigt-liberalen Regierung. Auch das Kabinett Lindenau, an das der Landtag nach Abschluß der Session 1834 die Verantwortung und Initiative abgegeben hatte, ging davon aus, „daß die moralische Verbesserung der Juden und namentlich ihre Annäherung an christliche Gebräuche und Sitten ihrer bürgerlichen Emancipation vorangehen müsse und zugleich die Verlegung des jüdischen Sabbats auf den christlichen Sonntag zu einer Bedingung ihrer Gleichstellung zu machen sey."[102] Als Vorleistung für eine ernsthafte Beschäftigung mit den Petitio-

---

100 Vgl. dazu auch LANGEWIESCHE, Liberalismus und Judenemanzipation, S. 149.
101 Ebd.; vgl. auch: RUDOLF MUHS, Zwischen Staatsreform und politischem Protest. Liberalismus in Sachsen zur Zeit des Hambacher Festes, in: WOLFGANG SCHIEDER (Hg.), Liberalismus in der Gesellschaft des deutschen Vormärz, Göttingen 1983, S. 194–238; DERS., Verfassungsgebung, S. 31–35.
102 SHStAD, MdI Nr. 826c, Bl. 13; vgl. auch Landtags-Acten von den Jahren 1833/34, Beilagen zu den Protocollen der ersten Kammer, Erste Sammlg., S. 11.

nen der Judenschaft sollten die „Gebildeten der Gemeinde" zunächst einen Maßnahmenkatalog zur Verbesserung der inneren Verhältnisse vorlegen, der speziell auf Fragen des Schulunterrichts und des Kultus, aber auch auf die Verlegung des Sabbats eingehen sollte.[103] Begleitet von ganz minimalen, schon zum Zeitpunkt der Einführung unzeitgemäßen Zugeständnissen im rechtlichen Status sollten die Juden zu bloßen Objekten in einem staatlich initiierten und kontrollierten Erziehungsprojekt degradiert werden.

Auch wenn dieses Vorgehen nicht bei allen politischen Entscheidungsträgern ungeteilte Zustimmung fand[104], so prägte es doch fortan den gesamten Emanzipationsdiskurs auf nahezu allen Ebenen – von den Kommunalparlamenten über den Landtag und die regierungsinterne Meinungsbildung bis hin zur Presse. Gabriel Riesser, der in seiner Zeitschrift „Der Jude" ausführlich über die Entwicklung in Sachsen berichtete, kommentierte diese permanente und völlig unzeitgemäße Debatte über „Gegenleistungen" denn auch mit beißender Kritik. Für den jüdischen Juristen spiegelte sich in der Regierungsforderung, die Juden sollten von talmudischen Grundsätzen ablassen und den Sabbat verlegen, „eine übermüthige Verhöhnung des Schwächeren, eine Verleugnung allen Schamgefühls von Seiten der Mächtigeren."[105]

Das Kultusministerium hatte den „Reformauftrag" des Landtages aber immerhin ohne Verzögerung angenommen und sich – anders als das Innenministerium – auch ernsthaft und weitgehend sensibel darum bemüht, den spezifischen Problemen des jüdischen Kultus gerecht zu werden.[106] Dem lag ein durchaus pragmatischer Ansatz zugrunde: Wenn sich das Judentum schon nicht abschaffen oder ins Christentum „überführen" ließ, so sollte doch wenigstens eine grundlegende Religiosität bewahrt werden.[107] Das Kultusministerium erließ deshalb die Anordnung, alle Privatsynagogen schnellstens aufzulösen und eine gemeinsame Synagoge zu errichten. Nur so würden Juden in der Lage sein, „auf eine ihrem Glauben gemäße, und dabei würdige, zu frommer Andacht erhebende Weise unter Leitung eines hierzu bestellten Oberrabbiners gemeinschaftlich Gott anzubeten."[108] Mit der 1835 vollzogenen Berufung Zacharias Frankels – bisher Kreisrabbiner im böhmischen Leitmeritz und Lokalrabbiner von Teplitz – kamen das Ministerium, aber auch diejenigen Juden, die in Fragen der religiösen Reform eine Interessenallianz mit der Beamtenschaft zustande gebracht hatten, diesem Ziel einen großen Schritt näher.[109]

---

[103] SHStAD MdI 826a, 17.6.1834; vgl. auch: Landtags-Acten von den Jahren 1833/34, Beilagen zu den Protocollen der ersten Kammer, Erste Sammlung, S. 13f.

[104] Prinz Johann etwa meinte, daß man sich davor hüten solle, „durch neue Einrichtungen die Jugend für ihren Glauben gleichgültig zu machen, denn Leute ohne Glauben sind die gefährlichsten Mitglieder der Gesellschaft." Überdies wandte er sich gegen eine Einmischung in Kultusangelegenheit und ebenso gegen eine gezielte „Christianisierung". Durch die Förderung der Bildung, so seine Überzeugung, werde bei den Juden fast automatisch die Einsicht wachsen, daß „der Übergang zum Christenthum der einzige Weg zur Wahrheit sei." Vgl. Landtagsacten von den Jahren 1833/34 II/1, S. 841; AZJ, 1837, S. 43; FRANKEL, Dr. Bernhard Beer, S. 60–62.

[105] Der Jude, 1833, S. 189f.; vgl. auch KAIM, Sachsen, S. 118.

[106] Vgl. FRANKEL, Dr. Bernhard Beer, S. 60–62.

[107] SHStAD, MdI 826b, o. P. (Entwurf, Dekret an die Stände das Gesetz über die Religionsausübung der Juden betr.)

[108] Ebd.; FRANKEL, Dr. Bernhard Beer, S. 75.

Insgesamt verlief die Regelung der Kultusangelegenheiten weitgehend konfliktfrei. Landtag, Regierung und jüdische Gemeinde verständigten sich rasch auf die Freiheit und Öffentlichkeit des jüdischen Kultus', die von einer Mehrheit der Kammermitglieder als eine Prinzipienfrage von Menschlichkeit und Toleranz, aber auch als Frage des bürgerlichen Rechts verstanden wurde: Ohne Religionsfreiheit, so betonte etwa der lutherische Superintendent Grossmann, sei Gewissensfreiheit nicht denkbar. Wahre bürgerliche Freiheit aber gebe es nicht ohne Gewissensfreiheit für alle, wer diese einschränke, schränke auch die eigene Freiheit ein.[110] In konsequenter Fortschreibung dieses Ansatzes wurde am 18. Mai 1837 ein Gesetz zur Regelung der Schulbildung und des religiösen Kultus verabschiedet, von dem sich die Regierung wichtige Impulse für die erstrebte „Veredelung" und die sozio-kulturelle Integration der Minderheit erhoffte. Damit erhielten die Juden in Dresden und Leipzig formal das Recht, sich zu einer Religionsgemeinde zu vereinigen. Ausdrücklich gestattet war nun der Besuch christlicher Schulen, der öffentliche Gottesdienst, die Errichtung von Gemeindesynagogen bei nochmals bekräftigter Abschaffung privater Betstuben und der Kauf eines Grundstückes für den Synagogenbau.[111] Damit konnte das Judentum nun endlich auch in Sachsen den Schritt von einem bestenfalls geduldeten Privatkultus zu einer gesetzlich zugelassenen, wenn auch noch nicht gleichberechtigt aufgenommenen Religion vollziehen.

Auf einer anderen Ebene aber folgte Ernüchterung: Entgegen der ständischen Schrift von 1834 unterließ es die Regierung zum einen, den Kammern bei Eröffnung des neuen Landtages einen Gesetzentwurf zur Regelung der bürgerlichen Rechte der Juden vorzulegen, da sie – so die offizielle Begründung – noch immer nicht über genügend Informationen als Entscheidungsgrundlage verfügen könne.[112]

Zum anderen verstärkten die Gegner der Judenemanzipationen ihre publizistische Aktivität, wobei auch sie dem fortgeschrittenen Stadium des Diskurses unweigerlich Tribut zahlen mußten: Betrachte man das Problem

---

109 Vermutlich war es sogar Bernhard Beer gewesen, der das Kultusministerium auf die Teplitzer „Fährte" gebracht hatte. Ihm nämlich war bestens bekannt, daß dort mit Zacharias Frankel seit geraumer Zeit ein Rabbiner wirkte, der seinen Vorstellungen vollauf entsprach und der mit großer Wahrscheinlichkeit auch bei der Regierung einen guten Eindruck hinterlassen würde. In der Tat reichte der Teplitzer Bürgermeister die Anfrage aus Dresden auch umgehend an den promovierten Rabbiner weiter, der daraufhin ein sehr umfassendes Gutachten zur Kultusreform an die sächsische Regierung sandte. Damit unterstützte er nicht nur die Reformkräfte in der Gemeinde, sondern er erarbeitete sich selbst – ohne das zu diesem Zeitpunkt schon planen zu können – ein kulturelles und soziales Kapital, das ihm wenig später zum Rabbinat in Sachsen verhalf. Vgl. dazu das Gutachten Beers zur Kultusreform in SHStAD MfVB 11131 Bl. 16ff.; FRANKEL, Dr. Bernhard Beer, S. 60–72; ANDREAS BRÄMER, Rabbiner Zacharias Frankel. Wissenschaft des Judentums und konservative Reform im 19. Jahrhundert, Hildesheim/Zürich/New York 2000, S. 43–90.

110 Vgl. Landtags-Acten von den Jahren 1836/37, II/1, S. 540–552; Mitteilungen des Landtages 1837, 1. Kammer, S. 1297–1315; Landtags-Acten von den Jahren 1836/37, III/1, S. 552–555; Mitteilungen des Landtags 1837, 2. Kammer, S. 1683–1686.

111 GVBlS 1837, Nr. 23, S. 66–67. Eine Ausnahmeregelung betraf Leipzig, wo seit langem während der Messe landsmannschaftliche Betstuben existierten, deren Fortbestand gesichert wurde.

112 Vgl. dazu auch die ironische Zusammenfassung der bisherigen Emanzipationsdiskussion bei FRANKEL, Dr. Bernhard Beer, S. 66.

allein aus humanistischer Perspektive, so der nunmehrige Grundtenor, dann sei die Gleichstellung kaum zu verwehren. Auch wolle man keinesfalls den „einzelnen Würdigen dieses Volkes zu nahe treten." Wohl aber gelte es, die „große Classe im Auge (zu haben), die stumpf für eine höhere Sittlichkeit" sei und den christlichen Handel außerdem zutiefst schädige.[113]

Es war nicht zuletzt Gabriel Riesser, der diesen antijüdischen Versatzstükken eine konsequent liberale Deutung entgegensetze. Auch er betrachtete es wohl als Pflicht jedes Einzelnen, nach Vervollkommnung zu streben und sich der Rechte in der bürgerlichen Gesellschaft würdig zu erweisen. Die Gleichheit vor dem Gesetz aber sei ein Menschenrecht, das nicht nur für eine aufgeklärte jüdische Aristokratie gelten könne, sondern für alle, die dieses Recht nicht durch Verbrechen verwirkt hätten. „Die besondere Würdigkeit des Einzelnen", so betonte Riesser nachdrücklich, „bestimmt seinen Lohn, seine Würde, nicht das Recht, sich um diesen Lohn, um diese Würde zu bewerben, nicht das Recht, sich würdig zu machen, und dieses ist es, was uns bestritten wird."[114]

Die sächsischen Kammerdebatten, vor allem aber die Gesetzgebungsarbeiten hinter den Kulissen der Öffentlichkeit nahmen indes fast groteske Züge an: Als hätte es derartige Erhebungen noch nie gegeben, sammelte die Regierung erneut sämtliche Emanzipationsgesetze aus anderen deutschen Staaten.[115] Auf dieser Basis gelangte sie dann schließlich zu der Überzeugung, daß „milde Gesetze" kaum ratsam seien. Statt dessen gelte es zunächst, Mittel zur geistigen Bildung und Vervollkommnung sowie Chancen für einen redlichen Erwerb zu gewähren. Nur so, meinte etwa Regierungsrat Günther, könne man die Juden für die Gleichstellung reif „oder zum Übergang zur christlichen Religion geneigt machen."[116] Diese Zielsetzung entsprach durchaus der Haltung, wie sie auch eine Reihe von Abgeordneten in den Kammern zum Ausdruck brachten. „Wie auf Sklavenmärkten, wo der herzlose Käufer herantritt und jedes Glied betastet", bemerkte Zacharias Frankel zwei Jahrzehnte später, „so wurde an diesen Stätten der ‚bürgerlichen Freiheit' über jedes ‚Stück Moral' des Juden abgeurtheilt, wurde nach Belieben der Jude nach dieser oder jener Seite als verwerflich bezeichnet, sprach ihm Mancher die sittliche Tauglichkeit ab, der, wie notorisch nachzuweisen ist, weit unter dem Niveau der Moralität des gewöhnlichen Juden stand."[117]

Am 28.02.1837 legte die Regierung schließlich ein Dekret vor, das die Grundprämissen des von der Ständeversammlung eingeforderten Gesetzes umriß und neben einzelnen Verbesserungen auch zahlreiche alte Stereotype konservierte. Die Präambel verwies auf den christlichen Charakter des Staates, in dem die Juden nun einmal ein solch fremdartiges Element seien, daß ein Ausschluß vom Genuß aller bürgerlichen Freiheiten allein

---

[113] Gewerbeblatt für das Königreich Sachsen 19.1.1837, S. 65ff.; vgl. auch: RAINER ERB/ WERNER BERGMANN, Die Nachtseite der Judenemanzipation. Der Widerstand gegen die Emanzipation der Juden in Deutschland 1780–1860, Berlin 1989; JAMES HARRIS, The People speak! Anti-Semitism and Emancipation in Nineteenth-Century Bavaria, Ann Arbor 1994.

[114] Der Jude, 1832, S. 170.

[115] SHStAD, MdI Nr. 826c, o. P., passim.

[116] Ebd. (Vortrag Regierungsrat Günther 26.1.1837).

[117] FRANKEL, Dr. Bernhard Beer, S. 86.

dadurch gerechtfertigt sei. Ohnehin strebe die Regierung keine Maßnahmen an, die eine Vermehrung der jüdischen Einwohner begünstigen könnten. Gleichwohl aber seien aus Erwägungen der „Humanität und der Billigkeit" heraus all jene Beschränkungen aufzuheben, „welche solche der moralischen Verderbnis preisgeben und daher für den Staat erst wahrhaft lästig machen."[118]

Letztlich billigten die „Modificationen in den bürgerlichen Verhältnissen der Juden"[119], die auch erst im August 1838 in Kraft traten und von der Regierung als erster Schritt zur staatsbürgerlichen Emanzipation verstanden wurden, den Juden bestenfalls den Status eines „Schattenbürgertums" zu.[120] Anders formuliert: Die Judenordnungen des 18. Jahrhunderts wurden mit diesem Gesetz nicht aufgehoben, sondern lediglich modifiziert. Der Grundgedanke, daß die Zahl der Juden nicht vermehrt werden solle, blieb fortab ebenso bestehen wie die Einschränkung der Freizügigkeit. Das Wohnrecht jüdischer Einwohner wurde weiterhin auf Dresden und nunmehr auch offiziell auf Leipzig beschränkt, wobei selbst der Umzug von einem zum anderen Ort der Genehmigung bedurfte.[121] Auflagen galten auch für den nun erstmals gestatteten Erwerb von Immobilien. Dieser blieb auf ein Grundstück begrenzt, das innerhalb einer Sperrfrist von 10 Jahren nicht weiter verkauft werden durfte.

Eine der wichtigsten Neuerungen betraf die (weitgehend) freie Wahl des Gewerbes, die aber im Handwerk durch einen Numerus Clausus eingeschränkt wurde. Er definierte die maximal mögliche Zahl jüdischer Meister für jedes Handwerk und schloß die Aufnahme christlicher Lehrlinge aus.[122] Ausgespart blieben zudem der Klein- und Ausschnitthandel, das Halten von Apotheken, von Gastwirtschaften und Branntweinbrennereien sowie – mit einigen Ausnahmen – der Schacher- und Trödelhandel. Soweit die Städteordnung den Erwerb des Bürgerrechts als Voraussetzung für ein Gewerbe festschrieb, konnte nun auch das Ortsbürgerrecht erlangt werden.[123] Allerdings verband sich damit keinerlei Anspruch auf politische bzw. Munizipalrechte.

Insgesamt also markierten diese „Modificationen" zwar das Ende des alten Schutzjudentums. Gleichwohl karikierten die vielen Einschränkungen in den an sich erweiterten Rechten den Emanzipationsansatz. Einem Vergleich mit den meisten anderen deutschen Staaten konnte diese Emanzipationspolitik jedenfalls kaum standhalten. Gleichwohl erleichterten selbst diese unzulänglichen Gesetze die innerjüdische Konsolidierung, steckten sie doch den legislativen Rahmen für die Gemeindebildung, die in Dresden bereits im Umfeld der Gesetzgebung und in Leipzig in den 1840er Jahren erfolgte, verläßlich

---

118 Landtags-Acten von den Jahren 1836/37. I/2, S. 72ff.; vgl. auch: FRANKEL, Dr. Bernhard Beer, S. 83.

119 GVBlS 1838, S. 394–399.

120 So Bernhard Beer in AZJ 1843, S. 278.

121 Vgl. GVBlS 1839, Nr. 42, S. 141 f.

122 Die Zahl jüdischer Meister sollte sich am Verhältnis der jüdischen zur gesamten Einwohnerschaft orientieren. Demnach durften in Dresden maximal 27 und in Leipzig drei jüdische Meister tätig sein.

123 Die Verordnung verankerte nun auch für die sächsischen Juden formal die Pflicht, erbliche Familiennamen anzunehmen und alle Handelsbücher in deutscher Sprache zu führen. GVBlS 1838, Nr. 64, S. 394–399.

ab.[124] Gefördert durch die Berufung Zacharias Frankels bildeten sich auf dieser Basis nach und nach moderne Binnenstrukturen heraus: 1836 wurde in Dresden eine Israelitische Gemeindeschule gegründet. Nur zwei Jahre später erfolgte die Grundsteinlegung für die Dresdner Synagoge, die – das war offenbar ein politisches Programm – von dem prominenten Baumeister und liberalen Demokraten Gottfried Semper für ein mehr oder weniger symbolisches Honorar projektiert und bereits 1840 eingeweiht wurde.[125]

Die Frage, in welchem Maße Sempers symbolisches Bekenntnis die bürgerliche Öffentlichkeit wirklich prägen konnte, ist derzeit kaum zu beantworten. Fest steht aber zumindest, daß mit dem Anwachsen der allgemeinbürgerlichen Emanzipationsbewegung seit Mitte der 1840er Jahre auch die Forderung nach einer vollständigen Gleichstellung der Juden erstmals einen stärkeren Widerhall im liberalen Bürgertum fand.[126] Vor allem in der Zweiten Kammer des sächsischen Landtages distanzierten sich immer mehr Abgeordnete von der Erziehungspolitik alten Stils. Redner wie Karl Gotthelf Todt, Otto Friedrich Heinrich von Watzdorf oder Heinrich Brockhaus drängten – unter Bezugnahme auf die bürgerlichen Vorbilder Frankreich, Holland und Belgien – auf die Aufhebung der vielen kleinlichen Kautelen in den Gesetzen von 1837/38. Augenscheinlich wollten sie sich nicht mehr damit zufrieden geben, daß die Regierung auch in dieser Frage noch liberaler agiert hatte als die Kammern.[127]

Ein ähnlicher Stimmungsumschwung deutete sich auch im kommunalen Bezugsfeld an. Vor allem das Leipziger Bürgertum setzte einige neue Akzente. So gaben auch die reformierten Handelsleute ihre antijüdische Haltung, wie sie für die Zeit des Rétablissements typisch gewesen war, nach und nach auf.[128]

Vor diesem Hintergrund artikulierte sich in den Reihen des Leipziger Bürgertums eine neue Gruppe, die in die Fußstapfen von Wilhelm Traugott Krug trat: Unter Leitung des liberalen Professors und Publizisten Friedrich Karl Biedermann (1812–1901) bildete sich 1844 in der Messestadt ein sogenannter „Emanzipations-Verein", in dem sich christliche und jüdische Bürger – so etwa der Leipziger Universitätsdozent und Publizist Julius Fürst – zusammenfan-

---

[124] Hierbei allerdings betonten die Behörden stets aufs neue, daß die Juden in Sachsen keine Korporationsrechte hätten und die Gründung von Religionsgemeinden „als eine streng zu beurtheilende Ausnahme von der hierdurch aufs Neue bestätigten Regel betrachtet" würde. Auch das Innenministerium hatte bei der Begutachtung erster Statutenentwürfe darauf verwiesen, daß es sich - wie bei Reformierten und Katholiken - nur um die Vereinigung zu einer Religions- und Schulgemeinde ohne politischen Charakter handeln dürfe. Die Gemeindevertreter seien nicht als politische, sondern als polizeiliche und religiöse Vertreter der Judenschaft anzusehen. Eine Absonderung und damit das Aufbrechen der Stadtgemeinde solle auf jeden Fall vermieden werden. Vgl. SHStAD, KHM Leipzig Nr. 3531; ebd., MdI Nr. 831, Bl. 3ff.

[125] Vgl. HEIDRUN LAUDEL, Der Bau der Synagoge in Dresden (1838–1840) – ein Werk Gottfried Sempers, in: Einst & jetzt. Zur Geschichte der Dresdner Synagoge und ihrer Gemeinde, hg. v. der Jüdischen Gemeinde zu Dresden und der Landeshauptstadt Dresden, Dresden 2001, S. 16–35; HAROLD HAMMER-SCHENK, Synagogen in Deutschland. Geschichte einer Baugattung im 19. und 20. Jahrhundert, Hamburg 1981, S. 199f.

[126] AZJ, 1843, S. 173.

[127] Ebd., S. 175.

[128] Vgl. JOSEF REINHOLD, Die Entstehung einer jüdischen Großgemeinde, in: Sächsische Heimatblätter 3 (1997), S. 117–141; DERS., Juden und jüdische Gemeinde in Leipzig während des 19. Jahrhunderts, Leipzig 1999; vgl. auch den Beitrag von Josef Reinhold im vorliegenden Band.

den, um „für die Freiwerdung der Juden durch Wort, Schrift und That zu wirken". Bemerkenswert ist, daß dieser Anspruch von vornherein die kommunalen Grenzen sprengte und national, ja sogar international definiert war.[129]

Zweifellos handelte es sich hier um ein Projekt, das aus mindestens zwei Gründen ein größeres Interesse der Forschung beanspruchen sollte: Zum einen zeugt der Verein von einschneidenden Wandlungen im bürgerlich-liberalen Selbstverständnis. Er belegt, daß das „neue" Bürgertum die Emanzipation der Juden nun mehrheitlich als originären Teil der eigenen Emanzipation begriff. Zum anderen gibt das Projekt über Formen und Fundamente der politischen Vergesellschaftung des Bürgertums nähere Auskunft, wie sie im Vormärz – basierend auf einem gemeinsamen Wertekanon – trotz einer noch ausstehenden rechtlichen Verbürgerlichung offenbar auch in Sachsen allmählich reifte. Daß dies zugleich ein tragfähiges Fundament für die Ausprägung von ähnlichen Deutungscodes und Handlungsmustern in dezidiert politischen Fragen, also in der Ausformung einer konfessionsübergreifend verbindenden politischen Bürgerlichkeit gewesen sein dürfte, zeigte sich in der Gründungsstadt des Emanzipations-Vereins spätestens 1848/49. Obwohl die Gesetzgebung selbst in der Revolutionszeit noch rückständig, obwohl die antijüdischen Vorurteile vor allem im alten Stadtbürgertum noch immer handlungsleitend und die Zahl der ansässigen Juden in der Messestadt noch immer verschwindend gering war, entsandte das Leipziger Bürgertum mit Julius Fürst einen jüdischen Vertreter ins Frankfurter Vorparlament, zu dem Ende März auch neun weitere Juden aus Deutschland und Österreich eingeladen wurden.[130] Als Dozent und Publizist bewegte sich Fürst, der seit 1840 auch die jüdische Zeitschrift „Der Orient" herausgab, nicht nur in sozialer Hinsicht, sondern – vermittelt etwa über den Schillerverein oder den Emanzipationsverein – auch in politischer Hinsicht auf demselben Feld wie ein christlicher Bürger vom Format eines Karl Biedermann, der ebenfalls dem Vorparlament der Paulskirche angehörte.[131]

---

129 Von Beginn an hofften die Gründer, „es soll ein Verein werden für Deutschland, aber sein Segen wird über die Grenzen Deutschlands hinausgehen … wenn Könige hören, wie Deutschlands Christen in Deutschlands Juden nur Brüder sehen, dann werden sie nicht anders können, als lösen die Fesseln, als brechen die Schranken, damit unter den Bürgern eines Staates nicht blos die Lasten, sondern auch die Rechte gleich sind." Zitiert nach: LEVI, Geschichte der Juden in Sachsen, S. 92. Über den Verein selbst ist bislang wenig bekannt. Einige Informationen finden sich aber in der von Karl Gutzkow redigierten Zeitschrift „Telegr. f. Deutschland" Nr. 37, 1844.

130 Unter den 586 Abgeordneten der ersten demokratisch gewählten Volksvertretung in der Frankfurter Paulskirche befanden sich sechs Juden (außerdem zehn getaufte Abgeordnete jüdischer Herkunft). Laut Berechnungen Tourys waren 1848/49 etwa 750 deutsche Juden in verschiedenen Parlamenten oder politischen Organisationen aktiv. Vgl. JACOB TOURY, Die Politischen Orientierungen der Juden in Deutschland von Jena bis Weimar, Tübingen 1966, S. 47ff.; MARGARITA PAZI, Die Juden in der ersten deutschen Nationalversammlung 1848/49, in: Jahrbuch des Instituts für Deutsche Geschichte 5 (1976), S. 177–209, hier S. 198–203.

131 Die Tatsache, daß Fürst (1805–1873) stärker den Demokraten zuneigte, während Biedermann zu den zentralen Figuren des sächsischen Liberalismus gehörte, war hierbei zunächst sekundär. Der in Zerkow/Posen geborene Fürst lebte seit 1833 in Leipzig. Ab 1840 lehrte er als einziger Jude an der Universität Leipzig talmudische Sprachen und Literatur. Von 1840 bis 1851 gab er in Leipzig die Literaturzeitschrift Der Orient heraus, die 1848/49 als jüdisches Sprachrohr der Revolution eine zentrale Bedeutung erlangte. Vgl. SHStAD, MfVB Nr. 10237; LEONORE GOLDSCHMIDT, Julius Fürst, in: SIEGMUND KAZNELSON (Hg.), Juden im deutschen Kulturbereich, Ein Sammelband, 3. Aufl., Berlin 1962, S. 325.

Aus dieser Sicht war es mehr als folgerichtig, daß die revolutionären Ereignisse des Frühjahrs 1848 bei den Juden die Hoffnung auf eine umgehende und bedingungslose Gleichstellung weckten.[132] Umso erstaunlicher erscheint die Entwicklung in Dresden, aber auch im sächsischen Staat als Ganzem.[133] Während sich in Leipzig schon unmittelbar nach Ausbruch der Revolution eine überkonfessionelle bürgerliche Interessenallianz formte[134] und auch das Bürgertum vieler anderer (nichtsächsischer) Städte die jüdischen Emanzipationsforderungen in den allgemeinen Forderungskatalog integriert und gegenüber der Obrigkeit als eigene Forderung vertreten hatte, sahen sich die Juden in Dresden gezwungen, allein für sich selbst zu kämpfen. Insofern erinnerte vieles an die „kleinstaatliche Revolution" von 1830/31: Ähnlich wie das damals eingesetzte Reformministerium Lindenau beließ es auch das liberal-demokratische „Märzministerium" unter Karl Alexander Braun bei nichtssagenden Erklärungen zu einer beabsichtigten Neuregelung der „kirchlichen Verhältnisse". In den Regierungsvorlagen, die im Mai dem Landtag übergeben wurden, blieb die Emanzipationsfrage vollkommen unerwähnt und auch der Revolutionslandtag selbst entwickelte in dieser Frage lange Zeit keine Initiative.[135] So war es den Juden, obwohl sie schon im April/Mai 1848 an den Wahlen zur Nationalversammlung teilgenommen hatten, im November 1848 noch immer nicht gestattet, ihre Stimme bei den Stadtverordnetenwahlen in Leipzig und Dresden abzugeben.[136] Vor diesem Hintergrund markierte das ebenfalls im November 1848 verabschiedete neue Landtagswahlgesetz tatsächlich einen großen Fortschritt für die sächsischen Juden. Es hob nämlich nicht nur die ständische Gliederung des Parlaments, sondern auch alle konfessionellen Beschränkungen auf.[137] Der so gewählte Landtag sorgte dann endlich auch für eine Demokratisierung des Gemeindewahlrechts, das die jüdische Minderheit erstmals mit einschloß. Fast vier Jahr-

---

[132] Vgl. zu Sachsen allgemein: JÖRG LUDWIG/ANDREAS NEEMANN, Revolution in Sachsen 1848/49. Darstellung und Dokumente, Dresden 1999; ROLF WEBER, Die Revolution in Sachsen 1848/49. Entwicklung und Analyse ihrer Triebkräfte, Berlin 1970.

[133] Zur Bedeutung der Revolution für die Emanzipation allgemein: REINHARD RÜRUP, The European Revolutions of 1848 and Jewish Emancipation, in: WERNER E. MOSSE/ARNOLD PAUCKER/ REINHARD RÜRUP (Hg.), Revolution and Evolution 1848 in German-Jewish History, Tübingen 1981, S. 1–53. Mit sächsischem Fokus: SOLVEJG HÖPPNER, Juden in Sachsen während der Revolution 1848/49, in: KARIN JESCHKE/GUNDA ULBRICHT (Hg.), Dresden, Mai 1849, Dresden 2000, S. 134–143; KLAUS KEMPTER, Adolf Jellinek und die jüdische Emanzipation. Der Prediger der Leipziger jüdischen Gemeinde in der Revolution 1848/49, in: Aschkenas 8 (1998), S. 179–191.

[134] In Leipzig fanden sich auf Initiative des jüdischen Predigers Adolf Jellinek und des protestantischen Predigers Zille bereits im März Vertreter verschiedener Konfessionen zusammen und formulierten eine Resolution an das Frankfurter Vorparlament, die von etwa 300 Leipziger Bürgern unterzeichnet wurde. Kernforderungen waren die Trennung von Kirche und Staat sowie die Rechtsgleichheit unabhängig von konfessionellen oder religiösen Zugehörigkeiten. Vgl. Der Orient, 1848, S. 121ff., 146f.; Die Neuzeit, 1874, S. 14f.; KEMPTER, Jellinek, S. 181f.; HÖPPNER, Juden, S. 137.

[135] Dies hing möglicherweise auch mit der Haltung des demokratischen Innenministers Karl Oberländer zusammen, der in den Landtagsdebatten der 1840er Jahre eine vollständige Emanzipation stets abgelehnt hatte. Vgl. auch FRANKEL, Dr. Bernhard Beer, S. 183f.

[136] Landtagsacten vom 2. Außerordentlichen Landtag 1848, Mitteilungen der 2. Kammer Nr. 63, S. 1455.

[137] GVBlS 1848 S. 277; Acten des außerordentlichen Landtags vom Jahre 1848, 1. Abt. S. 25–52; Der Orient, 1848, S. 366.

zehnte später als im benachbarten Preußen war es damit nun auch den wenigen sächsischen Juden möglich, durch ihre Stimme aktiv in die Geschicke der Bürgerkommune einzugreifen und darüber hinaus auch das Vertrauen der Wähler zu erlangen.[138] Als erstem gelang das Bernhard Hirschel, der im Juli 1848 zu den Dresdner Vertretern auf der Hauptversammlung der Vaterlandsvereine gehört hatte und bereits bei den Landtagswahlen ein achtbares Ergebnis für die Demokraten erzielen konnte. Bei den Stadtverordnetenwahlen von 1849 erhielt er dann die nötige Stimmenzahl, um als erster jüdischer Stadtverordneter Sachsens in das Dresdner Kommunalparlament einzuziehen. Ein weiterer Jude – der Bankier Wilhelm Schie – wurde zum Ersatzmann gewählt.

Dieses Ergebnis war nicht nur angesichts der in Dresden immer wieder neu konstruierten und legislativ abgesicherten antijüdischen Ressentiments erstaunlich. Hinzu kam, daß die jüdische Minderheit in Dresden nur knapp ein Prozent der Bevölkerung stellte und jüdische Kandidaten deshalb in hohem Maße auf die Stimmen und vor allem das Vertrauen der nicht-jüdischen Wähler angewiesen waren. Dies wiederum war nur dadurch möglich, daß mittlerweile auch in weniger prominenten Gemeinden die kulturelle und soziale Verbürgerlichung der Juden eine neue Qualität erreicht hatte: Der jüdische Bankier und der jüdische Arzt, der jüdische Lehrer oder der jüdische Dozent – sie alle gehörten sozio-ökonomisch zu den bürgerlichen Sozialgruppen modernen Zuschnitts und sie alle bedienten sich mittlerweile auch jener Sprache und jener kulturellen Codes, auf die das neue Bürgertum konditioniert war. Vor allem aus diesem Grunde wurden sie nun – obwohl Vertreter einer kurz zuvor noch wenig geachteten und numerisch kleinen Minderheit – für andere Bürger wählbar.

Fragt man nach den politischen Präferenzen der jüdischen Wähler und Kandidaten, so waren diese ebenso breit gestreut wie bei Nichtjuden. Während etwa der Dresdner Oberrabbiner ein großes Mißtrauen gegenüber den – aus seiner Sicht judenfeindlichen – Demokraten hegte und wohl eher den königstreuen Konservativen zuneigte[139], engagierte sich der Leipziger Prediger Adolf Jellinek für das „demokratische Prinzip".[140] Auch Julius Fürst und Bernhard Hirschel gehörten zu den sächsischen Juden, die den demokratischen Flügel stärkten. Hierbei agierten sie nicht nur als Sprachrohr der Minderheit, sondern deckten das gesamte Spektrum der Revolutionsforderungen ab, weil sie die Interessen der Juden primär durch eine allgemeine Demokratisierung der Gesellschaft sichern wollten.[141]

Regierung und Parlament allerdings ignorierten das Emanzipationsproblem – sieht man von dem grundsätzlich demokratisierten Landtags- und Gemeindewahlrecht ab – auch mit dem Fortgang der Revolution. Daher wurden die Juden in Sachsen – anders als dies etwa in Anhalt-Dessau der Fall war – nicht „von unten", durch den Druck des Bürgertums und die dar-

---

[138] Vgl. STEFI JERSCH-WENZEL, Jüdische Bürger und kommunale Selbstverwaltung in preußischen Städten, Berlin 1967.

[139] FRANKEL, Dr. Bernhard Beer, S. 183 ff.

[140] Der Orient, 1848, S. 225f.; KEMPTER, Jellinek, S. 185–191; DERS., Die Jellineks 1820–1955. Eine familienbiographische Studie zum deutschjüdischen Bildungsbürgertum, Düsseldorf 1998, S. 59–89.

[141] LBI NY, Archives, B. Hirschel Coll.; HÖPPNER, Juden, S. 138f.

auf basierende Initiative des Einzelstaates emanzipiert, sondern eher „von außen" – durch die im März/April 1849 vollzogene Anerkennung der Grundrechte des deutschen Volkes und die daraus resultierende Aufhebung aller Sondergesetze.[142] Als entscheidende emanzipierende Kraft agierte in diesem Falle also nicht das lokale Bürgertum, sondern die Frankfurter Nationalversammlung als Sprachrohr und Repräsentant der deutschen Wähler.[143] Dieser Aspekt trug sicherlich mit dazu bei, daß gleichwertig neben die sozio-kulturelle Perspektive der Verbürgerlichung auch eine national-kulturelle, als Identifikationsangebot fortab nicht minder dominante Perspektive trat – das deutsche Vaterland und damit auch der deutsche Jude.

Nur wenige Tage nach der Proklamation der Grundrechte löste der sächsische König im Konflikt um die Reichsverfassung den demokratisch gewählten Landtag wieder auf – 1850 wurde die alte Ständeversammlung reaktiviert – und ernannte ein konservatives Kabinett unter Friedrich Ferdinand von Beust.[144] Entgegen der reaktionären Grundtendenz seiner Politik und ungeachtet der starken Widerstände im eigenen Lager setzte sich Beust aber erstaunlicherweise dafür ein, die wieder aufgehobenen Frankfurter Grundrechte im Falle der „einheimischen" Juden beizubehalten. Laut Gesetz vom 12. Mai 1851 blieb es für die sächsischen Untertanen bei der 1848/49 errungeneren Gleichstellung, wobei der Landtag seine Zustimmung an die Bedingung geknüpft hatte, daß die Neuansiedlung ausländischer Juden auch fortab auf Dresden und Leipzig beschränkt blieb.[145]

Damit aber war es auch in Sachsen letztlich doch der Staat, der als Garant der Emanzipation auftrat und von vielen Juden auch entsprechend wahrgenommen wurde.[146] Selbst die Einschränkungen für ausländische Juden, die in der sächsischen Grundrechtsdebatte eine wichtige Rolle spielten, wurden bis weit in die jüdischen Gemeinden hinein akzeptiert. Auch nach deren Ansicht hatte ein vom Ausland nach Sachsen kommender, „meist widerlicher Theil der Juden anderer Länder ... durch übertriebene, marktschreierische Bekanntmachungen und Anpreisungen schlechter Ware keinen guten Ruf." Dem in Deutschland wieder auflebenden Geist der Intoleranz, so ein Dresdner Korrespondent der „Allgemeinen Zeitung des Judenthums", könne man aber nur durch „redliches und mäßiges Betragen" wirksam entgegenarbeiten.[147]

Erst in den 1860er Jahren, als auch der Liberalismus in Deutschland wieder erstarkte, rieben sich Juden wie Nichtjuden an den für Ausländer geltenden Beschränkungen, symbolisierten diese doch den provisorischen

---

[142] GVBlS 1849, Nr. 13, S. 33–42; ebd. 1849, Nr. 36, S. 65–67. AZJ, 1849, S. 157f.

[143] In Kraft traten die Grundrechte in Sachsen am 02.03.1849. Am 20.04.1849 erließ die Regierung dann eine entsprechende Ausführungsverordnung, die die völlige Gleichstellung der Juden garantierte. Mittlerweile hatte es allerdings auch das sächsische Innenministerium geschafft, einen Gesetzentwurf zur Emanzipation vorzubereiten, der allerdings nun durch die Grundrechte kaum noch von Bedeutung war. Vgl. SHStAD, MdI Nr. 838, Bl. 126.

[144] Vgl. zur allgemeinen Einordnung: NEEMANN, Landtag und Politik in der Reaktionszeit. Sachsen 1849/50–1866, Düsseldorf 2000; RICHARD FREIHERR V. FRIESEN, Erinnerungen aus meinem Leben, Dresden 1882, Bd. 1, S. 240ff.

[145] Allerdings wurden Händlern aus Zollvereinsstaaten auf Messen und Märkten jetzt gleichbehandelt. Vgl. GVBlS 1849, S. 67.

[146] Vgl. FRANKEL, Dr. Bernhard Beer, S. 187ff.; auch SHStAD, MdI Nr. 838, Bl. 185ff.

[147] AZJ 1852, S. 182.

Charakter der Emanzipation, die noch immer nicht in der Verfassung verankert war. Darüber hinaus erhofften sich viele Kritiker des Schwebezustandes von einer liberalen Minderheitenpolitik auch eine Belebung des Handels. Vor allem die Leipziger Bürgerschaft übte nun auf verschiedensten Wegen Druck auf die Regierung aus. Mehrfach wandten sich Bürgermeister, Stadtrat oder Stadtverordnete der Messestadt mit der Forderung an das Innenministerium, sämtliche Sondergesetze, die in- oder ausländische Juden betrafen, umgehend aufzuheben.[148]

Das allerdings geschah erst im Zuge der inneren Neuordnung Sachsens, die durch die Niederlage im Krieg von 1866 und die daraus resultierende Eingliederung in den Norddeutschen Bund unumgänglich geworden war. Am 03.12.1868 wurde die volle staatsbürgerliche Gleichberechtigung verfassungsmäßig garantiert.[149] Sachsen nahm damit das entsprechende Gesetz des Norddeutschen Bundes vom 3. Juli 1869 vorweg und realisierte die Emanzipation letztlich doch noch aus eigener Kraft. Die Frage, inwieweit die Juden die Forderungen erfüllt hatten, an die die Emanzipation ursprünglich gekoppelt werden sollte, spielte hierbei überhaupt keine Rolle mehr. Handlungsleitend war nun vielmehr – und das galt für alle deutschen Staaten – der liberale Rechtsgrundsatz, wie er für die endgültige Ausformung der bürgerlichen Gesellschaft unabdingbar und etwa von Riesser oder Krug schon mehrere Jahrzehnte vorher verfochten worden war.

III.

Überblickt man die Epoche von 1780 bis 1870 aus einer gesamtdeutschen Perspektive, so stellt sich die sächsische Entwicklung als recht „eigenwillig" dar. Zweifellos bestätigt sich auch hier Reinhard Rürups These, daß die Judenemanzipation – selbst wenn die Liberalen und vormärzlichen Demokraten oftmals zögerten, eine sofortige Gleichstellung zu befürworten – primär von den Erfolgen und Niederlagen der bürgerlichen Emanzipationsbewegung abhängig war.[150] Dennoch wich Sachsen vor allem in der Frühphase der Emanzipation gravierend vom „deutschen Normalpfad" ab. Dies hängt vor allem mit der Diskrepanz zwischen dem wirtschaftlichen und dem politischen Modernisierungspotential zusammen: Zum einen war Sachsen als Vorreiter des Manufakturwesens bzw. der Frühindustrialisierung, aber auch der Urbanisierung und der Entwicklung eines kräftigen Bürgertums bekannt. In kaum einer anderen Region erschien Deutschland im ersten Drittel des 19. Jahrhunderts „bürgerlicher" als hier. Zum anderen aber war die „Reformzeit" vor 1815 in Sachsen eher eine Zeit der politischen Stagnation und damit auch einer besonders lange ignorierten „Judenfrage". Das seit der Augustei-

---

148 SHStAD, MdI Nr. 838, Bl. 185ff. Zwischen 1852 und 1864 hatten Stadtrat und -verordnete im weltoffenen, innovationsfreudigen Leipzig ca. einhundert jüdische Familien neu aufgenommen, während in Dresden lediglich elf Befürwortungen zu verzeichnen waren, was auch ein Licht auf das unterschiedliche Profil des Bürgertums in beiden Städten wirft. In Leipzig, wo mittlerweile das liberale „neue Bürgertum" den Ton angab, wurde den jüdischen Firmen attestiert, zu den „achtbaren" Unternehmen zu gehören und den Handel der Stadt sehr positiv zu beeinflussen. Vgl. ebenda.

149 GVBlS 1868, Nr. 178, S. 1365–1368. Nun wurde § 33 der Verfassung folgendermaßen geändert: „Der Genuß der bürgerlichen und staatsbürgerlichen Rechte ist unabhängig von dem religiösen Glaubensbekenntnisse." Vgl. auch GVBlS 1869, Nr. 64, S. 239f.

150 RÜRUP, Kontinuität, S. 395.

schen Zeit handlungsleitende Motiv, die konfessionelle Homogenität des Landes zu bewahren, wirkte hierbei ebenso lähmend wie das geringe Interesse an einem „importierten Ersatzbürgertum" und die fehlende Toleranztradition aus der Zeit des „Aufgeklärten Absolutismus".

So mußte das wirtschaftlich und sozial schon vergleichsweise moderne Königreich Sachsen in späteren Jahrzehnten politische Entwicklungen nachholen, die Staaten wie Preußen oder Baden lange vorher bewältigt hatten. Erst in der „Reaktionszeit", als nun wiederum Preußen dezidiert reformfeindlich agierte, aber die bürgerliche Emanzipationsbewegung in Sachsen einen Schub aus Frankreich erhielt, bemühten sich Regierung und Landtag um einen ersten Zugang zur Frage der Judenemanzipation. Dies geschah vorwiegend aus süddeutscher Perspektive, also unter Rückgriff auf den Erziehungsgedanken, der in Preußen nur eine untergeordnete Rolle gespielt hatte. Obwohl Sachsen auf dem Weg von der ständisch verfaßten Wirtschaftsordnung zur industriell-kapitalistischen Konkurrenzgesellschaft schon weit vorangeschritten war, favorisierte das Königreich also den „Umweg" über den reformabsolutistisch geprägten Erziehungsansatz. Das Königreich ordnete sich insofern doch noch in die Reihe jener Mittelstaaten ein, die in der Nachfolge Badens ab den 1820er Jahren ähnlich intendierte, aber jeweils spezifische Emanzipationsgesetze verabschiedeten.[151] Allerdings fällt es schwer, für Sachsen vor 1848 überhaupt von einem Emanzipationsgesetz zu sprechen. Die „Modificationen" von 1838 lösten lediglich überholte durch „moderne" Sonderregeln ab, so daß das Königreich deutlich hinter anderen, ebenfalls „spät gestarteten" deutschen Staaten zurückblieb, ein Aspekt, der in der Bewertung der Lindenauschen Reformen und ihres bürgerlichen Charakters stärker berücksichtigt werden sollte.

Gleichwohl zeigte sich in Sachsen, wo im Vormärz eine Reihe namhafter Liberaler zu den Gegnern einer baldigen Judenemanzipation gehört hatte, daß die konservativ-liberale Beamtenschaft zeitweise eher zu Zugeständnissen bereit war als das städtische Bürgertum. Auch in Sachsen profilierte sich zunächst die aufgeklärte Bürokratie als wichtigster, wenn auch keineswegs alleiniger Träger des Emanzipationsdiskurses. Sie vor allem bestimmte in der Initialphase inhaltliche Vorgaben und Normen, an denen die Emanzipationswürdigkeit der Juden gemessen werden sollte.[152] Auf diese Weise produzierte weniger das größtenteils noch tradional geprägte städtische Bürgertum als vielmehr die „Kerngruppe" des entstehenden Bildungsbürgertums die Normen und Leitbilder, an denen sich das deutsche Judentum orientieren und messen lassen sollte. Damit wurde zum einen das Fundament für jenes Vertrauen in die Gesetzestreue und Überparteilichkeit der deutschen Bürokratie gelegt, das den Kollektivhabitus der deutschen Juden so stark und bis

---

[151] Vgl. RUTH DIEBOLD, Die Chronologie der Judengesetzgebung in den zum Deutschen Bund gehörenden Süd- und mittelwestdeutschen Staaten Baden, Württemberg, Bayern, Hessen-Darmstadt, Frankfurt und Sachsen-Weimar-Eisenach im 19. Jahrhundert bis zur Revolution von 1848/49, Diss., MS, Tübingen 1991, TOURY, Soziale und politische Geschichte; REINHARD RÜRUP, The Tortuous and Thorny Path to Legal Equality. ‚Jew Laws' and Emancipatory Legislation in Germany from the late Eighteenth Century, in: LBI YB XXXI (1986), S. 3–34; DERS., Judenemanzipation, S. 13–45.
[152] RÜRUP, Kontinuität, S. 392.

ins 20. Jahrhundert hinein prägte. Zum anderen eröffnete sich den deutschen Juden – trotz aller Belastungen und Hindernisse – ein in der Grundtendenz moderner, dezidiert bürgerlicher Orientierungsrahmen, der – da er über etwa drei Generationen immer wieder als Erwartungshaltung und zunehmend auch als innerjüdischer Anspruch erneuert wurde – ein aktives Hineinwachsen in die moderne Bürgergesellschaft unter Umständen erheblich forcieren konnte.

Josef Reinhold

Von der Ablehnung zur Befürwortung

Die Haltung der Leipziger Stadtverordneten zur Judenemanzipation in Sachsen 1834 bis 1868

Über die Emanzipation der Juden – hier verstanden als die im engeren Sinne rechtliche Gleichstellung der Juden – wurde in Deutschland seit der Veröffentlichung des epochemachenden Werkes „Über die bürgerliche Verbesserung der Juden" von Christian Wilhelm Dohm im Jahre 1781 öffentlich gestritten. Doch sollte fast noch ein ganzes Jahrhundert vergehen, bis sie mit der Reichseinigung 1871 zum Abschluß kam. Der Emanzipationsprozeß verlief in den einzelnen deutschen Staaten in Abhängigkeit von der Herausbildung der modernen bürgerlichen Gesellschaft in unterschiedlichem Tempo. Während Preußen eine Vorreiterrolle spielte und schon 1812 in einem Emanzipationsgesetz die Juden in den mittleren und östlichen Landesteilen zu Staatsbürgern mit vergleichsweise günstigem Rechtsstatus erklärte, sollten in Sachsen erste Schritte auf dem Wege zur rechtlichen Gleichstellung der Juden erst deutlich später eingeleitet werden. Im Grunde kam in Sachsen erst nach der Revolution von 1830 Bewegung in die „Judenfrage". Auch wenn die Verfassung von 1831 die Rechtsstellung der Juden unverändert ließ, bildete doch der Durchbruch in das konstitutionelle Zeitalter die Voraussetzung dafür, daß die Emanzipationsfrage bald zum Gegenstand praktischer Politik werden sollte.

Die Petition der Dresdner Judenschaft um die Gewährung privat- und staatsbürgerlicher Rechte an die in Sachsen geborenen Israeliten aus dem Jahre 1833 an die Erste Kammer, verfaßt von dem angesehenen jüdischen Privatgelehrten Bernhard Beer, den die Leipziger Universität ein Jahr später zum Dr. phil. promovierte, und befürwortet von Professor Wilhelm Traugott Krug, der als Vertreter der Leipziger Universität der Ersten Kammer angehörte, setzte eine langwierige, kontrovers geführte Debatte zwischen Emanzipationsbefürwortern und -gegnern über die Judenfrage in beiden Kammern und in der Öffentlichkeit des Landes in Gang, die 1837 und 1838 zu ersten gesetzlichen Konsequenzen führte.[153]

Beide Kammern des Landtages beschlossen 1834, bei der Regierung zu beantragen, einen Gesetzentwurf zur Revision der bestehenden Judengesetzgebung und zur Verbesserung des bürgerlichen Zustandes der jüdischen Glaubensgenossen auszuarbeiten, der dem Landtag zu Beginn der nächsten Sitzungsperiode im Jahre 1836 vorgelegt werden sollte.

In der landesweit geführten Debatte um die Emanzipation der Juden war auch die Position der Leipziger Stadtverordneten gefragt.[154] Sie setzten 1835 eine aus sieben Mitgliedern bestehende Deputation ein, die über die Verbesserung des bürgerlichen Zustandes der im Königreich Sachsen lebenden Juden gutachterlich befinden sollte. Die Deputation kam zwar in ihrer Gesamtheit zu dem Schluß, daß die Verbesserung der bürgerlichen Verhältnisse der

---

[153] Literatur zur Emanzipation der Juden vgl. Fußnoten 66 und 68 des Beitrages von SIMONE LÄSSIG im vorliegenden Band.

Juden „eine unabweisliche Forderung der Zeit" sei, konnte sich aber ansonsten auf keine gemeinsame Position einigen. Als es in der Emanzipationsfrage im Kollegium der Stadtverordneten zur Abstimmung kam, zeigten sich die bürgerlichen Repräsentanten der mit Recht wegen ihrer Weltoffenheit und Aufgeklärtheit gepriesenen Stadt tief gespalten und sprachen sich mit großer Mehrheit gegen die sofortige rechtliche Gleichstellung der Juden aus. Die Mehrheit der Deputation meinte, „daß die völlige Gleichstellung der jüdischen mit den christlichen Staatsbürgern, also auch die Aufnahme der Juden in hiesiger Stadt mit vollem Bürgerrecht, nur von erlangter besserer Bildung als zeither abhängig zu machen und daß daher zweitens vor allen Dingen auf besseren Unterricht und Erziehung der Juden hinzuarbeiten und der Effect davon zu erwarten sei, ehe völlige Gleichstellung derselben mit den Christen in unserem Lande und unserer Stadt ohne Nachtheil erfolgen könne".[155]

Zur Begründung ihres Standpunktes führte sie folgende Gesichtspunkte an: „Wenn die Ableitung des Juden vom Schacherhandel, überhaupt von der ehrlosen Betreibung des Handels, welches beides unter der Mehrzahl der Juden als die Seele ihres jetzigen unsittlichen Treibens anzusehen ist, und die Hinweisung des Juden auf Ackerbau und bürgerliche Gewerbe offenbar das erste Mittel zur moralischen Verbesserung derselben sein und bleiben wird; so stellt sich auch als durchaus nöthig möglichste Entfernung von solchen Handwerken dar, mit denen ein Handel verbunden ist. Die Erfahrung lehrt, daß an solchen Orten, wo die Juden … zu Handwerken hingeleitet werden, sie in der Regel, getrieben von ihrer Arbeitsscheu und Schacherlust, … unter dem Deckmantel dieses Handwerks mit diesen Handwerksartikeln Handel treiben, so auch diesen Handwerkshandel der Christen, der bis dahin noch ziemlich unbefleckt vom gemeinen Judenhandel geblieben ist, verderben und so selbst die christlichen Handwerker halb verleiten und halb nöthigen, auf gleiche Weise den Handwerkshandel zu betreiben, während der ehrliebende Mann, der dieß nicht nachahmen will, arbeitslos dasteht."[156]

Ausdrücklich betonte die Mehrheit der Deputation, daß die in Aussicht gestellte Emanzipation der Juden nach eingetretener Verbesserung ihres moralischen und sittlichen Zustandes nur für die inländischen Juden gelten sollte, deren Zahl keine Vermehrung von außen erfahren sollte, da dies nur zum höchsten Nachteil des Landes gereichen würde.[157]

---

[154] Noch vor Inkrafttreten der Allgemeinen Städteordnung von 1832 regelte ein Normativreskript der Landesregierung vom 23. März 1831 die Modalitäten für die Wahl der Stadtverordneten in Leipzig. Danach waren 60 Stadtverordnete und 36 Ersatzmänner von den Einwohnern mit Bürgerrecht für eine Dauer von drei Jahren zu wählen. Von den künftigen Stadtverordneten sollten 30 aus dem Kreis der ansässigen und 30 aus dem Kreis der unangesessenen Bürger stammen. Die erste Sitzung des neugewählten Stadtverordnetenkollegiums als Organ kommunaler Selbstverwaltung fand am 7. Oktober 1831 statt. Vgl. RUDOLF KÖTZSCHKE, Die Sächsische Staats- und Gemeindereform 1830/31 und ihre Bedeutung für den Aufschwung des wirtschaftlichen und geistigen Lebens im Lande, insbesondere in Leipzig, in: Erinnerungsgabe des Rates der Stadt Leipzig zum einhundertjährigen Bestehen des Kollegiums der Stadtverordneten am 7. Oktober 1931, Leipzig 1931, S. 28ff. Vgl. auch BIRGIT HORN, Leipzigs erste gewählte Bürgervertretung. Die provisorischen Commun-Repräsentanten von 1830, in: Stadtgeschichte. Mitteilungen des Leipziger Geschichtsvereins, 3 (2001) 1, S. 28–41.
[155] StadtAL, StV AKt J Nr. 3a, Bl. 25b.
[156] Ebd., Bl. 26f.
[157] Vgl. ebd., Bl. 32.

Albert Dufour, der Kolonie reformierter französischer Kaufleute in Leipzig entstammend und als Inhaber der Seidenwarengroßhandlung Dufour Gebrüder u. Comp. ein herausragender Repräsentant der Leipziger Handelsbourgeoisie, sowie der Advokat und Universitätsrentamtmann Franz Brunner, der später in die Wirtschaft wechselte und Spitzenpositionen im Banken- und Versicherungssektor bekleidete, verkörperten die Minderheit in der Deputation,[158] die sich in ihrem Separatvotum für die sofortige Emanzipation der Juden ohne jegliche Vorbedingungen einsetzte.[159]

Dufour und Brunner erklärten, die Frage der Judenemanzipation „von der möglichst liberalen Seite zu betrachten", als sie „selbst der Ansicht einer möglichsten Liberalität zugethan" seien. Es würde allerdings noch ein zweites Vierteljahrhundert vergehen, bis man „die Unduldsamkeit gegen jüdische Glaubensgenossen als einer längst vergangenen Zeit angehörig erklären und mit Erstaunen auf die wirklich mittelalterlichen Gesetze zurückblicken wird, unter denen die Juden des Königreiches Sachsen, dieses in vieler Beziehung der Kultur anderen Staaten vorleuchtenden Landes, noch in den lezten Jahrzehnten schmachteten".

Bei der Abstimmung über beide Voten am 29. Juli 1836 stimmten 41 Stadtverordnete für das Gutachten der Mehrheit, und nur 10 Stadtverordnete solidarisierten sich mit dem Votum der Deputationsminderheit.[160] Weiterhin beschlossen die Stadtverordneten, eine von dem Stadtverordneten Wilhelm Gottgetreu Ehrhardt, der Profession nach Goldschmied, der Deputation übergebene, ursprünglich für den Landtag von 1833/34 bestimmte Petition Leipziger Handwerksmeister gegen die Emanzipation der Juden dem Leipziger Stadtrat zu übergeben. In der mit fast 150 Unterschriften versehenen Petition wurde die Bitte ausgesprochen, „uns mit der Emancipation der Juden zu verschonen, damit die mühsam erhaltene Wohlfahrt Sachsens und seiner christlichen Bürger nicht gefährdet werden möge". Die Handwerkerpetition von 1834 argumentierte im Ton und in ihren judenfeindlichen Forderungen wesentlich radikaler als die Mehrheit der Stadtverordneten zwei Jahre später, indem verlangt wurde, die „Reform der Juden" müßte damit anfangen, „den Judaismus auszurotten", der die Würde der Menschheit vernichte. Dazu sei es nötig, den Talmud und alle übrigen jüdischen Bücher zu verbieten und das Ansehen und die Wirkung aller Rabbiner auszumerzen. Eine weitere Forderung lautete: „Das Judenthum darf fortan nicht mehr gelehrt werden." Für den Fall, daß die Juden Juden bleiben wollten, wäre es besser, sie würden es jenseits der Grenzen Sachsens tun.[161]

---

158 A. Dufour, auch Dufour-Feronce, und F. Brunner, beide aus der Klasse der unangesessenen Bürger, gehörten über längere Zeit dem Stadtverordnetenkollegium an. Ersterer war Stadtverordneter bzw. Ersatzmann von 1834 bis 1836 und 1840, bevor er 1841 zum Stadtrat gewählt wurde, und Brunner, Stadtverordneter von 1835 bis 1843, bekleidete 1840 und 1841 das Amt des Stadtverordnetenvorstehers. Vgl. Mittheilungen aus den Plenarverhandlungen der Stadtverordneten zu Leipzig, 1. 1831–1843 (1844), S. 536.

159 Der Text des Votums von Brunner und Dufour ist diesem Beitrag als Quellenanhang beigegeben. Die Wiedergabe des Textes erfolgt nach: StadtAL, StV Akt J Nr. 3a, Bl. 37–46b.

160 Vgl. Ebd., Tit. LI Nr. 91, Bl. 29. Vgl. auch ebd., StV Akt P Nr. 25 Bd. IV, Bl. 96bff.; Mittheilungen, S. 185ff.

161 Zum Text der Handwerkerpetition mit den Berufsangaben der Unterzeichner vgl. StadtAL, StV Akt J Nr. 3a, Bl. 65–82b.

Nach einer längeren Vorbereitungsphase erschienen 1837 und 1838 die ersten Gesetze zur sächsischen Variante der Judenemanzipation, die, waren sie auch verspätet und halbherzig, den legislativen Rahmen für die Bildung jüdischer Gemeinden in Dresden und Leipzig, jüdisches Leben im allgemeinen und die Einwanderung auswärtiger Juden absteckten.[162] Das „Gesetz wegen einiger Modificationen in den bürgerlichen Verhältnissen der Juden" von 1838 erweiterte u. a. die Möglichkeiten wirtschaftlicher Betätigung für Juden über Warenhandel und Geldgeschäfte hinaus, indem ihnen erlaubt wurde, ein Gewerbe nach Wahl unter Ausschluß von bestimmten Berufen zu betreiben und das Innungs- und Meisterrecht zu erwerben, letzteres aber nur gemäß dem Verhältnis der jüdischen zur christlichen Bevölkerung. Für Leipzig war der Paragraph 6 des Gesetzes besonders bedeutsam, der festlegte, daß es für die Etablierung eines Großhandels- oder Speditionsgeschäftes einer speziellen Konzession des Ministeriums des Innern bedurfte.[163]

Nach 1838 stagnierte der Emanzipationsprozeß der Juden in Sachsen. Erst die Revolution von 1848/49 bewirkte als Anstoß von außen durch die Übernahme der von der Frankfurter Nationalversammlung proklamierten Grundrechte des deutschen Volkes 1849 in Sachsen die „Gleichstellung der Sächsischen Juden mit den Christen hinsichtlich des Genusses bürgerlicher und staatsbürgerlicher Rechte". Immerhin bedeutete das, daß nun Juden mit Bürgerrecht in Leipzig und Dresden das aktive und passive Wahlrecht für das jeweilige Stadtverordnetenkollegium zustand.[164]

Nachdem Bernhard Hirschel schon 1849 zum ersten jüdischen Stadtverordneten in Dresden gewählt worden war, erhielt der Kaufmann und spätere Bankier Jacob Nachod 1853 als erster Jude in Leipzig ein Mandat für das Kollegium der Stadtverordneten. Der aus Dresden stammende Nachod gehörte dem Vorstand der Israelitischen Religionsgemeinde zu Leipzig (IRGL) seit 1847 an und vertrat die Gemeinde von 1877 bis 1882 als Vorsteher. Später folgten als Stadtverordnete die Vorsteher der IRGL Hermann Samson und Moritz Kohner sowie andere Juden.

M. Kohner gehörte seit 1860 dem Kollegium der Stadtverordneten an und war seit 1874 der erste jüdische Stadtrat in Leipzig.[165]

Die auch in Sachsen publizierten Grundrechte des deutschen Volkes nahmen die Leipziger Stadtverordneten im Vorfeld der Ostermesse von 1849 zum Anlaß, um vom Stadtrat die Rücknahme einer Bekanntmachung zu verlangen, in der den jüdischen Kleinhändlern wie bisher der Besuch der Leipziger Messe nur während der eigentlichen Meßwoche gestattet werden sollte. Die Intervention der Stadtverordneten hatte zur Folge, daß der Stadtrat die Bekanntmachung zurücknahm und daß jüdische Kleinhändler fortan in gleicher Weise wie christliche Kaufleute an den Messen teilnehmen konnten. Daß sich die Stadtverordneten ausgerechnet für die jüdischen Kleinhändler einsetzten, die man seit alters her möglichst von Leipzig fernhalten wollte, signalisierte wohl ein spürbares Umdenken in dem Kollegium der Stadtverordneten und in der öffentlichen Meinung gegenüber den Juden.

---

162 Vgl. hierzu den Beitrag von SIMONE LÄSSIG im vorliegenden Band.
163 Vgl. GVBlS, 1838, S. 394–396.
164 Vgl. ebd., 1849, S. 67.
165 Vgl. JOSEF REINHOLD, Zwischen Aufbruch und Beharrung. Juden und jüdische Gemeinde in Leipzig während des 19. Jahrhunderts, Dresden 1999, S. 31ff.

Jedenfalls nahm der Prediger der Israelitischen Religionsgemeinde zu Leipzig, Adolf Jellinek, den einstimmig von den Stadtverordneten gefaßten Beschluß zur Gleichbehandlung jüdischer Krämer mit christlichen Detailhändlern auf den Messen zum Anlaß, um den Leipziger Stadtverordneten als Beweis seiner Hochachtung und Anerkennung die von ihm zur Feier der deutschen Grundrechte am Pessachfest 1849 in der Leipziger Gemeinde-Synagoge gehaltene Rede zu widmen. Jellinek übersandte den Stadtverordneten 60 Exemplare seiner Rede und wünschte in dem Begleitschreiben dem Stadtverordnetenvorsteher, daß er „noch recht lange einem so freisinnigen Collegium" vorstehen möge.[166]

In der Reaktionsperiode fehlte es nicht an Bestrebungen, den formal verbesserten Rechtsstatus der Juden auf das vorrevolutionäre Niveau zurückzudrehen. Auch wenn der Landtag 1851 die gesetzlichen Regelungen von 1849 für die inländischen Juden bekräftigte, blieben gewichtige Emanzipationsdefizite bestehen und tradierte antijüdische Klischees in Teilen der Mehrheitsgesellschaft präsent. Das wurde offensichtlich, als Sigismund Levi 1855 um Aufnahme in die Leipziger Kramerinnung nachsuchte.[167] Der in Dresden geborene Levi, Sohn des Porzellan- und Steinguthändlers Marcus Levi, wollte nach Erlangung des Bürgerrechts in Leipzig ein Modewaren- und Ausschnittgeschäft einrichten. Die Kramerinnung lehnte Levis Gesuch ohne Angabe von Gründen ab, so daß sich Levi an den Rat mit der Bitte wandte, die Kramerinnung zu veranlassen, ihn aufzunehmen. Die Amtführenden Kramermeister begriffen sofort die prinzipielle Bedeutung der Angelegenheit. Da die Kramerinnung von Dresden Levi nicht aufgenommen hatte, wäre er, sofern sein Gesuch in Leipzig Erfolg haben sollte, der erste Jude in der Leipziger und wohl in einer sächsischen Kramerinnung überhaupt gewesen.

Mit Hinweis auf die seit 1849 veränderte Rechtslage verlangte der Rat von der Kramerinnung die Aufnahme von Levi. Die Kramerinnung legte dagegen das Rechtsmittel des Rekurses ein. Der Streit zwischen Rat und Kramerinnung zog sich bis 1857 hin. Die Amtführenden Kramermeister zogen alle Register religiös und ökonomisch motivierter Judenfeindschaft, organisierten eine Petition von 117 Mitgliedern ihrer Innung gegen die Aufnahme des Juden Levi und ließen selbst das Mittel eines Immediatsgesuchs an den König nicht unversucht. Der erbitterte Widerstand der Innung gegen die Aufnahme eines Juden führte letztlich nicht zum Erfolg. Mit Rückendeckung durch die Kreisdirektion und das Ministerium des Innern setzte der Rat die Aufnahme durch. Die unterlegene Kramerinnung schrieb an den Stadtrat: „Wir kennen seit Eingang der letzten Ministerialverordnung kein gesetzliches Mittel mehr, um uns der Aufnahme des genannten Levi noch länger zu verweigern ... so erklären wir hiermit: daß wir nach Lage der Sache der Aufnahme des genannten Levi in unsere Innung weitere Hindernisse nicht entgegenzustellen haben ..., damit gleich-

---

[166] Vgl. StadtAL, StV Akt J Nr. 3a, Bl. 122. Die Druckfassung der Ansprache von Jellinek erschien unter dem Titel: Jericho. Ein Bild von Israel's Freiheit. Rede, zur Feier der deutschen Grundrechte, am Passahfeste (8. April 1849) in der Leipziger Gemeinde-Synagoge ..., Leipzig 1849.

[167] Zu Levis Gesuch und zur Haltung der Kramerinnung vgl. StadtAL, II. Sektion K 1897; vgl. ebd., AA Nr. 17124.

sam ein Wahrzeichen belegend, von wo ab unsere Jahrhunderte hindurch mit augenscheinlichem Seegen für die Stadt unversehrt erhaltene Kramerordnung einer ihrer besten Vorzüge benommen worden ist."[168]

Die Vollendung der Judenemanzipation in Sachsen gefordert und befürwortet zu haben, dürfen die Leipziger Stadtverordneten für sich in Anspruch nehmen. Im Jahre 1865 wurden im Stadtverordnetenkollegium zwei Anträge gestellt, die sich auf die Behandlung von Niederlassungsgesuchen ausländischer Juden bezogen. Der Antrag des Stadtverordneten Moritz Lorenz, Kaufmann und Kramermeister aus der Klasse der ansässigen Bürger, besagte, daß das Kollegium den Rat ersuchen wolle, bei der Staatsregierung auf eine Beseitigung derjenigen gesetzlichen Bestimmungen hinzuwirken, welche das Einwerben ausländischer Israeliten im Gegensatz zu den der christlichen Religion angehörenden Einwerbern gegenwärtig in Sachsen noch erschweren.

Der zweite Antrag, eingebracht von dem Stadtverordneten Dr. med. Carl Heyner, praktischer Arzt aus der Klasse der ansässigen Bürger, artikulierte sein Anliegen folgendermaßen: „Das Kollegium wolle dem Rat erklären, daß es sich außer Stande fühle, irgend einen Menschen um deswillen, weil er der jüdischen Religionsgesellschaft angehört, die Aufnahme in Leipzig zu verweigern." Die Abstimmung über beide Anträge am 31. Mai 1865 ergab folgendes Ergebnis: Der Antrag Lorenz wurde einstimmig angenommen, während das Plenum der Vorlage von Dr. Heyner bei sechs Gegenstimmen zustimmte.[169]

Den einstimmig angenommenen Antrag Lorenz reichten die Stadtverordneten mit einer ausführlichen Begründung an den Stadtrat ein, in der man antijüdische Akzente vergeblich sucht. Es heißt darin: „Zweifelsohne hat früher die Furcht vor einer besonderen Befähigung der Juden zu Handelsgeschäften, vielleicht auch ein gewisses Mißtrauen gegen die Art der Geschäftsführung der Erschwerung ihrer Einwerbung das Wort geredet ... Leipzigs commercielle Verhältnisse, die Grundlage seines Gedeihens, bringen es aber mit sich, daß die Einwerbung auswärtiger Israeliten sich besonders ihm zuwendet. Wir haben in dieser Beziehung also die meiste und begründetste Erfahrung für uns, wir wissen, welche Vortheile unser Handel durch seine jüdischen Vertreter genommen, welche Nachtheile denselben durch die Erschwerung jüdischer Niederlassungsgesuche betroffen haben."[170]

Der Leipziger Rat trat dem Antrag der Stadtverordneten bei und gab ihn an die Kreisdirektion Leipzig weiter. Zur Begründung seiner Position führte der Rat an, die Eingabe der Stadtverordneten „enthalte an sich schon so viel Wahres, auch bei uns durch die Erfahrung hinlänglich Bestätigtes, daß es nicht noch der Anführung besonderer Gründe bedürfe, um unsere Landesgesetzgebung über diesen Gegenstand als eine überlebte zu bezeichnen".[171]

Die Kreisdirektion reichte den Bericht des Leipziger Rates ohne näheren Kommentar am 30. Juni 1865 zur Entscheidung an das Innenministerium in

---

[168] Ebd., II. Sektion K 1897, Bl. 93ff.
[169] Zu den Anträgen von Lorenz und Dr. Heyner und die dazugehörigen Verhandlungen der Stadtverordneten vgl. StadtAL, StV Akt J Nr. 5 Bd. 4, Bl. 107ff.
[170] Ebd., Bl. 115bff.
[171] Ebd., Bl. 120b.

Dresden ein.[172] Wenn darauf auch keine direkte Stellungnahme des Ministeriums ermittelt werden konnte, so darf doch angenommen werden, daß die Initiative des Leipziger Stadtverordnetenkollegiums die nachfolgende Gesetzgebung zur Judenemanzipation positiv beeinflußt hat.

Es soll nun noch der Frage nachgegangen werden, wie sich das Stadtverordnetenkollegium in Dresden zu dem Leipziger Vorstoß verhalten hat. Schließlich war unter den sächsischen Städten infolge des Gesetzes von 1838 nur die Landeshauptstadt in einer mit Leipzig vergleichbaren Situation. Aus den Akten der Stadtverordneten von Dresden ist ersichtlich, daß Emil Lehmann, der Vorkämpfer für die Judenemanzipation in Sachsen, von 1865 an Stadtverordneter in Dresden und seit 1869 einer der Vorsteher der dortigen Israelitischen Religionsgemeinde,[173] einen fast gleichlautenden Antrag zur Gleichbehandlung der Niederlassungsgesuche von Juden und Christen in Sachsen, der sich direkt auf den Beschluß der Leipziger Stadtverordneten und die zustimmende Stellungnahme des Leipziger Rates bezog, am 5. Juli 1865 gestellt hat. Allerdings ging Lehmanns Antrag in der Weise über den Leipziger hinaus, daß er die Aufhebung noch bestehender Beschränkungen nicht nur auf die Niederlassung, sondern auch auf den Aufenthalt fremder Juden zum Inhalt hatte.

Lehmann führte in seinem Antrag aus, „das Collegium wolle den Stadtrath ersuchen, bei der Königlichen Staatsregierung die Aufhebung der in Bezug auf den Aufenthalt und die Niederlassung ausländischer Juden … in Bezug auf Dresden und Leipzig und sonst bestehenden Beschränkungen in gleicher Weise, wie dies so eben (von) seiten des Stadtraths zu Leipzig erfolgt ist, thunlichst bald in Anregung zu bringen". Seiner Meinung nach, dürfte es Dresdens würdig sein, in dieser Frage des Rechts, der Humanität und der Verkehrsfreiheit dem Votum der Schwesterstadt beizutreten.[174]

Einen in die gleiche Richtung zielenden Antrag unterbreitete am 14. März 1866 der Schuhmachermeister Gottlieb Knöfel, Stadtverordneter von 1866 bis 1870. Beide Anträge wurden zunächst zur Berichterstattung an die Verfassungsdeputation verwiesen. Auf der Grundlage des Berichts der Verfassungdeputation und eines mit knapper Mehrheit am 10. Juli 1867 gefaßten Beschlusses des Kollegiums wurde der Stadtrat darum ersucht, „bei der Königlichen Staatsregierung darauf anzutragen, auf dem verfassungsmäßigen Wege alle in den bürgerlichen und politischen Rechten gesetzlich noch bestehenden Unterschiede und Beschränkungen aufzuheben, welche auf dem religiösen Bekenntnisse beruhen".[175]

Anders als in Leipzig unterstützte der Stadtrat von Dresden nicht den Antrag des eigenen Stadtverordnetenkollegiums. Die Dresdener Stadtverord-

172 Vgl. SHStAD, MdI Nr. 838, Bl. 220.
173 Zu Emil Lehmann vgl. ELVIRA DÖSCHER/WOLFGANG SCHRÖDER, Sächsische Parlamentarier 1869–1918. Die Abgeordneten der II. Kammer des Königreichs Sachsen im Spiegel historischer Photographien. Ein biographisches Handbuch, Düsseldorf 2001, S. 211.
174 Zu den Verhandlungen der Stadtverordneten von Dresden über die Anträge zur Aufhebung der Beschränkungen in bezug auf den Aufenthalt und die Niederlassung ausländischer Juden in Sachsen vgl. StadtAD, StV J Nr. 17, Zitat: Bl. 4. Vgl. auch (O. RICHTER), Die Stadtverordneten zu Dresden 1837–1887. Festschrift zur Fünfzigjährigen Jubelfeier des Kollegiums zum 11. Mai 1887, Dresden 1887.
175 StadtAD, StV J Nr. 17, Bl. 35f.

neten erneuerten daher am 4. September 1867 mit einem Stimmenverhältnis von 34 gegen 9 Stimmen ihr Ersuchen an den Stadtrat, bei der Staatsregierung die Aufhebung der aus religiösen Gründen noch bestehenden Unterschiede und Beschränkungen in der Ausübung der bürgerlichen und staatsbürgerlichen Rechte in Sachsen zu beantragen. Daß sie damit auch einer in der Stadt verbreiteten Stimmung gegenüber der Judenemanzipation Ausdruck verleihen, beweist eine mit 226 Unterschriften versehene Zustimmungs- und Dankbarkeitsadresse aus Kreisen des städtischen Mittelstandes mit Datum vom 14. Oktober 1867, in der es heißt, daß der Beschluß der Dresdener Stadtverordneten „unsere langgehegten Wünsche ausspricht und die Ausführung derselben von der höchsten Wichtigkeit für den religiösen Frieden, für wahre Menschenliebe wie für das materielle Wohl der Bürgerschaft ist".[176]

Ein Blick auf die Vollendung der Emanzipationsgesetzgebung in Sachsen, namentlich auf das Gesetz vom 3. Dezember 1868 über einige Abänderungen der Verfassungsurkunde und auf die dazu erlassene Verordnung über die Gleichstellung der Konfessionen in bürgerlicher und staatsbürgerlicher Hinsicht vom 12. August 1869, lehrt, daß die Voten der Stadtverordneten von Leipzig und Dresden aus den Jahren 1865 und 1867 zur rechtlichen Gleichstellung von Juden mit den Angehörigen anderer Konfessionen auf dem Wege der Gesetzgebung beigetragen haben, denn das angeführte Gesetz von 1868 bestimmte: „Der Genuß der bürgerlichen und staatsbürgerlichen Rechte ist unabhängig von dem religiösen Glaubensbekenntnisse. Den bürgerlichen und staatsbürgerlichen Pflichten darf das religiöse Bekenntniß keinen Abbruch thun."[177]

Für die historische Einordnung der von den Zeitgenossen bejubelten Fortschritte in der rechtlichen Gleichstellung der Juden gilt es mit Blick auf die nachfolgende Entwicklung festzustellen, daß die Judenemanzipation in Sachsen, wie in den anderen deutschen Staaten auch, nicht auf revolutionärem Wege erkämpft werden konnte, sondern eine von oben verordnete „Flickwerklösung"[178] blieb, die „jederzeit widerrufbar war, sobald sich die Umstände änderten und die Juden der von oben gnädig zugestandenen Rechte angeblich ‚unwürdig' waren".[179] Es bedurfte nicht einmal der Zeitspanne eines Dezenniums, bis der im deutschen Kaiserreich aufkommende moderne Antisemitismus die Unsicherheit und Gefährdungen jüdischen Lebens erneut in das öffentliche Bewußtsein von Juden und Nichtjuden rückte.

---

[176] Ebd., Bl. 33b.

[177] GVBlS 1868, S. 1365.

[178] JACOB TOURY, Soziale und politische Geschichte der Juden in Deutschland 1847–1871, Düsseldorf 1977, S. 352.

[179] WALTER GRAB, Weg, S. 14. Für die Unterstützung seiner Recherchen zu dem hier behandelten Thema dankt der Autor Birgit Horn, Stadtarchiv Leipzig, sowie Anett Hillert und Christine Stade, Stadtarchiv Dresden.

Josef Reinhold

Quellenanhang: Stellungnahme der Leipziger Stadtverordneten Franz Brunner und Albert Dufour zur Judenemanzipation in Sachsen

Leipzig, 19. Juli 1836
StadtA Leipzig, Stadtverordnete J Nr. 3a, Bl. 37–46b

Die Quelle, die als behändigte Ausfertigung vorliegt, wird in buchstabengetreuer Abschrift wiedergegeben. Unterschiedliche Schreibweisen der gleichen Wörter in der Vorlage sind vereinheitlicht, Hervorhebungen und Unterstreichungen im Original durch Kursivdruck gekennzeichnet. Eine Modernisierung ist in der Regel auf Groß- und Kleinschreibung sowie auf die Interpunktion begrenzt. Ergänzungen des Bearbeiters stehen in ( ). Eine Abschrift des Schriftstücks befindet sich in: StadtA Leipzig, Tit. LI Nr. 91, Bl. 52–62b.

Separat Votum

Mit dem von der verehrten Deputation gefaßten Vortrage und Gutachten über die Verbesserung der bürgerlichen Verhältnisse der jüdischen Glaubensgenossen in Sachsen sind zwar die Unterzeichneten in so fern einverstanden, als darin [erklärt wird][1],
a) daß bei dieser ersten an das Collegium der Stadtverordneten gelangten Anfrage über diesen Gegenstand ein Princip festgestellt wurde, nach welchem die Sache zu behandeln sei, und als darin
b) anerkannt worden ist, es sei die Verbesserung des bürgerlichen Zustandes der Juden eine unabweisliche Forderung der Zeit,
allein sie können sich mit diesem Vortrage darum nicht vereinigen, weil in demselben nur von denjenigen Ländern die Rede ist, wo die bürgerlichen Verhältnisse der Juden mehr oder noch beschränkt sind, nirgends aber derjenigen Länder Erwähnung gethan ist, wo die Juden den übrigen Staatsbürgern entweder ganz gleich gestellt sind oder nur ein so geringer Unterschied obwaltet, daß die völlige Gleichstellung daraus hervorgehen wird; die Unterzeichneten müssen jedoch bemerken, daß die Schuld davon an ihnen selbst liegt, wenn sie in der diesen Gegenstand behandelnden Deputationssitzung zu erscheinen verhindert waren.

Auf diese Weise ist es gekommen, daß der fragliche Vortrag die Sache nur von der negativen Seite behandelt und eine Erweiterung der bürgerlichen Rechte der Juden zwar zugibt, allein die möglichste Sparsamkeit dabei empfiehlt; wir halten es daher um so mehr für unsere Pflicht, diese Angelegenheit von der möglichst liberalen Seite zu betrachten, als wir selbst der Ansicht einer möglichsten Liberalität zugethan sind, und als die Gerechtigkeit es fordert, nicht blos die dawider, sondern auch die dafür sprechenden Gründe zu beleuchten.

Allerdings ist der fragliche Gegenstand ein sehr wichtiger und als solcher erkannt worden, allein schon daraus, daß, wie auch das Deputationsgutachten ganz richtig bemerkt, die Verbesserung der bürgerlichen Verhält-

---

[1] Zusatz in der Vorlage mit Bleistift und von anderer Hand.

nisse der Juden eine unabweisliche Forderung der Zeit ist, läßt sich abneh-
men, daß die bisherige bürgerliche Stellung der Juden bei uns eine sehr
mangelhafte ist. Längst hat man dies in andern Staaten erkannt, und das
Königl. Preuß. Edict von 1812, welches zu einer Zeit erschien, wo sich die
preuß. Gesetzgebung durch Liberalität auszeichnete und noch jetzt von den
Unterthanen dankbar gepriesen wird, gab den Juden unter gewissen Modalitäten und Bedingungen mit weniger Ausnahme das volle Staatsbürgerrecht. Wenn im Jahre 1815 in den neu acquirirten preuß. Provinzen das Edict
von 1812 nicht zur Anwendung kam, so geschah dies in Folge der Zusiche-
rungen, welche diese Provinzen von der Krone Preußens dahin erhielten,
daß man in ihren polizeilichen Verfassungen und Rechten nichts ändern,
sondern sie im Ganzen bei der bisherigen Einrichtung lassen wolle, und
diese Zusicherung war wohl auch eine Folge der Verschiedenheit jener neuen
Provinzen, indem sich z. B. Sachsen nicht mit Posen in gleicher Lage und
auf derselben Stufe der Kultur befand. Augenfällig tritt lezteres gegen die
deutschen Provinzen des Königreichs Preußen zurück, und wenn daher
die in der „Verordnung wegen des Judenwesens im Großherzogthum Posen vom 1. Juni 1833" ausgesprochenen Bedingungen für Naturalisirung
eines Juden etwas weniger günstig sind als die nach dem Edict von 1812, so
dürfte dies abgesehen von dem Einflusse einer weniger liberalen Zeit, die
Folge der notorisch geringern Kultur dieser Provinz sein. Indessen ist die
Verschiedenheit in den Gesetzen keineswegs so groß, denn auch nach dem
Edict von 1812, § 2 u. 3, sind die Juden gehalten der deutschen Sprache sich
zu bedienen und einen Familien-Namen anzunehmen, auch nach jenem
Edict § 9 hat es sich die Regierung vorbehalten zu bestimmen, in wie weit
die Juden zu Staatsämtern zugelassen werden sollen, und die weiteren Beschränkungen der Juden sind die Folge der mangelnden Kultur und diese
die Folge des Drucks, unter welchem sie nach der früheren Verfassung und
namentlich unter der polnischen Regierung geschmachtet hatten.

Nicht ein Rückgang ist es daher, den die preuß. Regierung durch das Gesetz für Posen bewirkt, sondern es bleibt immer ein Fortgang, welchen die
bei weitem weniger cultivirten Juden in Posen denen des übrigen Preußen
näher bringen soll, und nur wenn man, was nicht geschehen ist, und nicht
geschehen wird, die leztern in ihren bisherigen Rechten beschränken würde,
könnte von einem Rückschreiten die Rede sein. Dagegen ist es eine Empfehlung für die Juden, daß in Berlin von einer verhältnißmäsig sehr geringe(n)
Anzahl jüdischer Einwohner (3700 und 220000) dennoch 6 derselben zu
Schiedsmännern gewählt worden sind, was auf ein besonderes Vertrauen in
ihren Verstand und ihre Rechtlichkeit hindeutet. Wir wollen indessen gar nicht
von dieser Specialität auf das Ganze schließen, allein eben so wenig, glauben
wir, kann man sich für die Behauptung, daß die Emancipation der Juden
schädlich sei, auf deren Lage und Zustand in Rußland und auf russische, die
Verminderung der Juden bezweckende Gesetze beziehen. Der Zustand der
Juden in Rußland ist höchst traurig und ohngefähr mit dem vor Jahrhunderten in Deutschland gewesenen zu vergleichen.

Anlangend Brody, wo die Volkszahl der Juden bei weitem überwiegend
und sich zu der Christen wie 33 zu 7 verhält, möchte dies auf den ersten Blick
den Schein von besondern Rechten oder wohl gar vom Vorherrschen der Juden ertheilen, wenn man sich aber überzeugt, wie sehr die Juden dort gegen

die Christen mit Abgaben überhäuft sind, wie durch besondere, blos jüdische Fleischsteuer, Branntweinsteuer pp. pp. alle Nahrungsmittel der Juden auf eine unglaubliche Weise vertheuert werden, wenn sie durch die Stellung ihres Handels, durch die Zölle, welche sie von Oestreich eben so wie von Rußland abschneiden, lediglich auf den Schmuggelhandel nach lezterem gewiesen sind, so wird man eine so zahlreiche Bevölkerung bemitleiden und eine theilweise Verdorbenheit erklärlich finden, welche die nothwendige Folge eines solchen gefahrvollen und verbotenen Gewerbes ist. Nur eines Vergleichs dieser Pascher mit denen unter den Christen bedarf es, um zu dem Schlusse zu kommen, daß zwischen beiden kein Unterschied ist, sondern daß die Schlechtigkeit nicht in der Religion, sondern im Gewerbe liegt. Aller Bedrükkungen ohngeachtet haben aber in jüngster Zeit die Brodyer Juden selbst angefangen, für Verbesserung der moralischen und wissenschaftlichen Bildung ihrer Kinder zu sorgen, und je weniger die Regierung zu diesem Zwekke etwas gethan hat, um so mehr muß man dies anerkennen und achten.

Wenn schon die Beispiele der Beschaffenheit der Juden und der gesetzlichen Bestimmungen über deren bürgerliche Verhältnisse in Staaten, wo ihnen das volle Bürgerrecht noch nicht geworden ist, zu dem Satze führen dürften, daß jene Beschaffenheit da am besten ist, wo ihnen die meisten bürgerlichen Rechte eingeräumt sind, und daß daher die Verbesserung der Juden eine Folge ihrer verbesserten bürgerlichen Existenz ist, so wird dies alles noch mehr bestärkt, wenn man diejenigen Staaten und Länder betrachtet, wo eine vollkommene Gleichstellung der Juden mit den Christen erfolgt ist.

In den Vereinigten Staaten von Nord Amerika, in Frankreich, Belgien, Holland und in Hessen Cassel so wie jüngst wohl auch in Würtenberg ist der jüdischen Bevölkerung der Genuß aller bürgerlichen und politischen Rechte ohne irgend eine Einschränkung zugestanden, in den erstgedachten Ländern sind die Juden seit einem halben Jahrhundert in diesem Genuß, und man hört keine Klagen darüber, wenigstens sind den Unterzeichneten, von denen der eine in diesen Ländern gewesen, keine zur Kenntniß gekommen, man äussert sich vielmehr bedauernd über die den Juden namentlich in Sachsen nicht zugestandenen bürgerlichen und politischen Rechte, und lacht über eine Furcht, welche die Christen von einer durch die Emancipation der Juden ihnen herbeigeführten Beeinträchtigung oder wohl gar Unterdrückung hegen.

In Frankreich eben so wohl als in den Vereinigten Staaten von Nord Amerika würde man sich Seiten der christlichen Einwohner einer Aufhebung der Emancipation der Juden eben so sehr widersetzen und einer solchen Maaßregel sich eben so schämen, als wenn man bei uns den Leibzoll der Juden wieder einführen oder die kaum vor einem viertel Jahrhundert erfolgte Gleichstellung der Reformirten und Katholiken mit den Protestanten wieder aufheben wollte.

Es wird ein zweites viertel Jahrhundert vergehen, und unsere die Toleranz durch Wort und Beispiel lehrende Religion wird so viel bewirken, daß man die Unduldsamkeit gegen jüdische Glaubensgenossen als einer längst vergangenen Zeit angehörig erklären und mit Erstaunen auf die wirklich mittelalterlichen Gesetze zurückblicken wird, unter denen die Juden des Königreiches Sachsen, dieses in vieler Beziehung der Kultur anderer Staaten vorleuchtenden Landes, noch in den lezten Jahrzehnten schmachteten.

Auf andere Länder, namentlich auf England, könnten wir noch verweisen, wo bei völliger bürgerlicher Gleichstellung der Juden keine Klage über sie geführt wird, wir glauben aber, es werden jene eben so großartigen, als durch den Verlauf eines halben Jahrhunderts erprobten Beispiele genügen, um nicht nur das Gefahrlose, sondern sogar das Nothwendige einer Emancipation der jüdischen Glaubensgenossen an den Tag zu legen. Die am meisten practischen Völker der Erde, die Engländer und Nord Amerikaner, sind uns längst vorangegangen, und es ist nicht die Ansicht von Stubengelehrten, sondern die Ueberzeugung ganzer Nationen, welche jene Unduldsamkeit verwarf.

Durch dieselbe Erfahrung ist bereits dargethan worden, daß die jüdische Religion den Mitmenschen im einzelnen und dem Staate im ganzen nicht gefährlich ist, allein wir wollen auch hierüber unsere auf denselben Punct hinausgehende Ansicht ausser jener Erfahrung durch folgendes unterstützen.

Vor kurzem äusserte ein Abgeordneter in einer süddeutschen Stände-Versammlung, es könne die Religion der Juden doch so schlecht nicht sein, sonst würde sie sich so lange nicht gehalten haben, und kein Unbefangener wird diesen Grund verwerfen. Zwar ist nicht zu verkennen, daß manche Irrlehren in das Judenthum sich eingeschlichen haben und manches Unlautere von Rabbinen gepredigt und geschrieben sein mag. In der reinen Mosaischen auch uns heiligen Lehre liegt dies aber nicht, sie verwirft Betrug und nicht blos gegen den Glaubensgenossen, sondern allgemein gegen jeden Mitmenschen, und die Erfahrung hat in Sachsen, namentlich in Leipzig, gelehrt, daß die Juden den Eid viel heiliger halten als die Christen.

Um einzelner eingeschlichener Irrlehren kann man aber die ganze Religion nicht verwerfen, und wir wollen doch nicht verkennen, daß das Christenthum der Irrlehren mehr als zuviel aufzuweisen hat und daß selbst das katholische Kirchenrecht den Satz ausspricht, *haeretico non est servanda fides*. Wem kann es beikommen, deshalb das ganze Christenthum zu verwerfen? Dem Staate steht die Aufsicht über Kirche und Schule zu, und in seiner Hand liegt es daher, die Irrlehren zu verbieten, so gut wie er bei christlichen Lehren dies beobachtet, und es ist daher dem Staate als solchen die Beaufsichtigung der jüdischen Schulen nicht besonders zu empfehlen, um so weniger als in jüngster Zeit deshalb bereits Schritte getan sind.

Wenn man sich ferner über Arbeitsscheu und Gewinnsucht der Juden und darüber beklagt, daß wo die Juden sich ausbreiten, die Christen unterliegen müßten, so sind nach unserem Dafürhalten diese Ansichten theils übertrieben und unwahr, theils die nothwendige Folge des Drucks, unter welchem die jüdische Nation in Deutschland durch Jahrhunderte geschmachtet hat.

Es ist zuvörderst undenkbar, daß in Sachsen das Wohl von anderthalb Millionen Menschen von der Emancipation der bei uns lebenden 800 Juden anhängen könne, und die Stadt Leipzig insbesondere hat eben so wie Dresden bewiesen, daß in dem Großhandel, wo den jüdischen Glaubensgenossen gleich Rechte mit den Christen zustanden und zustehen, die lezteren nicht überflügelt worden sind und daß mehrere jüdische Familien, welche berechtigt waren, in Leipzig zu leben, diese Stadt freiwillig verließen, und scheint die Furcht zu widerlegen, als wäre Sachsen das Land, nach welchem sich die Juden besonders sehnten.

Die Gegner der Juden pflegen freilich zu sagen, wenn ein Jude zu Grunde geht, es sei dies die Folge seiner Arbeitsscheu, und wenn einer in Geschäften vorwärts kommt, es sei die Folge der Gewinnsucht, die keinen Christen aufkommen ließe, allein es widerspricht sich dies zu sehr, als daß man nöthig hätte, hierüber etwas weiter zu sagen.

Was bleibt aber dem Juden wohl übrig, um in der Welt sich eine angenehme Stellung zu erwerben, als Vermögen oder richtiger gesagt, Geld zu erwerben, wenn man ihm wehrt in Staats und Communal Aemter zu treten, wenn man ihm die Erwerbung des Grundeigenthums versagt, wenn man ihn von allen Innungen ausschließt und ihm verbietet, Gewerbe nach seinem Gefallen zu treiben? Was bleibt ihm übrig, als für den Reichen der Großhandel und für den Armen der Trödelhandel? Muß nicht eine solche Barbarei das Gefühl des Hasses und der Rache erzeugen und nähren? und kann man es dem Juden vorwerfen, wenn er handelt und schachert? Zwar steht dem ganz Mittellosen noch der Weg durch Handarbeit etwas zu verdienen offen, wenn er ihn aber scheut, so bedenke man, daß die niedere Volksclasse bei uns noch nicht auf der Stufe der Kultur ist, wo man über alle Glaubensverschiedenheit hinwegsieht, daß die ärmern Juden gerade in Dresden wohnen und dort kein Mangel, sondern ein Ueberfluß an christlichen Handarbeitern ist.

Endlich aber ist es ein Act der Gerechtigkeit gegen einen Theil der christlichen Unterthanen, nemlich gegen die Kaufleute, daß man die Juden emancipire. Zum Großhandel werden sie zugelassen, gleichsam als ob dieser etwas geringeres und ein weniger zu beachtendes Gewerbe sei als die übrigen Branchen der Betriebsamkeit. Läßt man jüdische Glaubensgenossen zum Handel (zu), so muß man ihnen auch andere Gewerbe frei geben, und es ist eine unbegründete Furcht, daß die Juden überhaupt den Erwerb der Handwerker schmälern würden, besonders wenn man die geringe Anzahl der sächs. Juden ins Auge faßt. Vor allen aber gebe man die Erwerbung des Grundbesitzes frei. Der Grund und Boden ist es, welcher den Menschen anzieht und welcher am meisten ihn veredelt. Der fleißige, geschickte und ordentliche Christ wird übrigens niemals die Concurrenz der Juden zu fürchten haben, so wenig wie er sie in den oberwähnten Staaten fürchtet, der nicht fleißige, nicht geschickte und nicht ordentliche (Christ) wird aber durch eine solche Concurrenz nur noch mehr angespornt werden, den nicht rühmlichen Pfad zu verlassen.

Bei der Wichtigkeit dieses Gegenstandes, denn es handelt sich um das Wohl mehrer(er) Hundert sächsischer Unterthanen, könnten wir uns einer tieferen Entwicklung der von uns angegebenen Gründe hingeben, wenn wir nicht fürchteten, dadurch zu weitläufig zu werden, allein wir glauben, daß auch das bisher Gesagte hinreichen wird, um denjenigen Satz des größten Staatsmannes unseres Jahrhunderts, der da lautet „Politische und Religiöse Freiheit durch die ganze Welt" als den dem festzustellenden Princip, nach welchem diese Sache zu behandeln ist, unterzulegen.

Wir sind daher der Ansicht, daß eine baldige und wenn auch vor der Hand nur in Ansehung der bürgerlichen Rechte statt findende Gleichstellung der Juden mit den Christen als der Gesichtspunct festzuhalten sei, aus welchem diese Angelegenheit zu behandeln sei, und halten dafür, daß die uns gestellten Fragen: die erste,

1. ob bis zu einer durchgreifenden Maaßregel rücksichtlich der bürgerlichen Verhältnisse der Juden wenigstens israelitische Lehrlinge bei den Handwerkern unter der Bedingung zugelassen werden soll(en), daß ein so aufgedungener Lehrling damit nicht den Anspruch auf das Meisterrecht erhält, in seinem ersten Theile mit Ja! in seinem zweiten aber dahin, daß dem Lehrlinge der Anspruch auf das Meisterrecht nicht abzuschneiden, zu beantworten sei; die andere Frage aber

2. ob, wenn die Ertheilung besonderer Concession für die Israeliten noch ferner für nöthig erachtet werde, dieselbe einstweilen doch auf die Fälle der Verehelichung und Anstellung besonderer Wirthschaft beschränkt werden solle, ebenfalls mit Ja! zu beantworten.

Die Unterzeichneten haben es für ihre Pflicht gehalten, diese Ansicht von der Sache dem verehrten Pleno in gegenwärtigem Separat Voto vorzutragen.

Leipzig, den 19. Juli 1836

Adv. Franz Brunner
Albert Dufour

Kaiserreich und Weimarer Republik
(1871–1933)

Hansjörg Pötzsch

Erscheinungsformen des Antisemitismus in Sachsen, Hessen, Hessen-Nassau und Braunschweig 1870 bis 1914

Eine zentrale Rolle innerhalb der Antisemitismusforschung kommt dem Ende des 19. Jahrhunderts als „Ausgangsperiode" des „modernen Antisemitismus" zu.[180] In dieser Zeit wurde in Deutschland der Begriff „Antisemitismus" geprägt, formierte sich eine – heterogene – antisemitische Bewegung, entstanden antisemitische Parteien und Gruppierungen.[181] Insgesamt läßt sich um die Jahrhundertwende im Deutschen Kaiserreich eine Fülle antisemitischer Erscheinungsformen feststellen.[182] Da diese Vielfalt angesichts des hier vorgegebenen Platzes nur sehr oberflächlich und sehr allgemein dokumentiert werden könnte, beschränke ich mich im folgenden auf Teilaspekte antisemitischer Zielsetzungen im Hinblick auf die Gewinnung des selbständigen Mittelstandes in Stadt und Land. So werde ich aus der Vielfalt antisemitischer Erscheinungsformen zur Zeit des Deutschen Kaiserreichs vor dem Ersten Weltkrieg heraus am Beispiel ausgewählter Regionen einen kurzen Einblick in den parteipolitischen Antisemitismus sowie in das Verhältnis antiliberaler landwirtschaftlicher und gewerblicher Mittelstandsvereinigungen zum Antisemitismus geben.[183]

Betrachtet werden dabei vier politisch fest umgrenzte Räume: das Königreich Sachsen, das Großherzogtum Hessen, die preußische Provinz Hessen-Nassau und das Herzogtum Braunschweig. Sachsen, Hessen und Hessen-Nassau zählten zu den Hochburgen des parteipolitischen Antisemitismus im Kaiserreich. Braunschweig gehörte zwar nicht dazu, erlangte aber im Hinblick auf den organisierten Antisemitismus regionale Bedeutung und belegte bei der Reichstagswahl von 1903 im prozentualen Vergleich der antisemitischen Stimmen in den einzelnen Bundesstaaten und preußischen Provinzen mit 6,7 % den vierten Platz.[184]

Vor allem in Sachsen, aber auch in Braunschweig – beides sozialdemokratische Hochburgen – stellte der Industriesektor schon früh den wichtigsten Erwerbszweig dar. In Hessen und Hessen-Nassau war dies lange

---

[180] Grundlegend zur Entstehung des modernen Antisemitismus: REINHARD RÜRUP, Die „Judenfrage" der bürgerlichen Gesellschaft und die Entstehung des modernen Antisemitismus, in: DERS., Emanzipation und Antisemitismus. Studien zur „Judenfrage" der bürgerlichen Gesellschaft, Frankfurt a. M. 1987, S. 93–119.

[181] Antisemitismus war in der Zeit allerdings kein rein deutsches Phänomen. Antisemitische Erscheinungsformen gab es auch in anderen europäischen Ländern, so in Großbritannien, in Frankreich, in Österreich-Ungarn und in Rußland, wo sich blutige Pogrome ereigneten.

[182] Vgl. HELMUT BERDING, Moderner Antisemitismus in Deutschland, Frankfurt a. M. 1988, S. 86–178; HERMANN GREIVE, Geschichte des modernen Antisemitismus in Deutschland, Darmstadt 1988, S. 47–103; WERNER JOCHMANN, Struktur und Funktion des modernen Antisemitismus, in: WERNER E. MOSSE (Hg. unter Mitwirkung von ARNOLD PAUCKER), Juden im Wilhelminischen Deutschland 1890–1914. Ein Sammelband, Tübingen 1976, S. 389–477; HANSJÖRG PÖTZSCH, Antisemitismus in der Region. Antisemitische Erscheinungsformen in Sachsen, Hessen, Hessen-Nassau und Braunschweig, Wiesbaden 2000.

[183] Der vorliegende Beitrag stützt sich v. a. auf meine Dissertation: PÖTZSCH, Antisemitismus.

[184] Vgl. MARTIN BROSZAT, Die antisemitische Bewegung im Wilhelminischen Deutschland, Diss., MS, Köln 1952, S. 74.

der Landwirtschaftssektor. In allen vier Untersuchungsgebieten traten einzelne Antisemiten besonders hervor, die sich um die Sammlung des selbständigen gewerblichen bzw. bäuerlichen Mittelstandes bemühten. Dabei zielten die Antisemiten in Sachsen und Braunschweig mehr auf die Gewinnung des gewerblichen Mittelstandes ab, die in Hessen und Hessen-Nassau mehr auf die des bäuerlichen.

Sachsen und Braunschweig waren konfessionell dominant protestantisch. Für Hessen und Hessen-Nassau galt dies zwar in ähnlicher Weise, beide besaßen aber stärkere katholische Minderheiten. Der Anteil der Juden an der Gesamtbevölkerung lag in Sachsen und Braunschweig mit weniger als 0,5 % noch unter dem Reichsdurchschnitt von ca. 1 %. In Hessen und Hessen-Nassau wurde dieser Durchschnittswert zwar überschritten, blieb mit etwas über 2 % aber immer noch verschwindend gering.[185]

Die Bandbreite antisemitischer Erscheinungsformen in den hier ausgewählten Regionen zur Zeit des Kaiserreichs reichte von der bewußten oder unbewußten Verinnerlichung antijüdischer Stereotype über gesellschaftliche Distanzierung bzw. Ausgrenzung und staatliche Diskriminierung bis zum Auftreten radikalantisemitischer, d. h. rassenantisemitischer, Parteien und völkisch-antisemitischer Gruppierungen.

Die Motivationsebenen konnten dabei sehr unterschiedlich und vielschichtig sein. Wirtschaftliche und soziale Konkurrenzängste spielten sicher eine Rolle, ebenso „christlich"-religiöse Vorurteile und nationalistisch-rassistische Vorstellungswelten. Bemerkenswert für den Antisemitismus in den Untersuchungsgebieten, wie im Kaiserreich überhaupt, ist ferner, daß Personen, Organisationen und Institutionen, die den politischen Antisemitismus kritisierten, ablehnten oder bekämpften, selbst nicht immer frei von antijüdischen Stereotypen oder antisemitischen Ressentiments waren.

Gleichwohl verbat sich nahezu jeder, der kein „bekennender" (Partei-)Antisemit war, als „Antisemit" bezeichnet zu werden, wenn er sich in irgendeiner Form gegen Juden, gegen die Gleichberechtigung der Juden aussprach oder ihnen angeblich „religions-" oder „rassetypische" Eigenschaften, wie z. B. den „Wucher", andichtete. Die Bezeichnung „Antisemit" galt vielen Bürgern als Beleidigung. Denn damit verbanden sie in der Regel den Parteiantisemiten, konkreter: das Bild vom „Nur"-Antisemiten, der die Judenfeindschaft um der Judenfeindschaft willen pflege und mit polternden radauantisemitischen Auftritten Ruhe und Ordnung störe.

Es ist deshalb verständlich, daß es im Kreis der Parteiantisemiten des öfteren zum Streit darüber kam, ob der Begriff „antisemitisch" nach außen hin nicht zu negativ belastet sei, um ihn im Parteinamen zu führen oder im tagespolitischen Kampf zu verwenden. Judengegner wie der Leipziger Theodor Fritsch oder der Marburger Otto Böckel hielten die Bezeichnungen „Antisemitismus" bzw. „Antisemit", deren Begriffsbildung heute allgemein dem Antisemiten Wilhelm Marr oder wenigstens seinem Umfeld zugesprochen wird,[186] sogar für Wortprägungen, die nicht aus ihren eigenen Reihen stamm-

[185] Vgl. PÖTZSCH, Antisemitismus, S. 51ff., 343.
[186] Vgl. REINHARD RÜRUP/THOMAS NIPPERDEY, Antisemitismus – Entstehung, Funktion und Geschichte eines Begriffs, in: RÜRUP, Emanzipation, S. 120–144, hier S. 120f., 129.

ten.[187] Die Judenfeinde sahen demnach im Begriff „Antisemit" zunächst ein ihnen von ihren Gegnern entgegengeworfenes Schimpfwort, bevor sie ihn dann mehr oder weniger zögerlich als Selbstbezeichnung übernahmen.[188]

Die in Parteien organisierten Antisemiten des Kaiserreichs[189] lassen sich im wesentlichen in zwei Gruppen einteilen: zum einen in die politisch eher unbedeutenden christlich-sozialen Antisemiten um den Hofprediger Adolf Stoecker („Christlich-soziale Partei" von 1878/1881)[190], die einen gemäßigten, christlich-kirchlichen „sozial-ethischen" Antisemitismus verfolgten, der zwischen getauften und ungetauften Juden unterscheiden wollte, zum anderen in die radikalen Antisemiten, die Mehrheit der Antisemiten, die ihre Judenfeindschaft primär rassisch begründeten. Die radikalen Antisemiten wiederum zerfielen einerseits in die konservativen Deutsch-Sozialen um Max Liebermann von Sonnenberg und Theodor Fritsch („Deutsch-soziale Partei" 1889) andererseits in die antikonservativen Reformer um Otto Böckel und den Dresdner Oswald Zimmermann („Deutsche Reformpartei" 1890/1893)[191].

In Sachsen und Hessen-Nassau waren beide rassenantisemitischen Parteirichtungen vertreten. Dies begründet sich nicht zuletzt darin, daß in den zwei Regionen sowohl deutsch-soziale Parteigrößen (Liebermann in Hessen-Nassau und Fritsch in Sachsen) als auch reformerische (Böckel in Hessen-Nassau und Zimmermann in Sachsen) ihre zentralen (wahl-) politischen Wirkungsstätten besaßen. Im bürgerlich-konservativen Braunschweig konnten dagegen lediglich die Deutsch-Sozialen, die hier immer treu zu Liebermann standen, Fuß fassen. Hessen wiederum, das mit Hessen-Nassau und Sachsen zu den Kerngebieten der Reformer zählte, war kein Pflaster für die Deutsch-Sozialen. Dies änderte sich erst mit dem aus chronischer Finanznot, schlechter Organisation und mangelnder Parteiarbeit der Führung (Zimmermanns) heraus einsetzenden schleichenden Zerfall der Reformpartei zu Beginn des 20. Jahrhunderts.

Die Gesamtzahl der lokalen rassenantisemitischen Vereine im Deutschen Kaiserreich ist nicht bekannt. Folgt man einer über 200 antisemitische Vereinsnamen auflistenden Zusammenstellung P. Westphals von 1892/93, so zeigt sich, daß das Zentrum des parteipolitischen Antisemitismus in Sachsen mit über 60 und im geographischen Raum Hessen mit rund 30 rassenantisemitischen Vereinen (davon rund zwei Drittel im Großherzogtum Hessen und ein Drittel in der Provinz Hessen-Nassau) lag.[192]

---

187 Für Fritsch: THEODOR FRITSCH, Der Partei-Name, Teil 1, in: Deutsch-Soziale Blätter, Nr. 103 v. 3.8.1890, S. 275; Für Böckel: Bericht über den Deutschen Antisemitentag zu Bochum 1889, in: Deutsche Wacht, Nr. 26 v. 30.6.1889.

188 Vgl. PÖTZSCH, Antisemitismus, S. 14ff.

189 Zur Entstehungsgeschichte der deutschen Antisemitenparteien: KURT WAWRZINEK, Die Entstehung der deutschen Antisemitenparteien (1873–1890), Berlin 1927 (Nachdruck Vaduz 1965); DIETER FRICKE, Antisemitische Parteien 1879–1894, in: DERS. (Hg.), Lexikon zur Parteiengeschichte. Die bürgerlichen und kleinbürgerlichen Parteien und Verbände in Deutschland (1789–1945), Bd. 1, Köln 1983, S. 77–88.

190 Die 1878 von Stoecker in Berlin gegründete „Christlich-soziale Arbeiterpartei" wurde 1881 in „Christlich-soziale Partei" umbenannt.

191 Die 1890 unter Führung Böckels gegründete „Antisemitische Volkspartei" wurde 1893 in „Deutsche Reformpartei" umbenannt.

192 P. WESTPHAL, Illustrierter Führer durch die antisemitische Literatur, unter Berücksichtigung beachtenswerter anderweitiger Erscheinungen. Mit einem ausführlichen Verzeichnis der antisemitischen Vereine und einer Tafel empfehlenswerter Lokale, Nossen (1893), S. 90ff.

Die Mitgliederstruktur des parteipolitischen Antisemitismus in den Untersuchungsgebieten wie im Reich war mittelständisch geprägt. Das heißt nicht, daß der gesamte, in sich äußerst heterogene „Mittelstand" anfällig für den politischen Antisemitismus war. Es bedeutet lediglich, daß die Parteiantisemiten im Mittelstand, konkreter: im – in sich wiederum heterogenen – antiliberalen, antisozialdemokratischen Mittelstand, ihr breitestes Rekrutierungsfeld besaßen.

Am deutlichsten läßt sich die mittelständische Struktur parteiantisemitischer Organisationen am Beispiel des Deutsch-sozialen (Reform-) Vereins für das Herzogtum Braunschweig zeigen, dessen Mitgliederlisten im Niedersächsischen Staatsarchiv Wolfenbüttel über mehrere Jahre – von 1892 bis 1902 – fast vollständig überliefert sind. Die Basis des Vereins bildeten Kaufleute, Handwerksmeister, Landwirte und mittlere Beamte.[193] Für Sachsen, Hessen und Hessen-Nassau deutet sich die Dominanz mittlerer Schichten aus – allerdings weitgehend unbelegten – zeitgenössischen Berichten an.

Über die Gesamtzahl radikaler Parteiantisemiten im Reich und in den Untersuchungsgebieten liegen keine verläßlichen Angaben vor. In den Monaten vor Ausbruch des Ersten Weltkrieges dürfte sie reichsweit bei rund 14.000 gelegen haben.[194] Auch für die lokalen antisemitischen Vereine lassen sich die exakten Mitgliederzahlen nur in den seltensten Fällen nachweisen. Dies ist in der Regel nur dann gegeben, wenn die Mitgliederlisten überliefert sind – aber selbst dann bleibt die Frage offen, ob die Verzeichnisse korrekt erstellt und geführt worden sind. Die Listen des Deutsch-sozialen (Reform-)Vereins für das Herzogtum Braunschweig weisen z. B. für 1895 234 und für 1902 403 Mitglieder auf.[195] Die Bandbreite der Mitgliederstärke lokaler antisemitischer Parteiorganisationen dürfte sich in den Mittel- und Großstädten der Untersuchungsgebiete zur Zeit des Kaiserreichs im Schnitt zwischen hundert und einigen hundert Personen bewegt haben.

Die Programmatik der Deutsch-Sozialen und der Reformer stimmte in ihren mittelständischen, antikapitalistischen und antiliberalen Zielsetzungen weitgehend überein. Auf politischem Gebiet strebten die ständisch-konservativen Deutsch-Sozialen eine berufsständische Zusammensetzung der Parlamente an. Im allgemeinen, direkten und geheimen Reichstagswahlrecht sahen sie lediglich eine Übergangslösung. Die antikonservativen, gegen „Juden und Junker" gerichteten Reformer dagegen traten für die Beibehaltung des Reichstagswahlrechts ein, das sie sogar auf die Parlamente der deutschen Bundesstaaten ausdehnen wollten, weil sie sich davon bessere Chancen bei Landtagswahlen bzw. bei Wahlen zum preußischen Abgeordnetenhaus erhofften.

Im Hinblick auf die Behandlung der „Judenfrage" gab es keine Unterschiede in der Programmatik der Deutsch-Sozialen und der Reformer. Beide Richtungen betrachteten die Juden als fremde Rasse, sprachen sich gegen

---

[193] Die Listen, von denen nur die für 1894 und 1896 fehlen, enthalten Name, Beruf und Wohnung/Wohnort der einzelnen Mitglieder. NStAW, 133 Neu: 2249. PÖTZSCH, Antisemitismus, S. 112ff. u. S. 344ff.

[194] DIETER FRICKE, Deutschvölkische Partei 1914–1918, in: DERS. (Hg.), Lexikon zur Parteiengeschichte, Bd. 2, Köln 1984, S. 559-561, hier S. 559. PÖTZSCH, Antisemitismus, S. 110f.

[195] Mitgliederlisten vom 21.1.1895 und vom 27.1.1902. NStAW, 133 Neu: 2249.

die Einwanderung ausländischer Juden aus und forderten die Aufhebung der Emanzipation der einheimischen Juden.

Die Bandbreite der Vorschläge zur „Lösung der Judenfrage" von radikal-antisemitischer Seite reichte von Stellung der Juden unter Fremdenrecht über Ghettoisierung und Vertreibung bis zu physischer Vernichtung. Mit der einstimmigen Annahme eines Leitsatzes zur „Lösung der Judenfrage" wurde der Begriff der „Vernichtung" 1899 offiziell in die Parteidoktrin der Deutsch-sozialen Reformpartei, die von 1894 bis 1900 die brüchige parteigewordene Allianz der Deutsch-Sozialen und der Reformer bildete, aufgenommen. In dem von Wilhelm Giese ausgearbeiteten Leitsatz heißt es, daß „die Judenfrage im Laufe des 20. Jahrhunderts zur Weltfrage werden und als solche von den anderen Völkern gemeinsam und endgültig durch völlige Absonderung und (wenn die Notwehr es gebietet) schließliche Vernichtung des Judenvolkes gelöst werden [würde]".[196]

Dem bisher weitgehend unbekannten ursprünglichen Entwurf des Leitsatzes Gieses fehlt der Zusatz „(wenn die Notwehr es gebietet)" noch.[197] Vermutlich ist er auf Drängen der konservativen Antisemiten um Liebermann von Sonnenberg hinzugefügt worden, um die brisante, physische Gewalt androhende Formulierung „schließliche Vernichtung des Judenvolkes" abzuschwächen, vor der sicher auch viele mehr christlich-konservativ oder wirtschaftlich-sozial ausgerichtete Parteiantisemiten zurückschreckten.

Soweit dies aus den gesichteten Quellen hervorgeht, ist der Beschluß von 1899 das einzige Parteidokument der Deutsch-Sozialen und der Reformer, in dem der Begriff „Vernichtung" explizit genannt wird. Gedanken über mögliche „Vernichtungskonzepte" scheint sich keiner der bekannten radikalen Parteiantisemiten gemacht zu haben. Die weitreichendsten konkreten „Lösungsvorschläge" zur „Judenfrage" gingen in Richtung Auswanderung und Vertreibung.

Für Fritsch z. B. ist wahrscheinlich die Auswanderung bzw. Vertreibung der Juden die erstrebenswerteste „Lösung der Judenfrage" gewesen.[198] Und damit stand er unter den radikalen Antisemiten sicher nicht allein. Gleichwohl sind etwa von Liebermann von Sonnenberg in der Agitation benutzte, in erster Linie wohl auf zweifelhafte Effekthascherei abzielende widerwärtige Ausrufe wie „[...] wer einen Juden totschlägt, beerbt ihn"[199] in ihrer Wirkung auf das Publikum nicht zu unterschätzen. Ein „Vernichtungskonzept" ist dahinter jedoch sicher nicht zu vermuten.

In Sachsen – wie in allen Untersuchungsgebieten und auf Reichsebene – war der Anteil der Juden an der Gesamtbevölkerung zwar wie erwähnt verschwindend gering. Der hohe Anteil der größtenteils noch traditionell-religi-

---

[196] WILHELM GIESE, Die Judenfrage am Ende des XIX. Jahrhunderts. Nach den Verhandlungen des V. allgemeinen Parteitages der Deutsch-sozialen Reformpartei zu Hamburg am 11. September 1899, Berlin 1899, S. 45.

[197] Entwurf der Thesen Gieses zur „Judenfrage" v. 19.8.1899. ZStA Potsdam [heute: BA, Abteilungen Potsdam], 60 Re 1Nr. 4.

[198] Vgl. DONALD L. NIEWYK, Solving the „Jewish Problem": Continuity and Change in German Antisemitism, 1871–1945, in: LBI Year Book XXXV (1990), S. 335–370, hier S. 364; PÖTZSCH, Antisemitismus, S. 131f.

[199] Zit. nach Mittheilungen aus dem Verein zur Abwehr des Antisemitismus, Nr. 1 v. 3.1.1906, S. 7f.

ös lebenden osteuropäischen Juden an der jüdischen Bevölkerung Sachsens und ihre Konzentration in den Städten, besonders in Leipzig, Dresden, Plauen und Chemnitz,[200] ließ sie, obwohl von der Anzahl her unbedeutend, zu einer unübersehbaren Erscheinung im Alltagsbild werden. Dies wiederum ermöglichte es den Antisemiten, die „Ostjudenfrage" für ihre Zwecke zu instrumentalisieren und die „Ostjuden" pauschal als Bedrohung des „christlich-deutschen" Kleinhändlers hochzustilisieren. Ein anderes Thema für die sächsischen Antisemiten, von dem sie sich Zulauf aus dem Kleinhandel erhofften, war der Kampf gegen die – meist sozialdemokratischen – Konsumvereine, die in Sachsen, besonders in Leipzig, in großer Zahl existierten. Darüber hinaus eröffnete sich den Antisemiten in den Gegenden Sachsens, in denen die Fabriken, hauptsächlich der Textilindustrie, die Hausindustrie im Rahmen des Konzentrationsprozesses im verarbeitenden Gewerbe verdrängten bzw. verdrängt hatten, ein Agitationsfeld im Hinblick auf die Gewinnung der Handwerker.

Generell kann man feststellen, daß sich die Agitation der radikalen Antisemiten in den Städten Sachsens, Hessens, Hessen-Nassaus und Braunschweigs auf wirtschaftlich-sozialem Gebiet vor allem gegen die den Kleinhandel „bedrohenden" Konsumvereine sowie gegen – „jüdische" – Kaufhäuser und jüdische Kaufleute wandte. Mit dieser Orientierung wollten die Antisemiten vor allem den selbständigen gewerblichen Mittelstand für sich und für ihre judenfeindlichen Ziele interessieren.

Unerwähnt darf dabei aber nicht bleiben, daß sich die schwierige, z. T. mit hohen Konkursraten verbundene wirtschaftliche Lage von Kleinhändlern und Handwerkern nicht nur aus dem Konkurrenzdruck von Warenhäusern und Konsumvereinen, dem natürlich auch jüdische Kleinhändler und Handwerker ausgesetzt waren, erklärte. Sie war teilweise selbstverschuldet. So verhinderte häufig das Festhalten an überlieferten, starren Geschäftsformen eine Anpassung – vor allem durch Fortentwicklung innerbetrieblicher Strukturen – an die gestiegenen Anforderungen moderner Gewerbebetriebe. Zur Verschlechterung der Situation trugen außerdem die überaus zahlreich in den Kleinhandel drängenden Laien bei, deren kleine und kleinste Geschäfte den Konkurrenzdruck untereinander noch erheblich verstärkten.

Auf dem Lande setzte Otto Böckel in Hessen und Hessen-Nassau auf seinen „praktischen Antisemitimus". Mit der Gründung von Bauern-, Konsum- und Darlehnsvereinen sowie der Abhaltung „judenfreier", „judenreiner", „antisemitischer" (Vieh-)Märkte versuchte er, die Situation der durch standortbedingte Nachteile, wirtschaftliche Krisensituationen oder eigenes Verschulden in Schwierigkeiten geratenen Landwirte zu bessern und sie für den Antisemitismus zu gewinnen. Dabei behauptete er pauschal, daß die Juden schuld an der prekären wirtschaftlich-sozialen Lage der Land-

---

[200] 1910 kamen 88,2 % aller ausländischen Juden im Deutschen Reich aus Osteuropa, in Sachsen und Hessen waren es sogar über 90 %. Mit 54,8 % stellten die osteuropäischen Juden in Sachsen 1910 über die Hälfte des jüdischen Bevölkerungsanteils. Noch höher war deren Anteil mit 61,1 % in Leipzig . Dresden hatte einen Ausländeranteil an der jüdischen Bevölkerung von 52,2 %, Plauen von 45,3 % und Chemnitz von 33,6 %. Nach: JACK WERTHEIMER, Unwelcome Strangers. East European Jews in Imperial Germany, New York-Oxford 1987, S. 185ff. Vgl. zu Sachsen auch den Beitrag von SOLVEJG HÖPPNER im vorliegenden Band.

wirte seien und diese durch Wucher und „Güterschlächterei" – also den parzellenweisen Verkauf von Landbesitz – um Haus und Hof brächten. Der Wuchervorwurf gegen die Juden ließ sich gerade in Hessen und Hessen-Nassau angesichts des hohen Anteils von Juden im Geld- und Kredithandel[201] sowie angesichts der rein quantitativen Dominanz jüdischer Händler im ländlichen Vieh-, Zwischen- und Grundstückshandel gut für antisemitische Ziele instrumentalisieren.

Daß das geschäftsgewandte, ortskundige Wirken jüdischer Viehhändler den Bauern in der Regel eher zugute kam, als daß es ihnen schadete, deutet der Mißerfolg der „judenfreien" Viehmärkte an, auf denen, abgesehen von möglichen Anfangserfolgen, nur wenig Vieh umgesetzt wurde. Jüdische Händler in Hessen und Hessen-Nassau behielten dank ihrer fundierten Kenntnisse und langjährigen Erfahrungen auch nach dem Ausbau des ländlichen Kredit- und Genossenschaftswesens (vor allem nach Raiffeisenschem Modell), das den Zwischenhandel abschaffen und den Kredit- und Warenbedürfnissen der Bauern Rechnung tragen wollte, einen größeren Anteil am Viehhandel.

Ein wesentlicher Aspekt für den Erfolg Böckels in der bäuerlich-ländlichen Bevölkerung des Marburger Raumes war, daß er von Dorf zu Dorf zog, dort Versammlungen abhielt und den Bauern, zu denen er schon aufgrund seiner Forschungen über das hessische Volkslied enge Kontakte besaß, direkt in ihrer Sprache begegnete. Kein anderer Politiker der Region hatte dies zuvor getan. In den Augen der bäuerlich-ländlichen Bevölkerung dieses Raumes war Böckel deshalb der erste Politiker, der sich ernsthaft ihrer Sorgen und Nöte annahm und sich um Abhilfe bemühte. So verwundert es nicht, daß er schnell als „Retter" in der Not und „Bauernkönig" in Oberhessen große Popularität erreichte. Und dies nicht nur in der Landbevölkerung. So gehörten Marburger und Gießener Studenten zu den begeisterten Begleitern Böckels auf seinen Agitationsreisen durch Hessen und Hessen-Nassau.

Die Agitation der radikalen Antisemiten war vor allem auf den bäuerlichen und den gewerblichen Mittelstand zugeschnitten. Mit ihrer einfach gestrickten Agitation, die die Juden pauschal als Sündenböcke für alle realen oder als real empfundenen negativen Entwicklungen in Wirtschaft und Gesellschaft darstellte, fanden die Antisemiten in von wirtschaftlich-sozialen Existenz- und Statusängsten paralysierten mittelständischen Kreisen, die fürchteten, zwischen dem Proletariat auf der einen und dem Kapital auf der anderen Seite zerrieben zu werden, besonders in der Phase der „Großen Depression" (1873–1896) Anhänger und (Protest-) Wähler.

Gefolgt von Sachsen (mit 15) und Hessen (mit 10) stellten die radikalen Antisemiten Hessen-Nassaus (mit 27) die meisten der insgesamt 64 im Deutschen Kaiserreich errungenen radikalantisemitischen Reichstagsmandate. Dies unterstreicht die regionale und überregionale Bedeutung der Judenfeinde dieser drei Untersuchungsgebiete innerhalb des parteipolitischen Antisemitismus. Den höchsten Stimmenanteil in einem Bundesstaat bzw. in einer preußischen Provinz bei einer Reichstagswahl erzielten die hessen-nassauischen Antisemiten 1907 mit 17,6 %. In Sachsen erreichten die Antisemiten ihr be-

---

[201] Der Anteil der Juden an den Selbständigen im Geld- und Kredithandel erreichte 1895 in Hessen-Nassau 54,3 % und in Hessen 43,4 %. Nach: Statistik des Deutschen Reichs 106, 3/1897, S. 458 u. S. 500.

stes Reichstagswahlergebnis 1893 (15,7 %), in Hessen ebenfalls 1893 (15,8 %) und in Braunschweig, das zusammen mit dem Regierungsbezirk Magdeburg sowie fünf südhannoverschen Wahlkreisen seit 1902 den von Braunschweiger Antisemiten dominierten deutsch-sozialen Partei-Verband „Nordmark" bildete, wie bereits erwähnt 1903 (6,7 %).[202]

Zu den wichtigsten Agitationsmitteln der radikalen Parteiantisemiten in den Untersuchungsgebieten gehörten neben Flugblättern und Flugschriften vor allem öffentliche Versammlungen, die sie selbst in den kleinsten Ortschaften abhielten, um möglichst viele Anhänger bzw. potentielle Wähler zu gewinnen. Die Versammlungsthemen drehten sich dabei zumeist um die beiden Hauptpunkte antisemitischer Programmatik: „Lösung der Judenfrage" und Verbesserung der wirtschaftlich-sozialen Lage des Mittelstandes, vor allem der selbständigen Landwirte, Handwerker und Kleinhändler.

Ein besonderes an wirtschaftlich-sozialen Zielsetzungen von Kleinhändlern und Handwerkern orientiertes Kapitel antisemitischer Agitation fiel in die Weihnachtszeit. Im Rahmen ihrer Weihnachtsagitation riefen die Antisemiten in den Untersuchungsgebieten u. a. in Mainz, Frankfurt a. M., Marburg, Braunschweig, Dresden und Leipzig – wie in anderen Städten in ganz Deutschland – zum Boykott jüdischer Geschäfte auf. Sie forderten von der Bevölkerung, zum „christlich-deutschen" Weihnachtsgeschäft nur in „christlich-deutschen", also (aus dem Verständnis der Antisemiten heraus) nicht-„jüdischen", Geschäften Weihnachtsgeschenke zu kaufen. Die wirtschaftlich-soziale, mittelständische Ausrichtung der Antisemiten auf Kleinhändler und Handwerker wird darin deutlich. Sie setzten die christliche Religion und das „Deutschtum" als Werbemittel zur Erlangung eines wirtschaftlichen Vorteils im wichtigen Weihnachtsgeschäft gegenüber den von Juden geführten Geschäften ein. Die Antisemiten wollten aber nicht nur die jüdischen Geschäfte als solche treffen, sondern vor allem die („jüdischen") Warenhäuser, mit denen viele Kleinhändler und Handwerker nicht konkurrieren konnten. Die Weihnachtsagitation führten die Antisemiten vor allem mit Flugblättern und mit kleinen Broschüren, in denen „christlich-deutsche" Geschäfte aufgelistet waren, durch.[203]

Über den parteipolitischen Antisemitismus hinaus huldigten antiliberale landwirtschaftliche und gewerblich-mittelständische Vereine und Interessenverbände in den Untersuchungsgebieten offen, d. h. sich direkt gegen die Juden richtend, oder verdeckt, d. h. sich indirekt über Formulierungen wie „goldene Internationale" oder über die besondere Betonung des „Christentums" gegen die Juden richtend, antisemitischem Gedankengut. Mit ihren ausgeprägten wirtschaftlich-sozialen Zielsetzungen erhielten sie in ihrem Umfeld mehr Zulauf als die reinen Parteiantisemiten. Die antiliberalen Vereine und Verbände mit offen oder verdeckt antisemitischem Hintergrund

---

[202] Dazu: FRITZ SPECHT/PAUL SCHWABE, Die Reichstags-Wahlen von 1867 bis 1907. Eine Statistik der Reichstags-Wahlen nebst den Programmen der Parteien und einem Verzeichnisse der gewählten Abgeordneten, 2., durch einen Nachtrag ergänzte Aufl., Berlin 1908, S. 146ff. u. im Nachtrag S. 42ff.; Statistik des Deutschen Reichs 250, 1/1912, S. 32f.; BROSZAT, Bewegung, S. 74. STEFAN SCHEIL, Die Entwicklung des politischen Antisemitismus in Deutschland zwischen 1881 und 1912. Eine wahlgeschichtliche Untersuchung, Berlin 1999.

[203] Vgl. PÖTZSCH, Antisemitismus, S. 145ff.

spiegeln das unterschiedliche Wirtschafts- und Sozialprofil der ausgewähl-·ten Regionen anschaulich wider: In Hessen und Hessen-Nassau gewann der organisierte bäuerliche Mittelstand an regionaler ökonomischer und politischer Bedeutung. In Sachsen und Braunschweig entstanden dagegen Vereine und Verbände des gewerblichen Mittelstandes von regionalem und überregionalem Rang, z. T. sogar mit reichsweiten Ambitionen. Den in den Untersuchungsgebieten konstituierten landwirtschaftlichen und gewerblich-mittelständischen Vereinen und Verbänden mit offen oder verdeckt antisemitischer Tendenz ist gemeinsam, daß sie Gründungen von Parteiantisemiten waren bzw. unter deren maßgeblicher Mitwirkung gebildet wurden.

Der 1890 von Böckel im Sinne seines „praktischen Antisemitismus" gegründete „Mitteldeutsche Bauernverein", der 1892 rund 15.000 Mitglieder gezählt haben soll,[204] war schon satzungsgemäß eng an die „Antisemitische Volkspartei" (später: „Reformpartei") der Reformer gebunden. Die maßgeblich durch Böckel selbst betriebene faktische Herabsetzung des Bauernvereins zu einer bloßen Wahlkampforganisation für die reformerischen Antisemiten führte rasch zur Vernachlässigung eines der ursprünglichen Ziele des Vereins, der bäuerlichen Selbsthilfe. Diese Tatsache, verbunden mit Vorwürfen der Ineffizienz, der Mißwirtschaft und der Geschäftsuntüchtigkeit, bereitete den Boden für den Sturz Böckels durch Philipp Köhler, Otto Hirschel und Fritz Bindewald. Der Mitteldeutsche Bauernverein, dessen Wirkungskreis sich vor allem auf Hessen und Hessen-Nassau beschränkte, lockerte nach dem Ausscheiden Böckels 1894 seine Bindung zu den Reformern, ohne sie allerdings ganz zu lösen, und entwickelte sich zu einer selbständigen berufsständischen Organisation, die sich den ökonomischen Interessen der Landbevölkerung, vor allem der selbständigen Bauern, verstärkt zuwandte.

Der „Hessische Bauernbund", wie sich der Mitteldeutsche Bauernverein seit 1899 nannte, war als den Reformern nahestehende, antikonservative Organisation bis zur Jahrhundertwende zu keiner politischen Zusammenarbeit mit dem konservativen, großagrarischen „Bund der Landwirte" (BdL) bereit. Der allmähliche Niedergang des Hessischen Bauernbundes zu Beginn des 20. Jahrhunderts und sein daraus resultierender Anschluß an den organisations-, finanz- und mitgliederstarken BdL[205] 1904 dokumentiert ebenso wie der ungefähr gleichzeitig einsetzende Niedergang der Reformer, daß der Antikonservatismus im antiliberalen, antisozialdemokratischen mittelständisch-bürgerlichen Lager des Kaiserreichs auf Dauer allein nicht lebens- und mehrheitsfähig war.

Anders als der Mitteldeutsche Bauernverein verzichteten die in Sachsen und Braunschweig konstituierten antiliberalen, konservativen Vereine und Verbände des gewerblichen Mittelstandes von Anfang an auf eine offene Bindung an die Parteiantisemiten und auf eine offen antisemitische Agitation, um eine möglichst breite Mitgliederbasis zu erreichen. Die „Mittel-

---

[204] So Böckel. Vgl. Deutsche Wacht, Nr. 26 v. 26.6.1892.

[205] Der BdL zählte Ende 1899 206.000 und Anfang 1914 230.000 Mitglieder. Vgl. HANS-JÜRGEN PUHLE, Agrarische Interessenpolitik und preußischer Konservatismus im wilhelminischen Reich (1893–1914). Ein Beitrag zur Analyse des Nationalismus in Deutschland am Beispiel des Bundes der Landwirte und der Deutsch-Konservativen Partei, Hannover 1967, S. 37f.

standsvereinigung im Königreich Sachsen" (gegründet 1905) und der in Braunschweig konstituierte „Niedersächsische Schutzverband für Handel und Gewerbe" (gegründet 1909) gaben sich offiziell als politisch und religiös neutrale Sammlungsbewegungen des gewerblichen Mittelstandes, die die Interessen von Handwerkern, Kleinhändlern und Hausbesitzern sowohl gegen die Sozialdemokratie als auch gegen Warenhäuser und Konsumvereine verteidigen wollten. Zu den maßgeblichen Gründungsvätern des Niedersächsischen Schutzverbandes, aus dem 1913 die „Reichsschutzgemeinschaft für Handel und Gewerbe" hervorging, auf der einen und der Mittelstandsvereinigung auf der anderen Seite gehörten regional bzw. überregional bekannte deutsch-soziale Antisemiten: Bertram Walterscheid in Braunschweig und Theodor Fritsch in Sachsen.

Die „Mittelstandsvereinigung im Königreich Sachsen" war die mitgliederstärkste regionale gewerbliche Interessenorganisation des konservativen Mittelstandes mit wohl bis zu 100.000 Einzelmitgliedern.[206] Dem „Niedersächsischen Schutzverband für Handel und Gewerbe", der über seinen regionalen Schwerpunkt, das Herzogtum Braunschweig, hinaus in den preußischen Provinzen Hannover und Sachsen wirkte, sollen bis zu 12.000 Mitglieder angehört haben.[207] Zum Vergleich: die Deutsch-Sozialen zählten 1907 nach eigenen Angaben rund 10.000 Mitglieder und Förderer – reichsweit.[208]

Die Mitgliederstärke beider Organisationen dokumentiert, welche Bedeutung Mittelstandsvereinigungen im konservativen, antiliberalen, antisozialdemokratischen bürgerlichen Lager erreichten und warum sie als politischer Partner für den einflußreichen BdL interessant wurden. Aus diesen Zahlen ergibt sich ferner, daß eine antiliberale Mittelstandspolitik im Kaiserreich mehr Erfolg versprach, wenn sie (zumindest weitestgehend) auf eine offene antisemitische Agitation verzichtete und so auch die konservativen gewerblich-mittelständischen Kreise erreichte, die sich vom Ruch des „Nur"-Antisemitismus der parteipolitischen Judenfeinde abgeschreckt fühlten – auch wenn diese Personengruppen selbst nicht frei von antisemitischen Ressentiments waren. Diesen Aspekt scheinen Antisemiten wie Fritsch und Walterscheid erkannt zu haben. Und dies ist sicher ein wesentlicher Grund dafür, warum sich beide, zumal vor dem Hintergrund des Niedergangs der Antisemitenparteien seit Ende der neunziger Jahre, zunehmend von der aktiven Teilnahme am Parteiantisemitismus zurückzogen und sich dafür dem Aufbau scheinbar politisch neutraler, in der Realität aber konservativer und verdeckt antisemitischer Mittelstandsvereinigungen widmeten.

Fritsch und Walterscheid gehörten dem Hauptvorstand des vor allem auf Initiative sächsischer Mittelständler, und nicht zuletzt Fritschs selbst, 1911 als Gegenorganisation gegen den liberalen „Hansabund" (rund 250.000 Mitglieder)[209] und die Sozialdemokratie gegründeten „Reichsdeutschen

[206] So das Polizeiamt der Stadt Leipzig an das österreichisch-ungarische Konsulat in Dresden in einem Schreiben v. 11.7.1910. StAL, PP-V Nr. 2859.
[207] Vgl. EDGAR HARTWIG, Reichsdeutscher Mittelstandsverband 1911–1920, in: DIETER FRICKE (Hg.), Lexikon, Bd. 3, Köln 1985, S. 657–662, hier S. 659.
[208] Aufklärungsschriften des Reichsverbandes der deutschsozialen Partei, Nr. 1 (151) v. Januar 1914, S. 93f.; BA Koblenz, ZSg. 1/E Nr. 27.
[209] Vgl. HANS-PETER ULLMANN, Interessenverbände in Deutschland, Frankfurt a. M. 1988, S. 104.

Mittelstandsverbandes" an. Der Verband war Ausdruck der Sammlung regionaler und überregionaler antiliberaler, konservativer Mittelstandsvereinigungen unter einer reichsweit agierenden gemeinsamen Dachorganisation. Er soll 1914 rund 630.000 Einzelmitglieder gezählt haben.[210] Grundsätzlich schloß der Verband politische und konfessionelle Bestrebungen aus. Ebenso verzichteten seine Mitglieder – zumindest bei offiziellen Anlässen – auf offen antisemitische Äußerungen. Die konservativ-antisemitische Ausrichtung des Mittelstandsverbandes offenbarte sich aber schon bei dessen Konstituierung: Unter den Mitgliedern des Ausschusses, der die Gründung des Verbandes vorbereitete, befanden sich überwiegend Angehörige konservativ-antisemitischer Organisationen, so u. a. der Generalsekretär der Deutsch-Sozialen Partei, Johannes Henningsen. Bei Wahlen wollte der „Reichsdeutsche Mittelstandsverband" nur bürgerliche Kandidaten unterstützen, die sich kompromißlos auf seine wirtschaftlichen Forderungen verpflichteten. Damit folgte der Verband seinem unverkennbaren interessenpolitischen Vorbild, dem konservativ-antisemitischen BdL.

Antisemtische Erscheinungsformen im organisierten Handel und Gewerbe blieben aber nicht nur auf den selbständigen Mittelstand beschränkt. So bekannte sich auch die mit bis zu 160.000 Mitgliedern zahlenmäßig stärkste Vereinigung des unselbständigen gewerblichen Mittelstandes im Kaiserreich, der „Deutschnationale Handlungsgehilfen-Verband" (DHV)[211], offen und offiziell zum Antisemitismus. Der antiliberale DHV war 1893 unter maßgeblicher Beteiligung deutsch-sozialer Parteiantisemiten in Hamburg als antisemitische Gegenorganisation unselbständiger Kaufleute gegen das Eindringen der Sozialdemokratie in den „Kaufmannsstand" gegründet worden. In allen vier Untersuchungsgebieten gab es Ortsgruppen des DHV, so z. B. in der Stadt Braunschweig, wo Walterscheid 1895, noch als Angestellter, die erste Ortsgruppe des DHV außerhalb Hamburgs konstituierte, in Darmstadt, Frankfurt a. M., Chemnitz, Dresden und Leipzig. Gemessen an seiner Mitgliederzahl hatte der DHV eine seiner wichtigsten Stützen im Königreich Sachsen.

Als Fazit bleibt festzuhalten, daß Sachsen, Hessen, Hessen-Nassau und Braunschweig, letzteres allerdings in einem bescheideneren Maße, im Hinblick auf den Parteiantisemitismus sowie auf offen oder verdeckt antisemitische landwirtschaftliche und gewerbliche Mittelstandsvereinigungen in regionaler und/oder überregionaler Perspektive eine herausragende bzw. besondere Rolle spielten.

---

[210] Vgl. HARTWIG, Mittelstandsverband, S. 657–662, hier S. 657.
[211] DIETER FRICKE/WERNER FRITSCH, Deutschnationaler Handlungsgehilfen-Verband 1893–1934 (1893–1895 Deutscher Handlungsgehülfen-Verband zu Hamburg; 1933–1934 Deutscher Handlungsgehilfen Verband), in: DIETER FRICKE (Hg.), Lexikon, Bd. 2, S. 457–475, hier S. 457.

Katrin Griebel

Antijudaismus und Antisemitismus in der sächsischen Oberlausitz zwischen 1871 und 1918

Einige knappe Bemerkungen zur Einführung: Die Oberlausitz ist geprägt durch historische Besonderheiten, die sich auch auf ihre politische und wirtschaftliche Geschichte und damit auf die Geschichte der Juden in der Oberlausitz ausgewirkt haben. Sie war über Jahrhunderte Nebenland der böhmischen Krone, bis sie im Verlauf des 30jährigen Krieges Sachsen zugeschlagen wurde. 1816, im Ergebnis des Wiener Kongresses, wurde sie geteilt. Der nordöstliche Teil der Oberlausitz mit der vor allem wirtschaftlich bedeutendsten Stadt des Oberlausitzer Sechsstädtebundes Görlitz und der heute in Polen liegenden Stadt Lauban fiel an Preußen. Bei Sachsen verblieben u. a. die Städte Bautzen, als Hauptstadt des Sechsstädtebundes das Verwaltungszentrum der Oberlausitz, die als Zentrum von Textilproduktion und -handel bekannte Stadt Zittau sowie die Städte Kamenz und Löbau, die mit dieser Teilung ihre bisherige wirtschaftliche Bedeutung im 19. Jahrhundert verloren.

Mit der Teilung der Oberlausitz und dem Verlust ihrer relativen politischen Selbständigkeit nimmt auch die Geschichte der Juden in ihren beiden Teilen einen unterschiedlichen Verlauf. Die preußische Oberlausitz hatte, wie alle anderen preußischen Provinzen auch, noch über zwanzig Jahre lang einige Sonderrechte. Damit setzte hier die Emanzipation der Juden später ein als im Stammland Preußen. Jedoch 1847 konnte auch der Görlitzer Rat jüdischen Kaufleuten die Bürgerrechte nicht mehr verwehren und binnen weniger Jahre entstand eine verhältnismäßig große jüdische Gemeinde mit zeitweise über 600 Mitgliedern aus der gesamten preußischen Oberlausitz.[212] Erst 1867 setzte dieser Prozeß auch in Sachsen ein. Daraus resultieren neben vielen Gemeinsamkeiten zwischen Preußen und Sachsen eine Reihe von Unterschieden in der Entwicklung der Gemeinden, des Antisemitismus und der Reaktionen darauf. In den Akten des Görlitzer Ratsarchivs finden sich ähnliche Schikanen wie in Sachsen, z. B. zum Religionsunterricht in öffentlichen Schulen und zum „Schächtverbot". Diese Akten belegen aber auch eine aktivere Rolle der Synagogengemeinde zu Görlitz und ihrer Mitglieder gegenüber dem Antisemitismus. Nachweisbar engagierten sich u. a. eine Reihe von Mitgliedern im „Verein zur Abwehr des Antisemitismus". Der bisherige Forschungsstand würde allerdings höchstens einige Fragen und Thesen zu den Unterschieden zwischen beiden Teilen der Oberlausitz gestatten.[213] Eine Analyse des Antisemitismus in der preußischen Oberlausitz steht noch aus.

Zur Geschichte des Antisemitismus in der sächsischen Oberlausitz mag dieser Beitrag als erste Bestandsaufnahme dienen. Er beruht im wesentlichen auf

---

[212] Zur Geschichte der Juden in der preußischen Oberlausitz vgl. u. a. Juden in der Oberlausitz, Bautzen 1998; „Auftrag für die Zukunft". Juden und Synagoge in Görlitz, hg. v. der Sächsischen Landeszentrale für politische Bildung, Dresden 1995.

[213] Eine Ursache mag in der späteren Gleichstellung der Juden in Sachsen liegen. Damit fiel die Phase der Gemeindegründungen mit der Reichsgründung, der Entstehung des Antisemitismus des späten 19. Jahrhunderts sowie der sich endgültig durchsetzenden Industrialisierung zusammen. Sicher spielen auch die Größe der jeweiligen Gemeinden (Görlitz bis zu 600, Zittau bis zu 200, Bautzen bis zu 30 Mitglieder) und die Bedeutung einzelner Mitglieder im öffentlichen Leben eine Rolle.

der Ausstellung „Juden in der Oberlausitz" und dem gleichnamigen Buch von 1998 und konzentriert sich vor allem auf die Städte Zittau, Bautzen und Löbau.

Bis vor zwölf Jahren war die Oberlausitz geprägt durch Textilproduktion und -handel. Spätestens ab Ende des 18. Jahrhunderts spielten vor allem im Wollhandel in der sächsischen Oberlausitz jüdische Kaufleute aus Posen, Schlesien und Böhmen eine bedeutende Rolle, auch wenn sie sich hier nicht ansiedeln durften. Sie versorgten als einzige die Barett- und Strumpfmacherinnungen in Bautzen, Zittau und Bischofswerda selbst in wirtschaftlich und politisch schwierigen Zeiten konstant mit preiswerter ausländischer Wolle in der notwendigen Qualität. Dabei gerieten sie immer wieder ins Spannungsfeld unterschiedlicher Interessenlagen von oberen Behörden, einheimischen Kaufleuten und Innungen. Die einen befürchteten den längeren Aufenthalt zu vieler „alttestamentarischer Glaubensgenossen", die anderen sahen in ihnen lästige Konkurrenz im Preiskampf. Die Innungen nahmen sie als notwendiges Übel hin. Immer bekamen die Argumente einen religiösen Deckmantel und endeten mit dem Bemerken, man wisse schon, daß Juden betrügerischen und verbotenen Handel sowie Hehlerei betreiben würden. Diese Mischung aus wirtschaftlichen, politischen und religiösen Interessen spiegeln sich schon im Antijudaismus vor 1867 wider.[214]

Mit Erscheinen des Gesetzes zur Gleichstellung aller Religionen in Sachsen 1867 zogen die ersten Juden in die sächsische Oberlausitz. Sie stammten in der Regel aus Posen und Schlesien, also aus Preußen. Die meisten von ihnen waren im Textilhandel tätig. In Bautzen gehörten selten mehr als zehn Männer der Gemeinde an. Sie rekrutierte sich vor allem aus kleineren Ladenbesitzern. Die Gemeinde selbst war immer auf Zuschüsse des Deutschen oder Sächsischen Israelitischen Gemeindebundes angewiesen, die zeitweise die Hälfte des Gemeindeetats ausmachten. Anders die Situation in Zittau. Um 1893 zählte die dortige Gemeinde 194 Mitglieder. Die soziale Spannbreite war weitaus größer. Neben einer Reihe von kleinen Geschäftsleuten gab es auch Webereifabrikanten, Getreidegroßhändler und Besitzer größerer Kaufhäuser, in der zweiten Generation Anwälte und Ärzte.

Die Probleme der Gründungsphase der beiden Israelitischen Religionsgemeinschaften in der sächsischen Oberlausitz, in Bautzen und Zittau wurden in der Publikation „Juden in der Oberlausitz" ausführlich beschrieben.[215] Es sei hierzu nur bemerkt, daß vor allem bei den Stadträten weniger Vorbehalte, denn Verunsicherung über die gesetzliche Lage sowie mangelnde Sensibilität bestanden. Die Verzögerungen und Behinderungen gingen von den Amtshauptmannschaften aus. Erste wirkliche Spannungen traten in Zittau auf, als die jüdische Gemeinde Mitte der 1880er Jahre ein Grundstück für einen Friedhof suchte. Die offizielle Anfrage an den Vorstand der Parochialkirche, ob man bereit wäre, den hinteren Teil des Friedhofes abzu-

---

[214] Vgl. ERHARD HARTSTOCK, Geduldet, angesehen und verfolgt. Aus der Geschichte der Juden in der Oberlausitz, in: Juden in der Oberlausitz, S. 6–103, hier S. 15–70; KATRIN GRIEBEL/ROMAN KÖNIG, Juden in Bautzen – zwischen Duldung und Verfolgung, in: Von Budissin nach Bautzen. Beiträge zur Geschichte der Stadt Bautzen, Bautzen 2002, S. 135–147, hier S. 136f.

[215] Vgl. HARTSTOCK, Geduldet, S. 49–54; GRIEBEL, Spuren jüdischen Lebens in Zittau, in: Juden in der Oberlausitz, S. 150–189, hier S. 152–156.

treten, wurde empört aus „religiösen Gründen" zurückgewiesen, obwohl anderswo diese Möglichkeit durchaus bestand. Zur Einweihung des jüdischen Friedhofs 1867 erschien die Prominenz der Stadt und das Kultusministerium. Die Presse berichtete sehr sachlich darüber, registrierte aber auch sehr genau, daß sich die Vertreter der evangelischen und der katholischen Kirche wegen anderweitiger Verpflichtungen entschuldigen ließen. Diese beiden Tatsachen liegen in der Zeit, als die Israelitische Gemeinde zu Zittau um das korporative Recht[216] zu kämpfen begann, u. a. um eine faktische Gleichstellung mit den großen christlichen Religionsgemeinschaften zu erreichen. Es ging dabei auch um eine finanzielle Frage, nämlich inwieweit ihre Mitglieder wie Katholiken auch von Abgaben zugunsten des Erhalts der evangelischen Johanniskirche befreit werden können.[217]

1887, im selben Jahr also, tauchte in einer Bautzener Hauptgeschäftsstraße ein Flugblatt auf mit der Überschrift: „Zur Beherzigung für die Eltern und Vormünder von Confirmanden! (...) Kauft Confirmanden-Anzüge und sonstige Fest-Geschenke nicht bei Juden". Verteilt wurde es im Auftrage eines Mühlenbesitzers. Ein Polizist beschlagnahmte die Flugblätter. Der Stadtrat allerdings händigte sie dem Mühlenbesitzer wieder aus und beließ es bei einer Verwarnung.[218] 1905 verteilt der Bautzener Reformverein übrigens ein Flugblatt unter dem Motto: Kauft zu Ostern nicht beim Juden![219]

Zu Beginn der 90er Jahre des 19. Jahrhunderts änderte sich das Bild. Sporadische antisemitische Äußerungen und vereinzelte Schwierigkeiten der jüdischen Gemeinden wichen einer systematischen antisemitischen Propaganda. In Zittau tobte ein „Pressekrieg" zwischen den Zittauer Nachrichten und der Zittauer Morgenzeitung, der seine Fortsetzung in Wirtshäusern und Versammlungssälen fand. Es entstanden in Zittau und Bautzen Deutsche Reformvereine und wie ein Lauffeuer verbreiteten sich diese in der gesamten sächsischen Oberlausitz. Gleichzeitig traten die „Reformer" um Oswald Zimmermann von Dresden aus eine propagandistische Offensive in Ostsachsen an.

Die antisemitische Propaganda traf auf eine antijüdische Grundstimmung, wie sie sicher nicht nur in der Zittauer Bevölkerung vorherrschte. Paul Mühsam, ein bekannter Rechtsanwalt und Schriftsteller, lebte mit seinen Eltern 1880 bis 1890 in Chemnitz und besuchte 1890 bis 1896 das Zittauer Gymnasium. In seinen Memoiren beschreibt er, wie er diese Grundstimmung als Schüler erlebte: „Der Jude, wohin er auch kam, begegnete immer zunächst einem gewissen Mißtrauen und mußte um seine Stellung kämpfen. Er wurde keineswegs mit offenen Armen aufgenommen. Während ein christlicher Schüler ebenso wie jeder christliche Bürger sofort gewissermaßen mit dazu gehörte und als anständig galt, mußte der jüdische erst sich legitimieren und seine Anständigkeit unter Beweis stellen. Mich wurmte das versteckte Tu-

216 Die Anerkennung der Gemeinde als Körperschaft des öffentlichen Rechts (korporative Rechte) bedeutete auch das Recht der Gemeinde, gegenüber ihren Mitgliedern notfalls Beiträge und Steuern auf dem Rechtswege einklagen zu können.
217 Vgl. GRIEBEL, Spuren, S. 154.
218 Vgl. StadtAB, Rep. III.III.k.19, Acten der Preß-Polizei betr. Stadtrath zu Bautzen, o. F.
219 1937 hetzt ein Löbauer Pfarrer im Stürmer gegen den jüdischen Kaufmann Grünewald. Dieser hatte sich erlaubt, Konfirmationsanzüge zu inserieren. Wenig später ging Grünewald in den Freitod.

scheln und Kichern, wenn einige Schüler anderer Klassen auf der Straße mich sahen, die zu einer offenen Brüskierung zu feige waren ..."[220]

1892/93 gelang es dem Redakteur der Zittauer Nachrichten, dieses stadteigene Blatt zu einer Plattform der Deutschen Reformer zu gestalten. Die Zittauer Nachrichten berichteten tendenziös über Wucherprozesse, „Wucherjuden" in Rußland, Menschenhandel mit osteuropäischen Mädchen[221], den Alwardtprozeß, über Proteste christlicher Berliner Kaufleute gegen jüdische Kaufhäuser, zitierten des öfteren aus der Deutschen Wacht und anderen antisemitischen Presseorganen, über die Tätigkeit Deutscher Reformvereine in Sachsen: „Bautzen, 8. September (Aufruf): Der hiesige Reformverein erlässt gegen die Abhaltung der Leipziger Messe folgenden Aufruf: ‚Noch schreitet der Würgengel einher und zeichnet seine Opfer, noch schwingt Gott der Herr die Geißel der Cholera über Deutschlands Gefilde. Jeder Staat, selbst Russland ergreift die schärfsten Maßregeln, seine Bürger vor der Ansteckungsgefahr zu schützen. Jede Stadt wappnet sich mit größter Sorgfalt, den unheimlichen Geist auf das energischste zu bekämpfen. Wissenschaftliche Kongresse und Versammlungen werden abgesagt, Jahr- und Viehmärkte werden aufgehoben, um der Ansteckungsgefahr vorzubeugen und die Ausbreitung der Cholera zu verhindern. Da kommt aus Leipzig, die fast unglaubliche Nachricht, daß der Rat dieser Stadt beschlossen habe, die Leipziger Messe, den größten Markt Deutschlands, der in so hohem Maße von jüdischen russischen Waren überschwemmt und von vielen Juden besucht wird, am 3. Oktober abzuhalten. Es ist unglaublich, daß der Rat der Stadt Leipzig den Mut hat finden können, diese ungeheure Verantwortung auf sich zu nehmen, daß durch Abhaltung der Messe ganz Sachsen, ganz Deutschland verseucht werde.' ..."[222]

Im Februar 1893 mußte sich die Stadtverordnetenversammlung mit den antisemitischen Tendenzen der Zittauer Nachrichten auseinandersetzen. Vorausgegangen war eine Beschwerde der Israelitischen Religionsgemeinde zu Zittau, die sich beim Stadtrat über tendenziöse, antisemitische Berichterstattung des Nachrichtenanzeigers beschwerte, die geeignet war „... einen Teil der hiesigen steuerzahlenden Einwohner tief zu kränken und zu beleidigen, Zwietracht zu säen und die Bevölkerung gegen die Juden aufzureizen ... Wir haben zu unserer tiefsten Betrübnis bereits den traurigen Erfolg dieser antisemitischen Haltung der Zittauer Nachrichten wahrgenommen, dieselbe wirkt zersetzend unter die sonst friedlich untereinander lebende hiesige Bevölkerung, schädigt in geschäftlicher und sozialer Beziehung u. beginnt sogar unter der Schuljugend – die Verhetzung – wachzurufen ... Wir erwarten von dem Gerechtigkeitssinn unseres loeblichen Stadtrats, daß unsere Glaubensgenossen am hiesigen Orte der einem jeden Bürger zustehende Schutz zuteil wird, daß der Redaction der Zittauer Nachrichten zur strengsten Pflicht gemacht wird, ihre antisemitischen Hetzartikel in

---

220 PAUL MÜHSAM, Ich bin ein Mensch gewesen. Lebenserinnerungen, Gerlingen, 1989, S. 34f.
221 Ein Beispiel: „Der Pester Nemzet meldet aus Temeswar: Die Polizei entdeckte eine ganze Bande von Mädchenhändlern, die ganz junge Mädchen vom väterlichen Hause entführten und meistens nach dem Orient ‚lieferten'. Das Haupt der Bande, namens Julie Rosenstock (natürlich!) und deren Genossen wurden verhaftet." Zittauer Nachrichten und Anzeiger vom 01.02.1893, S. 209.
222 Zittauer Nachrichten und Anzeiger vom 10.09.1892, Beilage zu Nr. 211.

Zukunft zu unterlassen." Die jüdische Gemeinde empfahl ihren Mitgliedern, „diesem Treiben nur mit Ruhe und Würde zu begegnen, um den Reformern keinen Grund zu Angriffen zu geben." Die Zittauer Nachrichten, die bis dahin die jüdische Gemeinde nicht direkt angegriffen hatten, berichteten dagegen, daß der Vorstand der Gemeinde beschlossen habe, seine Mitglieder anzuhalten, sich eines möglichst anständigen und reellen Betragens zu befleißigen. Der Redakteur fragte sich sogleich: Warum eigentlich? Gab es etwa Anlaß?

Wie realistisch die Befürchtungen der jüdischen Gemeinde waren, zeigen die Erinnerungen Paul Mühsams, von dem wir nicht wissen, ob er diese Auseinandersetzungen bewußt wahrgenommen hat: „Als ich zu Bismarcks Geburtstag ein selbstgefertigtes Gedicht, das von allen abgegebenen als das beste anerkannt worden war, vortragen sollte, gingen auf dem Weg zum Festaktus zwei Schüler einer anderen Klasse an mir vorüber, von denen der eine dem anderen die Bemerkung zuflüsterte, daß man dazu nicht gerade mich hätte auszuwählen brauchen. Die Äußerung kränkte mich, doch es schien mir nicht der Mühe wert, darauf einzugehen. Aber als ein Schüler einer der unteren Klassen, die ich als Oberprimaner zu inspizieren hatte, mir Itzig zurief, ließ ich ihn antreten und versetzte ihm eine schallende Ohrfeige …"[223] In einem Artikel des Redakteurs der Zittauer Nachrichten gegen die Redakteure der Zittauer Morgenzeitung schrieb dieser, daß „… was die Herren Lemme, Schwager und Haupt gegen ihn schreiben, ihm ebenso gleichgültig ist, als es ein anderer Levy, Cohn oder Itzigsohn geschrieben hätte."[224] Schwager und Haupt waren Eigentümer und Redakteure der Zittauer Morgenzeitung und gleichzeitig Stadtverordnete der Freisinnigen. In der Zittauer Morgenzeitung arbeitete im übrigen kein einziger Jude.

Auf Grund der Beschwerde der jüdischen Gemeinde ermahnte der Stadtrat den Redakteur, sich an den Stiftungsgrundsatz der Zeitung, an Neutralität und Überparteilichkeit zu halten. Da der Stil der Zeitung sich nicht änderte, stellten die Abgeordneten der Freisinnigen den Antrag auf Entlassung des Redakteurs. Dies wurde nach turbulenter Sitzung unter Berufung auf die Pressefreiheit abgelehnt. Der Redakteur begleitete seine pflichtgemäß ausführliche Berichterstattung über die Debatte mit giftigen Kommentaren und teilweise sehr persönlichen Angriffen gegen die Antragsteller. Zugleich veröffentlichte er einige Leserbriefe, die vor allem von Handwerkern geschrieben wurden und den Redakteur ermunterten, der freisinnigen Zittauer Morgenzeitung Einhalt zu gebieten: „Es gilt Schutz und Brot der reellen Arbeit, dem redlichen Handel, der das Auge und Gemüt erfreuenden Kunst … Wer arbeitet dagegen? Der Freisinn mit seiner Judenpresse."[225]

Zur selben Zeit, da diese Debatte die Gemüter in Zittau bewegte, kam es in der gesamten sächsischen Oberlausitz, u. a. in Bautzen, Löbau, Eibau, Bischofswerda und Schirgiswalde, zur Gründung von Deutschen Reformvereinen. Der Ablauf war immer der gleiche. Angekündigt wurde ein Vortrag des Reichstagsabgeordneten Oswald Zimmermann aus Dresden[226], der über den Kampf gegen das Judentum referierte. Danach wurde die Diskus-

---

[223] MÜHSAM, Mensch, S. 35.
[224] Zittauer Nachrichten und Anzeiger vom 05.02.1893.
[225] Ebd., vom 11.02.1893.

sion eröffnet. Zu Wort meldeten sich nur wenige, die sich dann auch noch als Sozialdemokraten entpuppten und durch Tumulte am Reden gehindert wurden. Anschließend zog man sich in die Gaststätte zurück und beschloß die Gründung des örtlichen Reformvereins.

Wenige Tage nach der Debatte der Zittauer Stadtverordneten vollzog sich dieselbe Prozedur in Zittau, mit einem Unterschied: Die Front verlief hier nicht zwischen Antisemiten und Sozialdemokraten, sondern Antisemiten und Freisinnigen, die niedergeschrieen wurden. Kurz darauf sprach der Redakteur der Zittauer Morgenzeitung zum Thema „Die Freisinnigen und der Antisemitismus". In den Zittauer Nachrichten erschien daraufhin eine Anzeige: „Den Mitgliedern der Ordnungsparteien wird angerathen, die heutige Versammlung ... nicht zu besuchen, denn es wird doch nur das alte Lied: ‚Hetze gegen Andersdenkende' gesungen."[227] Hier kommt eine Zittauer Besonderheit zum Tragen. Zittau und Umgebung galten über fast hundert Jahre als Hochburg des Linksliberalismus. Die „Ordnungsparteien" sahen ihn und nicht die Sozialdemokratie als ihren eigentlichen Gegner an. Bei den Reichstagswahlen wird dies besonders deutlich. Die Sozialdemokraten spielten dabei stets eine untergeordnete Rolle. In der Regel traten Konservative oder Nationalliberale gegen die „Fortschrittler" bzw. „Freisinnigen" an. Nationalliberale und Linksliberale fanden sich in Stichwahlen wieder, die meistens von den Linksliberalen gewonnen wurden. Die Zittauer Morgenzeitung war 1876 von Gustav Fränkel gegründet als Wahlkampfblatt der Fortschrittspartei. Fränkel unterlag knapp dem nationalliberalen Kandidaten, verkaufte das Blatt wieder und verschwand wenige Jahre später aus der Stadt. „Seine" Zeitung blieb jedoch bis 1933 die Plattform des Linksliberalismus. Die antisemitischen Ausfälle des Redakteurs der Zittauer Nachrichten waren übrigens nur ein Anlaß von vielen für heftige Auseinandersetzungen zwischen beiden Zeitungen, da sie immer wieder als Bühne der politischen Lager benutzt wurden. Trotz der ihr durch das Statut vorgegebenen Neutralität waren die Zittauer Nachrichten eine Plattform für die Konservativen geworden.

Der Antisemitismus ist nur eine Facette der Reformbewegung. Grundsätzlich erhielt sie einen solch regen Zuspruch in der Oberlausitz, weil sie sich als Interessenvertreter des so geplagten Mittelstandes verstand. Dessen Forderungen u. a. nach Zwangsinnungen, Beseitigung der Gewerbefreiheit, nach Einrichtung von Handelskammern sowie seine deutschnationalen, antisemitischen, auch antislawischen, speziell antitschechischen Parolen schienen einen Ausweg zu zeigen.[228]

Interessant sind sowohl das in den Akten des Bautzener Stadtarchivs enthaltene Statut des Vereins wie auch die Listen der Vorstandsmitglieder. Paragraph 2 des Statuts formuliert als Zweck des Deutschen Reformvereins die

[226] Oswald Zimmermann galt als einer der Führer der sächsischen antisemitischen Bewegung, u. a. Vorsitzender der 1893 entstandenen Deutschen Reformpartei, Herausgeber und Redakteur der antisemitischen Wochenzeitung Deutsche Wacht. Vgl. Deutsche Biographische Enzyklopädie, München 2001, S. 670.

[227] Zittauer Nachrichten und Anzeiger vom 11.02.1893.

[228] Interessanterweise verzichtete der Bautzener Reformverein auf antislawische Töne, sicher mit Rücksicht auf die sorbische Bevölkerung, die gerade in der Stadt vorwiegend aus Handwerkern und kleineren Geschäftsleuten bestand.

Pflege der „Liebe zu Kaiser und Reich, zu König und Vaterland und eine(r) deutschnationalen Gesinnung … Juden und deren Abkömmlinge sowie Sozialdemokraten werden nicht aufgenommen … Es ist Ehrenpflicht eines jeden Mitgliedes, daß es seine Einkäufe an Waren soweit irgend thunlich nur in christlichen Geschäften macht und in diesem Sinne auch auf alle Nahestehenden einwirkt."[229] Zum Vorstand gehörten über fast 15 Jahre lang ein Konditormeister, ein Lehrer, ein Fabrikexpedient, zwei Kaufleute, ein Rechtsanwalt und ein Arzt. Aus den Polizeiakten geht weiter hervor, daß das Publikum der Vortragsabende sich vorrangig aus örtlichen Handwerkern und Intellektuellen zusammensetzte. Die Themen dieser Vorträge spiegeln das gesamte Spektrum des Parteiprogramms der Deutschen Reformpartei wider – Oswald Zimmermann: Der schädliche Einfluß des Judentums auf Gewerbe, Handel und Landwirtschaft (Mai 1892); derselbe: Die Notwendigkeit einer Mittelstandspartei (November 1892); Gymnasial-Professor Dr. Paul Förster aus Friedenau: Der Jude und die deutsche Frau (Dezember 1892); Pastor Dr. Katzer aus Löbau: Das germanische Königstum (April 1893); Hugo Welcker aus Ulm: Das deutsche Volk und seine Pflichten (September 1893); Reichstagsabgeordneter Dr. Gräfe: Die Deutsch-sociale Reformpartei im Kampf für die Zukunft des Vaterlandes (November 1894) … [230]

Die Zielgruppe der „Reformer" war also der sogenannte Mittelstand: Handwerker, kleinere Geschäftsleute, Beamte, Intellektuelle wie Lehrer und Ärzte.

Der Verlierer der Industrialisierung war der Mittelstand, insbesondere das Handwerk, aber auch der Einzelhandel. Noch über das Jahr 1892 bemerkt ein Bericht der Gewerbekammer eine ständige Zunahme von Fabriken und Fabrikarbeitern und insbesondere für die Aktiengesellschaften in der Oberlausitz zufriedenstellende Gewinne. In den einzelnen Industriezweigen ist die Lage unterschiedlich, bei den Banken der Umsatz rückläufig. Insgesamt ist die wirtschaftliche Lage stabil. Trotzdem ist von Krise die Rede. Vor allem der Bericht über das Kleingewerbe fällt katastrophal aus: „Das Geschäft mit Gold- und Silberwaren war nicht ganz befriedigend, da die allgemein schlechte Lage die Anschaffung von Luxussachen erschwerte. Die Schlosserei befand sich … in sehr wenig erfreulichen Umständen. Auf ihr lasten die Folgen der Ausdehnung der großen Eisenhandlungen. In der Klempnerei war der Geschäftsgang schleppend. Bazare und Hausierer waren übermächtige Konkurrenten … Die Schuhmacherei blickt auf ein sehr ungünstiges Geschäftsjahr zurück. Vereinzelte Stimmen klingen hoffnungsarm. Die Maschinenarbeit verdrängt unaufhaltsam die Handarbeit … Die Gerberei befindet sich geradezu in einer Notlage. Die Anwendung des mechanischen Kraftbetriebes dringt unaufhaltsam vor. Von den kleinen Gerbereien verschwindet eine nach der anderen. Die Sattlerei ging nicht gut … Die Kürschnerei war in besserer Lage, wenn auch die Konkurrenz der großen Ladengeschäfte und die Beschränkung der Geschäftszeit an Sonn- und Feiertagen unangenehm empfunden wurde. Die Schneiderei hofft z. B. auf obligatorische Innungen und Befähigungsnachweis, damit der Handel mit fertigen oft schlechten Waren nicht fernerhin das Publikum über sein wahres Interesse täusche. Die Buch-

---

[229] StadtAB, Rep. III.II.C.51, Acten des Stadtrathes zu Bautzen, Abtheilung für Polizeisachen, betreffend den Deutschen Reformverein für Bautzen und Umgegend, 1892, Bl. 6f.
[230] Vgl. ebd.

binderei befand sich ziemlich gut; aber auch hier wird über die ‚schrankenlose Gewerbefreiheit' geklagt. Die Tischlerei kann im Berichtsjahr keinen Fortschritt aufweisen … In anderen Gewerbezweigen und überhaupt im Kleingewerbe steht es hiernach nicht gut."[231] Am gravierendsten wirkte sich die Industrialisierung auf das Schneider- und das Schuhmacherhandwerk aus. Es wird von Klagen über angeblich vorwiegend jüdische Kleidermagazine, billige Massenproduktion, aber auch über jüdische Hausierer aus Böhmen berichtet. 1891 soll sich allerdings das Schneiderhandwerk in Zittau etwas erholt haben. Eine Kleiderfabrik war in Konkurs gegangen. Die Prognosen für 1893 das Schuhmacherhandwerk betreffend sind bedrückend: „Man meint sogar, es sei eine unbestreitbare Thatsache, daß die Schuhmacherei überhaupt nicht zur Blüte gelangen kann. Hauptursache davon findet man in der Massenproduktion in Fabriken, die in Städten und Dörfern Verkaufsstellen einrichten und das Handwerk schwer bedrücken."[232] Paul Mühsam erinnert sich an das Schuhgeschäft seines Vaters in Zittau: „Die Erwartungen, mit denen meine Eltern nach Zittau gekommen waren, erfüllten sich anfangs durchaus. Sie hatten das einzige Schuhwarengeschäft am Ort, und die Warnungen, die die Schuhmacherinnung durch Zeitungsinserate erhob, bewirkten mehr eine Förderung als eine Schädigung, und mein Vater stellte mit Befriedigung fest, daß die Innung für ihn Reklame machte … Später allerdings trat infolge sich häufender Konkurrenz eine rückläufige Bewegung im Geschäftsgang ein. Der Umsatz und Verdienst gingen zurück. Die anderen Geschäfte arbeiteten mit neuzeitlichen Mitteln, mit denen ein ehrbarer Kaufmann von altem Schlage nicht Schritt halten konnte. Meine Eltern fingen wieder an, jedes Jahr Geld zuzusetzen, und ihr kleines Kapital verringerte sich zusehends."[233] Offensichtlich fehlte auch dem Vater Marcus Mühsam der finanzielle Hintergrund, um ähnliche Wege zu gehen wie der jüdische Kaufmann Salo Foerder, der eines der größten Textilkaufhäuser in Zittau aufbaute. Innerhalb der jüdischen Bevölkerung, die vor allem aus dem Mittelstand kam, vollzogen sich dieselben wirtschaftlichen Differenzierungsprozesse wie im übrigen Mittelstand der Oberlausitz. Um 1890 erreichte die zweite Welle der Industrialisierung in der sächsischen Oberlausitz ihren Höhepunkt. „Zwischen 1880 und 1905 vollzog sich ein Strukturwandel von der überwiegend manuell gewerblichen Herstellung zur Fabrikproduktion. Der größte Teil des Handwerks … gab unter dem Druck der Konkurrenz der viel produktiveren und billigeren Fabrikerzeugnisse ihre Selbständigkeit auf. Nur wenigen kleinen Handwerkern … gelang es, sich zu großen Werkstätten hochzuarbeiten …"[234] Gleichzeitig zeigt ein Vergleich der Bevölkerungszunahme und der Zunahme der Industriearbeiter, daß sich letztere zu nicht geringem Teil aus der Landwirtschaft, aber auch dem Handwerk rekrutierte.[235]

Warum die relativ stabilen wirtschaftlichen Verhältnisse um 1892 als Krise empfunden wurden, sei an dieser Stelle als These formuliert: Über Jahr-

---

[231] Jahresbericht der Handels- und Gewerbekammer zu Zittau für 1892, Zittau 1893, S. 67.
[232] Ebd., S. 120.
[233] MÜHSAM, Mensch, S. 47.
[234] ANDREA LEIDIG, Steuern in der sächsischen Oberlausitz von 1871 bis 1914, Diplomarbeit, Hochschule Zittau/Görlitz (FH) 2002, S. 35.
[235] Vgl. ebd., S. 41f.

hunderte prägte neben den Kaufleuten die Handwerkerschaft das wirtschaftliche und politische Bild solcher Städte wie Bautzen und Zittau. Dem entsprach ihr Selbstverständnis und Selbstbewußtsein. Beides wurde mit der Industrialisierung zerstört. Nur langsam wandelte sich auch das Selbstbild der Städte. So scheint dieser Prozeß an die Substanz aller, der Städte wie ihrer Bevölkerung zu gehen, wird die Krise z. B. des Handwerks in der öffentlichen Meinung eine Krise der Allgemeinheit.

Die in den 90er Jahren wachsende antisemitische Stimmung hatte gravierende Auswirkungen auf die kleine Bautzener jüdische Gemeinde. Am unmittelbarsten traf die Gemeinde der Stimmungswechsel im Stadtrat. In den 1880er Jahren sorgte sich der evangelische Schulausschuß noch um den pflichtgemäßen Religionsunterricht für die jüdischen Kinder und unterstützte die Gemeinde, in dem er ihr stundenweise einen Schulraum kostenlos zur Verfügung stellte. Nur Licht und Heizung mußten bezahlt werden. Noch 1892 war die Stimmung im Schulausschuß so wohlwollend, daß die sonst öffentlich kaum in Erscheinung tretende Gemeinde diesen einlud „… zu geneigter Teilnahme an der am Mittwoch, 20. April nachmittags 3 Uhr im Combinationszimmer der an der öffentlichen Prüfung der israelitischen Religionsschule in Anwesenheit des Landesrabbiner Herrn Dr. Winter zu Dresden …"[236] Fünf Jahre später drehte sich der Wind. Auf der 19. öffentlichen Sitzung der Stadtverordneten vom 18. November 1897 „… wurde (lt. Protokoll) der Antrag des Herrn Richter II, ‚das Collegium wolle beschließen, den Stadtrat zu ersuchen, eine dahingehende Anordnung zu erlassen, daß jüdischer Religionsunterricht in einem evangelisch-lutherischen Schulgebäude in Bautzen nicht mehr ertheilt werden darf', genügend unterstützt und einstimmig angenommen."[237] Die jüdischen Eltern zahlten zwar trotz Befreiung vom evangelischen Religionsunterricht das volle Schulgeld. Daraus würde sich jedoch keineswegs die Verpflichtung ableiten, einen Raum für den jüdischen Religionsunterricht zur Verfügung stellen zu müssen. Dies geschah bis zum Herbst 1900 nur noch unter Vorbehalt. Im Oktober 1900 beschlossen die Stadtverordneten eine neue Schulordnung. Danach wurde allen Kindern, die nicht am christlichen Religionsunterricht teilnahmen, ein halber Groschen Schulgeld erlassen. Dafür hatten die Eltern selbst für einen geeigneten Raumes außerhalb des Schulgebäudes zu sorgen.[238] Der Einspruch der jüdischen Gemeinde wurde abgewiesen. Doch die Angelegenheit erwies sich als eine unendliche Geschichte. Bis 1914 wurden die 2 bis 3 Kinder in den Privaträumen eines Gemeindemitgliedes unterrichtet. Nun aber waren es sechs oder mehr Kinder aus Bautzen, Bischofswerda und eventuell Kamenz. Der erneute Antrag auf Nutzung eines Schulzimmers wurde abgelehnt, da auch auswärtige Kinder dabei waren. Erst in den zwanziger Jahren erhielt die Gemeinde wieder einen Raum. Zwischen 1929 und 1933 konnte sie erstmals mehrere Räume für Gemeindezwecke mieten, die ihr aber aus gegebenem Anlaß wieder gekündigt wur-

---

[236] StadtAB, Rep. IV.I.e.13, Acten den Religionsunterricht bei der israelitischen Gemeinde betr., ergangen 1885.

[237] StadtAB, Rep. IV.III. Bd. 29, Acten des Stadtrathes zu Bautzen, die Ueberlassung von Schulräumen zur Abhaltung von Religions- und Konfirmandenunterricht betr., ergangen 1897, Bl. 1a.

[238] StadtAB, Rep. IV.I.e.13, Acten den Religionsunterricht bei der israelitischen Gemeinde betr., ergangen 1885, Bl. 26.

den. Im Mai 1933 fand der Unterricht in der Lessing-Schule statt. Folgende Aktennotiz bekundet es: „In der Lessingschule ist jeden Nachmittag Unterricht. Damit die Kinder mit andern nicht in Berührung kommen, kann das Zimmer 6, Eingang Moltkestraße, zur Verfügung gestellt werden, vorausgesetzt, daß die kleinen Bänke genügen."[239] Am 17.12.1935 wird notiert: „Nach Auskunft des Herrn Hausmeister ... wird das Schulzimmer seit Ostern 1935 von der ‚Israelitischen Religionsgemeinschaft' nicht mehr genutzt."[240] Zu diesem Zeitpunkt schickten einige jüdische Eltern ihre Kinder auf die Reise.

Ein letztes Beispiel mag zeigen, daß die Erscheinungen des Antisemitismus in der sächsischen Oberlausitz des Kaiserreiches keinesfalls etwas Besonderes waren, sondern Ausdruck der geistigen Atmosphäre im Deutschen Reich. 1912 wurde Zittau Ausgangspunkt einer deutschlandweiten Kontroverse innerhalb der Wandervogelbewegung. Die örtliche Wandervogelgruppe verweigerte einer jüdischen Schülerin nach der Probezeit die Aufnahme. Einem kritischen Artikel im Berliner Tageblatt folgte eine heftige Debatte innerhalb des Wandervogels, die bis zum Ausbruch des 1. Weltkrieges nicht beendet war. Die einzelnen Positionen schwankten zwischen der Ablehnung jeglicher Diskriminierung, der Verharmlosung des Vorfalls und offenem Antisemitismus, der in den öffentlichen Äußerungen überwog: „Dennoch sollen auch die besseren Juden ausgeschlossen sein, sie sollen Führer ihrer Rasse, ihres Volkes bleiben; wir Deutschen können ihrer tatsächlich entbehren! Die Meinung des Berliner Tagesblattes in Ehren. Ich und mit mir aber tausende von Deutschen meinen, daß wir wohl berufen sind, gerade weil wir den Unterschied der Religionen und der Rassen zum Leidwesen des Berliner Tageblattes erkannt haben, eine deutsche, germanische Jugend heranzubilden eben in rassischer Beziehung. Das Berliner Tageblatt redet da gleich von Haß. Ich und tausende von Deutschen hassen z. B. die Neger keineswegs; unbedingt würden wir aber unseren Kindern keinen näheren Umgang mit ihnen gestatten dürfen. Ebensowenig hassen wir die Juden. Wir verstehen aber unter ‚deutschen' Jungen das deutsch nicht im staatsrechtlichen Sinne, wie es auch das Berliner Tageblatt gern will; staatsrechtlich gibt es auch schwarze und gelbe Deutsche! Wir verstehen hier eben deutsch nur im rassischen Sinne; und es brauchen nicht alle Deutschen blond und blauäugig zu sein!"[241]

Paul Mühsam über seine Schulzeit etwa 20 Jahre früher: „Ich weiß nicht, was alles ich darum gegeben hätte, wenn es mir möglich gewesen wäre, jener Schülerverbindung, in der alle Mitglieder und alte Herren sich duzten und in der ein Geist ungebundener Fröhlichkeit herrschte, anzugehören. Obwohl Bernhard an ihrer Spitze stand und obwohl meine Altersgenossen mich gern aufgenommen hätten, blieb es eine Unmöglichkeit infolge des Widerstandes der Schüler der höheren Klassen und vor allem der alten Herren von denen mehrere antisemitisch eingestellt waren, sondern auch auf die Jugend einzuwirken für eine dienlich Tätigkeit hielten. Und wie leicht ist solche Beeinflussung junger Gemüter. Es genügt schon ein paar

---

[239] Ebd., Bl. 5.
[240] Ebd., Bl. 5a.
[241] Zitiert nach: ANDREAS WINNECKEN, Ein Fall von Antisemitismus. Zur Geschichte und Pathogenese der deutschen Jugendbewegung vor dem 1. Weltkrieg, Köln 1991, S. 60.

Witzigen zu erzählen, durch die der Jude lächerlich gemacht wird, und schon ist der Anfang mit jener Giftsaat gemacht, die, wenn sie aufgeht, niemandem zum Glück, aber vielen zum Unglück gereicht, und Haß gebärend, die Seelen herabsieht. Es war der bis dahin empfindlichste Schmerz, den ich meinem Jude sein zu verdanken hatte, ohne Ausgleich dafür zu finden, und den ich jahrelang still mit mir herumtrug."[242]

---

[242] MÜHSAM, Mensch, S. 45.

Waltraud Schmidt

Der Ramscherkrieg – ein antisemitisch aufgeladener Abschnitt aus der vogtländischen Geschichte

Die Bevölkerung Plauens wuchs von knapp 10.000 Einwohnern im Jahre 1830 auf 128.000 – als absolutem Höhepunkt – im Jahre 1912.[243] Aus allen Himmelsrichtungen kamen Zuwanderer ins Vogtland. Damit wurde die seit dem 16. Jahrhundert homogene evangelisch-lutherische Bevölkerung mit anderen religiösen Bekenntnissen konfrontiert. Es kamen Katholiken, Rechtgläubige[244] und Juden.

Zunächst siedelten sich seit etwa 1870 sogenannte reichsdeutsche Juden an. Sie kamen vorwiegend aus den damals zu Preußen gehörenden Gebieten. Später wanderten Juden aus Rußland (Kongreßpolen) und Österreich-Ungarn (Galizien) ein.[245] Die meisten Juden lebten nach der Jahrhundertwende in Plauen und Falkenstein. Im gesamten Vogtland waren es vor dem Ersten Weltkrieg etwa 1.000, die alle zur Israelitischen Religionsgemeinde Plauen gehörten.[246]

Als Ursache für den Zuzug ist vor allem der Aufschwung der traditionellen Textilindustrie zu sehen. Technologische Erfindungen ermöglichten bei Spitzen und Stickereien den Übergang von der Handarbeit zur maschinellen Produktion. Diese Entwicklung fiel mit der Mode (Biedermeier) und deren Nachfrage nach solchen Erzeugnissen zusammen. 1910/11 wies der Jahresbericht des Fabrikantenvereins der sächsischen Stickerei- und Spitzenindustrie 673 Arbeitsuchende und 2.438 offene Stellen aus. Auch andere Gewerbe expandierten, wie zum Beispiel der Handel. Plauen erlebte einen Bauboom ohnegleichen.[247] Es entstand im Vogtland – besonders in Plauen – eine Art Goldgräberklima. Karrieren vom Markthelfer zum Fabrikanten waren möglich. Mit etwas Glück und Kredit, der leicht zu haben war, konnte man vom Wohnzimmer oder einer Dachkammer aus, eine Fabrikation beginnen. Firmen schossen wie Pilze aus der Erde. Viele vergingen wieder oder blieben klein. Nur wenige entwickelten sich zu Großbetrieben. Kennzeichnend für diese war, daß sie bald Filialen in anderen Orten – auch im Ausland – unterhielten. Umgekehrt hatten ausländische Firmen Niederlassungen im Vogtland.

Reichsdeutsche Juden waren oft recht erfolgreich. Im Handel gehörten nach der Jahrhundertwende Gottheil, Lewin und Tietz zu den führenden Häusern. In der Spitzenindustrie behaupteten sich die Firmen Blank, Guggenheim & Sons, Ikle & Reis, Gebrüder Lay und Klärner & Steinberg.[248]

---

[243] Vgl. GERD NAUMANN, Plauen 1933–1945, Plauen 1995, S. 10.

[244] Mitglieder christlich-orthodoxer Kirchen.

[245] Archiv des Pfarramtes St. Johannis, Plauen, K 314–315 (nach Plauen verzogene Personen); Adreßbücher der Stadt Plauen; Grabinschriften auf dem Jüdischen Friedhof Plauen.

[246] StadtAP, II/IV/I Nr. 21, Bd. 1 (Jahresbericht der Israelitischen Religionsgemeinde Plauen 1911/12); Ebd., Nachlaß Pietsch: Juden in Plauen; Ebd., Verwaltungsbericht der Stadt Plauen 1911; ISIDOR GOLDBERG, Blätter der Erinnerung, Plauen 1930, S. 13. Die Zahl wurde von der Autorin wegen differierender Angaben in den genannten Quellen geschätzt.

[247] Vgl. NAUMANN, Plauen, S. 10f.; StadtAP, Jahresbericht des Fabrikantenvereins der sächsischen Stickerei- und Spitzenindustrie (im folgenden Fabrikantenverein) 1910/11.

[248] Alle hier und im folgenden nicht ausdrücklich vermerkten Angaben basieren auf den Jahresberichten des Fabrikantenvereins 1903–1913; WILLY ERHARD, Das Glück auf der Nadelspitze, Plauen 1993, S. 137–152.

In Plauen trifft man heute noch auf Leute, die meinen, die Juden waren alle reich und hatten Geschäfte auf der Bahnhofstraße, was der Anschein auch hergab. Das unbestimmte Zahlwort „alle" sollte man jedoch weglassen. Als im Frühjahr 1913 die Firma Tietz ihre Niederlassung erweiterte und im Stadtzentrum ein repräsentatives Warenhaus errichtete, heizte die Ortsgruppe der Deutsch-sozialen Partei die Stimmung an, indem sie eine öffentliche Versammlung gegen die Warenhäuser abhielt.[249]

Etwa die Hälfte aller vogtländischen Juden waren aber schon 1910 sogenannte Ostjuden. In Falkenstein bildeten sie die absolute Mehrheit der jüdischen Einwohner. Während die reichsdeutschen Juden größtenteils in die Gesellschaft integriert, Mitglieder der etablierten Vereine waren und auch den Vorstand der Israelitischen Religionsgemeinde stellten, waren jene von allem ausgeschlossen. Geflohen vor Not und Pogromen, kamen sie oft völlig mittellos ins Vogtland. Die meisten schafften es aber nach anfänglichen Schwierigkeiten, auf die man angesichts der häufigen Berufs- und Wohnungswechsel schließen kann, ihre Existenz zu sichern. Sie besaßen die auch heute oft geforderten Eigenschaften, waren mobil, kreativ und risikobereit. Die meisten versuchten sich in der günstige Bedingungen bietenden Spitzen- und Stickereibranche.

Zum Verständnis der Situation müssen hier noch einige strukturelle Eigenarten der Spitzenproduktion kurz erwähnt werden, die einen schnellen wirtschaftlichen Aufschwung begünstigten aber auch Ursachen für Instabilität waren. Wie schon erwähnt, gab es nur wenige Großbetriebe mit überschaubarem Produktionsablauf. Trotz Mechanisierung waren in der Spitzenfabrikation noch viele Vor- und Nacharbeiten erforderlich. Diese wurden im Verlag (oft Heimarbeit) geleistet. Nur die wenigsten Fabrikanten hatten ein eigenes Musterbüro. Selbständige Musterzeichner boten ihre Entwürfe an und verkauften sie oft an mehrere Firmen gleichzeitig. Urheberrechte gab es nicht. Muster wurden kopiert, abgewandelt, ins Ausland vergeben oder auch von dort bezogen. In Städten und Dörfern ließen Lohnsticker ihre Maschinen in kurzfristig errichteten Anbauten klappern. Oft produzierten sie ohne Auftrag in Erwartung größeren Absatzes auf Lager. Bei gängigen Mustern versuchte man durch geringere Stichzahl und billigeres Material den Aufwand zu verringern und die Preise zu unterbieten. Kalkulation und Buchführung waren in diesen Bereichen wenig entwickelt, Tarife nicht festgelegt. Erschwert wurde dies auch durch den modebedingt wechselnden Arbeitsaufwand. Letztlich hatte die Spitzenherstellung im Vergleich zu anderen textilen Produktionszweigen technologisch bedingt eine höhere Fehlerquote. Fehlerhafte oder aus anderen Gründen nicht verkaufte Ware wurde als Partieware zu niedrigen Preisen abgesetzt. Der Vogtländer bezeichnet solche Ware als Ramsch. Ramscher waren also diejenigen, die sich mit Aufkauf und Vertrieb dieser Ware beschäftigten. Das war notwendig und auch erwünscht, denn Plauener Spitze in hoher Qualität war trotz maschineller Herstellung ein Luxusprodukt, das sich nicht jede Frau leisten konnte. Billige Spitze trugen jedoch auch Dienstmädchen und Fabrikarbeiterinnen. Sie führten sie dann auf dem „Bummel" aus, der am Wochenende auf der Plauener Bahnhofstraße stattfand.

---

[249] Vogtländischer Anzeiger und Tageblatt, 23. April 1913.

Als sich 1903 einige sächsische Kaufleute über die Erwerbstätigkeit von Juden beschwerten, richtete die Kreishauptmannschaft Zwickau eine entsprechende Anfrage an die nachgeordneten Behörden. Die Stadtverwaltung Plauen reagierte gelassen: Der Ramschhandel von einem russischen und einem galizischen Juden sei keine Konkurrenz, da es sich um minderwertige Ware handele.[250] Die Lokalzeitung, Vogtländischer Anzeiger und Tageblatt, verbreitete sich jedoch schon seit etwa 1880 fast wöchentlich über die Schädlichkeit der Juden.[251]

Mit Zunahme der Spitzenherstellung fiel auch mehr Ramsch an. Um 1910 gab es in Plauen und Umgebung mit zeitweiligen Schwankungen ca. 100 Ramscherfirmen, über die Hälfte wurde von „Ostjuden" betrieben. Neben dem Handel begannen sie zunehmend, selbst Spitzen herzustellen oder billige Ware bei Lohnstickern in Auftrag zu geben. Gegen diese Konkurrenz eröffnete der Fabrikantenverein der sächsischen Stickerei- und Spitzenindustrie den sogenannten Ramscherkrieg. Die immer wiederkehrenden Absatzschwierigkeiten (65 % Export, Zölle, Mode) sollten angeblich durch die Produktionstätigkeit der Ramschhändler verursacht worden sein. Für strukturelle Probleme wurden so Schuldige gesucht und gefunden. Der Fabrikantenverein verlangte vom Stadtrat in Plauen, alle Ramscher auszuweisen. Als rechtliche Handhabe sollten strafbare Handlungen oder einfach das Musterkopieren dienen.

Inzwischen hatten aber 1908 auch die Partiewarenhändler einen Verein gegründet. Ihr Vorsitzender Markus Weinheber fragte in einem Brief beim Oberbürgermeister an, ob denn der Fabrikantenverein eine solche Macht besitze, sich unbequeme Konkurrenz mit Hilfe der Verwaltungsbehörde vom Halse zu schaffen. Man würde notfalls über die Konsulate von Österreich und Rußland bei den eigenen Regierungen um Schutz bitten. Er bat um Auskunft, wie sich die Stadtverwaltung dazu stelle. Diese konnte nur antworten, daß es die Privatsache des Fabrikantenvereins sei, Anträge zu stellen, aber die Verwaltung jeden Fall einzeln entscheiden müsse.[252] Nun kamen bei den „Ostjuden" nicht mehr kriminelle Handlungen als bei der übrigen Bevölkerung vor. Und das Musterkopieren und verwandte Manipulationen waren so allgemein üblich, daß man auch Ausländer deswegen nicht belangen konnte. Auseinandersetzungen darüber füllten Aktenbände. Nun stellte der Fabrikantenverein den Grundsatz auf, daß gegen den Ramschhandel an sich nichts, wohl aber gegen seine Verbindung mit der Fabrikation etwas einzuwenden sei. Hiervon ausgehend wurde 1908 die sogenannte Ramscherbulle beschlossen. In detaillierten Bestimmungen verlangte diese, daß mit Ramschern, die gleichzeitig Fabrikanten sein wollten, keine Geschäfte mehr aufgenommen werden sollten. Dazu führte der Vorstand des Fabrikantenvereins zwei Listen. Auf Liste A unterschrieben Mitglieder des Fabrikantenvereins, des Lohnstickervereins und überhaupt Interessierte, daß sie nach obengenanntem Grundsatz handeln wollten. Liste B enthielt die Namen der Ramscherfirmen. Für dem Vorstand gemeldete Verstöße wurde ein Preisgeld von 50,- Mark ausgesetzt. Doch blieb dies ohne

---

250 SHStAD, KHM Zwickau Nr. 2030.
251 Vgl. u. a. Vogtländischer Anzeiger und Tageblatt, 16. Februar 1905.
252 StadtAP, II/IV/I Nr. 153 (Brief Weinheber und Antwort).

große Wirkung. Wenn es geschäftlichen Erfolg versprach, brachen auch Mitglieder des Fabrikantenvereins die Vereinbarung. Ramscher gaben Erklärungen ab, daß sie keinen Ramschhandel mehr betrieben, und meldeten sich als Fabrikanten beim Gewerbeamt an. Die Ramscherliste wurde nun vertraulich behandelt. Bei anderen Produzenten im Textilbereich stießen die etablierten vogtländischen Spitzenfabrikanten auf wenig Verständnis. Schreiben an die Landesregierung mit der Bitte um gesetzliche Regelung hatten keinen Erfolg. Man betrachtete es als lokales Phänomen, das an Ort und Stelle geklärt werden sollte. In Preußen, dem damals größten und damit maßgebenden Land war das Problem völlig unbekannt.

1912/13 kam es zum großen Krach. Wertvolle Spitze, die Plauen weltbekannt gemacht und in Paris Goldmedaillen erhalten hatte, war nicht mehr absetzbar. Billige Ware hatte eventuell noch Chancen. Ursachen waren im wesentlichen die Übersetzung der Branche und das fast völlige Erliegen des Exports, bedingt auch durch politische Entwicklungen, wie u. a. die Balkankriege, vermehrte Zollprobleme oder die Blockierung des Orienthandels. Dazu kam der rapide Wechsel in Modefragen, hervorgerufen auch durch ein gewandeltes Selbstverständnis der Frauen, das sich nicht mehr mit dem von der Biedermeiermode geschaffenen Typ vertrug.

Es häuften sich Firmenzusammenbrüche. Mancher, der einen aufwendigen Lebensstil gepflegt hatte, stand vor dem Nichts. Kriminelle Delikte nahmen zu. Die Geschäftsführer des Kunstgewerbezeichnerverbandes und der Garngenossenschaft begingen Unterschlagungen. Bei Ramscherfirmen kam es zu Prozessen. Vor allem der so genannte Kupfersteinprozeß wurde benutzt, um antisemitische Stimmungen zu schüren.

Der Vorstand der Israelitischen Religionsgemeinde schätzte die Situation schon im Frühjahr 1912 umfassend und objektiv ein. Er schrieb 1912 in seinem Jahresbericht:

„Selbstverständlich sind unsere ausländischen Glaubensgenossen nicht sämtlich Engel. Es gibt unter ihnen gute und schlechte Elemente, ebenso wie unter den deutschen Juden und Christen. Aber es ist leider unser Verhängnis, daß das, was ein Jude tut, stets der Jude getan hat, daß Vergehen einzelner stets der Gesamtheit zur Last gelegt werden. Wir verurteilen die schändliche Handlungsweise solcher Spitzbuben wohl noch entschiedener, als unsere andersgläubigen Mitbürger, aber wir protestieren entschieden dagegen, daß die Religion, Abstammung und Herkunft dieser Missetäter bei ihrer Beurteilung herangezogen wird. Der Jude Kupferstein hat schändlich gehandelt, aber nicht weil er Jude, ausländischer Jude ist, sondern obwohl er Jude, vorgeblich streng religiöser Jude ist."[253]

Zu solch differenzierter Stellungnahme zeigten sich andere weder fähig noch willens. Auf einer Karnevalsveranstaltung des Kaufmännischen Vereins wurde ein „Schutz- und Trutzlied" unter frenetischem Befall vorgetragen, in dem der „biedere fleißige Vogtländer" demagogisch dem „galizischen Vampir" gegenübergestellt wird. Der Plauener Sonntagsanzeiger veröffentlichte das Machwerk im Februar 1913 auf der Titelseite.[254] Im November

---

253 StadtAP, II/IV/I Nr. 21, Bd.1 (Jahresbericht der IRG Plauen 1911–1912, S. 4).
254 Plauener Sonntags-Anzeiger, 02. Februar 1913, Titelseite.

1913 brachte das Blatt an gleicher Stelle zur antisemitischen Verunglimp-fung den Versuch eines „Heimatdichters" in Jiddisch.[255]

Der Ramscherkrieg als Teil eines gnadenlosen antisemitisch aufgeheizten Konkurrenzkampfes verlor mit Beginn des Ersten Weltkrieges an öffentli-chem Interesse. Judenfeindschaft kam nun in anderen Bereichen, wie der Versorgung, angeblicher Spionage und Drückebergerei, zum Ausdruck. Auch nach dem Krieg trat dieses Phänomen nicht mehr auf. Die Spitzenindustrie hatte ihre Dominanz im Vogtland eingebüßt. Aber die Bezeichnung Ramscher blieb im Argumentationsarsenal für die Schädlichkeit der Juden und wurde bei passender Gelegenheit hervorgeholt. Als verkürzte Behauptung etwa so: Die galizischen Ramscher waren neben Weltkrieg und Versailler Verträgen eine der Ursachen für den Niedergang der Spitzenindustrie.

Haben wir heute eine Neuauflage mit anderen Beteiligten? Die Freie Pres-se bringt im Juni 2001 auf ihrer Plauener Seite als Nachlese zum 42. Spitzen-fest ein Fest-ABC. Hier liest man:

„U wie Unverschämt. Ein Schlag ins Gesicht der Plauener Spitzen-industrie war der Verkauf billiger Spitzenprodukte aus Fernost."[256]

---

[255] Ebd., 02. Nov. 1913, Titelseite.
[256] Freie Presse/Plauener Zeitung, vom 18. Juni 2001, S. 13.

Steffen Held

Antisemitismus, Politik und Justiz: Juristen in Sachsen um 1900

Das letzte Jahrzehnt des 19. Jahrhunderts war gerade angebrochen, als der Leipziger Verlag C. L. Hirschfeld mit einem Buch an die Öffentlichkeit trat, das deutschlandweit für Aufsehen sorgte. Das Buch trägt den Titel „Rembrandt als Erzieher. Von einem Deutschen". Der Name des Autors ist nicht genannt. Abgesehen von dem finanziellen Gewinn für den Verlag stieß das Buch in bildungsbürgerlichen Kreisen auf eine sensationelle Resonanz. Schon nach wenigen Tagen war die erste Auflage vergriffen. Im März 1890 erschien das Werk bereits in sechster Auflage.[257]

Das Geheimnis um den Verfasser wurde nach kurzer Zeit gelüftet. Es handelte sich um den in Nordschleswig geborenen und weithin unbekannten Kulturphilosophen Julius Langbehn. Der Norddeutsche hatte sich einige Jahre in Dresden aufgehalten und in der sächsischen Landeshauptstadt auch die Hauptstudien für sein Buch geleistet.[258]

Langbehns Schrift beginnt mit einer pessimistischen Einschätzung über den Verlust von Idealen und sich ausbreitender Indifferenz im deutschen Bildungsbürgertum. Der Leser wird bereits beim Anlesen mit einer Kernaussage konfrontiert: „Es ist nachgerade zum öffentlichen Geheimnis geworden, daß das geistige Leben des deutschen Volkes sich gegenwärtig in einem Zustande des langsamen, Einige meinen auch des rapiden Verfalls befindet. Die Wissenschaft zerstiebt allseitig in Spezialismus."[259]

Geschickt hatte Langbehn auf Friedrich Nietzsche zurückgegriffen und war über bekannte kulturpessimistische Aussagen hinausgegangen. Langbehn jonglierte mit durchweg kritischen Äußerungen über die Moderne, die sich stellenweise bis zur destruktiven Verwerfung der zeitgenössischen Zivilisation überhöhten. Aber anders als Nietzsche führte Langbehn die Kritik am Christentum deutlich zurückhaltender. So sollten ein monarchisches Gesellschaftsgefüge, konservatives Denken und nationale Gesinnung für die deutsche Kultur prägend sein.

Das Buch erschien zu einem Zeitpunkt, als ein allgemeiner Gärungsprozeß in Gang kam, der alles in seinen Fluß zu ziehen drohte. Seit etwa 1890 brachte „eine große Mehrheit der deutschen Gelehrten ein Gefühl von Krise und Pessimismus in bezug auf die Zukunft der Bildungs- und Kulturtraditionen zum Ausdruck".[260] Schon ein flüchtiger Blick in die studentische Presse der neunziger Jahre genügt, um den Einfluß Langbehns auf den akademischen Nachwuchs zu erahnen. Nach Meinung von Willy Hellpach, einem Schüler

---

[257] FRITZ STERN, Kulturpessimismus als politische Gefahr. Eine Analyse nationaler Ideologie in Deutschland, München 1986, S. 141.

[258] Vgl. Neue Deutsche Biographie, Bd. 13, Berlin 1982, S. 544–546; JÜRGEN PAUL, Der „Rembrandtdeutsche" in Dresden, In: Dresdner Hefte, Heft 57/1999, S. 4–13.

[259] Rembrandt als Erzieher. Von einem Deutschen, 4. Aufl., Leipzig 1890, S. 1.

[260] Zitiert nach FRITZ K. RINGER, Eine vergleichende Sozialgeschichte des Wissens, In: HARTMUT KAELBLE/JÜRGEN SCHRIEWER (Hg.), Diskurse und Entwicklungspfade. Der Gesellschaftsvergleich in den Geschichts- und Sozialwissenschaften, Frankfurt am Main, New York 1999, S. 271–290, hier S. 278.

des Leipziger Psychologen Wilhelm Wundt, hat der „Rembrandt-Deutsche" eine ganze Generation geprägt.[261]

Das liberale Konzept der „bürgerlichen Gesellschaft" hatte um 1900 sein Deutungsmonopol endgültig eingebüßt, und andere, teils scharf antibürgerliche, säkularreligiöse und antichristliche Weltbilder konkurrierten mit den alten Deutungsangeboten. Mit der heraufziehenden „egalitären Massengesellschaft" (Hans-Ulrich Wehler) verstärkten sich im Bürgertum individuelle und soziale Ängste, wuchs das politische und kulturelle Ausschließungsbedürfnis.[262]

In den ersten Auflagen hatte Langbehn auf antijüdische Auslassungen weitgehend verzichtet. Noch unspezifisch erfolgte eine kulturelle Grenzziehung zwischen Deutschtum und Judentum. In Ausnahmefällen hielt Langbehn eine Akkulturation herausragender Juden für möglich. Die inhaltlich wesentlich erweiterten Auflagen seit 1891 besetzten dann eine antisemitisch-rassistische Stoßrichtung – nicht zuletzt, um bestehende Feindbilder und Interessengruppen zu bedienen. In einem der Zusätze mit dem Untertitel „Jugend und Juden" bezog sich Langbehn auf den weitverbreiteten Vorwurf des Strebens der Juden „nach geistiger und materieller Herrschaft"und einem damit verbundenen Niedergang der Kultur im wilhelminischen Kaiserreich.[263]

Auf eine dauerhafte intellektuelle Rezeption des „Rembrandt-Deutschen" auch in Juristenkreisen deutet der Beitrag eines preußischen Richters in der juristischen Zeitschrift Das Recht hin, der im Kontext der zeitgenössischen Justizkritik seine Überlegungen unter dem Titel „Rembrandt als Erzieher für Juristen" erscheinen ließ.[264]

Die folgenden Ausführungen greifen die von außen gegen die Justiz gerichtete Kritik um 1900 auf. In wichtigen gesellschaftlichen Teilbereichen werden die Reaktionen von Verwaltungsjuristen, Anwälten und Richtern in Sachsen gegenüber der Justizkritik und politischen und sozialen Fragen auf einen Zusammenhang mit antisemitischen Stereotypen und Vorurteilen beleuchtet. Mit einem Seitenblick auf Preußen wird nach spezifischen Formen antijüdischer Vorbehalte und Mentalitäten bei sächsischen protestantischen Juristen gefragt.

Administrativer Antisemitismus bei Verwaltungs- und Justizjuristen

Bis zum Gesetz des Norddeutschen Bundes vom Juli 1869 über die Gleichberechtigung der religiösen Bekenntnisse in bürgerlichen und staatsbürgerlichen Fragen waren in Sachsen von jüdischen Juristen drei zur Advokatur zugelassen worden, aber keiner in ein Richteramt aufgestiegen.[265] Auch in

---

[261] Vgl. FRITZ MÜNCH, Kultur und Recht. Nebst einem Anhang: Rechtsreformbewegung und Kulturphilosophie, Leipzig 1918, S. 52; RÜDIGER VOM BRUCH, Wissenschaft, Politik und öffentliche Meinung. Gelehrtenpolitik im Wilhelminischen Deutschland (1890–1914), Husum 1980, S. 191 Anm. 618; WILLY HELLPACH, Nervosität und Kultur, Berlin 1902, S. 153.

[262] Vgl. THOMAS HERTFELDER, Kritik und Mandat. Zur Einführung, In: GANGOLF HÜBINGER/ THOMAS HERTFELDER (HG.), Kritik und Mandat. Intellektuelle in der deutschen Politik, Stuttgart, München 2000, S. 12–29, hier S. 24.

[263] Rembrandt als Erzieher, 47. Aufl., Leipzig 1906, S. 347–350.

[264] Das Recht, 13 (1909) 16/17, S. 587f.

[265] In Preußen wurde Anfang 1870 der erste jüdische Jurist in eine Richterstelle am Kreisgericht in Beuthen/OS befördert.

der Folgezeit blieb die Zurücksetzung jüdischer Bewerber beim Zugang in den Staatsdienst bestehen. Die Advokatur in Sachsen - eine semistaatliche Profession – wurde durch die deutsche Rechtsanwaltsordnung von 1878 reformiert und der freie Beruf des Rechtsanwalts geschaffen. Damit hatte jeder Bewerber, der die erforderlichen zwei Staatsexamen erfolgreich absolviert hatte, die Möglichkeit, die Anwaltszulassung zu erwerben. Für Juden hatte sich zumindest eine juristische Profession ohne informelle Diskriminierungen geöffnet. Die Freigabe der Advokatur und die anhaltende Zurücksetzung in der Richterlaufbahn und in den juristischen Fakultäten sowie der Ausschluß vom höheren Verwaltungsdienst führten zu einer schnellen Zunahme jüdischer Rechtsanwälte, insbesondere in Preußen. Neben einer wirtschaftlichen Selbständigkeit im Handelssektor bevorzugten Juden die akademischen und freien Berufe. Juden waren urbaner, in den freien Berufen unter Ärzten und Anwälten überproportional vertreten und sie gehörten überproportional zu den Beziehern höherer Einkommen oder den Besitzern größerer Vermögen. Juden vermittelten das Bild einer ständig erfolgreichen Gruppe.[266]

Bereits wenige Jahre nach Inkrafttreten der Rechtsanwaltsordnung hetzte die antisemitische Agitation mit dem Schlagwort von der „Verjudung der Justiz".[267] Der Berliner Hofprediger Adolf Stoecker bezichtigte die Juden, sie hätten das deutsche Volk in eine falsche Gesetzgebung getrieben und mit ihrem „scharfen, abstrakten Verstande" das „römische Recht, das dem Handel und Kapital Vorteile einräumt", für ihre Zwecke benutzt. Zu den Eigenschaften, die jüdischen Juristen zugewiesen wurden, gehörte ein „kasuistisches abstraktes Rechtsdenken". Der berufliche Erfolg jüdischer Anwälte sei ein Ausdruck der „geistige(n) Gewandtheit und Wortfertigkeit", die die Juden in ihrer traditionellen Lebens- und Erwerbsweise entwickelt hätten.[268] Jüdische Richter wurden durch den politischen Antisemitismus als „Talmud-Jude", der wie der „Trödeljude mit alten Kleidern" mit dem Recht schachern würde, diffamiert.[269]

In der Gegenüberstellung eines deutschen und eines jüdischen Wesens zeichnete sich der Deutsche vor allem durch ein tiefes Gefühlsleben aus. Der Deutsche „ist offen, gutmütig, gelegentlich auch etwas derb; der Jude reflektiert in erster Linie, er ist äußerst klug, gewandt, dabei kühl berechnend und von großer Geistesgegenwart".[270] Zur Spezifizierung jüdischer Juristen figurierten der „Hang zur Dialektik" und ein arroganter Habitus. Immer wieder kehrt der Vorwurf, jüdische Juristen spielten sich durch „vorlautes und taktloses" Benehmen in den Vordergrund. In den Personalakten jüdischer Juristen stößt man auf ein Grundmuster. Es wurde die positiv

[266] Vgl. THOMAS NIPPERDEY, Deutsche Geschichte 1866–1918. Zweiter Band: Machtstaat vor der Demokratie, München 1995, S. 291.

[267] Vgl. BARBARA STRENGE, Juden im preußischen Justizdienst 1812–1918. Der Zugang zu den juristischen Berufen als Indikator der gesellschaftlichen Emanzipation, München 1996, S. 202.

[268] Zit. nach WOLFGANG E. HEINRICHS, Das Judenbild im Protestantismus des Deutschen Kaiserreichs. Ein Beitrag zur Mentalitätsgeschichte des deutschen Bürgertums in der Krise der Moderne, Köln 2000, S. 192, 204, 332.

[269] MAXIMILIAN PARMOD, Antisemitismus und Strafrechtspflege, Berlin 1894, S. 20.

[270] Der Kunstwart, 6 (1892/93), S. 324.

gemeinte Einschätzung, der Betreffende habe „nichts Jüdisches" an sich, oder die negative Wertung vom „typisch Jüdischen", wie es im jüdischen Wesen beschrieben wurde, zur Charakterisierung der Persönlichkeit benutzt:

Auf das Gesuch des Rechtsanwalts Bruno Peltasohn um Ernennung zum Notar antwortete der Gerichtsvorstand des Amtsgerichts Plauen dem sächsischen Justizministerium: Peltasohn „war früher Jude und wurde erst hier getauft", aber „das Jüdische" läßt sich „nicht verleugnen".[271]

In den 1890er Jahren trat in Preußen eine berufliche Benachteiligung von jüdischen Juristen deutlich hervor. Die Diskriminierung war eingebettet in eine zweite Antisemitismuswelle, die sich im Deutschen Reich von 1890 bis etwa 1903 erstreckte. Bis zur Jahrhundertwende war der Antisemitismus in nahezu alle Schichten der Bevölkerung eingedrungen und hatte als „kultureller Code" schicht- und milieuspezifische judenfeindliche Mentalitäten ausgeformt.

Die Diskriminierung jüdischer Referendare im juristischen Vorbereitungsdienst wurde in Preußen unter dem Schlagwort „Referendariats-Antisemitismus" bekannt.[272]

In Sachsen wurden seit Anfang der 1880er Jahre jüdische Referendare benachteiligt. Zum Gesuch eines jüdischen Bewerbers für den Eintritt in den juristischen Vorbereitungsdienst hatte der Gerichtsvorstand des Leipziger Amtsgerichts geäußert, daß die Beschäftigung von Referendaren jüdischen Glaubens, wenn schon nicht ganz zu vermeiden, so doch auf ein Minimum zu beschränken sei, „damit nicht Leipzig, wie Breslau und Berlin Sammelpunkt junger jüdischer Juristen werde".[273] Leidtragender dieser Praxis war beispielsweise Salo Kroch. Sein Gesuch, den Vorbereitungsdienst am Amtsgericht Leipzig beginnen zu können, wurde vom Gerichtsvorstand mit dem Hinweis auf die jüdische Religionszugehörigkeit abgelehnt: „Bei den tausenderlei Beziehungen des Amtsgerichts zum Publikum ist die Möglichkeit nicht ausgeschlossen, daß die Anstellung des Petenten als Referendar zu einem Anstoß Veranlassung geben könnte."[274] Kroch mußte nach Ostsachsen ausweichen und den Vorbereitungsdienst am Landgericht Freiberg beginnen. Mehrere jüdische Gerichtsassessoren und Richter an einem Gericht bewirkten nach Auffassung vieler Gerichtspräsidenten und Richter in der öffentlichen Meinung eine Minderung des Ansehens ihrer Dienstbehörde.

Nach etwa sechsmonatiger Tätigkeit bei Gerichten war es in Sachsen üblich, daß die Referendare den „Richtereid" leisteten, um selbständig richterliche Aufgaben wahrnehmen zu können. Dafür erhielten sie eine monatliche Remuneration von 100 Mark. Das sächsische Justizministerium hatte seit Beginn dieser Praxis daran festgehalten, jüdische Referendare nicht zu vereidigen und ihnen auch keine Remuneration zu gewähren.

Der jüdische Referendar Victor Mieses hatte am 1. März 1886 seinen Vorbereitungsdienst beim Amtsgericht Leipzig begonnen. Während alle mit ihm eingetretenen Referendare nach sechs Monaten den „Richtereid" ablegten, wurde Mieses übergangen. Die Bedrückung über die widerfahrene Zurück-

---

[271] SHStAD, OLG Dresden, Personalakten des Justizministeriums Nr. P 132, Bl. 47.
[272] Vgl. STRENGE, Juden, S. 172, 212.
[273] SHStAD, OLG Dresden, Personalakten des Justizministeriums Nr. K 326, Bl. 10f.
[274] Ebd.

setzung veranlaßte den jüdischen Referendar im April 1887 eine Eingabe an den sächsischen König zu richten. Zuvor war ihm als Antwort auf seine Anfrage an das Justizministerium vom Leipziger Amtsgerichtsdirektor Oberjustizrat Gustav August Hertel mitgeteilt worden, daß sein Widerspruch kaum Aussicht auf Erfolg verspreche, da „seinem Anliegen von Seiten des Justizministeriums Bedenken konfessioneller Natur entgegenstünden".[275]

Die stringente Diskriminierung jüdischer Juristen in Sachsen war dem preußischen Justizministerium nicht verborgen geblieben. Anfang 1896 zog der preußische Justizminister Erkundigungen ein. Justizminister Heinrich v. Schönstedt wollte erfahren, „auf welche Weise" die sächsische Regierung „sich im Justizdienste der Juden erwehrt". Das preußische Justizministerium bereitete einen Gesetzentwurf zur Hebung des Richterstandes vor. Dieser Entwurf sollte nun auch eine Bestimmung enthalten, durch die „ungeeignete Elemente" von der Richterlaufbahn ferngehalten werden konnten. Bis zu diesem Zeitpunkt hatte in Preußen jeder Assessor ein Anrecht auf Anstellung als Richter. Die Folge war eine „sehr starke Überfüllung und das Eindringen von Personen, die dem Richterstande wenig Vorteil bringen, insbesondere [...] das geradezu gefährliche Überwuchern der Juden".[276]

Im Antwortschreiben teilte der sächsische Staatsminister für Auswärtige Angelegenheiten Georg v. Metzsch mit: „In Sachsen besteht keine Bestimmung, die einem Assessor das Recht auf eine Beschäftigung bei einem Gericht einräumt. In der Praxis werden aber alle Assessoren, die darum nachsuchen, bei den Gerichten oder Staatsanwaltschaften beschäftigt, soweit nicht ganz besondere Bedenken entgegenstehen. Diese Ausnahmefälle kommen nur selten vor. Nicht zugelassen werden insbesondere die Juden. Diese werden schon im Stadium des Vorbereitungsdienstes besonders behandelt. [...] In Folge dessen unternehmen es die jüdischen Assessoren überhaupt nicht mehr, um Beschäftigung im Staatsdienst nachzusuchen, sie werden ohne weiteres Rechtsanwälte. [...] Die ablehnende Haltung der Regierung den Juden gegenüber hat übrigens zur Folge gehabt, daß sich in Sachsen nur noch wenige Juden dem Rechtsstudium widmen. Ihre Zahl ist schon seit Jahren verschwindend klein. So ist auch die Zahl der jüdischen Rechtsanwälte in Sachsen sehr mäßig."[277]

Nach Inkrafttreten der Reichsjustizgesetze beobachtete das sächsische Justizministerium aufmerksam die soziale und konfessionelle Zusammensetzung der Jurastudenten an den Universitäten und der Referendare im juristischen Vorbereitungsdienst. Tatsächlich blieb in Dresden, Chemnitz und Leipzig die absolute und relative Zunahme der Zahl der jüdischen Rechtsanwälte bis zur Jahrhundertwende deutlich hinter der Entwicklung in preußischen Großstädten wie Berlin, Breslau, Frankfurt am Main oder der bayerischen Landeshauptstadt München zurück. Auch gab es um 1900 in Sachsen nur einen jüdischen Richter. Es handelte sich um den Dresdner Landgerichtsrat Johannes Meyer. Meyer starb 52jährig nach einem Schlaganfall auf einer Dienstreise in Chemnitz am 17. November 1903.[278] Erst im

---

[275] Ebd., M 274, Bl. 9f.
[276] SHStAD, Gesandtschaft Berlin, Nr. 1820, o. P.
[277] Ebd.
[278] Allgemeine Zeitung des Judentums, Nr. 48, 27. November 1903, Beilage: Der Gemeindebote, S. 3.

Verlauf des Ersten Weltkriegs begann der administrative Antisemitismus in Sachsen zu bröckeln. Das Justizministerium ernannte wieder jüdische Juristen wie Herbert Philippsohn am Landgericht Leipzig zu Einzelrichtern.

Die konservativen protestantischen Minister in Sachsen und ihr Beamtenapparat bis hinunter zu den unteren staatlichen Behörden sperrten sich gegen die Öffnung des Staatsdienstes für Juden. Der Rittergutsbesitzer und konservative Politiker Heinrich Freiherr v. Friesen-Rötha lobte die heimatlichen Verhältnisse. Für die Ausschließung der Juden vom Staatsdienst hatte sich im Königreich Sachsen eine informelle administrative Verwaltungspraxis entwickelt, die von einer „sittlichen Überzeugung" geleitet war.

Daß sich „das Judentum im Verhältnis zu anderen Staaten […] in weit geringerem Maße in Sachsen hat einbürgern können", wertete Freiherr v. Friesen als Verdienst konservativer Politik.[279]

Auf jüdischen Akademikern lastete ein unverhohlener Taufdruck. Besonders eindringlich geriet die Forderung nach Assimilation und Christianisierung in Preußen. In Sachsen war die Taufe bei jüdischen Referendaren und Assessoren eine marginale Erscheinung. Nur vereinzelt konvertierten jüdische Juristen zum Christentum, um ihre Chancen in der Richterlaufbahn oder als Hochschullehrer zu erhöhen. Beugten sich jüdische Richter dem Taufdruck, wurde sogar ein Karrieresprung an das Oberlandesgericht Dresden möglich.

Dagegen bestanden an der Leipziger Juristenfakultät für jüdische Rechtswissenschaftler im Kaiserreich keine Aussichten auf ein Ordinariat. Auch hier öffnete erst die Taufe den Zugang auf einen Lehrstuhl.

Unter den Studierenden hatte der politische Antisemitismus schon bald Eingang in organisatorische Strukturen gefunden. Im Februar 1881 wurde nach Berlin und Halle und etwa zeitgleich mit Breslau an der Leipziger Universität der Verein Deutscher Studenten gegründet. Schon wenige Monate später sollten Greifswald und Leipzig als diejenigen Universitäten hervortreten, an denen Hochschullehrer dem Verein Deutscher Studenten am weitesten entgegenkamen. In Leipzig ist ein solches Wohlwollen insbesondere mit dem Theologen Christoph Ernst Luthardt verknüpft. Ein Erfolg von großer Tragweite war die Annahme der Ehrenmitgliedschaft durch den gefeierten Rechtslehrer Rudolf Sohm im Februar 1889.[280] Der Kirchenrechtler Sohm gehörte zu den herausragenden deutschen Rechtswissenschaftlern und hatte wesentlichen Anteil am Bild Leipzigs als führende juristische Fakultät um 1900.[281] Sohms Fakultätskollege, der Strafrechtler Karl Binding, vertrat eine seit Jahren wirksame Linie der Universitätsleitung. Während seiner Amtszeit als Rektor hatte Binding im Juli 1891 dem Verein Deutscher Studenten die öffentliche Ankündigung eines antisemitischen Vortrages am Schwarzen Brett der Universität untersagt.[282]

---

279 HEINRICH FREIHERR VON FRIESEN-RÖTHA, Conservativ! Ein Mahnruf in letzter Stunde, Leipzig 1892, S. 22f.
280 Vgl. HERMANN VON PETERSDORFF (HG.), Die Vereine Deutscher Studenten. Zwölf Jahre akademischer Kämpfe, Leipzig 1903, S. 85, 257.
281 Vgl. MICHAEL STOLLEIS (Hg.), Juristen. Ein biographisches Lexikon. Von der Antike bis zum 20. Jahrhundert, München 1995, S. 572–575, hier S. 572.
282 Vgl. PÖTZSCH, Antisemitismus, S. 261.

Juristen in den bürgerlichen Parteien

Als Reaktion auf die Stimmengewinne des politischen Antisemitismus vollzogen die sächsischen Konservativen unter Federführung des Freiherrn v. Friesen und des Führers der Dresdner Konservativen, dem Rechtsanwalt und Direktor des Landwirtschaftlichen Kreditvereins, Geheimer Hofrat Paul Mehnert, Anfang der 1890er Jahre eine politische Kurskorrektur. In einem Entwurf für eine Erklärung des Gesamtvorstandes des Konservativen Landesvereins für die Landtagswahlen 1893 hatte Freiherr v. Friesen, der in den Jahren von 1877 bis 1895 als einer „der wichtigsten und einflußreichsten politischen Akteure in Sachsen" agierte,[283] neben einem Einwanderungsverbot für Juden und ihrer Verdrängung aus der Presse auch die Forderung nach einem „Ausschluß der Juden vom Richter-, Verwaltungs- und Lehramt" sowie nach einer begrenzten Zulassung zur Rechtsanwaltschaft und der Ausschließung vom Notariat festgehalten.[284]

Nach Auffassung Mehnerts[285] galt für die Konservative Partei, „den guten Kern des Antisemitismus zu retten, um den Gesundungsproceß unseres Volkes nicht zu gefährden, sondern zu fördern".[286] Rechtsanwälte aus konservativ-protestantischen Milieus nahmen in hohem Maße führende Positionen innerhalb des politischen Konservatismus in Sachsen ein. Langjähriger Vorsitzender des konservativen Vereins in Chemnitz war der Rechtsanwalt Theodor Müller. Als enger Vertrauter stand Freiherrn v. Friesen der Dresdner Rechtsanwalt und Notar Justizrat Bernhard Strödel, Mitbegründer und langjähriger Vorsitzende bzw. stellvertretender Vorsitzender des Konservativen Landesvereins, zur Seite.[287]

Auf der Leipziger Generalversammlung des Nationalliberalen Vereins für das Königreich Sachsen, die im Juni 1892 stattfand, wurde die Forderung der Konservativen nach einem „christlichen Staat" und der ausschließlichen Anstellung christlicher Männer zurückgewiesen. Die Diffamierung des Judentums „bedeute eine Verleugnung unserer Cultur", denn das Christentum nahm Einflüsse aus dem Judentum auf.

Mit dem Rechtsanwalt Justizrat Julius Gensel als Vorsitzender und dem Chemnitzer Rechtsanwalt Justizrat Max Richard v. Stern als zweiter stellvertretender Vorsitzender gehörten zwei Juristen zum engeren Führungskreis der sächsischen Nationalliberalen. Von der Leipziger Juristenfakultät gehör-

[283] Zitiert nach WOLFGANG SCHRÖDER, Die Armee muß organisiert sein, ehe der Krieg beginnt. Die Entstehung des Conservativen Vereins für den Leipziger Kreis, in: Leipzig Kalender, Leipzig 1996, S. 140–165, hier S. 151.

[284] StAL, Rittergut Rötha mit Trachenau, Nr. 274, o. P.

[285] Paul Mehnert avancierte um 1900 zum unangefochtenen Führer der Konservativen in Sachsen. Er wurde als Fraktionsvorsitzender der Landtagsfraktion und sächsischer Parteivorsitzender zur beherrschenden Figur der sächsischen Landespolitik. Vgl. Karl Heinrich Pohl, Die Nationalliberalen in Sachsen vor 1914. Eine Partei der konservativen Honoratioren auf dem Wege zur Partei der Industrie, in: LOTHAR GALL/DIETER LANGEWIESCHE (Hg.) Liberalismus und Region. Zur Geschichte des deutschen Liberalismus im 19. Jahrhundert, München 1995, S. 195–215, hier S. 197.

[286] StAL, Rittergut Rötha mit Trachenau, Nr. 823, o. P.

[287] Vgl. SCHRÖDER, Die Armee, S. 146; Sächsische Parlamentarier 1869–1918. Die Abgeordneten der II. Kammer des Königreichs Sachsen im Spiegel historischer Photographien. Ein biographisches Handbuch, bearb. von ELVIRA DÖSCHER und WOLFGANG SCHRÖDER, Düsseldorf 2001, S. 478.

ten die Professoren Adolf Wach und Bernhard Windscheid dem Nationalliberalen Verein an. Letzterer war auch Vorstandsmitglied. Auf der Generalversammlung referierte Rechtsanwalt v. Stern über einen Zusatz für ein neues Parteiprogramm der Nationalliberalen. Im Antisemitismus wurde „eine schwere Gefahr für unser öffentliches Leben" durch eine „verwirrende, die Leidenschaften aufregende Agitation" gesehen. Allerdings wurde der antisemitischen Agitation eine gewisse Berechtigung zugestanden. Verfehlungen einzelner lieferten der antisemitischen Bewegung Argumente für ihre demagogischen Pauschalurteile. Die sächsischen Nationalliberalen wollten „allem unredlichen und unlauteren Gebaren" im öffentlichen Leben und in der Wirtschaft durch einen „Ausbau der Gesetzgebung, insbesondere durch Strafbestimmungen" mit gebotener Schärfe entgegentreten.[288]

Dem gewendeten Antisemitismus der Konservativen begegneten die sächsischen Nationalliberalen mit einer ambivalenten Toleranzhaltung. Zum einen sprachen sie sich für die Unantastbarkeit der Emanzipationsgesetze und einer Integration der naturalisierten Juden aus. Zum anderen traten antijüdische Vorurteile in nationaldeutschen Verbrämungen und in lavierenden Formulierungen zutage. Im Wahlkampf für die sächsischen Landtagswahlen 1893 hatte die nationalliberale Partei auch zum politischen Antisemitismus Stellung bezogen: „Es würde thöricht sein, wollte man die antisemitische Bewegung als eine ausschließlich künstliche Mache bezeichnen. Derartige Erscheinungen sind nicht möglich, wenn nicht irgend ein tatsächlicher Untergrund vorhanden ist, der dann, ganz wie bei der Sozialdemokratie, von einer ebenso geschickten, wie frivolen Agitation ausgebeutet wird. In der nationalliberalen Partei ist man immer darauf bedacht gewesen, nicht nur diese, den socialen Frieden störende Agitation entschieden zu bekämpfen, sondern auch jenen Untergrund zu erkennen und aus dieser Erkenntnis die richtigen Folgerungen zu ziehen. Demgemäß hat die nationalliberale Partei zu den gesetzgeberischen Maßnahmen zur Abstellung gewisser wirthschaftlicher Schäden, welche unbestreitbar durch eine vorwiegend von jüdischen Geschäftsleuten gehandhabte Praxis entstanden ist, rückhaltlos mitgewirkt. Die Schwierigkeiten, welche das Vorhandensein eines über das ganze Reichsgebiet ausgebreiteten, nach Herkunft und Gebräuchen fremden Bestandteils in unserem Volkskörper bereitet, müssen gehoben werden. Das wird aber nicht anders möglich sein, als durch eine allmählige Verschmelzung dieses Bestandtheils mit der Gesamtheit unseres nationalen Organismus. Nicht mit Unrecht ist den Juden vorgeworfen worden, daß sie die Notwendigkeit dieser Verschmelzung nicht so klar gemacht und dementsprechend gehandelt hätten, wie es nach der Durchführung [...] der bürgerlichen Gleichberechtigung ihre Pflicht gewesen wäre. Wenn aber etwas geeignet ist, den Verschmelzungsproceß zu hindern [...], so ist es die verhetzende Wirkung der antisemitischen Agitation."[289]

Die „Verschmelzung" oder Assimilation des Judentums in die bürgerlich-christliche Gesellschaft und Kultur war als Einbahnstraße, die die Taufe und die Überwindung jüdischer Identitäten vorsah, gedacht.

---

[288] Leipziger Tageblatt, Abend-Ausgabe, 20. Juni 1892.
[289] Ebd., 29. September 1893, S. 1.

Liberale und konservative protestantische Juristen hatten um 1900 in der sächsischen Parteipolitik, in den Stadt- und Gemeindeverwaltungen und im bürgerlichen Vereinswesen führende Positionen inne. In Leipzig, der nationalliberalen Hochburg Sachsens, knüpfte Justizrat Julius Gensel die politischen Fäden auf lokaler und Landesebene. Als langjähriger Vorsitzender des Nationalliberalen Vereins im Königreich Sachsen und als Vorsitzender der 1871 gegründeten Gemeinnützigen Gesellschaft, in der „das intellektuelle Leipzig vertreten" war, und die über kommunalpolitische Weichenstellungen befand, verfügte Gensel über enorme Gestaltungsmacht. Der Leipziger Rechtsanwalt, bei dem die Fäden zusammenliefen, war „der anerkannte Mittelpunkt für weite Gebiete des öffentlichen Lebens".[290]

In der Person Gensels treten jene Anschauungen zutage, die in hohem Maße für kulturelle Werte im liberal-protestantischen Bildungsbürgertum zu stehen scheinen. Ganz vorn rangiert die Besinnung auf christliche Werte und darin eingebunden die kulturelle Hegemonie des lutherischen Protestantismus. Gensel benannte den Protestantismus „als die größte lebendige Macht". Interessenkongruenz zwischen Nationalliberalen und Konservativen bestand in der Beurteilung der Sozialdemokratie, als höchste soziale Gefahr. Dieser parteipolitische Klassenkampf führte zu Zweckbündnissen von Nationalliberalen, Konservativen und Antisemiten wie sie beispielsweise bei Landtags- und Reichstagswahlen oder auf kommunaler Ebene zur Ausbootung der sozialdemokratischen Kandidaten geschlossen wurden.

Bei Gensel und vielen anderen bildete ein säkularisierter Protestantismus einen konstitutiven Bestandteil der bürgerlichen Lebenswelt. Im Kaiserreich blieb trotz Kooperation und Koexistenz etwa in der Politik oder im Beruf die konfessionelle Differenz und die damit verbundenen Anfeindungen „eine alltägliche und vitale Grundtatsache" der Gesellschaft.[291]

Gensel steht auch für die Verflechtung von bildungs- und wirtschaftsbürgerlichen Interessen. Als Rechtsanwalt, Politiker und Syndikus der Leipziger Handelskammer vertrat er mit Verve liberale Interessen. Er warb für die Identifikation mit dem bürgerlichen Gemeinwesen und war bemüht, die Arbeiter beiderlei Geschlechts durch Vermittlung von Bildung und Kunstinteressen einzubeziehen.

Reaktionen von Richtern und Anwälten auf die Justizkritik in den 1890er Jahren

In Juristenkreisen bescheinigte man dem Buch des „Rembrandt-Deutschen" durchaus einen berechtigten Kern, wollte es aber lieber heute als morgen in Vergessenheit wissen. Einige Textpassagen stießen auf wenig Gegenliebe.

---

[290] Vgl. RICHARD HÄBLER, Gedächtnisrede für Justizrat Dr. Julius Gensel, Leipzig 1916, S. 4, 8, 10; PAUL BRANDMANN, Leipzig zwischen Klassenkampf und Sozialreform. Kommunale Wohlfahrtspolitik zwischen 1890 und 1929, Köln, Wien 1998, S. 42. Konträr dazu steht die Charakterisierung Gensels in JULIUS HEILAND, Leipzig als Gross-Stadt. Seine gemeindepolitische und wirtschaftliche Entwicklung in den letzten drei Jahrzehnten. Mit einem Nachtrag: Die Leipziger Revolutionswoche, Leipzig 1921, S. 19, 57. Demnach war Gensel ein führungsschwacher Politiker, der keine Akzente setzte und der sich gegenüber den sächsischen Konservativen nicht behaupten konnte.

[291] Zitiert nach THOMAS NIPPERDEY, Religion und Gesellschaft: Deutschland um 1900, In: Historische Zeitschrift 246 (1988) 3, S. 591–615, hier S. 613.

Der Leipziger Amtsrichter Paul Schellhas deutete Langbehns Einschätzung über den Niedergang des geistigen Lebens als „Hirngespinst eines paradoxen und abseitsstehenden Individuums".[292]

Langbehn hatte die Juristen mit einem fast vernichtenden Urteil konfrontiert. Er kritisierte die politischen und wirtschaftlichen Aktivitäten in Parlamenten, Wirtschaftsverbänden und Kapitalgesellschaften, die zu einer unerfreulichen Überrepräsentanz in der Gesellschaft geführt hätten. Juristen wurden als Formalisten abgestempelt und kein geringerer als Martin Luther als Kronzeuge aufgerufen. Langbehn schrieb: „Gerade darum nahm der Natur- und Menschenfreund Luther an dieser Menschengattung so besonderen Anstoß."[293]

Auch wenn Langbehn Leistungen einzelner bedeutender Rechtswissenschaftler für die Rechtsentwicklung in Deutschland anerkannte, dominierte eine einseitige Polemik an der Fortwirkung des römischen Rechts in Gesetzgebung und Rechtswissenschaft als negative Gesamteinschätzung. Langbehn knüpfte an die zahlreichen Kritiker des ersten Entwurfs eines Bürgerlichen Gesetzbuches an und forderte die Schöpfung eines genuinen deutschen Rechts. Als namhafter Vertreter national-sozialer Kreise unter den Juristen hatte Otto v. Gierke im Frühjahr 1889 einen „germanischen Rechtsgeist" beschworen, der bei der Neuordnung des Privatrechts federführend sein sollte.[294] Freiherr v. Friesen griff diese teilweise berechtigten kritischen Einwände auf. Mit seinem christlichen Impetus gelangte v. Friesen zu einer unsachlichen Verallgemeinerung und Zuspitzung. Das römische Recht habe „unser nationales Recht" verdrängt und durch seine Rechtsnormen „die äußere Sittlichkeit nach dem staatlichen Bedürfnis, nicht nach den Forderungen der Religion" geordnet.[295]

Den Richtern und Anwälten traten seit der zweiten Hälfte der 1890er Jahre zunehmend fachliche und persönliche Kritikpunkte entgegen. Von der politischen Linken sahen sich die Richter als Handlanger der konservativen politischen Führungsschicht und der Ministerialbürokratie angeprangert. Nachhaltig wirkte der Vorwurf der „Klassenjustiz" von seiten der Sozialdemokratie und des Linksliberalismus. Von den Konservativen wurden die Richter als „schlapp" hingestellt, weil sie die Gesetzes- und Formbindungen zu sehr in den Vordergrund rückten. Doch hatte die Personalpolitik der Justizministerien nach der Reichsgründung einer Verdrängung des liberalen Richtertyps der Jahrhundertmitte Vorschub geleistet und mit dazu geführt, daß die Richterschaft konservativer wurde.[296] Im Schlagwort von der „Weltfremdheit" bündelte sich die Kritik aus allen politischen Lagern, Wirtschaftsverbänden und sozialen Schichten. Viele Kritiker verlangten von den Richtern vor allem mehr Sachverstand über den technischen Fortschritt. Juristische Laien forderten eine größere Verständlichkeit und Nachvollziehbarkeit der Urteilsfindung und appellierten an den gesunden Menschen-

---

[292] PAUL SCHELLHAS, Ideale und Idealismus im Recht. Gedanken und Forderungen zur Hebung der Rechtspflege und des Richterstandes, Leipzig 1896, S. 1.

[293] Rembrandt als Erzieher, S. 177.

[294] OTTO GIERKE, Die soziale Aufgabe des Privatrechts. Vortrag gehalten am 5. April 1889 in der juristischen Gesellschaft zu Wien, Berlin 1889, S. 15.

[295] FRIESEN-RÖTHA, Conservativ!, S. 17.

[296] Vgl. NIPPERDEY, Geschichte, S. 191ff.

verstand in der Rechtssprechung.[297] Innerhalb der Richterschaft sorgte der Verlust an Sozialprestige und Exklusivität zunehmend für Mißstimmung. Eine Ursache lag im verstärkten Berufszugang von Juristen aus kleinbürgerlichen Schichten. Die Zusammensetzung der Justizjuristen hatte sich gegenüber den Verwaltungsjuristen sozial verbreitert und die Einkommensverhältnisse letzterer hoben sich deutlich ab. In Richterkreisen trafen antisemitische Stereotype im Vergleich zu Anwaltskreisen auf empfänglichere Resonanz. Diese Tendenz erklärt sich in hohem Maße aus dem Selbstverständnis der deutschen Richterschaft. Die Kombination von Beamtentum und Staatsnähe erzeugte eine ambivalente Haltung. Die tiefgreifende Statusverunsicherung, die das Bildungsbürgertum insgesamt erfaßte, erreichte auch die akademisch gebildete Beamtenschaft als Wahrnehmung einer „Kulturkrise", die sich in der Suche nach neuer kultureller Sinnstiftung niederschlug. Hier liegt eine wesentliche Ursache für die Ausbreitung eines gemäßigten Antisemitismus in der Richterschaft, der Nationalismus und Fremdenfeindlichkeit zusammenführte. Vor allem im protestantisch dominierten Beamtentum zeigte die enge Verbindung eines säkularen Protestantismus mit dem modernen Nationalismus Wirkung.[298] In einer Mitteilung über ein von dem nichtjüdischen Musikverleger Ernst Eulenburg veranstaltetes Konzert mit dem Kölner Sängerkreis in Leipzig hatte die Antisemitische Korrespondenz im November 1889 den Konzertveranstalter „als jüdischen Musikalienhändler" bezeichnet. Eulenburg stellte gegen den Herausgeber Theodor Fritsch Strafantrag wegen Verleumdung. Im Februar 1890 fand die Hauptverhandlung vor dem Schöffengericht am Amtsgericht Leipzig statt. Vorsitzender Richter war der Amtsrichter Ernst Leonhardt. Fritsch wurde zu einer Geldstrafe von 25 Mark verurteilt. In der mündlichen Urteilsbegründung erklärte Leonhardt: „Es sei dem Gericht außerordentlich schwer gefallen, zu einer Verurteilung zu gelangen. Die Notiz enthalte eigentlich tatsächlich nichts beleidigendes, der antisemitische Standpunkt, auf welchen der Angeklagte mit seiner Partei stehe, gäbe demselben auch das Recht, Angriffe auf das Judentum zu richten und es lassen sich in diesem Standpunkte im gewissen Sinne Berechtigung nicht absprechen. Die Beleidigung sei schließlich nur in dem Gebrauche des Wortes jüdisch zu finden, welches im Volksmund allerdings eine verächtliche Bedeutung habe. Hätte der Angeklagte einfach den Namen des Klägers weggelassen, so würde die Notiz überhaupt nicht strafbar gewesen sein", „vielmehr entsprechen die Aussagen [...] den Tatsachen".[299]

Auf die von außen herangetragenen Vorwürfe und die Aktivitäten der Justizverwaltungen reagierten Richter und Anwälte mit einer gesteigerten Neuauflage der Überfüllungsdebatte zum juristischen Arbeitsmarkt. Der Deutsche Anwaltverein diskutierte seit den 1890er Jahren Möglichkeiten zur Verlangsamung des stetigen Anstiegs der Anwaltszahlen. Unter den

---

[297] Vgl. GERD LINNEMANN, Klassenjustiz und Weltfremdheit. Deutsche Justizkritik 1890–1914, Jur. Diss., Kiel 1989.

[298] Vgl. DIETER GOSEWINKEL, Einbürgern und Ausschließen. Die Nationalisierung der Staatsangehörigkeit vom Deutschen Bund bis zur Bundesrepublik Deutschland, Göttingen 2001, S. 236.

[299] SHStAD, LG Leipzig, Nr. 464, o. P.

Anwälten und in Justizministerien wurden Stimmen immer lauter, die die Einführung des numerus clausus beim Übergang der Assessoren in die Anwaltschaft forderten. Bei einer Ansprache in der zweiten Kammer im März 1904 sah der sächsische Justizminister Dr. Viktor Alexander Otto (seit 1907 v. Otto) die soziale Differenzierung innerhalb der Anwaltschaft in einem Maße zunehmen, daß bald ein Teil als „Anwalts-Proletariat" am Rande einer bürgerlichen Existenz ums Überleben kämpfe müsse.[300] Im Krisendiskurs zwischen „Juristenschwemme" und „Überfüllungsszenario" debattierte die Anwaltschaft leidenschaftlich und sachlich über Alternativen. Vorschläge über die Aussetzung der freien Advokatur und die Wiedereinführung von Zulassungsbeschränkungen fanden keine Mehrheit. Um der anhaltenden Zunahme der Anwaltszahlen zu begegnen, wurde ein anderer Kurs in der Verwaltungspraxis eingefordert. Der preußische Rechtsanwalt Josef Stranz gab eine prägnante Situationsbeschreibung: „Jedem Befähigten und Charaktervollen steht nach dem Gesetz der Eintritt in die Richter- und in die Verwaltungslaufbahn frei. In Wirklichkeit aber spielen nicht Talent und Charakter, sondern die Konfession bei der Zulassung eine entscheidende Rolle. Der von der Regierung beklagte Zustrom von Anwälten in die Großstädte wird von ihr dadurch gefördert, daß sie den Eintritt in andere Laufbahnen, also ein Ventil gegen die Überfüllung, verschließt. Nein die Pforte bleibe offen. Aber man möge sie nicht als goldene Eingangspforte in ein Schlaraffenland ansehen."[301]

Auch liberale Rechtsanwälte favorisierten eine Beschränkung des Zugangs von Juden in juristische Berufe. Der Leipziger nationalliberale Stadtverordnete Conrad Junck[302], sprach sich im Jahre 1910 gegen die Befürwortung des erneuten Gesuchs Bernhard Kremnitzers, der zu diesem Zeitpunkt Syndikus in der Privatwirtschaft war, um Aufnahme in den sächsischen Untertanenverband durch den Aufnahmeausschuß der Leipziger Stadtverwaltung aus. Als Juncks Hauptmotiv lassen sich unschwer Kremnitzers berufliche Vorstellungen über eine Anstellung im sächsischen Staatsdienst oder eine Niederlassung als Anwalt erkennen.[303] Drei Jahre zuvor hatte der Rechtsanwalt Wolfgang Schnauß die Befürwortung des ersten Gesuchs Kremnitzers mit dem Hinweis, dieser studiere nicht nur an der Juristischen sondern auch an der Philosophischen Fakultät und „er wolle sogar Privatdozent werden", abgelehnt.[304]

Schnauß spielte in der antisemitischen, völkischen und alldeutschen Bewegung in Leipzig und Sachsen eine gewisse Rolle. Er war seit 1885 als Rechtsanwalt zugelassen und stand politisch der sächsischen Mittelstandsvereinigung nahe. In der Kommunalpolitik nahm Schnauß seit 1901 als Stadtverordneter, später Vizevorsteher des Stadtverordnetenkollegiums und seit 1905 im Aufnahmeausschuß zu Naturalisationsgesuchen Einfluß. Im Jahre 1902 hatte sich Schnauß an den sächsischen König gewandt und Maß-

---

300 Zitiert nach J. STRANZ, Die Rechtsanwaltschaft. Das erste Vierteljahrhundert freier Advokatur, in: Deutsche Juristenzeitung 1904, Nr. 19, Sp. 927.
301 Zitiert nach ebd., Sp. 928.
302 Bruder des langjährigen Stadtverordneten-Vorstehers und Reichstagsabgeordneten Johannes Junck.
303 StadtAL, StVAkt H 2, Bd. 7, Bl. 208.
304 Ebd., Bl. 125–127.

nahmen zur Unterbindung der Einwanderung von Juden aus Galizien, Ruß-land und Rumänien, die die wirtschaftliche Konkurrenz im Mittelstand belebten, angeregt.[305] Bei der Neuorganisation der Zimmermannschen Deut-schen Reformpartei auf dem Leipziger Parteitag im April 1908 stellte sich Schnauß für den Vorstand zur Verfügung.[306] Schnauß verkörperte eine viel-fach anzutreffende Kombination von Fremdenfeindlichkeit, Antisemitismus und Antifeminismus. Auch die zwei Söhne, Gernot Wolfram und Gangolf, übernahmen das Weltbild des Vaters. Sie wurden ebenfalls Anwälte und Anhänger der völkischen und nationalsozialistischen Bewegung. Gangolf Schnauß wurde ein besonders eifriger Nationalsozialist. Er vertrat die NSDAP schon vor 1933 als Stadtverordneter und war nach der nationalso-zialistischen Machtergreifung ehrenamtlicher Stadtrat und Ratsherr.

Am Ende dieser Ausführungen angelangt, kommen wir wieder auf den „Rembrandt-Deutschen" zurück. Kurz vor der Jahrhundertwende wandte sich Julius Gensel in einem Vortrag mit dem Thema „Die gute alte Zeit" gegen destruktive kulturpessimistische Stimmungen im Bürgertum und richtete seinen Blick auf Herausforderungen der Gegenwart. In einem über-greifenden Zusammenhang sind Gensels Betrachtungen auch als eine Re-plik auf Langbehn zu lesen: „Die Klage um eine verlorene bessere Zeit, um die überhandnehmende Verderbnis der Gegenwart, besonders der Jugend, scheint fast so alt zu sein wie das Menschengeschlecht. [...] Jede Zeit ist eine neue Zeit, mit neuen Anschauungen, neuen Bedürfnissen, neuen Idea-len, neuen Aufgaben."[307]

305 SHStAD, KHM Zwickau, Nr. 2030, Bl. 2.
306 Vgl. PÖTZSCH, Antisemitismus, S. 106.
307 Zitiert nach JULIUS GENSEL, Die gute alte Zeit, in: Im Dienste des Gemeinwohls. Gesam-melte Vorträge von Julius Gensel, Leipzig 1905, S. 160, 165f.

Solvejg Höppner

Politische Reaktionen auf die Einwanderung ausländischer Juden nach Sachsen zwischen 1871 und 1925 auf kommunaler und staatlicher Ebene

Die Einwanderung ausländischer, vorzugsweise aus Ost- und Ostmitteleuropa stammender Juden nach Sachsen ist eines der prägenden Merkmale jüdischen Lebens in Sachsen in der Zeit des Kaiserreichs und während der ersten Jahre der Weimarer Republik. Bereits um die Wende vom 19. zum 20. Jahrhundert, bei der Volkszählung des Jahres 1905 hatten die Hälfte – in absoluten Zahlen ausgedrückt ca. 7.700 – der in Sachsen lebenden Juden eine reichsausländische Staatsangehörigkeit. Der Anteil der Reichsausländer stieg bis 1933 auf über 60 Prozent. Anzumerken bleibt in diesem Zusammenhang, daß jedoch nur knapp 40 Prozent der Juden Sachsens tatsächlich im Reichsausland geboren und damit nach Sachsen eingewandert waren.[308] Diese Einwanderung bestimmte nicht nur die zahlenmäßige Entwicklung der jüdischen Bevölkerung Sachsens, sondern hatte tiefgreifende Auswirkungen ebenso auf die Sozialstruktur der jüdischen Minorität sowie das religiöse, kulturelle und auch politische Leben der jüdischen Gemeinden.[309]

Zeitlich gesehen reichte eine nennenswerte Einwanderung von Juden nach Sachsen bis zum Anfang des 19. Jahrhunderts zurück. Daß diese in ein Land erfolgte, in dem Antijudaismus und Antisemitismus auf Traditionen zurückblicken konnten, der Emanzipationsprozeß sich nur zögerlich vollzog und antisemitische Parteien und Verbände im späten 19. und frühen 20. Jahrhundert ein starkes Potential besaßen[310], erscheint erstaunlich. Von Anfang an wurde die Einwanderung genau beobachtet und als Problem begriffen und diskutiert. Den Reflexionen und Reaktionen auf behördlicher Ebene und unter politischen Verantwortungsträgern nachzugehen, ist Anliegen dieses Beitrages. Beispielhaft herausgegriffen werden dabei vor allem die Diskussionen im Leipziger Stadtrat bzw. unter den Leipziger Stadtverordneten sowie dem Ministerium des Innern des Landes Sachsen. Im Mittelpunkt der Betrachtungen stehen dabei die Problemkreise Niederlassung, Einbürgerung und Ausweisung.

---

[308] Vgl. Tabellen im Anhang.

[309] Vgl. zur jüdischen Einwanderung nach Sachsen SOLVEJG HÖPPNER, Migration nach und in Sachsen (1830–1930), in: WERNER BRAMKE/ULRICH HEß (Hg.), Sachsen und Mitteldeutschland. Politische, wirtschaftliche und soziale Wandlungen im 20. Jahrhundert, Weimar/Köln/Wien 1995, S. 279–302; DIES., „Ostjude ist jeder, der nach mir kommt …" Jüdische Einwanderer in Sachsen im Kaiserreich und in der Weimarer Republik, in: WERNER BRAMKE/ULRICH HEß (Hg.), Wirtschaft und Gesellschaft in Sachsen im 20. Jahrhundert, Leipzig 1998, S. 343–370; DIES., Jewish Immigration to Saxony, 1834–1933 an Overview, in: Jahrbuch des Simon Dubnow-Instituts/Simon Dubnow Institute Yearbook I (2002), pp. 135–152.

[310] Vgl. die Beiträge von SIMONE LÄSSIG, JOSEF REINHOLD und HANSJÖRG PÖTZSCH in diesem Band bzw. die dort angegebene Literatur.

I. Die Jahre des Kaiserreichs

Während Sachsen vor dem Beitritt zum Norddeutschen Bund versuchte, auf der Grundlage von Gesetzen und Verordnungen die Einwanderung ausländischer Juden sowohl quantitativ als auch strukturell sehr restriktiv zu regulieren[311], betrieb das Land in den Jahren des Kaiserreiches keine Einwanderungspolitik im engeren Sinne. Die Niederlassung auch von jüdischen Ausländern unterlag keiner staatlichen Regulierungspolitik mehr. Die sächsische Politik konzentrierte sich vielmehr darauf, durch eine aktive Einbürgerungspolitik Einfluß auf die Folgen von Migration zu nehmen. Das hatte u. a. zur Folge, daß die Einwanderung von Juden sowohl aus den anderen deutschen Ländern als auch aus dem Reichsausland zahlenmäßig außerordentlich zunahm und zu einem der strukturbestimmenden Merkmale der Zusammensetzung der sächsischen jüdischen Bevölkerung wurde. Vom Beginn des 20. Jahrhunderts bis zum Ausbruch des Ersten Weltkrieg erreichte die Immigration von reichsausländischen Juden nach Sachsen ihren Höhepunkt. So wuchs allein zwischen 1905 und 1910[312] die jüdische Bevölkerung um knapp 3.000, der Anteil der Ausländer stieg um knapp 1.600 Personen an.[313] Daß der Höhepunkt der Einwanderung reichsausländischer Juden vor dem Ausbruch des Ersten Weltkrieges lag, ergibt sich aus der Auswertung der Fremdenkartei des Melderegisters der Stadt Leipzig. Für ca. 3.000 im Reichsausland geborene Juden konnte das Datum der Niederlassung zwischen 1867 und 1933 ermittelt werden. Über 60 Prozent hatten sich vor dem Ersten Weltkrieg in Leipzig niedergelassen, weitere knappe 10 Prozent in der Zeit des Krieges und nicht ganz 30 Prozent zwischen 1919 und 1933. Von denen, die sich vor dem Ersten Weltkrieg in Leipzig ansiedelten, kamen allein fast 25 Prozent zwischen 1910 und 1914.[314]

Die Politik, die Sachsen hinsichtlich der Einwanderung und Niederlassung von ausländischen Juden in den Jahren des Kaiserreichs betrieb, deutete sich bereits seit den sechziger Jahren des 19. Jahrhunderts an. Damals gingen die Behörden verstärkt dazu über, Juden die vorübergehende Niederlassung auf der Grundlage von Aufenthaltskarten zu gestatten. Diese Aufenthaltskarten waren zwar halbjährlich zu erneuern, jedoch, solange der Betreffende gültige Heimatpapiere besaß, geschah das problemlos. Im

---

311 Die Niederlassung ausländischer Juden regelte der § 3 des Gesetzes wegen einiger Modifikationen in den bürgerlichen Verhältnissen der Juden vom 16. August 1838, nachdem die Niederlassung ausländischer nur im Fall „besonders dringender Gründe" gestattet werden sollte. Vgl. GVBlS 1838, Nr. 64, S. 394–399, hier S. 394.

312 Die Volkszählungen fanden im Fünfjahresrhythmus statt, der durch den Ausbruch des I. Weltkrieges unterbrochen wurde. Nach 1910 fand die erste von Statistikern als zuverlässig bewertete Volkszählung erst im Jahr 1925 statt. Bis 1900 erfaßte die Statistik die Juden nach ihrem Geburtsort, 1905 und 1910 nach ihrer Staatsangehörigkeit. Aufgrund der Einwanderungspolitik, die in Deutschland geborene Kinder reichsausländischer Väter zu Ausländern machte, sind die Zahlen im Ausland geborener und reichsausländischer Staatsangehörigkeit nicht ohne weiteres direkt vergleichbar. Das hatte insbesondere in Leipzig Auswirkungen, denn hier lebten nicht nur die meisten Juden Sachsens (während der Jahre des Kaiserreichs zwischen 45 und 53 Prozent), sondern auch die meisten jüdischen Reichsausländer, so daß die Zahlen für Leipzig auf die gesamtsächsischen Werte einen erheblichen Einfluß hatten.

313 Siehe Tabellen im Anhang.

314 Vgl. StAL, PP-M Nr. 3163–3352.

Gegensatz zur Praxis in den Jahrzehnten zuvor, konnten sich Juden auf diese Weise langfristig, wenn nicht gar dauerhaft in Sachsen niederlassen, ohne Bürger einer Stadt bzw. sächsischer Staatsbürger zu werden.[315] Allerdings blieb ihr Aufenthalt immer von Unsicherheiten begleitet. Sie konnten im Zweifelsfall aus diversen Gründen immer in ihre alte Heimat abgeschoben werden und sie wurden nie der bürgerlichen Rechte, wie z. B. dem aktiven und passiven Wahlrecht, teilhaftig.[316]

Diese Praxis wurde in den Jahren des Kaiserreichs fortgesetzt. Mittel zur politischen Regulierung der Einwanderung ausländischer Juden waren neben der Versagung der Einbürgerung[317] die Abschiebung und Beschränkung in der Ausübung bestimmter Handelstätigkeiten, wie beispielsweise des Hausierhandels.

Bereits im Juli 1885 erließ das Ministerium des Innern eine Verordnung, nach der osteuropäische Juden, die in der ersten Generation in Sachsen lebten, nicht eingebürgert werden sollten. Anlaß war die Einwanderung russischer, insbesondere dort ausgewiesener Juden nach Sachsen respektive Leipzig.[318] Acht Jahre später, im Februar 1893, zu einer Zeit, als der politische Antisemitismus in Sachsen seinen Höhepunkt erreichte, hieß es allgemeiner, Juden sollten nur ausnahmsweise eingebürgert werden. Nach der Jahrhundertwende, in einer Verordnung des Jahres 1906, die die wichtigsten Grundsätze hinsichtlich der Behandlung von Naturalisationsgesuchen zusammenfaßte, wurde nochmals explizit ausgeführt, daß ausländische Juden der ersten Generation nicht eingebürgert werden sollten.[319] Den geistigen Hintergrund solcher Vorschriften bildeten Vorstellungen einer ethnisch homogenen Nation. Mit Herausbildung der Nationalstaaten bekamen Grenzen, sowohl territorialer als auch und insbesondere kultureller und nationaler Art einen neuen Stellenwert. Die Konstruktion von Nationen bedeutete immer auch Ausschluß von bzw. Abgrenzung gegen Andere(n), die nach definierten Kriterien nicht dazu gehören sollten. Rechte von Einwanderern knüpften sich an (Staat-)Bürgerrechte. In den deutschen Staaten setzte sich letztlich eine an ethnischen Kriterien orientierte Auffassung von Nation durch, die die Verleihung bzw. den Erwerb der Staatsangehörigkeit letztlich nur für bzw. an „Deutschstämmige" vorsah, unabhängig vom Ort ihrer Geburt und ihrer Sozialisation. Unter diesen Prämissen erschien Auswanderung einerseits als kultureller Verlust, zum anderen jedoch auch als Chance, das „Deutschtum" in der Welt zu verbreiten. Mit Einwande-

---

[315] Vgl. z. B. SHStAD, MdI Nr. 914, 915a, b; Nr. 921b, passim.

[316] Das zeitigte Auswirkungen auch im Gemeindeleben der Israelitischen Religionsgemeinden Sachsens. So blieben Mitglieder mit ausländischer Staatsangehörigkeit bis zum Ende der Weimarer Republik vom aktiven und passiven Wahlrecht entweder völlig ausgeschlossen oder unterlagen mehr oder weniger starken Beschränkungen, so daß ihr Mitspracherecht in Gemeindebelangen erheblich beeinträchtigt war. Vgl. hierzu Max Schornstein, Das Wahlrecht in den jüdischen Gemeinden Sachsens, Dresden o. J. [um 1926]; HÖPPNER, Einwanderer, S. 361–363.

[317] Diese Praxis betraf nicht nur Sachsen sondern stellte einen Grundzug deutscher Politik gegenüber jüdischen Einwanderern dar. Vgl. z. B. Dieter Gosewinkel, „Unerwünschte Elemente" – Einwanderung und Einbürgerung der Juden in Deutschland 1848–1933, in: Tel Aviver Jahrbuch für deutsche Geschichte XXVII (1998), S. 71–105.

[318] Vgl. SHStAD, MdI Nr. 9690, Bl. 171.

[319] Ebd., Nr. 9691, Bl. 117b; Nr. 9697, Bl. 22.

rung verknüpfte sich dementsprechend die Angst vor „kultureller Überfremdung" und sozialer Bedrohung.[320] Letzteres verband sich mit der kulturellen Geringschätzung gegenüber Osteuropäern, die in verstärktem Maße für Juden aus dieser Region galt. Hier verschränkten sich national(istisch)e und antisemitische Argumentationsmuster.

Die praktische Umsetzung solcher ministerieller Vorgaben war durchaus ambivalent. Bezogen auf Leipzig ergeben sich deutliche Unterschiede in den Diskussionen der Stadtverordneten, der Kreishauptmannschaft und dem Ministerium des Innern. Stadtverordnete und Stadtrat erstellten unabhängig voneinander Empfehlungen, wie mit einem Einbürgerungsantrag verfahren werden sollte. Dazu konnten Gutachten von anderen Behörden oder Institutionen, wie z. B. dem Polizeiamt oder der Handelskammer eingeholt werden. Die Empfehlung leitete der Stadtrat weiter an die Kreishauptmannschaft, die ihrerseits das Gesuch begutachtete. Die Empfehlung der Kreishauptmannschaft erfolgte auf eigenständiger Grundlage und mußte nicht mit denen der Stadtverordneten oder des Stadtrates übereinstimmen. Die Entscheidung über das Gesuch lag letztlich beim Ministerium des Innern.

Stichproben in Akten des Aufnahmeausschusses der Leipziger Stadtverordneten führten zu dem zunächst überraschenden Befund, daß die Stadtverordneten einen Großteil der Aufnahmegesuche, einschließlich solcher von osteuropäischen Juden befürworteten. Im Vordergrund der Überlegung stand vor allem das wirtschaftliche Wohl der Stadt. Ausschlaggebend für die Empfehlung waren folgende Kriterien:
- konnte der Antragsteller sich und seine Familie ernähren, ohne kommunale Hilfe in Anspruch nehmen zu müssen,
- waren er und seine Angehörigen in polizeilicher Hinsicht unbescholten.
War der Antragsteller auch noch vermögend und selbständiger Unternehmer, standen die Chancen auf Befürwortung durch die Stadtverordneten gut.[321] Allerdings kam es trotzdem oftmals nicht zur Einbürgerung. Stadtrat und Kreishauptmannschaft gaben offensichtlich andere Empfehlungen ab, auf die sich das Ministerium des Innern zumeist stützte. Diese Institutionen nahmen die Verordnungen, die im übrigen den Stadtverordneten nicht bekannt waren[322], sehr genau. Den Stadtverordneten blieb nur Verwunderung darüber, daß von ihnen positiv bewertete Aufnahmeanträge letztlich dennoch oftmals abschlägig beschieden wurden und sie befürchteten, daß die Ablehnung vornehmlich jüdischer Antragsteller seitens der Kreishauptmannschaft bzw. des Ministeriums des Innern dazu führen könnte, der Stadt Leipzig wichtige Steuerzahler zu entziehen.[323]

---

[320] Vgl. zum Problem der Herausbildung einer „ethnischen Nation" in Deutschland und dem damit zusammenhängenden Staatsbürgerrecht v. a. ROGER BRUBAKER, Staats-Bürger. Deutschland und Frankreich im historischen Vergleich, Hamburg 1994; ferner HENRY ASHBY TURNER JR., Deutsches Staatsbürgerrecht und der Mythos der ethnischen Nation, in: MANFRED HETTLING/PAUL NOLTE (Hg.), Nation und Gesellschaft in Deutschland. Historische Essays, München 1996, S. 142–150; zur Migration KLAUS J. BADE, Transnationale Migration, ethnonationale Diskussion und staatliche Migrationspolitik im Deutschland des 19. und 20. Jahrhunderts, in: DERS. (Hg.), Migration, Ethnizität, Konflikt. Systemfragen und Fallstudien, Osnabrück 1996, S. 403–430.
[321] StadtAL, StVAkt H Nr. 2, Vol. V, VII, passim.
[322] Vgl. dazu weiter unten im Text.
[323] Vgl. StadtAL, StVAkt H Nr. 2, Vol. VII, Bl. 122.

Die strengste Beurteilung von Aufnahmegesuchen erfolgte durch die Kreishauptmannschaften. Das Ministerium des Innern entschied, wenn auch selten,
wie z. B. im Falle der Leipziger Kaufleute David Rosen und Samuel Nadel
sowie des Radebeuler Fabrikdirektors Friedrich Guggenheim, entgegen der
Gutachten der Kreishauptmannschaften Leipzig und Dresden, den Natu-
ralisationsanträgen stattzugeben. Ausschlaggebend waren verschiedene Aspekte: David Rosen stammte zwar ursprünglich aus Kongreßpolen, lebte jedoch als angesehener Rauchwarenhändler seit langem in Leipzig, war englischer
Staatsangehöriger und hatte eine Sächsin geheiratet. Nach Ansicht des Ministeriums des Innern traf daher für diesen die von der Kreishauptmannschaft
angeführte Verordnung aus dem Jahre 1885 nicht zu, da sich diese vornehmlich
gegen ausgewiesene russische Juden richtete. Ähnlich argumentierte das Ministerium des Innern in bezug auf das Aufnahmegesuch des ursprünglich aus
Lemberg stammenden Kaufmannes Samuel Nadel.[324] Beide Gesuche stammten aus dem Jahr 1901. Auf die ministerielle Verordnung aus dem Jahr 1893,
nach der, wie erwähnt, allgemein Juden nur ausnahmsweise eingebürgert werden sollten, nahmen weder die Kreishauptmannschaft Leipzig noch das Ministerium Bezug. Das geschah jedoch im Fall des Radebeuler Fabrikbesitzers
Friedrich Guggenheim. Dieser stammte aus der Schweiz und lebte seit 1895 in
Radebeul. Das erste Gesuch vom September 1902 um Einbürgerung lehnte das
Ministerium des Innern dem Antrag der Kreishauptmannschaft Dresden fol-
gend unter Bezugnahme auf o. g. Verordnung zunächst ab. Jedoch schon in
diesem Zusammenhang wurde in einer Aktennotiz festgestellt, daß „auf die
Dauer […] sich die Ablehnung freilich wohl kaum aufrecht erhalten lassen
[wird]." Schon drei Monate später bewahrheitete sich dieses. Ohne weitere
Begründung stimmte das Ministerium entgegen dem wiederum ablehnenden
Votum der Kreishauptmannschaft Dresden dem zweiten Gesuch Guggenheims
zu.[325] Über die Gründe kann nur spekuliert werden. Immerhin handelte es sich
bei Guggenheim nicht um einen Osteuropäer.

Auffällig ist, daß sich nach der Jahrhundertwende sowohl in den Akten
des Ministeriums des Innern als auch ab etwa 1909 in den Diskussionen der
Leipziger Stadtverordneten explizite Hinweise auf die gegebenenfalls ost-
europäisch-jüdische Herkunft der Antragsteller häufen.[326] Unter letzteren
spielte Rechtsanwalt Heinrich Wolfgang Schnauß[327], seit 1905 Mitglied im
Aufnahmeausschuß, eine besondere Rolle. Zunächst verhielt er sich überaus
korrekt in der Beurteilung von Aufnahmegesuchen auch osteuropäischer
Juden. Antisemitische Argumentationen gegen solche Gesuche unterblie-
ben. Ab etwa 1908/09 läßt sich zunehmend eine antisemitische Tendenz
bei seinen Beurteilungen herauslesen, die von einigen anderen Ausschuß-
mitgliedern geteilt wurde. Anhand eines Beispiels aus dem Jahre 1911 sei
die Art der Argumentation, die im Aufnahmeausschuß der Leipziger Stadtverordneten durchaus neu war, demonstriert:

Der Vorsitzende des Ausschusses, Dr. Bennewitz, referierte über das
Aufnahmegesuch des Mitglieds der Israelitischen Religionsgemeinde zu

---

[324] Vgl. HStAD, MdI Nr. 9690, Bl. 170f., 175.
[325] Ebd., Nr. 9691, Bl. 117b, 159.
[326] Ebd., Nr. 9691–9699; StadtAL, StVAkt H 2, Vol. VII, Bl. 168ff.
[327] Vgl. zu Schnauß auch den Beitrag von Steffen Held im vorliegenden Band, S. 110–122.

Leipzig Abraham Goldwasser: Dieser hätte zwei Kinder und wäre seinerzeit als Geschäftsführer bei seiner Ehefrau beschäftigt. Er versteuere ein Jahreseinkommen von 1400 bis 1600 Mark. In der Vergangenheit hätte er oft seinen Beruf gewechselt; zeitweise sei er Buchhalter und Korrespondent gewesen. Die Ehefrau unterhielte Abzahlungsgeschäfte en gros in Leipzig. Der Gesuchsteller hätte dem Gesuch eine Vermögensübersicht beigegeben, die jedoch sehr bedenklich erscheine. Ein Vermögen sei in Wirklichkeit wohl nicht vorhanden. Die weiter beigegebenen Empfehlungsschreiben von Gerichtsbeamten usw. könne man nicht ernst nehmen, augenscheinlich habe hier eine Beeinflussung durch den redegewandten und überfreundlichen Gesuchsteller stattgefunden. Die Art des Geschäftsbetriebs sei direkt abstoßend; dabei würden nur die kleinen Leute, die sich ihm anvertrauen, ausgenutzt. Dr. Bennewitz beantragte die Ablehnung des Gesuchs. Dem pflichtete Schnauß bei. Angeblich kannte er den Gesuchsteller: Die Überfreundlichkeit, die dieser immer an den Tag lege, sei ihm widerlich. Fast täglich hätte Goldwasser mit den Gerichten zu tun und lege dabei eine hündische Zuvorkommenheit den Beamten gegenüber an den Tag, und dieses Verhalten habe wahrscheinlich zu den Empfehlungen beigetragen. Der Redner könne nur dem Antrage des Herrn Vorsitzenden beistimmen. Auch die Einkommensverhältnisse seien ganz ungesicherte. Der Gesuchsteller hatte praktisch keine Chance. Die Vorwürfe gegen ihn speisten sich aus allgemeinen Vorurteilen und Unterstellungen gegenüber dem Juden. Das Gesuch wurde letztlich abgelehnt.[328]

Diese Politik war jedoch kein wirksames Instrument, um die Einwanderung ausländischer Juden nach Sachsen zu lenken oder gar zu unterbinden. Sie trug im Grunde genommen ideologischen Symbolcharakter basierend auf ethnischen, rassistischen und antisemitischen Vorurteilen in Teilen der sächsischen Abgeordneten sowie der Beamtenschaft, unterstützte und prägte solche Vorurteile letztlich weiter aus. Dies erleichterte es explizit antisemitischen Gruppierungen, zu agieren:

Bezug nehmend auf genau den Umstand, daß mit der Versagung der Einbürgerung die Einwanderung osteuropäischer Juden nicht zu verhindern sei, wandte sich der eben erwähnte Schnauß bereits in einer im September 1902 verfaßten Eingabe an den König. Er verwies darauf, daß die Anzahl der ausländischen Juden in Leipzig unaufhaltsam ansteigen würde. Die Versagung der Naturalisation sei nutzlos, denn viele der jüdischen Einwohner suchten gar nicht darum nach.[329] Er beschwor wirtschaftliche, soziale und politische Probleme, die aus der Einwanderung erwachsen würden. Die Argumenta-

---

[328] Vgl. StadtAL, StVAkt H2 Vol. VII, Bl. 302.

[329] Es stimmt tatsächlich, daß nur wenige der osteuropäischen Juden überhaupt einen Antrag auf Einbürgerung stellten. Möglicherweise unterließen sie diesen Schritt, da die Aussichten auf Erfolg dürftig waren, wie Maurer vermutete. Vgl. TRUDE MAURER, Ostjuden und deutsche Juden im Kaiserreich und in der Weimarer Republik: Ergebnisse der Forschung und weitere Fragen, in: Geschichte in Wissenschaft und Unterricht 39 (1988) 9, S. 523–542, hier S. 532. Zum anderen spielte sicher eine Rolle, daß sie der Staatszugehörigkeit wenig Bedeutung beimaßen, da sie sich im Gegensatz zum Selbstverständnis des Centralvereins deutscher Staatsbürger jüdischen Glaubens zuerst als Juden – definiert entweder über die Religion oder über die Nationalität – verstanden. Vgl. YVONNE RIEKER, Kindheiten. Identitätsmuster im deutsch-jüdischen Bürgertum und unter ostjüdischen Einwanderern, Diss., Universität Potsdam 1995, S. 131. Zudem hatte sie die Staatszugehörigkeit vor Repressalien in der alten Heimat nicht schützen können.

tion läßt sich wie folgt zusammenfassen: Durch die ausländischen Juden würde die Konkurrenz, vor allem im Handelssektor ungemein verstärkt, die zudem durch starken Geschäftssinn und unlauteren Wettbewerb christliche Händler ins soziale Abseits stießen. Die daraus erwachsende soziale Unsicherheit würde umstürzlerischen Gedanken und dem Zulauf zu extremen Parteien – sprich der Sozialdemokratie – Vorschub leisten. Er forderte letztlich die Ausweisung aller ausländischen Juden.[330]

Wir finden hier praktisch die Palette antisemitischer Argumentation, die tendenziell Punkte einer Art Gesellschaftskritik in der Form, wie sie die Lebensreformbewegung vertrat, aufwies, jedoch alle Probleme auf den Juden projiziert. Bei den sächsischen Behörden fiel die Eingabe auf fruchtbaren Boden. Das Ministerium des Innern fühlte sich veranlaßt, umgehend Aktivitäten zu entwickeln. Von allen Kreishauptmannschaften wurden Berichte angefordert, wie viele ausländische Juden in Sachsen lebten, welche Probleme und welche Lösungsvorschläge es gäbe. Zusammenfassend kam das Ministerium zu folgendem Ergebnis, das in Form einer Verordnung vom 23. August 1903 an die Kreishauptmannschaften übermittelt wurde: Vorerst sollten landesweit noch keine Maßnahmen ergriffen werden. Sollten jedoch ausländische Juden irgendwie lästig werden, insbesondere im Zusammenhang mit strafrechtlichen Belangen oder polizeilichen Vorschriften, sollten die Betreffenden rücksichtslos ausgewiesen werden. Die Vorschriften des Paß- und Meldewesens seien streng zu handhaben, außerdem könnten Ausländerlisten geführt werden. Wandergewerbescheine sollten in der Regel versagt werden. Abschließend hieß es wörtlich: „Vorstehende Verordnung eignet sich nicht zur Veröffentlichung, auch nicht zur Weitergabe an die unteren Verwaltungsbehörden." Von umfangreichen Ausweisungsaktionen wurde mit Rücksicht auf das Ausland zunächst abgesehen.[331]

Vor allem in Leipzig zeigte diese Verordnung Wirkung: In den Jahren 1904 bis 1908 berichtete das Polizeiamt Leipzig wiederholt an die Kreishauptmannschaft und diese an das Ministerium des Innern über Ausweisungen und die Nichterteilung von Wandergewerbescheinen an ausländische Juden. Nach eigenen Aussagen hatte diese Politik Erfolg. Die Einwanderung insbesondere „russischer und galizischer proletarischer" Juden wäre rückläufig gewesen.[332] Meine Untersuchungen bestätigen diesen Befund nicht. Die Einwanderung erlebte, wie oben ausgeführt, in den Jahren vor dem Ersten Weltkrieg ihren quantitativen Höhepunkt. Hinsichtlich der Struktur der Immigranten ist zu sagen, daß keineswegs nur den Mittelschichten angehörende bzw. wohlhabende Juden einwanderten. Außerdem nahmen die Ausweisungen, soweit aus den Akten zu ersehen ist, keinen Massencharakter an. Nach eigenen Angaben wurden z. B. zwischen Januar 1905 und Juni 1906, einem Zeitraum von eineinhalb Jahren, 28 osteuropäische Juden aus der Kreishauptmannschaft Leipzig ausgewiesen.[333]

Die politische Praxis von Ausweisungen und Beschränkungen im Erwerbsleben für Juden hielt damit in direktem Zusammenhang mit dem Agieren

---

[330] Vgl. SHStAD, MDI Nr. 11179, Bl. 66–68.
[331] Ebd., Bl. 69–87, Zitat Bl. 87.
[332] Ebd., Bl. 96–105, 112–113, Zitat Bl. 104.
[333] Ebd., Nr. 11704, Bl. 52.

von sich explizit antisemitisch gerierenden Vertretern Einzug in die sächsische Politik.[334] Wenn man auch zunächst davon absah, osteuropäische Juden auszuweisen nur aus dem Grund, weil sie Juden waren, beruhte die Versagung von Wandergewerbsscheinen auf diesem Argument. Im Dezember des Jahres 1904 verschärfte das Ministerium des Innern die Ausweisungspolitik vor allem gegenüber reichsausländischen jüdischen Hausierhändlern in einer neuerlichen Verordnung.[335] Im Zusammenhang mit der russischen Revolution 1905 bis 1907 erhielt die Ausweisungspolitik neue Relevanz. Die russische und hier besonders die russisch-jüdische Einwanderung nach Sachsen wurden verstärkt beobachtet und Hausierer und Handelsleute unter Bezugnahme auf die Verordnung vom Dezember 1904 ausgewiesen.[336]

Die Jahre vor dem Ersten Weltkrieg zeigen, daß in der sächsischen Beamtenschaft wie auch unter Abgeordneten antisemitische Sichtweisen latent vorhanden waren. Diese fanden in Reaktion auf explizit antisemitisch agierende Personen bzw. Gruppierungen zunehmend Eingang in die Politik. Dies geschah zunächst zwar zurückhaltend, unter Ausschluß einer breiten öffentlichen Diskussion, ließ jedoch im Laufe der Zeit immer weniger an Deutlichkeit zu wünschen übrig.

Erster Weltkrieg und Weimarer Republik

Diese Situation begann sich mit dem Ausbruch des Ersten Weltkrieges zu ändern. Die Einwanderung osteuropäischer Juden nach Sachsen, die in den fünfzehn Jahren vor Kriegsausbruch einen quantitativen Höhepunkt erreicht hatte, setzte sich fort, trug aber nunmehr den Charakter einer Fluchtbewegung. Betroffen waren hiervon insbesondere Leipzig und Chemnitz. Überlagert wurde diese Form der Migration durch die Ausweisung sogenannter „feindlicher Ausländer" aus den zum militärischen Sperrbezirk gehörenden Städten Leipzig und Dresden. Diese Maßnahme betraf in erster Linie russische Juden, die sich mit Unterstützung der Israelitischen Religionsgemeinden in Leipzig, Dresden und Chemnitz vor allem nach Chemnitz wandten. Diese Maßnahme trug zwar keinen antisemitischen Charakter, sondern entsprang der Vorstellung, daß Angehörige von Nationen, mit denen sich Deutschland im Kriegszustand befand, potentielle Spione seien, war aber durchaus geeignet, die Diskussion um die „lästigen jüdischen Ausländer" anzuheizen.

Die Reaktion der kommunalen und Mittelbehörden auf die aus Galizien nach Sachsen geflüchteten Juden orientierte sich an den Mustern, die sich seit der Jahrhundertwende herausgebildet hatten. In Leipzig und Chemnitz

---

[334] Ergänzend sei darauf hingewiesen, daß die Umsetzung antisemitischer Politik in Verordnungen und Gesetze in Sachsen nicht ganz neu war. Bereits seit Oktober 1892 bis Dezember 1910 bestand in Sachsen als einzigem der deutschen Länder ein Verbot für das Schächten (rituelle Schlachtung von Tieren, bei dem durch einen Fachmann mit einem geprüften, schartenfreien Messer in einem Zug Halsschlagader, Luft- und Speiseröhre der Tiere durchtrennt werden) von Großvieh mit der offiziellen Begründung, daß beim Schächten, insbesondere beim Niederlegen der Tiere, Tierquälerei im Spiele sei. Es mag sicher einige Tierschützer gegeben haben, die überzeugt von diesem Standpunkt aus argumentierten, die Diskussion um das Schächtverbot war jedoch ein Schauplatz antisemitischer Argumentationen. Vgl. SHStAD, MfVB Nr. 11136, Bl. 260; Nr. 11136/2, Bl. 233.

[335] Ebd., Bl. 197; MdI 11704, 52b.

[336] Ebd., Bl. 50–57.

erwogen die Behörden unter Bezugnahme auf bereits bekannte Argumentationsmuster – soziale Probleme, niedrige Kulturstufe und unseriöses
Wirtschaftsgebaren – die Ausweisung und suchten dahingehend beim Innenministerium nach. Vor allem mit Rücksicht auf den Bündnispartner
Österreich und die schwierigen politischen Verhältnisse im Kriegsgebiet sah
man jedoch von Massenausweisungen in den ersten Kriegsjahren ab.[337]
Einige Zeit später versuchte man die Einwanderung aktiv zu unterbinden,
indem über strenge Visavorschriften bereits die Einreise nach Deutschland
verhindert werden sollte. Im Februar 1917 wies das Innenministerium die
Kreishauptmannschaften an, daß Einreisegesuche[338] galizischer Juden nur
noch durch die Kreishauptmannschaften bearbeitet werden und bei der
Genehmigung des Zuzugs äußerste Zurückhaltung geübt werden sollte.
Die unteren Behörden wären bei Genehmigungsverfahren zu großzügig
gewesen.[339]

Auch die Diskussion um die Einbürgerung osteuropäischer Juden flamm-
te erneut auf. Und wiederum war es der bereits mehrfach erwähnte Schnauß,
der dieses Thema gegenüber den Behörden in die Diskussion brachte. In
einer Immediateingabe beschwerte er sich u. a. darüber, daß seit Kriegsausbruch verstärkt russische Juden um Einbürgerung nachsuchen würden.
Oftmals waren es seit langem in Sachsen, speziell Leipzig lebende Famili-
en, die sich nicht als „feindliche Ausländer" sahen und auch nicht so verstanden werden wollten. Teilweise knüpfte sich an das Gesuch zur Einbürgerung die Bereitschaft, wenn nicht gar der Wunsch, im deutschen Heer zu
kämpfen und auf diese Weise seine Loyalität gegenüber Deutschland unter
Beweis zu stellen. Solche Personen erfuhren in der Tat eine gewisse Bevor-
zugung in Einbürgerungsfragen. Allerdings war das keine Massener-
scheinung. Die Anträge auf Einbürgerung osteuropäischer Juden wurden
wie in den Jahren zuvor sehr streng behandelt, wobei auch weiterhin die
Kreishauptmannschaft in ihren zustimmenden Voten zurückhaltender war
als städtische Gremien.[340]

Interessant ist im Zusammenhang mit der behördlichen Auseinandersetzung um die Schnauß'sche Eingabe noch ein anderer Aspekt: Der Vertreter des Polizeiamtes Leipzig, der gutachtlich zu den in der Eingabe ge-
machten Äußerungen gehört wurde, weist am Ende seiner Ausführungen
darauf hin, daß in bezug auf die Einwanderung ausländischer Juden neben
der „armen- und strafrechtlichen Lästigkeit ... die nicht so offen zu Tage
tretende und deshalb leicht zu übersehende Lästigkeit ... aus volkswirt-
schaftlichen, politischen und nationalen Erwägungen" viel schwerer wöge.
Allerdings ließen sich hierauf keine Ausweisungen gründen, da „die unter
jüdischem Einflusse stehende Presse eine so motivierte Ausweisung sogleich
als eine durch religiöse Unduldsamkeit und antisemitische Gesinnung ein-
gegebene Massregel zu bezeichnen nicht verfehlt." Daher sei die weniger
öffentliche Aufmerksamkeit erregende Zurückhaltung bei der Erteilung von

---

[337] Ebd., Nr. 11179, Bl. 192–198.
[338] Vor der Erteilung eines Einreisevisums durch Konsularbehörden im Ausland mußte die
  entsprechende Kommune (bei Gemeinden auch die Amtshauptmannschaft) zustimmen.
[339] SHStAD, MdI Nr. 11706, Bl. 1c.
[340] Ebenda, MdI Nr. 11179, Bl. 217–228, hier besonders Bl. 217b, 221f.

Sichtvermerken, eine strenge Grenzkontrolle und die Warnung vor der Einwanderung nach Deutschland in österreichischen Presseorganen vorzuziehen.[341] Noch schien Zurückhaltung in der Öffentlichkeit angebracht – wegen der „jüdisch beeinflußten" Presse und dem möglichen öffentlichen Vorwurf, antisemitisch zu handeln. Damit hätte man nämlich den Burgfrieden gefährdet, was während des Krieges durchaus strafrechtliche Konsequenzen nach sich zog.[342]

Hier wurde jedoch vorbereitet, was in den ersten Jahren der Weimarer Republik den Status von Normalität erreichte: die öffentliche Diskussion der sogenannten „Ostjudenfrage". Auf breiter Front nahmen sich Behörden, Institutionen, Presse und Politik dieses Themas an. Noch während des Krieges begannen z. B. die Handelskammern Chemnitz und Leipzig Erörterungen über die Abschiebung von Kriegsflüchtlingen und überhaupt osteuropäischen Einwanderern. Diese Diskussionen setzten sich 1919 und 1920 fort.[343] Die Chemnitzer Kammer bezog sich dabei u. a. auch auf die Situation im Vogtland bzw. in Plauen. Dort kam es kurz nach Kriegsende zu wiederholten Versuchen, russische Juden unter dem Vorwurf, sie seien „Ramscher und Schädlinge der Industrie", auszuweisen. Es entspannen sich umfangreiche Diskussionen und Auseinandersetzungen, in die neben der Kreishauptmannschaft auch das Innen- und Wirtschaftsministerium involviert waren. Letztlich hob das Ministerium des Innern die Ausweisungsverfügungen auf, da Ausweisungen wegen „allgemeiner Klagen über die Rolle, die sie in der Geschäftswelt spielen", unbegründet erschienen. Der Begriff „Schädlinge" sei zu unbestimmt und könne tendenziös aufgefaßt werden.[344] Die Vorgänge erinnern an den sogenannten „Ramscherkrieg" in der vogtländischen Spitzenindustrie aus den Jahren unmittelbar vor Ausbruch des Ersten Weltkrieges.[345] Neben Plauen gab es verstärkte Bemühungen zur Ausweisung osteuropäischer Juden vor allem in Leipzig und Chemnitz.

Die Diskussionen auf ministerieller Ebene wurden unter Einbeziehung des Außenministeriums fortgeführt und mündeten in eine Verordnung, die die Politik aus den Jahren des Ersten Weltkrieges wieder aufgriff. Mit der Begründung von Arbeits- und Wohnraummangel sowie der schwierigen Ernährungslage bestand das Ziel darin, die Niederlassung von ausländischen Juden zu verhindern. Über Grenzsperren, die Verweigerung von Einreisevisa und Zuzugskontrollen sollte möglichst schon der Grenzübertritt verhindert werden. Außerdem spielte das Instrument der Abschiebung eine wesentliche Rolle. Als möglicher Grund wurde die Störung der öffentlichen Ordnung und Sicherheit, d. h. Verstöße gegen Paßvorschriften, nachweisbare Beteiligung an Wucher-, Schleich- und Schieberhandel, Eigentums-

---

341 Ebd., Bl. 227f.

342 Vgl. zur Problematik insgesamt PETER PULZER, Der Erste Weltkrieg, in: STEVEN M. LOWENSTEIN/PAUL MENDES-FLOHR/PETER G. J. PULZER/MONIKA RICHARZ, Deutsch-jüdische Geschichte in der Neuzeit, Bd. III: Umstrittene Integration 1871–1918, München 1997, S. 356–380. In Leipzig gingen Polizei und Gerichte durchaus gegen antisemitische Eiferer wie Theodor Fritsch oder Heinrich Pudor strafrechtlich vor. Vgl. DIRK WALTER, Antisemitische Kriminalität und Gewalt. Judenfeindschaft in der Weimarer Republik, Bonn 1999, S. 27.

343 Vgl. SHStAD, MdAA Nr. 1722, o. F. (Abschrift eines vertraulichen Schreibens der Handelskammer Leipzig an das MdI, 10. August 1916); Wirtschaftsministerium Nr. 1544, Bl. 11.

344 Ebd., MdI Nr. 11706, Bl. 3, 11–21, 58f.

delikte, Teilnahme an staats- und verfassungsfeindlichen Aktivitäten, genannt. Es müsse unbedingt daran festgehalten werden, daß eine bestimmte Tatsache nachgewiesen werden könne. Ausweisungen dürften sich nicht gegen „Ostjuden" als solche richten.[346]

In der politischen Diskussion spielten in den zwanziger Jahren Ausweisungen von „Ostjuden" auch in der Öffentlichkeit eine wesentliche Rolle. Angefacht wurden sie auf parlamentarischer Ebene (nicht nur in Sachsen) vor allem durch die Deutschnationale Volkspartei, die sich bezüglich antisemitischer Politik in einer Neuorientierung befand.[347] Neben Wohnungs- und Ernährungsfragen sowie der Arbeitsmarktsituation fehlten auch im Sächsischen Landtag nicht die bekannten Argumente ob der Gefahr des kulturellen und sittlichen Verfalls, den die „ostjüdischen Elemente" mit sich bringen würden. Immer wieder wurde auf Ausweisung der „lästigen" Ausländer gedrängt. Immer wieder kam der Vorwurf, daß die Ausweisungsvorschriften von den jeweiligen Polizeibehörden nicht konsequent genug genutzt würden, weshalb es ein „Ostjudenproblem" in Sachsen gäbe.[348]

Ausgelöst durch die Revolutionen in Rußland und Deutschland kam in der Auseinandersetzung mit der „Ostjudenfrage" bei den mittleren Behörden ein weiteres Argument hinzu: die Angst vor bolschewistischen und kommunistischen Umtrieben. So begann das Polizeiamt Leipzig 1920 die Jüdische Lesehalle zu überwachen. In Chemnitz sollte das Ehepaar Borowski mit der Begründung, sich im kommunistischen Sinne zu betätigen, ausgewiesen werden und die Staatliche Gewerbeakademie Chemnitz wollte 1923 russisch-jüdische Studenten nicht immatrikulieren aus Furcht vor bolschewistischer Propaganda. In beiden letztgenannten Fällen stoppte das Ministerium des Innern die vorgesehenen Maßnahmen, da die Vorwürfe an das Ehepaar Borowski lediglich auf Vermutungen beruhten und Studenten nicht aus politischen Gründen abgelehnt werden dürften.[349]

Im Vergleich etwa zur Politik Bayerns hielt sich die sächsische Regierung sehr zurück.[350] Initiative und Druck in bezug auf die sogenannte „Ostjudenfrage" gingen zu Beginn der zwanziger Jahre eher von kommunalen Einrichtungen und Behörden, den Kreishauptmannschaften sowie von der parlamentarischen Ebene aus. Die ministerielle Ebene reagierte in höherem Maße und übte eine gewisse Zurückhaltung, als daß sie, wie in den Jahren des Kaiserreichs, agierte. Vermutlich spielte eine wesentliche Rolle, daß das Land Sachsen bis 1923 von einer sozialdemokratischen Regierung, z. T. unter Beteiligung der Kommunisten geführt wurde.

Der Standpunkt in bezug auf Naturalisationen änderte sich in Sachsen nicht. Gerade Sachsen bezog in den Diskussionen im Reichsrat um strittige Einbürgerungsfälle in den 1920er Jahren eine harte Position. Auseinander-

---

[345] Vgl. den Beitrag von WALTRAUD SCHMIDT im vorliegenden Band.

[346] Vgl. SHStAD, MdAA Nr. 8193, Bl. 56f.

[347] Vgl. Walter, Kriminalität, S. 59f.

[348] Vgl. BIRGIT GÜTERSLOH, Der sächsische Landtag und die Ausländerpolitik in der ersten Hälfte der 20er Jahre, in: Historische Blätter aus Politik und Geschichte 2, Dresden 1992, S. 5–8; SHStAD, MdI Nr. 11707, Bl. 99f; 165b; Nr. 11708, Bl. 11–13, 76–77, 97–101, 137–139.

[349] Ebd., Nr. 11706, Bl. 125, 192f.; Nr. 11707, Bl. 148–151.

[350] Vgl. Walter, Kriminalität, S. 52–79.

setzungen gab es immer wieder um die preußische Politik, Einbürgerungs-
anträge von osteuropäischen Juden bereits dann positiv zu behandeln, wenn
der Antragsteller seit zehn Jahren im Land ansässig war. Sachsen trat ähnlich wie Bayern dafür ein, diese Frist auf 25 bis 30 Jahre hochzusetzen.
Letztlich einigte man sich in dem Gremium auf eine Frist von „nur" 20 Jahren.[351] Das bedeutete aber nicht, daß nun auch in Sachsen Einbürgerungs-
anträge positiv behandelt wurden, wenn der betreffende jüdische Antragsteller aus Osteuropa bereits seit 20 Jahren in Sachsen bzw. Deutschland
lebte. Man konnte lediglich im Reichsrat nicht mehr gegen die Einbürgerungspolitik anderer Länder vorgehen, die niedrigere Fristen ansetzten,
als man selbst für notwendig erachtete. Es gab kein Recht auf Einbürgerung; und auch die Chancen auf Einbürgerung stiegen damit nicht.

Das sei an einem Beispiel demonstriert. Von zentraler Seite – dem Reichs-
innenministerium – wurden 1921 Richtlinien zur Behandlung von Einbürge-
rungsgesuchen herausgegeben. Diese bringen explizit die Abgrenzung nach
Osteuropa zum Ausdruck: „Die kulturellen Interessen des Reichs gebieten
Zurückhaltung gegenüber Einbürgerungsanträgen aus denjenigen Staaten,
deren Angehörige im Grossen und Ganzen einer der deutschen nicht gleich-
wertigen oder doch völlig fremden Kultur entstammen. Die Lage Deutschlands zwischen den Westmächten und den Ländern östlicher Kultur, die
fortbestehende Neigung der Angehörigen der Oststaaten zur Einwanderung nach Deutschland erfordert besondere Aufmerksamkeit in dieser Hinsicht, um eine allmähliche Durchdringung der deutschen Kultur mit we-
sensfremden, die Aufrechterhaltung der deutschen Eigenart schädlichen
Elementen zu verhüten."

Diese Richtlinien wurden nunmehr auch den unteren Behörden, einschließlich den Stadtverordneten, zur Kenntnis gegeben. Die Diskussion
im Leipziger Aufnahmeausschuß machte deutlich, daß die Stadtverordneten die Beachtung dieser Richtlinien für unmöglich hielten.[352] Diese Richtlinien erklärten jedoch die letztliche Ablehnung von Gesuchen, die die Stadtverordneten eigentlich befürwortet hatten. In diesem Zusammenhang kam
es zu Kompetenzstreitigkeiten zwischen Leipziger Stadtverordneten und
Rat. Die Stadtverordneten fühlten sich in ihrer Rolle nicht entsprechend
beachtet, ihre Tätigkeit entwertet, da sie feststellten, daß der Rat als gleich-
wertiges Gutachtergremium bei Einbürgerungsanträgen auftrat und die
Gutachten manchmal gegensätzliche Auffassungen vertraten. Offensichtlich kannte der Rat auch frühere Verordnungen bzw. Richtlinien zur
Einbürgerungspolitik. Außerdem stützte sich der Rat auf Gutachten der
Handelskammer, die manche Stadtverordneten als zumindest fragwürdig
wenn nicht gar antisemitisch einschätzten. Im Verlaufe dieser prinzipiellen
Auseinandersetzung stellte der Stadtverordnete Götte den Antrag, Anträ-
ge auf Einbürgerung entgegen der bisher üblichen Praxis, solche Anträge
in geschlossener Sitzung zu beraten, in Zukunft öffentlich zu behandeln.
Dieser Antrag hatte zwar wenig mit den Auseinandersetzungen um die
Kompetenzen zwischen Rat und Stadtverordneten zu tun, die Begründung
Göttes war jedoch bemerkenswert:

---

[351] Vgl. SHStA, MdI Nr. 9792, Bl. 92–111, 157.
[352] Vgl. StadtAL, StVAkt H Nr. 2, Vol. X, Bl. 43f., 53f., Zitat Bl. 43f.

„Leipzig ist bekannt als das Zentrum des Ostjudentums. (Lachen links). Während man Frankfurt als das Zentrum des Westjudentums und Hamburg als das Zentrum des jüdischen Patriziertums ansieht, ist nur Leipzig ein Ort, der auf die Ostjuden eine wunderbare Anziehungskraft ausübt.

…

Sehen Sie sich die Sitzungsberichte von Dresden und Chemnitz an, so werden Sie finden, daß dort fast keine Ostjuden um Einbürgerung nachsuchen, während alles sich nach Leipzig drängt. Warum? Weil die Herrschaften eben wissen, daß sie in Leipzig Verständnis für ihre Auffassung vorfinden, und das wird dadurch bestätigt, daß hier fast jedem einzelnen Ostjuden, der in Leipzig um seine Einbürgerung nachsucht, das Gesuch um Einbürgerung befürwortet wird. Das ist an und für sich leicht verständlich; aber ich glaube, es würde viel besser sein, wenn man diese Einbürgerungsgesuche in der Öffentlichkeit behandeln würde. Dann würde auch mancher von den Herren, die jetzt für jede Einbürgerung zu haben sind, es sich denn doch sehr überlegen, ob er diesen sonderbaren Zeitgenossen die Würde eines Leipziger Bürgers ohne weiteres zuteil werden lassen will. Bedenken Sie doch, wie die Entwicklung der ganzen letzten Zeit gewesen ist. Es müßte doch auch der linken Seite soviel Reinlichkeitsgefühl vorhanden sein, daß man sagte: Es geht einfach nicht mehr an, daß man uns immer zum Vorwurf macht, daß wir die Schutztruppe des Judentums seien. Auch Sie, meine Damen und Herren müßten Interesse daran haben, daß Sie von diesem Schandfleck, diesem Judenfleck, der nun einmal auf Ihnen liegt sich befreien lassen möchten."

Unter Berufung auf angebliche Geheimgesetze des Judentums wird dieses als staatsfeindlich, kulturfeindlich und sittenfeindlich definiert. Der Antrag hatte keinen Erfolg, verdeutlichte jedoch Veränderungen im öffentlichen Diskurs über die osteuropäischen Juden auch unter Teilen der Leipziger Bürgerschaft. Auch hinsichtlich der Kompetenzverteilung zwischen Rat und Stadtverordneten blieb alles beim alten. Die Verhandlungen um Einbürgerung blieben nichtöffentlich, der Rat erstellte weitere eigene Gutachten.[353]

Die Reflexionen zur osteuropäischen jüdischen Einwanderung nach Sachsen und deren Naturalisation verdeutlichen, daß jetzt nach dem Ersten Weltkrieg, in einer absoluten Krisensituation antisemitische Argumentationen nicht nur wieder öffentlich werden, sondern der Antisemitismus im öffentlichen Leben Kanalisationsfunktionen übernahm. Die Probleme, die mit der Einwanderung osteuropäischer Juden in Zusammenhang gebracht wurden, seien es beispielsweise Arbeitslosigkeit oder Wohnraummangel, waren weder eine Folge des Migrationsprozesses noch konnten sie durch eine Unterbindung der Einwanderung gelöst werden. Zum anderen hatten die Maßnahmen, die in bezug auf osteuropäische jüdische Einwanderung diskutiert und ergriffen wurden, auf diese verhältnismäßig wenig Einfluß. Die jüdische Einwanderung wurde von anderen Strukturmerkmalen geleitet.[354]

Als Fazit bleibt eine eigenartige Diskrepanz zwischen Diskussion in den Behörden und Gremien und dem eigentlichen Migrationsprozeß, die unterstreicht, daß Antisemitismus bzw. antisemitische Argumentationen

---

[353] Ebd., Vol. XI, Bl. 88–102, Zitat Bl. 101f.
[354] Vgl. Höppner, Immigration.

weniger auf tatsächliche Vorgänge reagierten als vielmehr Reaktion auf gesellschaftliche Umbrüche waren.

Anhang

Tabelle I
Einwohner Sachsens und Anzahl der Juden nach den Ergebnissen der Volkszählungen[355]

Jahr	Gesamtbev.	davon Juden	in % d. Gesamtbev.
1834	1.595.668	850	0,05
1849	1.894.431	1.022	0,05
1871	2.556.244	3.346	0,13
1875	2.760.586	5.360	0,19
1880	2.972.805	6.516	0,22
1885	3.182.003	7.755	0,24
1890	3.502.684	9.368	0,27
1895	3.787.688	9.902	0,26
1900	4.202.216	12.416[356]	0,29
1905	4.508.601	14.669[357]	0,33
1910	4.806.661	17.587	0,36
1925	4.992.320	23.252	0,47
1933	5.196.652	20.584	0,40

[355] Zeitschrift des Königlich-sächsischen statistischen Bureaus 48 (1902), Heft 1/2, S. 5, 127;
Zeitschrift des Sächsischen Statistischen Landesamtes 52 (1906), Heft 2, S. 273; 58 (1912),
Heft 1, S. 59, 72 (1926), S. 69; 80/81 (1934/35), S. 20.

[356] Für das Jahr 1900 existieren im gleichen Jahrgang der Zeitschrift des Königlich-sächsischen
statistischen Bureaus, 48 (1902), S. 5 bzw. Beilage, S. 127 zwei verschiedene Zahlen für die
jüdische Bevölkerung im Königreich. Rechnerisch ergibt sich die hier angegebene Zahl.

[357] Zu den veröffentlichten Resultaten der Volkszählung in der Zeitschrift des Sächsischen Statistischen Landesamtes, 52 (1906), S. 273, 282 ergibt sich rechnerisch eine Differenz von
30 Personen in der KHM Dresden, dort in der AHM Dresden-Neustadt. Diese Differenz
muß aus einem Fehler der Veröffentlichung der Volkszählungsergebnisse herrühren. In den
Jahren 1905 und 1910 wurden bei der Veröffentlichung der Zählungsergebnisse hinsichtlich
des Glaubensbekenntnisses der Bewohner der einzelnen Gemeinden diese nicht nach ihrer
Zugehörigkeit zu politischen Verwaltungseinheiten sondern zu Parochien bzw. Ephorien
im Verwaltungsbereich der evang.-luth. Landeskirche geordnet. In der Ephorie Dresden II
sind in der Summe insgesamt 135 Bekenner des jüdischen Glauben ausgewiesen, in den
einzelnen Orten aber nur 105, wie die rechnerische Nachprüfung ergab. Die Zuordnung der
einzelnen Gemeinden zu den politischen Verwaltungseinheiten – die noch nicht nach Dresden eingemeindeten Orte gehörten mit Ausnahme von Kemnitz und Leutewitz zur AHM
Dresden-Neustadt – ergab die gleiche Differenz für die AHM Dresden-Neustadt. Damit
verringern sich die Zählungsergebnisse sowohl in der KHM Dresden als auch im Königreich im Jahr 1905 bezüglich der Bekenner des jüdischen Glaubens um 30 Personen.

Tabelle II
Jüdische Bevölkerung nach der Staatsangehörigkeit in den Jahren 1905 und 1910 (absolut)[358]

	KHM Bautzen		KHM Chemnitz		KHM Dresden		KHM Leipzig		KHM Zwickau		Sachsen		
	1905	1910	1905	1910	1905	1910	1905	1910	1905	1910	1905	1910	1933
Sachsen	72	70	347	433	790	878	1.256	1.227	84	131	2.549	2.739	
übr. Dtl.	131	36	765	712	1.217	1.166	1.773	1.967	429	489	4.369	4.470	
Dtl. ges.	**203**	**206**	**1.112**	**1.145**	**2.061**	**2.044**	**3.029**	**3.194**	**513**	**620**	**6.918**	**7.209**	**7.780**
Österreich	51	78	285	513	1.133	1.298	3.080	3.958	152	282	4.701	6.129	
Ungarn	3	6	20	9	54	130	127	158	13	18	217	321	
Rußland	14	12	33	112	548	611	1.535	2.160	141	297	2.271	3.192	
andere	1	2	110	114	135	161	322	404	21	37	589	718	
Ausl. ges.	**69**	**98**	**448**	**748**	**1.870**	**2.200**	**5.064**	**6.680**	**327**	**634**	**7.778**	**10.360**	**12.804**
unbekannt	-	-	1	2	-	11	-	-	-	5	1	18	

[358] Zeitschrift des Sächsischen Statistischen Landesamtes 54 (1908), Heft 1, S. 35; 59 (1913), S. 196; Statistik des Deutschen Reiches, Bd. 541 (1935) 5. 51.

Tabelle III
Jüdische Bevölkerung nach der Staatsangehörigkeit in den Jahren 1905 und 1910 (prozentual)

	KHM Bautzen		KHM Chemnitz		KHM Dresden		KHM Leipzig		KHM Zwickau		Sachsen		
	1905	1910	1905	1910	1905	1910	1905	1910	1905	1910	1905	1910	1933
Sachsen	26,47	23,02	22,23	22,85	20,10	20,63	15,52	12,43	10,00	10,40	17,34	15,57	
übr. Dtl.	48,16	44,74	49,00	37,57	32,33	27,40	21,91	19,92	51,07	38,84	29,73	25,42	
Dtl. ges.	**74,63**	**67,76**	**71,24**	**60,42**	**52,43**	**48,03**	**37,43**	**32,35**	**61,07**	**49,24**	**47,07**	**40,99**	**37,80**
Österreich	18,75	25,66	18,26	27,07	28,82	30,51	38,06	40,08	18,10	22,40	31,98	34,85	
Ungarn	1,10	1,97	1,28	0,47	1,38	3,06	1,57	1,60	1,55	1,43	1,48	1,83	
Rußland	5,15	3,95	2,11	5,91	13,94	14,36	18,96	21,88	16,78	23,59	15,45	18,15	
andere	0,37	0,66	7,05	6,02	3,43	3,78	3,98	4,09	2,50	2,94	4,01	4,08	
Ausl. ges.	**25,37**	**32,24**	**28,70**	**39,47**	**47,57**	**51,71**	**62,57**	**67,65**	**38,93**	**50,36**	**52,92**	**58,91**	**62,20**
unbekannt	-	-	0,06	0,11	-	0,26	-	-	-	0,40	0,01	0,10	

Tabelle IV
Jüdische Bevölkerung nach der Staatsangehörigkeit in den Jahren 1905 und 1910 in den Städten Chemnitz, Dresden, Leipzig, Plauen und Zwickau (absolut)[359]

	Chemnitz		Dresden[360]				Leipzig			Plauen		Zwickau	
	1905	1910	1895	1905	1910	1933	1905	1910	1933	1905	1910	1905	1910
Sachsen	267	374		727	776		1.214	1.180		39	71	21	24
übr. Dtl.	619	577		1.072	973		1.619	1.828		170	237	67	61
Dtl. ges.	886	951	1.786	1.799	1.749	2.013	2.833	3.008	3.746	209	308	88	85
Österreich	244	465	488	1.038	1.166		3.010	3.881		93	171	22	56
Ungarn	19	4	21	49	112		117	148		3	4	3	6
Rußland	25	83	189	513	555		1.401	2.006		79	240	8	5
andere	105	100	65	115	150		315	391		16	21	3	7
Ausl. ges.	393	652	763	1.715	1.938	2.348	4.843	6.426	8.088	191	436	36	74
unbekannt	1	2	-	-	2		-	-	-	-	5	-	-

[359] Ebd.
[360] Für Dresden liegen zusätzlich Zahlen für das Jahr 1895 vor. Vgl. Mitteilungen des Statistischen Amtes der Stadt Dresden, Nr. 6 (1897), S. 27. Im Gegensatz zu der Veröffentlichung in der Zeitschrift des Sächsischen Statistischen Landesamtes (2.547) weist die städtische 2.549 Juden in der Stadt Dresden aus.

Tabelle V
Jüdische Bevölkerung nach der Staatsangehörigkeit in den Jahren 1905 und 1910 in den Städten Chemnitz, Dresden, Leipzig, Plauen und Zwickau (prozentual)

	Chemnitz			Dresden			Leipzig			Plauen		Zwickau	
	1905	1910	1895	1933	1905	1910	1933	1905	1910	1905	1910	1905	1910
Sachsen	20,86	23,30			20,69	20,78		15,82	12,51	9,75	9,48	16,94	15,09
übr. Dtl.	48,36	35,95			30,51	26,06		21,09	19,38	42,50	31,64	54,03	38,37
Dtl. ges.	**69,22**	**59,25**	**70,07**	**45,78**	**51,20**	**46,84**	**30,06**	**36,91**	**31,89**	**52,25**	**41,12**	**70,97**	**53,46**
Österreich	19,06	28,97	19,14		29,54	31,23		39,21	41,14	23,25	22,83	17,74	35,22
Ungarn	1,49	0,25	0,82		1,39	3,00		1,53	1,57	0,75	0,54	2,42	3,77
Rußland	1,95	5,17	7,42		14,60	14,86		18,25	21,26	19,75	32,04	6,45	3,15
andere	8,20	6,23	2,55		3,27	4,02		4,10	4,14	4,00	2,80	2,42	4,40
Ausl. ges.	**30,70**	**40,62**	**29,93**	**54,22**	**48,80**	**53,11**	**69,94**	**63,09**	**68,11**	**47,75**	**58,21**	**29,03**	**46,54**
unbekannt	0,08	0,13	-	-	-	0,05	-	-	-	-	0,67	-	-

140

Tabelle VI
Jüdische Bevölkerung Sachsens nach dem Geburtsort im Jahre 1933[361]

	Sachsen		Dresden		Leipzig	
	absolut	Prozent	absolut	Prozent	absolut	Prozent
Zählgemeinde			1.349	31,59	4.560	39,43
übr.Dtl.			985	22,40	2.082	18,00
Dtl. ges.	**11.783**	**57,24**	**2.374**	**53,99**	**6.642**	**57,43**
ehem. Dtl.[362]	**816**	**3,97**	**264**	**6,09**	**312**	**2,70**
Österreich	237	1,15	70	1,59	123	1,06
CSR	458	2,23	232	5,28	132	1,14
Ungarn	79	0,38	29	0,66	33	0,29
Polen	5.624	27,32	1.090	24,79	3.458	29,90
Rumämien	441	2,14	105	2,39	190	1,64
Rußland	524	2,55	107	2,43	337	2,92
andere	422	2,05	92	2,09	237	2,05
Ausl. Ges.	**7.785**	**37,82**	**1.725**	**39,23**	**4.510**	**39,00**
unbekannt	200	0,97	34	0,77	100	0,87

[361] Statisitk des Deutschen Reiches, Bd. 541 (1936) 5, S. 51.
[362] Die nationalsozialistische Statistik weist die in den nach dem Ersten Weltkrieg von Deutschland abgetrennten Gebieten Geborenen gesondert aus. Diese dürften überwiegend aus der ehemaligen Provinz Posen, z. T. auch aus Schlesien, weniger aus Elsaß-Lothringen stammen.

Thomas Henne

„Jüdische Richter" am Reichs-Oberhandelsgericht und am Reichsgericht bis 1933

Nein, es gibt – jedenfalls für die hier zu behandelnde Zeit – keine Möglichkeit, „jüdische Juristen" oder auch nur jüdische Juristen jenseits antisemitischer Kriterien als Gruppe zu konstituieren, die Gemeinsamkeiten ihrer Mitglieder als Juristen beschreibt.[363] Mehr noch: Auch in der antisemitisch motivierten Fremdwahrnehmung „jüdischer Juristen" konkurrierten in jener Zeit verschiedene Kriterien, mit denen die Gruppenzuschreibung im Einzelfall begründet wurde. Insoweit enthält die Überschrift dieses Aufsatzes eine Ambivalenz, die mit einer unvermeidbaren Unschärfe des Untersuchungsgegenstandes einhergeht.

Zugleich gibt es bei diesem Thema besonders viel zu entdecken, denn „jüdische Juristen"[364] sind im 19. und frühen 20. Jahrhundert als Anwälte, Wissenschaftler und Politiker weit mehr als durch richterliche Tätigkeiten bekannt geworden. Schon deshalb stehen die „jüdischen" Richter in der neueren Antisemitismusforschung eher am Rande der Aufmerksamkeit. Dies wird noch dadurch verstärkt, daß „die heutige rechtshistorische Forschung in Deutschland eine gewisse Vorliebe für die Wissenschaftsgeschichte entwickelt hat"[365] und die Justizgeschichte jedenfalls für das 19. und 20. Jahrhundert vergleichsweise wenig betrieben wird. Dies erklärt den auf den ersten Blick überraschenden Befund, daß bis heute keine detailliertere Untersuchung zur Gruppe der „jüdischen Juristen" am Leipziger Reichsgericht vorliegt. Daher kann der folgende Beitrag zu diesem Thema nur einen Anfang liefern, zumal aus Zeitgründen keine Archivstudien möglich waren.[366] Statt dessen

---

[363] So auch HUBERT LANG, Juristen jüdischer Herkunft in Leipzig, in: 63. Deutscher Juristentag in Leipzig vom 26.–29. September 2000, S. 60–68, hier S. 60.

[364] Im folgenden wird bei jüdischer Religionszugehörigkeit von jüdischen Juristen gesprochen. Ist eine Taufe erfolgt (bei den Betreffenden selbst oder bei ihren Eltern/Großeltern), wird der Begriff „Getaufte" in Anführungszeichen verwendet. Als sprachlich kurzer Oberbegriff für „Getaufte" und jüdische Juristen wird „jüdische Juristen" in Anführungszeichen verwendet. Eine Begründung für die Verwendung dieser nicht unproblematischen Terminologie befindet sich im Anhang II auf S. 155.

[365] Vgl. PETER LANDAU, Juristen jüdischer Herkunft im Kaiserreich und in der Weimarer Republik, in: HELMUT HEINRICHS/HARALD FRANZKI/KLAUS SCHMALZ/MICHAEL STOLLEIS, Deutsche Juristen jüdischer Herkunft, München 1993, S. 133–215, hier S. 144f., 168.

[366] Neben den Personalakten der „jüdischen" Richter ist vor allem auf einen Aktenbestand des Reichsjustizministeriums im BA, Abteilungen Potsdam hinzuweisen: 30.01 Nr. 4152 (Juristen jüdischen Glaubens, Bd. 1, Mai 1893–Juli 1934). Vgl. hierzu KAI MÜLLER, Der Hüter des Rechts. Die Stellung des Reichsgerichts im Deutschen Kaiserreich 1879–1918, Baden-Baden 1997, S. 153.

[367] Im Hinblick auf mehrfache Nachfragen während der Tagung, auf der die Thesen dieses Aufsatzes vorgetragen wurden, sei vorweg noch folgendes angemerkt: Der Leipziger Juraprofessor Kern hat kürzlich in einer weitverbreiteten Publikation aufgeführt, welche Dozenten der Leipziger Juristenfakultät 1933 aufgrund des nationalsozialistischen sogenannten „Gesetzes zur Wiederherstellung des Berufsbeamtentums" entlassen wurden. Danach hat der Autor konstatiert: „Erfolgreiche Neuberufungen glichen die Verluste aus". BERND-RÜDIGER KERN, Die Geschichte der Leipziger Juristenfakultät, in: Juristentag, S. 84–89, hier S. 86. Dies ist im Hinblick auf die Denkweise, die der These zugrunde liegt, auch unter Juristen weitestgehend als befremdliche These gewertet worden. Zu Kerns Beitrag BERND RÜTHERS, Schwierigkeiten mit der Geschichte?, in: Juristenzeitung, 56 (2001) 4, S. 181–185; NIKOLAUS ESCHEN, „Erfolgreiche" Neuberufung, in: Neue Juristische Wochenschrift, Heft 47/2000, S. XXXI.

ist eine möglichst umfassende Auswertung der publizierten, aber weit verstreuten Hinweise zu den „jüdischen Juristen" am Reichsgericht vorgenommen und dieses Material vor dem Hintergrund der neueren Antisemitismusforschung analysiert worden.[367]

I. „Jüdische" Juristen am nationalliberalen Bundes- / Reichs-Oberhandelsgericht in Leipzig (1869/70–1879)

Schon seit 1848 gab es eine relativ große Anzahl jüdischer Jurastudenten in Preußen[368] und auch in anderen Ländern, denen aber der Weg zu einem Richteramt in Preußen gänzlich und ansonsten meist versperrt war.[369] Schon deshalb ist Gabriel Riesser[370] berühmt, der 1860 in Hamburg als erster jüdischer Jurist Richter wurde und zuvor als Paulskirchen-Abgeordneter und langjähriger Verfechter der jüdischen Emanzipation bekannt geworden war.

Als ein Gesetz des Norddeutschen Bundes von 1869 die formale Gleichheit der Juden proklamierte, wurden kurze Zeit später – im Februar 1870 – auch in Preußen erstmals drei Juden zu Richtern ernannt.[371] Die Reichsbehörden setzten aber im allgemeinen den protestantischen Kurs der preußischen Personalpolitik mit nur geringen Abweichungen fort – Juden, Katholiken und erst recht Konfessionslose hatten kaum Chancen auf eine Berufung an eine Reichsbehörde.[372] Das galt jedoch nicht für das Bundes-, später Reichs-Oberhandelsgericht, das 1869/70 in Leipzig entstand und den Beginn der einheitlichen obersten Gerichtsbarkeit im Reich darstellte.[373] Diese Sonderentwicklung am Leipziger Oberhandelsgericht im Hinblick auf die Karrieren nicht-protestantischer Juristen beruhte darauf, daß bis zum Übergang zum Reichsgericht 1879 noch keine Reichsbehörde vorhanden war, die die Federführung bei den Personalangelegenheiten des geographisch von Berlin weit entfernten Leipziger Gerichts hätte übernehmen können. Der Präsident des Gerichts, ein aus der Reichspolitik stammender Katholik (!),[374] konnte daher die Richter im Zusammenspiel mit der nationalliberalen Reichstagsfraktion offenbar mehr oder weniger selbst aussuchen. Daher war neben ihm auch ein Senatspräsident katholisch,[375] und auch jüdische Juristen waren dort vertreten:

---

368 Zahlen bei TILMANN KRACH, Jüdische Rechtsanwälte in Preußen, München 1991, S. 414.

369 Im folgenden geht es ausschließlich um männliche Juristen; es sei jedoch jedenfalls darauf hingewiesen, daß als erste Anwältin in Preußen mit Margarete Berent eine Jüdin zugelassen wurde. Allerdings erst 1925, so daß Juristinnen bis zum Ende des Reichsgerichts 1944/45 nicht mehr dorthin berufen wurden.

370 Zu Riesser vgl. WILFRIED FIEDLER, Gabriel Riesser (1806–1863). Vom Kampf für die Emanzipation der Juden zur freiheitlichen deutschen Verfassung, in: HEINRICHS/FRANZKI/SCHMALZ/STOLLEIS (Hg.), Juristen, S. 85–99.

371 KRACH, Rechtsanwälte, S. 13f.

372 RUDOLF MORSEY, Die Oberste Reichsverwaltung unter Bismarck 1867–1890, Münster 1957, S. 248f.

373 Zum späteren Reichsgericht und seinen Vorläufern umfassend Thomas HENNE, Rechtsharmonisierung durch das „Reichsgericht" in den 1870er Jahren, Habilitationsschrift (im Druck).

374 Heinrich Pape; zu seiner Biographie zusammenfassend ROSEMARIE JAHNEL, Kurzbiographien der Verfasser des BGB, in: WERNER SCHUBERT, Materialien zur Entstehungsgeschichte des BGB, Berlin/New York 1978, S. 69–124, hier S. 79–80.

375 Heinrich Dreyer; zu seiner Biographie und zu anderen katholischen Richtern HENNE, Rechtsharmonisierung.

Bekannt ist Levin Goldschmidt, der im späten 19. Jahrhundert einfluß-
reichste Handelsrechtler in Deutschland, der als erster jüdischer Jurist dauerhaft eine akademische Karriere erreicht hatte.[376] Als Richter war Goldschmidt
jedoch noch nie tätig gewesen, als er 1869 die Berufung nach Leipzig erhielt.
Vom Mai 1875 bis Januar 1877 war der nationalliberale Goldschmidt zudem
– in einer für das Oberhandelsgericht typischen Doppelung – Mitglied des
Reichstages und vertrat dort den Wahlkreis Leipzig.

Wenig bekannt ist, daß ein anderer Richter des Reichs-Oberhandelsgerichts,
Heinrich Wiener, offenbar ebenfalls aus einer jüdischen Familie stammte und
wie Goldschmidt innerhalb der Justiz keine Karriere machen konnte. Es ist
allerdings unklar, ob der 1874, mit nur 39 Jahren, an das Oberhandelsgericht
berufene Wiener getauft war.[377]

Außerdem war mit großer Wahrscheinlichkeit versucht worden, mit Paul
Laband noch einen „Getauften" für die Richterbank am Oberhandelsgericht
zu berufen. Laband war damals zusammen mit Goldschmidt Herausgeber
einer wichtigen (und noch heute bestehenden) handelsrechtlichen Zeitschrift, wurde jedoch vor allem später als die „überragende Figur der
Staatsrechtslehre in den Jahrzehnten nach 1871"[378] bekannt. Laband kam
gemäß seinen Lebenserinnerungen jedoch zur Einschätzung, daß er als Richter nicht genug Zeit für wissenschaftliche Tätigkeiten hätte und lehnte daher ab. Diese Rekrutierungsschwierigkeiten waren aber kein Spezifikum
des Oberhandelsgerichts, sondern bei Berufungen an Reichsbehörden erfolgte eine „häufige Ablehnung".[379]

Parallel zu diesen Entwicklungen am Leipziger Oberhandelsgericht stieg
auch die Zahl der jüdischen Richter in Preußen: 1872 waren es neun,
1879 bereits neunundneunzig,[380] und noch stärker nahm die Zahl der jüdischen Anwälte zu. Dennoch ist die Öffnung des Oberhandelsgerichts für
den jüdischen Richter Goldschmidt eine ausgesprochene Besonderheit der
1870er Jahre, denn in Preußen blieben auch in diesem vergleichsweise „liberalen" Jahrzehnt sämtliche höheren Richterstellen „von Christen mono-
polisiert"[381] – auch deshalb, weil die Öffnung des Richteramtes für jüdische
Bewerber gerade erst einsetzte und deren Karrieren folglich erst später beginnen konnten. All dies gilt für Sachsen sogar noch verschärft.[382]

Zusammengefaßt: Zwei Quereinsteiger in den Richterberuf schafften beim
neu gegründeten Leipziger Oberhandelsgericht das, was „jüdischen" Juristen sonst wohl reichsweit und jedenfalls in Sachsen noch verwehrt blieb

---

[376] LOTHAR WEYHE, Levin Goldschmidt. Ein Gelehrtenleben in Deutschland, Berlin 1996.
[377] Zu Wieners Biographie vgl. HENNE, Rechtsharmonisierung; außerdem z. B. FRIEDRICH
BOLZE, in: Allgemeine Deutsche Biographie, Bd. 55, Leipzig 1910, S. 70–72 (teilweise eher
gegen als über Wiener geschrieben).
[378] MICHAEL STOLLEIS, Geschichte des öffentlichen Rechts, Bd. 2: 1800–1914, München
1992, S. 341. Zu Laband ausführlich WALTER PAULY, Paul Laband (1838–1918). Staatsrechtslehre als Wissenschaft, in: HEINRICHS/FRANZKI/SCHMALZ/STOLLEIS (Hg.),
Juristen, S. 301–319.
[379] MORSEY, Reichsverwaltung, S. 256, 258f.
[380] KRACH, Rechtsanwälte, S. 414f.
[381] Vgl. u. a. THOMAS ORMOND, Richterwürde und Regierungstreue, Frankfurt/M. 1994,
S. 489; BARBARA STRENGE, Juden im preußischen Justizdienst 1812–1918, München 1996,
S. 163.
[382] Vgl. LANG, Juristen, S. 62.

– eine Richterstelle an einem Obergericht zu erreichen. Beide waren – gemäß der politischen Ausrichtung des Gerichts – nationalliberal, beide gehörten zu den jüngsten Richtern des Kollegiums, beide hatten jenseits ihrer Ausbildung noch nicht richterlich gearbeitet und beide waren Spezialisten für neue oder jedenfalls umfassend „modernisierte" Rechtsgebiete.[383] Es ist kein Zufall, daß alle diese Merkmale auch auf den dritten „jüdischen" Juristen zutrafen, der wie erwähnt eine Berufung nach Leipzig ablehnte. Die vergleichsweise pro-emanzipatorische Grundstimmung im „liberalen Jahrzehnt", also den 1870er Jahren, hatte sich bis in die höchste Gerichtsbarkeit ausgewirkt. Das änderte sich aber grundlegend, schon weil das Reichsgericht letztlich zufällig, aber mit weitreichenden Folgen seine Arbeit 1879 zeitlich parallel zur konservativ-etatistischen Wende der Innenpolitik begann – und damit unter wesentlich veränderten Umständen.

II. Die Besetzungspraxis am Reichsgericht von 1879 bis 1918: Abwehrend gegen jüdische Juristen, freundlich gegenüber „Getauften"

Nach erheblichen internen Querelen, die aber nicht auf aktuellen oder ehemaligen Religionszugehörigkeiten beruhten, wurde dem Katholiken Pape explizit die Fortsetzung seiner Präsidentschaft am Reichs-Oberhandelsgericht verweigert und 1879 als Präsident des nunmehrigen Reichsgerichts der „Getaufte" Eduard von Simson berufen. Simson war zuvor unter anderem Präsident der Frankfurter Nationalversammlung 1848/49 und des Reichstages nach 1871 gewesen, symbolisierte also die Versöhnung des Paulskirchen-Liberalismus mit dem Bismarckreich. Inzwischen 69 Jahre alt, mußte er aber zur Übernahme des Amtes in Leipzig förmlich gedrängt werden, da er lieber in Berlin die Präsidentschaft des dortigen Oberlandesgerichts übernehmen wollte. Als Simson seine neue Position übernahm, repräsentierte er dann offenbar mehr als daß er das zu konstituierende Reichsgericht leitete.[384] Welche Chancen hatten „jüdische Juristen" auf eine Karriere am Leipziger Reichsgericht (im folgenden: RG) ?

1. Der weitgehende Ausschluß jüdischer Juristen vom Reichsgericht bis fast zum Ende des Kaiserreichs

Nur 1887 war es Jakob Friedrich Behrend, wiederum einem Handelsrechtler, gelungen, auch als nicht „Getaufter" zum Richter am RG ernannt zu werden.[385] Behrend hatte bereits zusammen mit Wiener und Goldschmidt eine

---

[383] Goldschmidt als Handelsrechtler, Wiener als Aktienrechtler. Zur „Modernisierung des Handelsrechts im 19. Jahrhundert" vgl. den gleichnamigen, von KARL OTTO SCHERNER hg. Sammelband, Heidelberg 1993.

[384] GERD PFEIFFER, Eduard von Simson (1810–1899). Präsident der deutschen Nationalversammlung von 1848/49, des Deutschen Reichstages nach 1871 und des Reichsgerichts, in: HEINRICHS/FRANZKI/SCHMALZ/STOLLEIS (Hg.), Juristen, S. 101–115; WERNER SCHUBERT, Die Aufhebung des Berliner Obertribunals und die Übertragung des Präsidiums des Reichsgerichts an Eduard von Simson, in: GERHARD KÖBLER (Hg.), Wege europäischer Rechtsgeschichte, Frankfurt/M. 1987, S. 419–441, hier S. 419ff., 435ff.; HENNE, Rechtsharmonisierung. Zu Simson jetzt auch BERND-RÜDIGER KERN (Hg.), Eduard v. Simson. „Chorführer der Deutschen" und erster Präsident des Reichsgerichts, Baden-Baden 2001.

[385] Anders, aber ohne Beleg THOMAS NIPPERDEY, Deutsche Geschichte 1866–1918, Bd. 1, München 1991², S. 401: „Das neue Reichsgericht hatte zwei [gemeint: „nicht-getaufte"] Juden als Mitglieder".

wichtige aktienrechtliche Publikation auf Veranlassung des einflußreichen „Vereins für Socialpolitik" erstellt und war seit 1887 Ordinarius für deutsches Recht in Greifswald gewesen.[386] Behrend, der methodisch an Goldschmidt anschloß,[387] gehörte von 1887 bis 1900 dann wie der erwähnte Wiener dem 1. Zivilsenat an. Die Zuständigkeitsregelung des RG nach Sachgebieten führte dazu, daß sich die jüdischen Juristen, da Handels- und Aktienrechtler, im gleichen Senat wiederfanden.

Auffällig ist zudem, daß wie schon Wiener auch Behrend Preuße war und somit von der dortigen Landesjustizverwaltung für das Leipziger RG vorgeschlagen worden war. Hingegen versuchten die im Hinblick auf jüdische Juristen liberaleren Regierungen in Hamburg und Baden[388] nicht, jüdische Juristen am RG unterzubringen; und das ebenfalls liberale Elsaß-Lothringen war mit seinem Vorschlag nicht erfolgreich.

Damit endet aber – soweit ersichtlich – bereits die Liste der nicht „Getauften" am RG bis 1917, obwohl in dieser Zeit insgesamt rund dreihundert Richter an das RG berufen wurden. Daher war nach Behrends Eintritt in den Ruhestand im Jahre 1900 bis wenige Monate vor Ende des Kaiserreichs kein einziger nicht „Getaufter" mehr am RG tätig.

Dies ist kein Zufall, sondern das Ergebnis der allgemeinen, dezidiert „antijüdischen Besetzungspraxis".[389] Nicht „getaufte" Richter erreichten im Kaiserreich fast ausnahmslos lediglich untere und mittlere Richterstellen, arbeiteten also als Amts- oder Landrichter. In die Staatsanwaltschaft wurde sogar kein einziger nicht „Getaufter" aufgenommen.[390] In Preußen wurden in immerhin 21 Jahren während des Kaiserreichs nur vier jüdische Richter zu Oberlandesgerichtsräten befördert, und keiner von ihnen erreichte eine Präsidenten- oder Direktorenstelle.[391] Und auch das RG blieb verschlossen: Versuche, einen jener zwei 1890 zuerst ernannten jüdischen Richter an Oberlandesgerichten in Preußen für das RG vorzuschlagen, scheiterten schon am Unwillen der preußischen Justizverwaltung.[392] Mangels jeglicher weiterer Beförderungsaussichten verließen daher jedenfalls die beiden als er-

---

[386] Vgl. ULRICH STUTZ, Nachruf, in: Zeitschrift der Savigny-Stiftung für Rechtsgeschichte, Germanistische Abteilung, Bd. 28 (1907), S. 628; SCHAAF, Anlage I.B.: Mitglieder des Reichsgerichts, in: ADOLF LOBE (Hg.), Fünfzig Jahre Reichsgericht, Berlin 1929, S. 338–389, hier S. 359 (Nr. 94). Gemäß Stutz wurde Behrend 1861 in Greifswald zum „Doktor beider Rechte", also auch des Kirchenrechts, promoviert, was jüdischen Juristen in dieser Zeit noch meist verweigert wurde.

[387] ERNST LANDSBERG, Geschichte der Deutschen Rechtswissenschaft, Abt. 3, Halbband 2: Noten, München 1910, S. 397.

[388] ERNEST HAMBURGER, Juden im öffentlichen Leben Deutschlands. Regierungsmitglieder, Beamte und Parlamentarier in der monarchischen Zeit 1848–1918, Tübingen 1968, S. 53.

[389] MÜLLER, Hüter, S. 131ff.

[390] HAMBURGER, Juden, S. 35.

[391] MÜLLER, Hüter, S. 132.

[392] Es handelte sich um Albert Mosse, zuvor mit Unterstützung von Rudolf v. Gneist langjähriger Berater der japanischen Regierung und ab 1890 OLG-Rat in Königsberg. 1897 wurde Mosse vom dortigen OLG-Präsidenten vergeblich für eine Richterstelle am RG vorgeschlagen. Dazu ausführlich WERNER E. MOSSE, Albert Mosse: A Jewish Judge in Imperial Germany, in: LBI Year Book XXVIII (1983), S. 169–184.
Der andere, offenbar kurz vor Mosse ernannte jüdische OLG-Rat war Julius Litten, der Bruder des Großvaters von Hans Litten, der später in Prozessen gegen die NSDAP auftrat und im KZ umkam. Zu Julius Litten vgl. ORMOND, Richterwürde, S. 491; KRACH, Rechtsanwälte, S. 15, Fn. 5.

ste zu Richtern am Oberlandesgericht ernannten jüdischen Richter nach einiger Zeit die Richterlaufbahn.[393] All dies war dennoch besser als die Lage in Sachsen: Dort gab es zwischen 1879 und 1907 nur einen einzigen jüdischen Richter,[394] woran auch eine parlamentarische Intervention der SPD nichts ändern konnte.[395] Sucht man nach Ursachen, ist zunächst zu berücksichtigen, daß Sachsen unter den größeren Staaten im Reich derjenige war, in dem bei weitem die wenigsten Juden lebten.[396] Zudem ist auffällig, daß die ebenfalls lutherisch geprägten Länder Hessen und Braunschweig eine gleichermaßen rigide Ausschlußpolitik gegenüber jüdischen Juristen betrieben. Außerdem hatte die Leipziger Studentenschaft inklusive der Jurastudenten 1880/81 bei der Unterzeichnung der Antisemitenpetition an den Reichstag eine führende Rolle gespielt,[397] so daß damit für die sächsische Justiz ein dauerhafter Antisemitismus vorprogrammiert war.

Im Hinblick auf das Reichsgericht ging die antijüdische Personalpolitik auf das zuständige Reichsjustizamt zurück. Diese 1877 verselbständigte Behörde stellte faktisch das Reichsjustizministerium dar und wurde bis 1879 – also vor den Zeiten der antijüdischen Besetzungspraxis am RG – von Heinrich Friedberg, einem „Getauften" und dezidierten Liberalen, geleitet. Danach jedoch und also im Einklang mit der konservativen Wende des frühen Kaiserreichs war die Leitung des Reichsjustizamtes langjährig von, soweit die politische Orientierung bekannt ist, hochkonservativen Juristen besetzt. Erst als von 1893 bis 1909 Arnold Nieberding an der Spitze des Reichsjustizministeriums stand, trat insoweit eine gewisse Lockerung ein.[398] Doch die antijüdische Personalpolitik[399] kulminierte gerade unter Nieberdings Leitung zur wohl spektakulärsten Ablehnung eines nicht „getauften" Juristen: Als Elsaß-Lothringen 1906 für „seine" Richterstelle am RG

---

[393] Litten 1903, Mosse 1907; vgl. ORMOND, Richterwürde, S. 496; W. E. MOSSE, A. Mosse: Judge, S. 181.

[394] „Es gibt [1907] in Sachsen überhaupt keinen jüdischen Richter. Es war nur einmal ein jüdischer Richter erster Instanz in Sachsen angestellt, nach seinem Tode ist keiner wieder ernannt worden. Jüdische Juristen sind genug in Sachsen vorhanden, aber sie wissen, daß sie keine Aufnahme in die Justizverwaltung finden und melden sich nicht mehr." BERNHARD BRESLAUER, Die Zurücksetzung der Juden im Justizdienst (Denkschrift im Auftrage des Verbandes der Deutschen Juden), Berlin 1907, S. 7. Frau Dr. Barbara Strenge, Berlin, dankt der Verf. für ihre Hilfe bei der Beschaffung dieser Schrift.

[395] PETER PULZER, Religion and Judicial Appointments in Germany, 1869–1918, in: LBI Year Book XXVIII (1983), S. 185–204. Der Hinweis bei HAMBURGER, es habe bis 1914 keine jüdischen Richter in Sachsen gegeben, ist daher ergänzungsbedürftig. Vgl. HAMBURGER, Juden, S. 51.

[396] Vgl. USIEL O. SCHMELZ, Die demographische Entwicklung der Juden in Deutschland von der Mitte des 19. Jahrhunderts bis 1933, in: Zeitschrift für Bevölkerungswissenschaft 8 (1982) 1, S. 31–72, hier S. 37.

[397] SIEGFRIED HOYER, Die Verbindungen jüdischer Studenten an der Universität Leipzig vor dem Ersten Weltkrieg, in: GDS-Archiv für Hochschul- und Studentengeschichte 5 (2000), S. 51–76, hier S. 53; HANSJÖRG PÖTZSCH, Antisemitismus in der Region, Wiesbaden 2000, S. 257.

[398] Vgl. zum Reichsjustizamt HANS HATTENHAUER, Vom Reichsjustizamt zum Bundesministerium der Justiz, in: Vom Reichsjustizamt zum Bundesministerium der Justiz. Festschrift zum 100jährigen Gründungstag d. Reichsjustizamtes am 1. Jan. 1877, Köln 1977, hg. v. Bundesministerium der Justiz, S. 9–117, hier S. 9–42; HANS SCHULTE-NÖLKE, Das Reichsjustizamt und die Entstehung des Bürgerlichen Gesetzbuchs, Frankfurt/M. 1995, S. 27.

[399] Zu Schellings „judenfeindliche[r] Wende in der Personalpolitik" vgl. ORMOND, Richterwürde, S. 493ff.

den Oberlandesgerichtsrat Levi(y) vorschlug, reagierte das Reichsjustizamt in einem vertraulichen Bericht ablehnend, und zwar explizit deshalb, weil Levi ein Jude war.[400] Letzlich wurde Levi dann „nur" zum Senatspräsidenten im heimischen Colmar befördert.

In den letzten Monaten vor dem Ende des Kaiserreichs wurden dann jedoch gleich zwei Juden ohne die Konzession der Taufe an das RG berufen: Alfons David[401], ernannt zum 1.2.1918 und der Seerechtler Georg Schaps[402], ein Schüler des erwähnten Richters Levin Goldschmidt, ernannt zum 1.3.1918. Schaps starb jedoch schon wenige Monate später.

Die bisherigen Konstanten blieben dabei erhalten: Beide jüdischen Juristen besaßen mindestens auch die preußische Staatsangehörigkeit und wurden damit von der preußischen Landesjustizverwaltung protegiert, und wiederum war es (bei Schaps) die Spezialisierung auf das Seerecht als ein „modernes" Rechtsgebiet, die ihm als jüdischem Juristen den Weg nach Leipzig öffnete. Warum die jahrzehntelange anti-jüdische Besetzungspolitik noch im Kaiserreich offenbar schlagartig endete, ließ sich nicht ergründen; zu vermuten ist, daß personelle Änderungen in der preußischen Landesjustizverwaltung und im Reichsjustizamt die Öffnung des RG für jüdische Juristen bewirkten. Außerdem gab es offenbar 1917 eine pro-jüdische Intervention beim Reichskanzler Bethmann-Hollweg.[403] Doch wie verliefen die RG-Karrieren der „Getauften" bis 1918 ?

2. Die Karrieren „Getaufter" am Reichsgericht von 1879 bis 1918

Die „Getauften" wurden während des Kaiserreichs – was auf den ersten Blick verwundert – bei ihren Karrieren in der Justiz gegenüber anderen Christen statistisch erheblich bevorzugt, nicht etwa benachteiligt, wie 1907 eine Denkschrift des Verbandes der Deutschen Juden zur eigenen Überraschung und minutiös belegte. Insbesondere konnten „Getaufte" die Ernennung zum Oberlandesgerichtsrat, was eine gute Startposition für eine spätere Beförderung zum RG-Richter bedeutete, über zwei Mal häufiger erreichen als die übrigen Christen.[404] Auch beim Leipziger RG läßt sich während des Kaiserreichs keine quantitative Benachteiligung „Getaufter" feststellen. Beispielsweise waren gemäß der erwähnten Denkschrift im Jahre 1907 drei RG-Richter „Getaufte", was cum grano salis der in jener Denkschrift ermittelten Anzahl der „Getauften" unter den preußischen Richtern entsprach.[405]

---

400 Vgl. MÜLLER, Hüter, S. 133f.

401 Vgl. zu David FRIEDRICH KARL KAUL, Geschichte des Reichsgerichts, Bd. 4: 1933–1945, Glashütten/Ts. 1971, S. 303; SCHAAF, Mitglieder, S. 348 (Nr. 65); GÖPPINGER, Juristen, S. 84 f., 274f.

402 Vgl. zu Schaps LANDAU, Juristen, S. 143; SCHAAF, Mitglieder, S. 382 (Nr. 306); MAX MITTELSTEIN, Reichsgerichtsrat Dr. Schaps [gestorben], in: Hanseatische Rechts-Zeitschrift, 1 (1917/18), S. 663.

403 Dieser Hinweis in der antisemitischen Propagandaschrift von SIEVERT LORENZEN, Die Juden und die Justiz, 1943², S. 144f.

404 Vgl. BRESLAUER, Zurücksetzung, S. 4f.; PULZER, Judicial Appointments, S. 201. BRESLAUER gibt an, daß in Preußen über 20 % der „Getauften", aber nur rund 9 % der übrigen Christen OLG-Räte wurden. Unter „Getaufte" verstand Breslauer dabei jene Juristen, die erstens selbst und zweitens „kurz vor oder die nach Beginn der juristischen Laufbahn zum Christentum übergetreten sind". Breslauer kommt daher zu einer geringeren Zahl „jüdischer Juristen" als spätere antisemitische Publikationen.

405 Vgl. zur Anzahl der „getauften" RG-Richter im Jahr 1907 BRESLAUER, Zurücksetzung, S. 7.

Dazu paßt, daß der erwähnte Richter Heinrich Wiener 1879 bei der Erweiterung des Reichs-Oberhandelsgerichts zum RG in einen Zivilsenat des Reichsgerichts wechseln konnte und 1891 sogar noch die Präsidentschaft in einem Zivilsenat erreichte. Dies deckte sich mit den ansonsten angewandten Auswahlkriterien: Bekannte Nationalliberale, zu denen wie erwähnt Wiener und auch andere „Getaufte" gehörten, wurden durchweg Vorsitzende von Zivilsenaten, während die Strafsenate als politisch sensibler galten und Konservativen vorbehalten blieben. Für linksliberale Richter war das RG jedoch von vornherein verschlossen, und sozialdemokratische Juristen konnten bereits keine Beamtentätigkeiten beginnen, scheiterten also regelmäßig schon beim Referendariat.[406] Soweit „jüdische" Juristen zu diesem Teil des politischen Spektrums gehörten, konnten sie schon deshalb nicht an das RG gelangen.

Der erstarkende Rasseantisemitismus begann sich zwar auch auf die Personalpolitik der Justiz auszuwirken: In Preußen mußten Stellenbewerber seit 1892 nicht nur ihre Religion, sondern auch einen (eigenen!) früheren Religionswechsel angeben.[407] Mit Selbstverständlichkeit wurden aber in jenem erwähnten, gegen Levi gerichteten vertraulichen Bericht des Reichsjustizamtes aus dem Jahre 1906 unter „jüdischen Richtern" nur jene mit „jüdischem Glauben" verstanden,[408] und offenbar nur gegen diese richtete sich der Antisemitismus des Reichsjustizamtes. Auch ansonsten gab es seitens der Behörden bis zum Ende des Kaiserreichs nur die Unterscheidung nach der aktuellen Religionszugehörigkeit.[409]

Dazu passen die biographischen Angaben bei Richard Mansfeld: Dieser aus Braunschweig stammende Richter, dessen jüdische Großeltern väterlicherseits getauft worden waren, hatte zeitweise in Leipzig studiert und wurde 1907 Mitglied im 1. Zivilsenat; sein Biograph[410] liefert aber keine Hinweise auf antijüdische Vorbehalte bei Mansfelds Ernennung. Auch bei dem aus Preußen stammenden nationalliberalen RG-Richter Otto Loewenstein, der sich 1897 als Senatspräsident am RG seine „jüdische Abstammung" vorhalten lassen mußte, sind insoweit keine Vorbehalte des Reichs-Justizamtes bekannt.[411] Obwohl der Rasseantisemitismus seit den 1890er Jahren vor allem von Jurastudenten erst an die Universitäten und dann in andere Bereiche der Gesellschaft gebracht wurde, beeinträchtigte dies noch nicht wesentlich die Karrierechancen „Getaufter" am RG. Der Alltagsantisemitismus als Mentalität und soziale Praxis sollte in diesem Zusammenhang aber nicht vergessen werden.

---

[406] ORMOND, Richterwürde, S. 422f.

[407] Ebenda, S. 495.

[408] Zit. bei MÜLLER, Hüter, S. 133f.

[409] STRENGE, Justizdienst, S. 12.

[410] DIETER MIOSGE, Richard Mansfeld (1865–1943). Richter und Senatspräsident am Reichsgericht, in: HEINRICHS/FRANZKI/SCHMALZ/STOLLEIS (Hg.), Juristen, S. 507–516; HELMUT HEINRICHS, Die braunschweigische Juristenfamilie Mansfeld, in: RUDOLF WASSERMANN (Hg.), Justiz im Wandel der Zeit. Festschrift des Oberlandesgerichts Braunschweig, Braunschweig 1989, S. 328–348 und THOMAS HENNE, Verwaltungsrechtsschutz im Justizstaat. Das Beispiel des Herzogtums Braunschweig 1832–1896, Frankfurt/M. 1995, S. 299f.

III. „Jüdische Reichsgerichtsräte" in der Weimarer Republik (1918–1933)

Die ausgesprochen schlechte Forschungslage zur allgemeinen Geschichte des RG in der Weimarer Republik trifft zusammen mit einer vergleichsweise wenig erforschten Geschichte der deutschen Juden in der Weimarer Republik.[412] Erst recht findet sich deshalb zu den „jüdischen Juristen" am RG zwischen 1919 und 1933 nur wenig publizierte Literatur. Hubert Lang gibt aufgrund umfangreicher Archivstudien an, daß nach 1933 – neben dem erwähnten ersten RG-Präsidenten Simson – 27 RG-Richter „als jüdisch bzw. als Mischlinge diffamiert" wurden; benannt werden von Lang dann jene RG-Richter, die zwischen 1933 und 1945 starben.[413] Aufschluß bietet außerdem Kauls in der DDR entstandene Aufstellung über einen Teil der 1933 bis 1945 am RG tätigen Richter.[414] In der übrigen Literatur sind vor allem jene „jüdischen" RG-Richter behandelt, die ab 1933 von den Nazis aus dem Gericht gedrängt wurden. Weitere Angaben zur Weimarer Zeit finden sich im zeitgenössischen, antisemitischen „Semi-Kürschner"[415] und in einer 1943 publizierten antisemitischen NS-Propagandaschrift. Im Hinblick auf die Zahlen detailgenau und unter Berufung auf „amtliche Erhebungen der Justizverwaltungen" führt der Verfasser der letzteren Publikation in seiner halbamtlichen Zusammenstellung an, daß während der Weimarer Republik durchgängig rund zehn, in der NS-Diktion sog. „mosaische Juden" als RG-Richter arbeiteten.[416]

In einer Gesamtschau läßt sich aus diesen Angaben vor allem ableiten, daß – und dies sei als wichtiges Ergebnis besonders unterstrichen – „jüdische Juristen" anders als im Kaiserreich während der Weimarer Republik relativ durchgängig an das RG berufen wurden. Offen bleiben muß an dieser Stelle aber, ob dies vorrangig für „Getaufte" galt. Als zweites Ergebnis sei festgehalten, daß während der gesamten Weimarer Zeit durchschnittlich rund 10 % der knapp hundert RG-Richter „jüdische Juristen" waren.[417] Auch insoweit kann aber hier nicht zwischen „Getauften" und jüdischen Juristen differenziert werden, so daß Vergleiche mit der (bekannten) Zahl jüdischer Juristen und vor allem Richter in anderen Bereichen[418] nicht möglich sind.

Fest steht aber, wer während der Weimarer Republik die Personalpolitik in der Reichsjustiz geprägt hat: Es war der Staatssekretär Curt Joël, ein national-konservativer Jurist, der das, was man nunmehr seine jüdische Her-

[411] Loewenstein war 1874 bis 1879 nationalliberales Mitglied im preußischen Abgeordnetenhaus. Vgl. Deutsches Biographisches Archiv, 2. Auflage, Fiche 827, 28; MÜLLER, Hüter, S. 133.
[412] Vgl. THOMAS HENNE, Schwierigkeiten einer Geschichte des Reichsgerichts, in: „Betrifft JUSTIZ" Jg. 2001, Nr. 4, S. 73–75; MOSHE ZIMMERMANN, Die deutschen Juden 1914–1945, München 1997, S. 79.
[413] LANG, Juristen, S. 63f.
[414] Vgl. KAUL, Geschichte, S. 261ff.
[415] PHILIPP STAUFF (Hg.), Semi-Kürschner, Berlin 1913¹ und Bd. 1–4, Erfurt 1929–1931².
[416] LORENZEN, Juden, S. 165.
[417] KENNETH W. REYNOLDS, „Der Richter ist konservativ": The German Reichsgericht and the Reichstag Fire Trial of 1933, Diss., Montreal 1992, S. 35.
[418] Zu Beginn des Jahres 1933 stellte die jüdische Bevölkerung 7 % der Richterschaft. Vgl. KRACH, Rechtsanwälte, S. 37.

kunft nannte, „zeitlebens selbst als Makel empfand":[419] Joël war evangelisch, galt den Nazis jedoch als „Volljude".[420] Es ist auch bekannt, daß aufgrund Joëls „dominierendem Einfluß" auf die Besetzung des RG engagierte Republikaner kaum an das Leipziger Gericht kamen[421] – zum Beispiel gab es 1932 nur ein einziges SPD-Mitglied am RG.[422] Die Beiträge „jüdischer Juristen" zur linksbürgerlichen Kultur[423] erfolgten daher außerhalb des Reichsgerichts. Ob hingegen Joël die Reichsgerichtskarrieren politisch anders ausgerichteter „jüdischer Juristen" besonders förderte, war trotz mehrerer Arbeiten über ihn bislang nicht Gegenstand der Forschung.

Daß Joël antisemitische Interventionen bei der Berufung „jüdischer Juristen" an das RG verhindert hat, ist aufgrund eines Gegenbeispiels jedenfalls zu vermuten. An einer anderen Stelle am RG war nämlich bis 1933 kaum ein „jüdischer Jurist" erfolgreich. Gemeint ist die kleine und exklusive Gruppe der Anwälte am RG, zu der man nach dem „freien Ermessen" des Reichsgerichtspräsidiums zugelassen wurde. Doch stellte ein Beobachter bereits 1922 fest: „Über die Berufung entscheidet praktisch die Protektion der Landesjustizbürokratien"[424], und selbst die preußische, die wie erwähnt zusammen mit Joël mehrere „jüdische Juristen" nach Leipzig brachte, engagierte sich an dieser Stelle kaum. Ohne Joël, der für die Anwälte soweit ersichtlich nicht zuständig war, kamen nur drei Juristen, die nach 1933 von den Nazis als „jüdisch" eingestuft wurden,[425] als Anwalt an das RG nach Leipzig, - und dies, obwohl im Gerichtsbezirk des Berliner Kammergerichts rund die Hälfte der Anwälte jüdisch war.[426] Auch daß der „getaufte" Leipziger Anwalt Martin Drucker in der Weimarer Zeit langjährig Präsident der größten Anwaltsorganisation war,[427] konnte daran nichts ändern. Zu erwähnen ist allerdings, daß zu jenen drei Juristen ein Rechtsanwalt aus Leipzig gehörte. Hans Kirchberger, 1932 als Anwalt am RG zugelassen und nach der Rückkehr aus der Emigration langjährig Rechtsanwalt am Bundesgerichtshof,[428] war somit einer der ganz wenigen jüdischen Juristen aus Sachsen, die an das Leipziger RG kamen.

---

[419] INGO MÜLLER, Furchtbare Juristen, München 1987, S. 212. Vgl. außerdem PETER DIENERS, Curt Joël (1865–1945). Administrator der Reichsjustiz, in: HEINRICHS/FRANZKI/SCHMALZ/STOLLEIS (Hg.), Juristen, S. 485–494, hier S. 492.

[420] OTTO RIESE, Art. „Joël, Curt", in: Neue Deutsche Biographie, Bd. 10, Berlin 1974, S. 456; KLAUS-DETLEV GODAU-SCHÜTTKE, Rechtsverwalter des Reiches – Staatssekretär Dr. Curt Joël, Frankfurt/M. 1981, S. 13.

[421] WOLFGANG KOHL, Artikel „Joël, Curt", in: WOLFGANG BENZ/HERMANN GRAML (Hg.), Biographisches Lexikon zur Weimarer Republik, München 1988, S. 161–162.

[422] DIETER KOLBE, Reichsgerichtspräsident Dr. Erwin Bumke, Karlsruhe 1975, S. 185 mit Fn. 3.

[423] Vgl. THEO RASEHORN, Der Untergang der deutschen linksbürgerlichen Kultur, beschrieben nach den Lebensläufen jüdischer Juristen, Baden-Baden 1988.

[424] SIGBERT FEUCHTWANGER, Die freien Berufe. Im besonderen: Die Anwaltschaft, München 1922, S. 178f., zit. bei Krach, Rechtsanwälte, S. 59, Fn. 3.

[425] Gemäß HORST GÖPPINGER, Juristen jüdischer Abstammung im „Dritten Reich", München 1990², S. 87. Anders KRACH, Rechtsanwälte, S. 59: „Den Maßstäben des Reichsgerichts konnte – welch ein Zufall – kein jüdischer Anwalt genügen."

[426] KRACH, Rechtsanwälte , S. 36 m. N.

[427] Zu Drucker umfassend HUBERT LANG, Martin Drucker – Das Ideal eines Rechtsanwalts, Leipzig 1997 und MANFRED UNGER, Leipziger Anwalt in der ersten Hälfte des 20. Jahrhunderts und Präsident des deutschen Anwaltvereins: Martin Drucker, in: Sächsische Heimatblätter 42 (1996) 3, S. 173–184.

[428] Vgl. GÖPPINGER, Juristen, S. 87, 344.

Auch ein Blick auf die damaligen Karrieren „jüdischer Juristen" als Wissenschaftler zeigt, wie sehr Joël wohl im Zusammenspiel vor allem mit der preußischen Justizverwaltung bei der Anzahl „jüdischer Juristen" am RG eine im positiven Sinne Ausnahmesituation herbeiführte: Jüdische Rechtswissenschaftler mußten im Kaiserreich wie in der Weimarer Republik nach der Habilitation oft auffällig lange auf den nächsten Karriereschritt warten.[429]

Diese positive Ausnahme am Leipziger RG sollte aber nicht verdecken, daß das gleiche Gericht während der Weimarer Republik in Strafverfahren gegenüber Tätern aus dem rechten Spektrum einseitig „rechts-blind" war, dazu passend bei antisemitisch motivierten Taten mehrfach mit auffälliger Zurückhaltung urteilte[430] und ab 1929 einen Präsidenten besaß, der langjähriges DNVP-Mitglied gewesen war.[431] Die reaktionäre Sehnsucht nach dem wilhelminischen Deutschland war immer wieder handlungsleitend. Aber das ist ein anderes Thema, genauso wie der Alltagsantisemitismus, dem die erwähnten Richter teilweise schon deshalb ausgesetzt waren, weil ihre Namen als „typisch jüdisch" galten.[432]

Auffällig ist zudem, daß viele der „jüdischen Reichsgerichtsjuristen" in der Weimarer Zeit Preußen waren, so z. B. fast alle im Anhang I aufgeführten, zwischen 1920 und 1932 an das RG beförderten „jüdischen Juristen".[433] Auch die beiden Anfang 1918 noch im Kaiserreich ernannten „jüdischen" RG-Richter besaßen die preußische Staatsangehörigkeit. Zwar hatte Preußen ein Vorschlagsrecht für fast 2/3 der Reichsrichterstellen,[434] doch scheint es darüber hinausgehend für jüdische Juristen z. B. aus Sachsen nur wenig Chancen gegeben zu haben, in der Weimarer Zeit an das RG zu gelangen. Hier dürfte ein Zusammenhang damit bestehen, daß Preußen langjährig sozialdemokratische Regierungen besaß.

IV. Resümee

Die Besetzung der Richterstellen am obersten RG in Leipzig war durchgängig vom Reich aus gesteuert; sächsische Institutionen konnten kaum Einfluß nehmen. Schon deshalb nahmen die Karriere- und Einflußmöglichkeiten „jüdischer Juristen" am RG eine Sonderstellung innerhalb Sachsens ein.

---

[429] Vgl. LANDAU, Juristen, S. 160ff., außerdem z. B. NORBERT KAMPE, Jüdische Professoren im Deutschen Kaiserreich. Zu einer vergessenen Enquete Bernhard Breslauers, in: RAINER ERB/WALTER SCHMIDT (Hg.), Antisemitismus und jüdische Geschichte, Berlin 1987, S. 185–211.

[430] Zeitgenössische Zusammenstellungen von Gerichtsurteilen z. B. bei ERICH EYCK, Die Stellung der Rechtspflege zu Juden und Judentum, Berlin 1927 und LUDWIG FOERDER, Antisemitismus und Justiz, Berlin 1924.

[431] DIETER KOLBE, Reichsgerichtspräsident Dr. Erwin Bumke, Karlsruhe 1975, S. 60. Zum Umgang des Reichsgerichts mit antisemitischen Taten vgl. z. B. CLAUDIA SCHÖNINGH, „Kontrolliert die Justiz", München 2000, S. 279ff. (Abschnitt „Reichsgericht und Judentum"); THEODOR RASEHORN, Justizkritik in der Weimarer Republik, Frankfurt/M. 1985, S. 167ff.

[432] Dazu umfassend DIETZ BERING, Der Name als Stigma: Antisemitismus im deutschen Alltag 1812–1933, Stuttgart 1987. Demzufolge war z. B. der Familienname „Cohn" des erwähnten, 1932 ernannten Richters derjenige, der in der Weimarer Zeit am stärksten für antijüdische Verspottungen diente (S. 206ff.).

[433] Metz, Baumgarten, Hoeninger, Königsberger, Sontag, Citron, Koehne und Cohn.

[434] Jedes Land hatte (auch) in der Weimarer Republik ein Vorschlagsrecht für eine bestimmte Anzahl von Richterstellen am Reichsgericht. Preußen stand z. B. im Jahr 1923 dieses Recht für 63 Stellen zu gegenüber 40 für alle anderen Länder zusammen. Vgl. GODAU-SCHÜTTKE, Rechtsverwalter, S. 177.

In der Gründungsphase und während des „liberalen Jahrzehnts" in den 1870er Jahren gelang es dem aus der Reichspolitik stammenden Präsidenten des Gerichts, die Besetzungspolitik selbst in die Hand zu nehmen. Nach der berühmten zweiten, inneren Reichsgründung 1879 sorgte das Reichsjustizamt dafür, daß vorrangig „Getaufte" an das Leipziger Gericht kommen konnten. Das änderte sich kurz vor dem Ende des Kaiserreichs, und in der Weimarer Republik waren durchgängig rund zehn „jüdische Juristen" am Leipziger Gericht tätig. Diese Berufungspolitik während der Weimarer Zeit war durch einen „getauften" Staatssekretär im Reichsjustizministerium veranlaßt. „Jüdischen Juristen" stand der Weg an das oberste Gericht in Leipzig vor allem offen, wenn sie aus Preußen kamen. Als sich das national-konservativ dominierte RG 1933 den neuen Machthabern bereitwillig öffnete, endete die Geschichte aller bisherigen[435] „jüdischen Juristen" am RG mit ihrer Vertreibung bis spätestens 1935.

Anhang I

Die folgenden Richter galten für Zeitgenossen als „jüdische Juristen" am Reichsgericht:

(Zu berücksichtigen ist, daß die Kriterien, wer „jüdischer Jurist" war, in der herangezogenen Literatur unterschiedlich definiert wurden. Vorab angegeben sind Beginn und Ende der Arbeit als RG-Richter; die Namen sind zeitlich nach dem Beginn dieser Tätigkeit geordnet. Soweit mit den angeführten Namen keine Fußnoten verbunden sind, finden sich die entsprechenden Angaben im Haupttext.)

1879–1891:	Eduard von Simson (RG-Präsident)
1879–1896:	Heinrich Wiener
1884–1907:	Otto Loewenstein[436]
1887–1900:	Jakob Friedrich Behrend
1897–1914:	Karl Emil Goldmann[437]
1903–1923:	Wilhelm Behringer[438]
1904–1919:	Julius Jakob Eichelbaum[439]
1906–1917:	Moritz Kastan[440]
1906–1923:	Theodor Meyer[441]
1907–1917:	Bernhard Oppermann[442]
1907–1933:	Richard Mansfeld
1909–1919:	Ernst Neukamp[443]

---

[435] Zu Hans von Dohnanyi, RG-Richter 1938–1941, vgl. die Hinweise im Anhang II.

[436] Vgl. SCHAAF, Mitglieder, S. 342 (Nr. 19).

[437] Ebenda, S. 366 (Nr. 155); Jüdisches Biographisches Archiv (im folgenden: JBA), Fiche 277, 5; STAUFF (Hg.), Semi-Kürschner, 2. Aufl., Bd. 2, S. 739.

[438] Vgl. JBA, Fiche 125, 223; STAUFF (Hg.), Semi-Kürschner, Bd. 1, S. 438; SCHAAF, Mitglieder, S. 371 (Nr. 202).

[439] Vgl. JBA, Fiche 215, 303; STAUFF (Hg.), Semi-Kürschner, Bd. 2, S. 173, Bd. 3, S. 1015; SCHAAF, Mitglieder, S. 371 (Nr. 205).

[440] Vgl. STAUFF (Hg.), Semi-Kürschner, 2. Aufl., Bd. 3, S. 1015; SCHAAF, Mitglieder, S. 374 (Nr. 228).

[441] Vgl. LANG, Juristen, S. 67; STAUFF (Hg.), Semi-Kürschner, Bd. 3, S. 1015; SCHAAF, Mitglieder, S. 373 (Nr. 217).

[442] Vgl. STAUFF, Semi-Kürschner, 2. Aufl., Bd. 3, S. 1015; SCHAAF, Mitglieder, S. 374 (Nr. 233).

[443] Vgl. STAUFF (Hg.), Semi-Kürschner, 2. Aufl., Bd. 3, S. 1016; SCHAAF, Mitglieder, S. 375 (Nr. 244).

1909–1923:	Albert Simonson[444]
1910–1919:	Ernst Simon[445]
1911–1926:	Karl Lilienthal[446]
1912–1924:	Richard Michaelis[447]
1918 (März - Aug.):	Georg Schaps
1918–1933:	Alfons David
1919–? (vor 1933):	Hugo Salinger[448]
1920–?:	Richard Metz[449]
1921–1933:	Alexander Baumgarten[450]
1923–1935:	Viktor Hoeninger[451]
1924–?:	Maximilian Schwalb[452]
1927–1935:	Friedrich Paul Königsberger[453]
1927–1931:	Ernst Julius Sontag[454]
1928–1933:	Curt Citron[455]
1931:	Waldemar Koehne[456]
1932:	Daniel Cohn[457]
1938–1941	Hans von Dohnanyi[458]

---

[444] Gemäß JBA, Fiche 596, 22 aufgeführt bei STAUFF (Hg.), Semi-Kürschner, 1. Aufl.; SCHAAF, Mitglieder, S. 376 (Nr. 247).

[445] Vgl. STAUFF (Hg.), Semi-Kürschner, 2. Aufl., Bd. 3, S. 1016; SCHAAF, Mitglieder, S. 376 (Nr. 255).

[446] Vgl. LANG, Juristen, S. 67; SCHAAF, Mitglieder, S. 377 (Nr. 265).

[447] Vgl. Kürschners deutscher Gelehrten-Kalender 4 (1931), S. 376; SCHAAF, Mitglieder, S. 378 (Nr. 273); GÖPPINGER, Juristen, S. 102.

[448] Vgl. z. B. GÖPPINGER, Juristen, S. 257; SCHAAF, Mitglieder, S. 383 (Nr. 316).

[449] Gemäß der Personalakte (Stand: nach 1933) „katholisch, seit 2.12.1891 frei-israelitisch" (zit. nach KAUL, Geschichte, S. 309). Diese Angabe ist soweit ersichtlich auch für die Nazi-Zeit ungewöhnlich. Offenbar ist in den Personalakten des Reichsgerichts ab 1933 die Angabe der Konfession um den Zeitpunkt des Austritts aus der jüdischen Gemeinde ergänzt worden. Vgl. außerdem SCHAAF, Mitglieder, S. 383 (Nr. 327).

[450] Vgl. GÖPPINGER, Juristen, S. 85; SCHAAF, Mitglieder, S. 384 (Nr. 331); INGO HUECK, Der Staatsgerichtshof zum Schutze der Republik, Tübingen 1996, S. 98.
Baumgarten ist 1930 als Vorsitzender Richter im sogenannten Ulmer Reichswehrprozeß berühmt geworden, als Hitler als Zeuge auftrat und mehrfach Polemiken und Drohungen ohne Intervention des Gerichts äußern konnte. Vgl. hierzu PETER BUCHER, Der Reichswehrprozeß. Der Hochverrat der Ulmer Reichswehroffiziere 1929/30, Boppard 1967.

[451] Vgl. SCHAAF, Mitglieder, S. 385 (Nr. 344); GÖPPINGER, Juristen, S. 340f., 85; LANDAU, Juristen, S. 144.

[452] Vgl. LANG, Juristen, S. 67; SCHAAF, Mitglieder, S. 385 (Nr. 346).

[453] Vgl. SCHAAF, Mitglieder, S. 388 (Nr. 373); GÖPPINGER, Juristen, S. 85.

[454] Vgl. RASEHORN, Justizkritik, S. 289; SCHAAF, Mitglieder, S. 388 (Nr. 375); Biographisches Handbuch der deutschsprachigen Emigration, Bd. 1, München 1980, S. 712.

[455] Gemäß der Personalakte (Stand: nach 1933) „evangelisch, seit 1889 freimosaisch" (zit. nach KAUL, Geschichte, S. 302); vgl. auch SCHAAF, Mitglieder, S. 388 (Nr. 380); GÖPPINGER, Juristen, S. 369.

[456] Gemäß der Personalakte (Stand: nach 1933) „evangelisch, seit 1898 freimosaisch" (zit. nach KAUL, Geschichte, S. 277); zu ihm GÖPPINGER, Juristen, S. 85f.

[457] Gemäß der Personalakte (nach 1933) „mosaisch" (zit. nach KAUL, Geschichte, S. 303); vgl. GÖPPINGER, Juristen, S. 273; Biographisches Handbuch der deutschsprachigen Emigration nach 1933, Bd. 1, 1980, S. 565.

[458] Von Dohnanyi war bis 1938 Oberregierungsrat und Leiter des Ministerbüros des deutschnationalen Reichsjustizministers Gürtner. Aus Nazisicht war v. Dohnanyi ein „Vierteljude", so daß es NS-Parteikreisen 1938 gelang, die „Wegbeförderung" v. Dohnanyis an das RG durchzusetzen. Vgl. ausführlich PHILIPP MOHR, Hans von Dohnanyi (1902–45) – ein Jurist im Widerstand gegen Hitler, in: Neue Juristische Wochenschrift, 48 (1995) 19, S. 1259–1267.

Anhang II

Zur Begründung der in Fn. 2 eingeführten Terminologie „jüdische Juristen", jüdische Juristen und „Getaufte"

Zwar war gerade im hier untersuchten Zeitraum die aktuelle oder ehemalige Zugehörigkeit zur jüdischen Religion in der Selbst- und Fremdwahrnehmung der dadurch beschriebenen Gruppe vielfach unbedeutend. Dies beseitigt aber nicht die stilistische Notwendigkeit, eine griffige und kurze Bezeichnung zu verwenden. Deshalb von „Juristen jüdischer Herkunft" zu sprechen[459], ist m. E. nicht vorzugswürdig, weil damit die getauften Mitglieder dieser Gruppe nur dann erfaßt sind, wenn „Herkunft" als eine unveränderbare Kategorie verstanden wird, obwohl vor der Vorherrschaft des rassisch motivierten Antisemitismus die Taufe für die meisten Zeitgenossen das „Jüdischsein" vollständig beseitigte. Zudem erscheint es wenig adäquat, einem (nicht getauften) Juden eine bloß „jüdische Herkunft" zuzusprechen. Außerdem würde niemand, auch nicht in der heutigen säkularisierten Gesellschaft, von „Juristen christlicher Herkunft" sprechen, so daß jene Terminologie auch aus heutiger Perspektive eine abgesonderte und – mangels Analogon auf christlicher Seite – isolierte Gruppe konstituiert. Ähnlichen Bedenken begegnet der häufig verwandte Begriff „getaufte Juden". Kurzerhand von „jüdischen Juristen" zu sprechen, sollte zwar nicht deshalb auf Bedenken stoßen, weil diese Terminologie auch in der NS-Zeit verwendet wurde. Problematischer ist hingegen, daß im hier untersuchten Zeitraum die aktuelle oder ehemalige Zugehörigkeit zur jüdischen Religion in der Selbst- und Fremdwahrnehmung der dadurch beschriebenen Gruppe zeitweise eher unbedeutend war. Die Öffnung der Justizkarriere auch für nicht getaufte Juden nach 1869 bedeutete, daß selbst die aktuelle Religionszugehörigkeit erheblich an Bedeutung verloren hatte. Diese Überlegungen beseitigen aber nicht die stilistische Notwendigkeit, eine griffige und kurze Bezeichnung zu verwenden, und im Vergleich zu den Bedenken gegenüber dem Begriff „Juristen jüdischer Herkunft" ist die Problematik des Ausdrucks „jüdische Juristen" geringer.

---

[459] HEINRICHS/FRANZKI/SCHMALZ/STOLLEIS (Hg.), Juristen (Fn. 3), dort S. IXf. eine Begründung für diese Terminologie.

Nationalsozialismus (1933–1945)

Werner Bramke

Die Etablierung der NS-Herrschaft in Sachsen

Voraussetzungen und Verlauf

Für die frühe Entwicklung faschistischer Bewegungen ist ihr starker regionaler Bezug charakteristisch, auch wenn sie als internationale Erscheinungen gegen Ende des Ersten Weltkrieges und in der Zeit revolutionärer Erhebungen 1918/19 einen allgemeinen Entwicklungstrend anzeigen. Für die NSDAP und die Völkischen lieferten Bayern und Teile Nordwestdeutschlands einen günstigen Nährboden. Zumindest in Gesamtdarstellungen wird oft übersehen, daß auch in Mitteldeutschland diverse faschistische oder faschistoide Gruppen vor allem in der nachrevolutionären Zeit ziemlich aktiv waren. Ihr Einfluß ging danach deutlich zurück. Bei einer Untersuchung der nationalsozialistischen Machtergreifung auf regionaler Ebene sollte dieses Problem stärker, als es bisher üblich ist, berücksichtigt werden, was in diesem Beitrag wegen des Forschungsstandes und auch wegen der räumlichen Beschränkung nur teilweise geschehen kann.

Region, Regionalisierung, regionale Identifikation haben seit geraumer Zeit nicht nur als Begriffe in der Forschung Konjunktur, was nicht unwesentlich durch den Weg der „Vaterländer" nach Europa, der ebenso Hoffnungen wie Verängstigungen weckt, zu tun hat. An der Universität Leipzig wurde ein Sonderforschungsbereich, in dem regionalen Identifikationsprozessen nachgegangen wird, etabliert, der am sächsischen Beispiel ausgerichtet ist[460], was verdeutlicht, daß Sachsen für die regionale Forschung besonderes Gewicht erlangt hat[461].

Das herausragende Merkmal für Sachsen war für annähernd zweihundert Jahre seine Industrie; das Land wurde zum Prototyp für eine regionale Industriegesellschaft. Damit tauchen wir in zwei für unser Thema nicht unwichtige, zugleich heikle Fragen ein: nämlich ob erstens die kaum bezweifelbare Prägekraft der Industrie für die gesamte Wirtschaft (auch für die Landwirtschaft) und weitgehend für die sozialen Strukturen auch eine adäquate politische Kultur und zweitens gar einen spezifischen Menschentypus zeitigten, der bestimmte Entwicklungen begünstigte oder hemmte. Nicht zuletzt Politiker der Landes- oder kommunalen Ebene heben regional bedingte Qualitäten „ihrer" Menschen hervor, nicht erst seit jüngster Zeit. Schon in der Weimarer Republik, als die Distanz zwischen Sachsen und der „Zentrale" eher größer wurde, betonten Politiker oder Beamte sächsische Besonderheiten, auch eine herausragende Tüchtigkeit der Landeskinder, um besondere Forderungen zu erheben.[462] In der neueren

---

460 Der Sonderforschungsbereich „Regionenbezogene Identifikationsprozesse. Das Beispiel Sachsen" ist allerdings als Ganzes inzwischen negativ evaluiert worden. Eine Reihe von Einzelprojekten wird aber durch die DFG weitergefördert.

461 Vgl. JAMES RETALLACK (Hg.), Sachsen in Deutschland. Politik, Kultur und Gesellschaft 1830–1918, Bielefeld 2000, insbesondere die Einleitung des Herausgebers.

462 Vgl. WERNER BRAMKE, Sachsens Industrie(gesellschaft) vom Ersten Weltkrieg bis zum Ende der Weimarer Republik, in: WERNER BRAMKE/ULRICH HEß (Hg.), Wirtschaft und Gesellschaft in Sachsen im 20. Jahrhundert, Leipzig 1998, S. 27–51, hier S. 31f.

Politik spielte kaum ein Regierungschef eines anderen Landes diese Karte so gekonnt aus wie Kurt Biedenkopf, wobei er vor allem den Stolz der Sachsen auf ihr Land betont und diesen sowie sächsische Tüchtigkeit aus einer „tausendjährige(n) staatliche(n) Verfaßtheit der Region"[463] herleitete.

Viele der Zuschreibungen einer besonderen sächsischen Tüchtigkeit gehen z. T. ohne Kenntnis der Quelle auf einen unverdächtigen Zeugen von außen zurück. Der von seinem Preußenstolz im Alter etwas abrückende Theodor Fontane schrieb rund ein halbes Jahr vor seinem Tode: „Die Sachsen bewegen sich zwischen dem sentimentalen und dem energischen Typus hin und her. Doch ist der letzte häufiger, was ein Glück ist. Daß die Sachsen sind, was sie sind, verdanken sie nicht nur ihrer Gemütlichkeit, sondern ihrer Energie. Diese Energie hat einen Beisatz von krankhafter Nervosität, ist aber trotz allem als Kraftäußerung größer als bei irgendeinem anderen deutschen Stamme."[464]

Wir lassen hier vorerst offen, ob diese doch mehr behauptete besondere Tüchtigkeit in der konkreten politischen Situation an der Schwelle zur NS-Herrschaft in irgendeine Richtung gewirkt hat und wenden uns der ersten Frage zu.

Daß Wirtschaft und Sozialstruktur einschließlich der sozialen Beziehungen politische Struktur und politische Kultur beeinflussen, ist nicht nur für die Vertreter der Sozialgeschichte forschungsrelevant, wobei aber selbst diese die Schwierigkeit zugeben, auch nur leidlich exakt soziale Bedingungen und politische Optionen für Menschen in einen sicheren Zusammenhang zu bringen. Als gesichert für Sachsen kann jedoch gelten: Die frühe Industrialisierung und der hohe Industrialisierungsgrad hatten nicht nur wesentlichen Einfluß auf Herausbildung und Profil der Parteienlandschaft zwischen den 1860er Jahren und 1933, sie bestimmten auch maßgeblich die Lagermentalität in den Organisationen der Arbeiterbewegung und denen des Bürgertums, deren Polarisierung selbst in den Jahren der Weimarer Republik kaum abgemildert wurde.

Wie aber haben diese Besonderheiten den Prozeß der Machteroberung durch die Nationalsozialisten beeinflußt?

Ich hatte 1983 in einem Aufsatz konstatiert, daß die Errichtung der NS-Macht in Sachsen nur unwesentlich anders als sonst im Reich abgelaufen sei, aber gleichzeitig auf einige nicht zu vernachlässigende Besonderheiten bei Machthabern und zu Unterwerfenden/Unterworfenen verwiesen.[465] In einer neuen Studie über die Machtergreifung in Sachsen setzt Andreas Wagner die Akzente anders.[466] Gestützt auf Peter Diehl-Thiele, sieht er als die wesentliche Ebene der Machtergreifung nicht die des Reiches, sondern die der Länder und Gemeinden. Ich nehme es gleich vorweg, daß ich diese Hypothese weder durch seine eigene Untersuchung noch durch die bisherigen gar nicht so wenigen regionalen und besonders lokalen Studien zum

---

[463] Der Spiegel, 1996, Nr. 32, S. 38.

[464] THEODOR FONTANE, Autobiographische Schriften, Bd. II, Berlin/Weimar 1982, S. 89.

[465] Vgl. WERNER BRAMKE, Vom Freistaat zum Gau. Sachsen unter der faschistischen Diktatur, in: Zeitschrift für Geschichtswissenschaft 31 (1983), S. 1068–1078, hier S. 1078.

[466] Vgl. ANDREAS WAGNER, Machtergreifung in Sachsen. Der Aufstieg der NSDAP und die Etablierung der nationalsozialistischen Herrschaft im Spannungsfeld von Gauleiter und SA-Führer, Magisterarbeit, Leipzig 1999, S. 13.

Thema[467] untersetzt erkenne. Die sogenannte Machtergreifung, die nach dem 30. Januar 1933 folgte, hing in allen entscheidenden Fragen von den Weichenstellungen in Berlin ab, die dank der Konstellation seit dem 20. Juli 1932 sofort in Preußen durchgesetzt werden konnten, weil dort Göring als Innenminister über die Polizei verfügte, was bei den Größenordnungen paradigmatische Bedeutung für das Reich hatte. Außerdem tendierten die bürgerlichen Eliten in ihrer großen Mehrheit überall, auch in Sachsen, einschließlich der höheren und mittleren Beamten, zu einer „Reichsreform", die die Parlamente entmachtete und die Exekutive mit autoritären oder diktatorischen Befugnissen ausstatten sollte. Sonst hätte nicht schon in der ersten Phase der Machtergreifung bis Juli 1933 diese alle wesentlichen Ziele erreichen können, auf der Reichsebene und in den Ländern, im Gegensatz zum klassischen faschistischen Italien, wo die Periode der eigentlichen Machteroberung rund drei Jahre dauerte (1926–1929).

Nachfolgend wird zunächst ein Blick auf die politischen Voraussetzungen für die Errichtung der NS-Herrschaft in Sachsen bis 1933 geworfen. Im Mittelpunkt der Darstellung steht dann die erste Phase der Machtetablierung vom 30. Januar bis zum Juli 1933.

Schon vor dem 30. Januar 1933 waren die Nationalsozialisten auch in Sachsen zur stärksten Partei geworden. Sie erreichten bei den letzten freien Wahlen zum Reichstag am 6. November 1932 37 % der Stimmen (3 % mehr als im Reich!), die SPD erhielt 28 %, die KPD 20 %. „Von einem sozialdemokratischen ‚roten Sachsen' konnte nicht mehr die Rede sein."[468] Dem gegenüber zählte wenig, daß die Sozialdemokraten im Landtag seit 1930 mit immer noch 32 Abgeordneten die weitaus größte Fraktion stellten, und die NSDAP nur ganz knapp (14 Sitze) vor der KPD (13 Sitze) rangierte. Denn das seitdem vom parteilosen Walter Schieck gebildete Kabinett war schwach und auf wechselnde Mehrheiten (dabei vor allem auf die Unterstützung der SPD) angewiesen und Schieck selbst alles andere als ein energischer Verteidiger der parlamentarischen Demokratie.

Die auf das Land Sachsen bezogenen Wahlresultate verdecken allerdings die regionalen Unterschiede in der politischen Landschaft des Freistaates. Das Gebiet um Leipzig zählte zu den nicht so vielen Industrieregionen Deutschlands, in denen die SPD stärkste Partei blieb und beide Arbeiterparteien zusammen die NSDAP bis zum Ende der Weimarer Republik klar in die Minderheitenrolle verwiesen. Dagegen verfehlten die Nazis in Plauen – wie im Arbeiterzentrum Wuppertal – 1932 nur ganz knapp die absolute Mehrheit.[469] Dieser Gegensatz verdeutlicht die Erosion des ehemals starken sozialistischen Lagers, vor allem seit 1923, als nach der Reichsexekution gegen die Zeigner-Regierung ein schleichender, aber kontinuierlicher Trend nach rechts einsetzte.[470]

---

[467] Vgl. GERHARD SCHULZ, Die Gleichschaltung des öffentlichen Lebens, in: WOLFGANG TREUE/ JÜRGEN SCHMÄDEKE (Hg.), Deutschland 1933. Machtverfall der Demokratie und nationalsozialistische „Machtergreifung". Eine Vortragsreihe, Berlin 1984, S. 65–96.

[468] MIKE SCHMEITZNER, Die sozialdemokratische Landtagsfraktion im Freistaat Sachsen (1919–1933), in: MIKE SCHMEITZNER/MICHAEL RUDLOFF, Geschichte der Sozialdemokratie im Sächsischen Landtag. Darstellung und Dokumentation 1877–1997, Dresden 1997, S. 56–121, hier S. 104.

[469] Vgl. SCHULZ, Gleichschaltung, S. 71.

Die NSDAP war zunächst und für längere Zeit in Sachsen für sich keine bedeutende Größe. 1921 zuerst in Zwickau von Fritz Tittmann gegründet, war sie allerdings Teil eines recht umfangreichen Netzes völkisch-faschistischer Verbände, wie sie in und nach der Revolution von 1918/19 entstanden waren.[471] Mit der Neugründung der NSDAP Ende 1924 in Leipzig rückte der Plauener Fabrikant Martin Mutschmann in das Zentrum der „Bewegung" in Sachsen. Er setzte bedingungslos auf Hitler, als der Streit um die Richtung unter den „Völkischen" noch nicht ausgestanden war, was dieser seinem treuen Vasallen nie vergaß.[472]

Die Kontakte zwischen der NSDAP und maßgeblichen Vertretern der bürgerlichen Parteien waren nach unserem heutigen Wissen bis 1931, abgesehen von der Region zwischen Plauen und Zwickau, nicht bedeutsam, aber mit einzelnen Akzenten setzte sich die NSDAP in Szene. So konnte das Kabinett Wilhelm Büngers 1929 nur mit Hilfe der NSDAP installiert werden, und auch bei der Wahl Goerdelers 1930 zum Oberbürgermeister von Leipzig gaben Nazistimmen den Ausschlag.[473] Wichtig wurden ab 1931 nähere Kontakte des Verbandes Sächsischer Industrieller (VSI), der beträchtlichen Einfluss auf DVP und DNVP in Sachsen hatte, zur Münchner NSDAP-Zentrale und vor allem zum Leiter des Wirtschaftspolitischen Pressedienstes Otto Wagner.[474] Allerdings wurden die maßgeblichen VSI-Funktionäre um Wilhelm Wittke (Verbandsvorsitzender) von der zunehmenden Infiltration der Industrie- und Handelskammern durch Nationalsozialisten beunruhigt, was jedoch die Übereinstimmung in der Ablehnung des Parlamentarismus, des Sozialstaates und des Versailler Vertrages nicht trübte. Inwieweit es auch eine Übereinstimmung in Vorbehalten oder im Haß gegenüber den Juden zwischen den traditionellen politischen und Wirtschaftseliten einerseits und den Nationalsozialisten in Sachsen gab, ist nicht eindeutig zu beantworten. Sicher ist, daß der Antisemitismus seit dem Aufkommen des Rasseantisemitismus in den siebziger Jahren des 19. Jahrhunderts in Sachsen starke Stützpunkte hatte. Das äußerte sich sowohl in einer regen schriftlichen Agitation, bei der Theodor Fritsch mit seinem Hammer-Verlag seit Beginn des 20. Jahrhunderts eine besonders unrühmliche Rolle spielte, wie auch im organisatorischen Netz von rund 80 Vereinen schon in den neunziger Jahren des 19. Jahrhunderts, das es der antijüdischen Deutschen Reformpartei ermöglichte, 1893 mit sechs Abgeordneten in den Reichstag einzuziehen.[475] Als ideologische und organisatorische Basis für den späteren Aufstieg der NSDAP noch bedeutsamer war nach dem Ersten Weltkrieg das Entstehen von teils konkurrierenden teils kooperierenden Ver-

---

[470] Vgl. BENJAMIN LAPP, Revolution from the Rigth. Politics, Class, and the Rise of Nazism in Saxony 1919–1933, New Jersey 1997, S. 131–155.

[471] Vgl. ebenda, S. 188; WAGNER, Machtergreifung, S. 35ff. Den besten Überblick von der Entwicklung der NSDAP in Sachsen bis 1933 liefert CLEMENS VOLLNHALS, Der gespaltene Freistaat: Der Aufstieg der NSDAP in Sachsen, in: DERS. (Hg.), Sachsen in der NS-Zeit, Leipzig 2002, S. 9–40.

[472] Vgl. HERRMANN WEISS (Hg.), Biographisches Lexikon zum Dritten Reich, Frankfurt/M. 2002, S. 330f.

[473] Vgl. WERNER BRAMKE, Carl Goerdeler und Leipzig, Leipzig 1995, S. 30f.

[474] Vgl. JENS ADOLPH, Die Wirtschaftspolitik des Verbandes sächsischer Industrieller, in: BRAMKE/HEß (Hg.), Wirtschaft, S. 157–183, hier S. 171–177.

[475] Vgl. VOLLNHALS, Freistaat, S. 10f.

bänden überwiegend militaristischer Prägung mit antirevolutionärer, extrem antidemokratischer und – nicht zuletzt – rabiat antisemitischer Ausrichtung. Dazu gehörten so bekannte Organisationen wie der „Stahlhelm", der „Wehrwolf", die Bünde „Wiking", „Reichsflagge", die „Organisation Escherich", die „Organisation Consul" und der „Jungdeutsche Orden" mit vielen tausenden Mitgliedern.[476] Sozial dominierten in ihnen ehemalige Offiziere, nationalistisch orientierte Akademiker (besonders Lehrer, aber auch Universitätsprofessoren und Ärzte), Vertreter des Wirtschaftsbürgertums und des gewerblichen Mittelstandes. Nicht alle von ihnen waren Rasseantisemiten, aber die meisten von ihnen hatten mindestens Vorbehalte gegenüber Juden.[477]

Nach dem 30. Januar 1933 gehörte Sachsen für reichlich fünf Wochen zu den Ländern ohne NS-Beteiligung (wie auch Bayern, Baden, Oldenburg und Württemberg), allerdings mit nur geschäftsführender Regierung und ohne Parlamentsbindung. Zumindest gegenüber Preußen und anderen von der NSDAP mehr oder weniger stark beherrschten Ländern blieb die eigentliche Machtübernahme im Tempo zurück. Es ist bis heute schwer zu entscheiden, ob das vor allem am Abwarten und zum guten Teil Wohlverhalten der Regierung Schieck oder an der Furcht in den NS-Gliederungen vor den immer noch starken SPD, KPD und Gewerkschaften lag.

Eine grundlegende Veränderung trat mit der „Verordnung zum Schutz von Volk und Staat" durch den Reichspräsidenten v. Hindenburg am 28. Februar ein, wodurch der Kern der Grundrechte außer Kraft gesetzt wurde. In der „atemberaubend dichten Reihenfolge der Ereignisse"[478], d. h. vor allem der Verbotsmaßnahmen und Verhaftungen und gleichzeitiger Etablierung spezifisch nazistischer Institutionen, wurden die aktuellen und potentiellen Gegner des Nationalsozialismus für ihr Abwarten bestraft und in eine hoffnungslose Lage gebracht. Durch Verbote aller Spenden- und Sammelaktionen, von Versammlungen und jeder Publikationstätigkeit sowie durch zahlreiche Verhaftungen war die KPD schon spätestens am 3. März zur illegalen Partei geworden. An diesem Tag wurde auch die „Leipziger Volkszeitung", das wichtigste antifaschistische Sprachrohr Sachsens, verboten.[479] Dabei funktionierte der bürokratische Apparat der Regierung Schieck bis hinab zu den örtlichen Dienststellen weitgehend reibungslos. Die Einschränkung bezieht sich auf verdeckte Warnungen und Hilfeleistungen von Polizeibeamten und sogar von Beschwerden einzelner Behörden gegen das Vorgehen von SA und SS, den eigentlichen Trägern des Terrors.[480]

---

[476] Vgl. HORST STOSCHEK, Zur Entstehung der militaristisch-faschistischen Bewegung in Sachsen 1919 bis 1925 unter besonderer Berücksichtigung der NSDAP. Diplomarbeit, Dresden 1967, S. 75–197.

[477] Solche Vorbehalte wurden in einer neuen Untersuchung „in allen bürgerlichen Parteien und in allen sozialen Schichten (als) zumindest latent vorhanden" festgestellt. STEFFEN HELD, Von der Entrechtung zur Deportation: Die Juden in Sachsen, in: VOLLNHALS (Hg.), Sachsen, S. 200–223, hier S. 201.

[478] SCHULZ, Gleichschaltung, S. 73.

[479] Vgl. zu den Verbots- und Gleichschaltungsmaßnahmen nach dem 28. Februar BRAMKE, Freistaat, S. 1068–1071; ANDREAS WAGNER, Partei und Staat. Das Verhältnis von NSDAP und innerer Verwaltung im Freistaat Sachsen 1933-1945, in: VOLLNHALS (Hg.), Sachsen, S. 41–56, hier S. 44–48.

[480] Vgl. BRAMKE, Freistaat, S. 1069.

Weitgehend Initiator der in der ersten Märzwoche einsetzenden Gleichschaltung war Manfred v. Killinger als zunächst „Reichsbeauftragter", dann „Reichskommissar" im Auftrage der Regierung Hitler, der schon am 10. März die Regierung Schieck ohne Widerstand absetzte, auch in den Kreishauptmannschaften Kommissare einsetzte und die Gleichschaltung bis in die Amtshauptmannschaften vorantrieb.[481] Warum Killinger und nicht Mutschmann diese Rolle zugewiesen erhielt, ist nicht ganz sicher. Möglicherweise erschien Killinger als ehemaliger Offizier in der frühen Phase der „Machtergreifung" durch seine Verbindungen zu den alten Eliten besser geeignet als der schlichte Mutschmann, der sich nicht so sehr als erfolgreicher Unternehmer, sondern vor allem als glühender Nationalsozialist hervorgetan hatte. In Killinger jedoch einen Mann zu sehen, der weniger SA-Rabauke war und noch mehr auf gediegene Fachkräfte in der Verwaltung achtete, wäre verfehlt.[482] Er diente unter Hermann Ehrhardt als Offizier bei den Torpedobooten im Weltkrieg, folgte seinem Idol in die berüchtigte Brigade Ehrhardt und nach deren Auflösung in die Organisation Consul. In dieser war er am Mord an Walter Rathenau beteiligt. In den extrem militanten und chauvinistischen Wehrverbänden „Wehrwolf" und „Wiking" spielte er eine führende Rolle, bis er 1927 in die NSDAP eintrat. Noch vor seiner Installierung als „Reichskommissar" in Sachsen wurde er als Obergruppenführer Chef der SA Mitteldeutschlands. Und nicht zu vergessen: Er war ein eingefleischter und rabiater Antisemit, wie übrigens auch Mutschmann.[483]

Im März wurden die entscheidenden Schläge gegen den potentiell stärksten Gegner der Nationalsozialisten, gegen die sozialdemokratisch orientierten Arbeiterorganisationen, geführt. Zwischen dem 13. und 17. März ergingen die Verbote für das „Reichsbanner" und die „Eiserne Front" sowie für die Sozialistische Arbeiterpartei; SPD und Gewerkschaften konnten kaum noch legal arbeiten. Allerdings mußten am 25. März die besetzten Gewerkschaftshäuser wieder freigegeben werden, mit Posten der „Hipo" (Hilfspolizei) vor den Eingängen. In dieser Zeit des weitgehend ungezügelten Terrors von SA und SS, mit Unterstützung der Polizei, gehörte Sachsen zu den Ländern mit besonders früh errichteten „wilden" Konzentra-

---

[481] Die Weimarer Verfassung, die in der NS-Zeit formal nicht außer Kraft gesetzt wurde, gab der Reichsregierung die Möglichkeit, die Rechte des Reichs bei den Ländern wahrzunehmen und zusätzliche Aufgaben durchzuführen. Nach dem 28. Februar nutzten die von Hitler berufenen Reichskommissare ihr Amt zur Beschleunigung der Gleichschaltung, z. B. auch dadurch – wie v. Killinger – über die Einsetzung nachgeordneter Kommissare in den Kreishauptmannschaften (Regierungsbezirken).

[482] So die Annahme Wagners. Vgl. WAGNER, Machtergreifung, S. 112. Auch in Sachsen herrschte der sogenannte ungezügelte SA- und SS-Terror, der Wochen nach dem 28. Februar nicht weniger schlimm als anderswo war, und die Errichtung der ersten und besonders verrufenen KZ hatte mindestens die Billigung und Förderung des Ministerpräsidenten. Eine gewisse Zügelung des „wilden" Terrors im März erfolgte in fast allen Ländern, und zwar auf direkte Weisung der NS-Machthaber in Berlin, weil diese eine Gefährdung ihrer Macht fürchteten, wenn die SA ihrer Verfügungsgewalt entglitt.

[483] Vgl. Biographisches Lexikon, S. 263. Von seiner sozialen Herkunft, der Karriere in der Armee bis 1918 und als Freikorpsführer, aber auch der Amtsführung als Reichskommissar her ergibt sich eine auffällige Parallele zur Franz Xaver Ritter von Epp in Bayern – der hatte allerdings den direkten Schutz Hitlers, was sich aus dessen Münchner Zeit ergab, als Epp als Reichswehrgeneral ihn förderte.

tionslagern, zunächst in der Umgebung der Haftanstalten, dann in Colditz, Hohnstein und Sachsenburg.

Killinger sanktionierte diesen Terror, verbot dann aber – offensichtlich auf Drängen Fricks und Görings weitere „Eingriffe" (d. h. in die Belange der Polizei). Noch im März (am 25.) entstand – wie in anderen Ländern – ein „Landesabwehramt", ein Vorläufer der Gestapo. Mit der Gleichschaltung des Landtages am 4. April erfolgte dessen Zusammensetzung entsprechend den Reichstagswahlergebnissen, so daß die NSDAP die absolute Mehrheit erlangte, KPD und SAP kein „Vorschlagsrecht" erhielten. Das Landesparlament spielte aber bis zu seiner endgültigen Auflösung am 30. Januar 1934 keine nennenswerte Rolle mehr – mit einer Ausnahme, als am 23. Mai die SPD die Zustimmung zum Landesermächtigungsgesetz verweigerte und ihr Sprecher Otto Nebrig in einer mutigen Rede die Ablehnung begründete. Der Geschäftsführer der SPD-Fraktion erklärte zum Schluß seiner Rede: „Wir glauben nicht, daß die sächsische Regierung die Mitarbeit der vom Volke gewählten Vertrauensmänner entbehren kann. Die Regierung verfügt im Landtage über eine sichere Mehrheit. Wir halten deshalb ein Ermächtigungsgesetz für überflüssig und können ihm auch aus unserer grundsätzlichen Einstellung heraus nicht zustimmen."[484]

Das am 7. April in Kraft gesetzte Gesetz zur Wiederherstellung des Berufsbeamtentums richtete sich wie im übrigen Reich sowohl gegen politisch Mißliebige, SPD wie gegen Juden. In Sachsen fielen ihm 4,3 % der Beamten zum Opfer.

An dieser Stelle und mit Blick auf Leipzig kann an Goerdeler, dem prominentesten Kommunalbeamten Sachsens, der schon unter Brüning Reichspreiskommissar gewesen war und es 1934 wieder werden sollte und immer noch als Kandidat für ein Reichsministeramt figurierte, nicht vorbeigegangen werden.[485] Er hatte die Kanzlerschaft Hitlers begrüßt und auch die Maßnahmen der Machtergreifung weitgehend mitgetragen – sich jedoch am 7. und 8. März der Hissung der Hakenkreuz-Flagge auf dem Rathaus widersetzt. Letzteres aber vor allem, um zu zeigen, daß er nicht Eingriffe von den Nazimächtigen vor Ort in seine Kompetenzen als Oberbürgermeister duldete. Anders als sein OB-Kollege von Dresden Wilhelm Külz, den der gleiche Protest das Amt kostete[486], ging er aus diesem Streit vorerst unbeschädigt hervor. Sicher dürfte auch sein, daß ihn in diesem Flaggenstreit rechtsstaatliche Gesichtspunkte leiteten. Nach den Gesetzen der Weimarer Republik war das Hissen einer Parteifahne auf dem Rathaus verboten. Goerdeler mochte wie die meisten Nationalkonservativen diese Republik und die parlamentarische Demokratie überhaupt nicht sonderlich. Aber anders als die meisten seiner Gesinnungsgenossen hielt er an rechtsstaatlichen Prinzipien fest, auch wenn diese im Rahmen einer ungeliebten Republik gewachsen waren. Vor allem die permanente Verletzung der

---

[484] SCHMEITZNER, Landtagsfraktion, S. 108f.

[485] Zu Goerdeler in Leipzig vgl. besonders INES REICH, Carl Friedrich Goerdeler. Ein Oberbürgermeister gegen den NS-Staat, Köln/Weimar/Wien 1997, S. 107–207; BRAMKE, Goerdeler, S. 58–61.

[486] Vgl. WOLFGANG BENZ/HERMANN GRAML (Hg.), Biographisches Lexikon zur Weimarer Republik, München 1988, S. 197.

Rechtsstaatlichkeit durch die NS-Machthaber bewegte ihn später, 1936/37, zum Bruch mit diesen; seinem Beispiel folgte aber nur eine ganz kleine Minderheit der „gewachsenen Herrenschicht"[487].

Konflikte Goerdelers mit der NSDAP und anderen NS-Gliederungen in Permanenz waren vorprogrammiert. In Kommunisten sah er seine Gegner, in Sozialdemokraten, auch wenn es sich um Amtsträger handelte, nicht seine politischen Freunde oder auch nur wirkliche Kollegen. Trotzdem mußte es mit seinem Rechtsempfinden kollidieren, als er ab dem 17. März 1933 dem Regime nicht genehme Stadträte und andere Funktionsträger entlassen mußte. Den Akten ist direkter Widerstand gegen diese Entlassungen nicht zu entnehmen, der Schriftwechsel mit verschiedenen Dienststellen läßt allerdings eine gewisse Verzögerungstaktik erkennen.[488] Offenkundig sah Goerdeler kaum Möglichkeiten für direkten Widerstand und hoffte – wie viele andere Beamte auch – auf eine baldige Besserung der zunächst der „nationalen Revolution" geschuldeten „Auswüchse".

Besonders umstritten ist Goerdelers Bild und das anderer national-konservativer Oppositioneller von der Haltung gegenüber den bedrängten Juden. Seine Tochter Marianne Meyer-Krahmer bringt bewegende Zeugnisse des Dankes ehemaliger jüdischer Mitbürger gegenüber ihrem Vater wegen dessen damaligen solidarischen Verhaltens ihnen gegenüber zur Kenntnis.[489] Sicher ist aber auch, daß in Sachsen[490] und gerade auch in Leipzig die Verdrängung und Drangsalierung der Juden besonders früh einsetzten und in der Messestadt von Goerdeler verfügt oder mitverfügt wurden. Bekanntes Beispiel dafür ist die von ihm vorgenommene Beurlaubung von Generalmusikdirektor Gustav Brecher am 20. März 1933, die er so begründete, daß „sein [Brechers - W.B.] Auftreten in der Oper zu Störungen der Vorstellungen … Anlaß gegeben hätte".[491] Wahrscheinlich sah er auch in diesem Fall keine Chance, die Entlassung zu verhindern und wollte mit einer Beurlaubung möglichen tätlichen Angriffen zuvorkommen. Diese Erklärung wird auch von Ines Reich geteilt.[492] Gegenüber den Mitgliedern der nationalkonservativen Opposition wird aber der generelle Vorwurf erhoben, in ihrem späten Widerstand gegen Hitler nicht von der Verteidigung der Juden geleitet worden zu sein, weil sie überwiegend einem latenten, wenn auch nicht unbedingt rassisch motivierten Antisemitismus erlegen gewesen seien.[493] Für Goerdeler trifft

---

[487] Dieser Begriff etablierte sich unter den konservativen Eliten des Adels und Bürgertums nach der Revolution von 1918/19. Sie wollten sich damit von den neuen republikanischen Eliten distanzieren, hatten zumeist anfangs wenig Probleme, mit den Nazis zusammenzugehen. Sie mokierten sich zwar seit der „Machtergreifung" oft über pöbelhaftes Verhalten in SA und NSDAP, hielten aber bis zum Ende zu ihrem „Führer". Goerdelers Bruch mit seinen Klassen- und Gesinnungsgenossen ist deshalb um so bemerkenswerter.
[488] Vgl. BRAMKE, Goerdeler, S. 58f.
[489] Vgl. MARIANNE MEYER-KRAHMER, Carl Goerdeler – Mut zum Widerstand. Eine Tochter erinnert sich, Leipzig 1998, S. 114f.
[490] Einen instruktiven Überblick über die frühe Entrechtung der Juden in Sachsen gibt HELD, Entrechtung, in: VOLLNHALS (Hg.), Sachsen, S. 212.
[491] StadtAL, Kap. 72 Nr. 103, Bd. 1, Bl. 54.
[492] Vgl. REICH, Goerdeler, S. 128.
[493] Vgl. CHRISTOPH DIPPER, Der Widerstand und die Juden, in: JÜRGEN SCHMÄDEKE/PETER STEINBACH (Hg.), Der Widerstand gegen den Nationalsozialismus. Die deutsche Gesellschaft und der Widerstand gegen Hitler, München/Zürich 1986, S. 598–612, hier S. 612.

das nicht zu. Gerade die Reichspogromnacht 1938 war für ihn das Signal, zum Widerstand der Tat überzugehen.

Anfang Mai 1933 wurde Mutschmann zum Reichsstatthalter für Sachsen ernannt. Der Gauleiter der NSDAP hatte somit auch ein wichtiges staatliches Amt inne; Sachsen gehörte damit zu den wenigen Ländern, deren Grenzen mit denen des Parteigaues identisch waren.[494] Nach einer bald darauf folgenden Umbildung der Regierung Killinger gehörten dieser nur noch Nationalsozialisten an. Die Etablierung der faschistischen Macht wurde reichsweit mit dem Verbot der SPD am 22. Juni 1933 im wesentlichen abgeschlossen, was für Sachsen auch im Alltag größere Folgen hatte als in den meisten anderen Ländern Deutschlands. Denn nirgendwo anders hatte es ein so dichtes Netz politischer, sozialer und kultureller Organisationen der Arbeiterbewegung gegeben, die gerade das tägliche Leben prägten.

Im Sommer 1933 inszenierte der Deutschchristliche Pfarrer Friedrich Coch mit Unterstützung von Gauleiter und Ministerpräsident auch den Umsturz in der Evangelisch-lutherischen Landeskirche Sachsens.[495] Eine eindeutige Vorherrschaft der Deutsch-Christen war damit aber nicht gegeben. Den Repressivorganen gelang es aber, den zunächst nicht unerheblichen illegalen Widerstand aus den Reihen der ehemaligen Arbeiterorganisationen bis Mitte 1934 weitgehend zu zerschlagen. Spätestens mit der neuen Gemeindeordnung, die Anfang 1935 in Kraft trat und der NSDAP auch rechtlich die Führungsrolle in den Kommunen zuschrieb, waren institutionelle Widerstände außerhalb der Kirche kaum noch möglich. Die Ausschaltung v. Killingers aus der Macht nach der sogenannten Röhmaffäre am 30. Juni 1934 hinterließ im Leben Sachsens kaum Spuren. Anders dagegen die Erinnerung an vorher selbstbestimmtes Leben. Das bekamen auch die Machthaber zu spüren, z. B. mit schlechteren Wahlergebnissen als in anderen Ländern und auch im Widerstand. Vor allem im Krieg waren individueller und organisierter Widerstand stärker spürbar als in anderen Regionen. Zum Massenwiderstand kam es aber auch in Sachsen nicht.

---

[494] Zur Entwicklung ab dem Mai 1935 vgl. BRAMKE, Freistaat, S. 1070–1073; WAGNER, Partei, S. 48–53.
[495] Vgl. KURT MEIER, Der evangelische Kirchenkampf. Gesamtdarstellung in drei Bänden, Bd. I, Halle 1984, S. 478–488.

Siegfried Hoyer

Die Vertreibung jüdischer und demokratischer Hochschullehrer von der Universität Leipzig 1933 bis 1938

Die Literatur über eines der dunkelsten Kapitel in der deutschen Universitätsgeschichte des 20. Jahrhunderts ist umfangreich. Zur Durchsetzung der nationalsozialistischen Hochschulpolitik gegen politisch und „rassisch" unerwünschte Akademiker[496] und über den Terror, der diese begleitete, wurde im großen Zusammenhang viel geforscht, ebenso über das Exil der Vertriebenen[497]. Die Vorgänge an einigen deutschen Universitäten und Hochschulen sind besonders gut untersucht[498], für die Leipziger Universität existieren bisher allerdings nur Ansätze einer Aufarbeitung. Max Steinmetz (1965) und Helmut Arndt (1984)[499] kamen über eine Sammlung

---

[496] Die Zahl der entlassenen Assistenten läßt sich nicht erfassen, da es über sie im Universitätsarchiv keine Personalakten gibt. Ihre Vertreibung von der Leipziger Universität muß anhand von herausragenden Einzelbeispielen behandelt werden.

[497] Wichtig wegen der List of displaced German scholars HERBERT A. STRAUß (Hg.), Emigration. Deutsche Wissenschaftler nach 1933. Entlassungen und Vertreibungen. Aus Anlaß der Ausstellung „Der Kongreß denkt". Wissenschaftler in Berlin 14. Juni bis 1. November 1987, Berlin 1987; KLAUS FISCHER, Emigration von Wissenschaftlern nach 1933. Möglichkeiten und Grenzen einer Bilanzierung, in: Vierteljahreshefte für Zeitgeschichte 39 (1991) 4, S. 535–549; SYBILLE GERSTENGARBE, Die erste Entlassungswelle von Hochschullehrern deutscher Hochschulen aufgrund des Gesetzes zur Wiederherstellung des Berufsbeamtentums vom 7.4.1933, in: Berichte zur Wissenschaftsgeschichte 17 (1994) 1, S. 17–39; MITCHEL ASH, Emigration und Wissenschaftswandel als Folge der nationalsozialistischen Wissenschaftspolitik, in: DORIS KAUFMANN/REINHARD RÜRUP/WOLFGANG SCHIEDER (Hg.), Geschichte der Kaiser-Wilhelm-Gesellschaft im Nationalsozialismus. Bestandsaufnahme und Perspektiven der Forschung, Bd. 2. Göttingen 2000, S. 610–631; ULRICH SIEG, Strukturwandel der Wissenschaft im Nationalsozialismus, in: Berichte zur Wissenschaftsgeschichte 24 (2001) 4, S. 255–270.

[498] KONRAD H. JARAUSCH, Die Vertreibung jüdischer Studenten und Professoren von der Berliner Universität unter dem NS-Regime, in: Jahrbuch für Universitätsgeschichte 1 (1988), S. 112–132; HEINRICH BECKER/HANS-JOACHIM DAHMS/CORNELIA WEGELER, Die Universität Göttingen im Dritten Reich, München 1987, S. 489–501. HANS-PAUL HÖFNER, Die Universität Bonn im Dritten Reich. Das verdrängte Kapitel ihrer 250jährigen Geschichte, Bonn 1999, S. 28–66; PETER CHROUST, Gießener Universität und Faschismus. Studenten und Hochschullehrer 1918–1945, Bd. 1, Gießen 1994, S. 225–243. PETER FREIMARK, Juden an der Hamburger Universität, in: ECKARD KRAUSE (Hg.), Hochschulalltag im „Dritten Reich". Die Hamburger Universität 1933–1945, T. I, Berlin/Hamburg 1991, S. 133–147; Ebenda, T. III, S. 1471–1481; EIKE WOLGAST, Die Universität Heidelberg in der Zeit des Nationalsozialismus, in: Zeitschrift für die Geschichte des Oberrheins 135 (1987), S. 365–376, 405 (Tabelle); KLAUS-DIETER HOEPKE, Die Auswirkungen der nationalsozialistischen Rassenpolitik an der TH Friedriciana Karlsruhe 1933–1945, in: ebd. 137 (1989), S. 383–413.

[499] MAX STEINMETZ (Hg.), Bedeutende Gelehrte in Leipzig, Bd.1, Leipzig 1965, S. XXVI f. gibt 21 entlassene Professoren an. HELMUT ARNDT, Niedergang von Studium und Wissenschaft, in: LOTHAR RATHMANN (Hg.), Alma Mater Lipsiensis. Geschichte der Karl-Marx-Universität Leipzig, Leipzig 1984, S. 261–371, hier S. 262f. nennt 30 aus politischen und rassischen Gründen entlassene Professoren und Dozenten, erläutert dies aber mit 32 Namen. Tatsächlich gehören zwei der Genannten, der Jurist Konrad Engländer, der am 8. Januar 1933 starb, und der Landwirtschaftswissenschaftler Anton Arland, nicht zu den Vertriebenen. Arland lehnte es zwar ab, seinem entlassenen Lehrer Adolf Zade in Leipzig nachzufolgen und ließ sich nach Prag berufen, überstand aber die NS-Zeit an der landwirtschaftlichen Hochschule Tetschen (heute Decin/Tschechien). Vgl. RUTH ZWICKER, Anton Arland, in: Namhafte Hochschullehrer der Karl-Marx-Universität 6 (1984), S. 7–16, hier S. 9f.; HARTMUT TITZE (unter Mitarbeit von HANS-GEORG HERRLITZ), Wachstum und Differenzierung an deutschen Universitäten 1830–1945, Göttingen 1995, S. 401 nennt 43 von 379 Dozenten (= 11,4 Prozent). Allerdings bleibt unklar, auf welche Vorarbeiten er sich bezieht.

von Namen wenig hinaus. Die Medizinhistoriker drangen anläßlich des 575jährigen Jubiläums ihrer Fakultät etwas tiefer in die Materie ein, versuchten, die entlassenen Assistenzärzte zu ermitteln, doch auch für diese Wissenschaftsdisziplin blieb eine Reihe von Fragen offen.[500]

Der vorliegende Beitrag kann und will diese Lücke nicht vollständig schließen. Dazu fehlen Vorarbeiten über universitätsgeschichtliche Probleme vor und um 1933, die nach einer fast vollständigen Abstinenz während der Jahrzehnte der DDR auch nach 1989 nur mühsam anlaufen. Er strebt eine Erfassung der Entlassungen und Vertreibungen in ihrer Vielschichtigkeit und mit den unterschiedlichen Folgen für die einzelnen Gruppen der Betroffenen an und zeigt das Ringen um die Durchsetzung der entsprechenden NS-Gesetze zwischen 1933 und 1935. Schließlich ist die Leipziger Spezifik im Vergleich zu den Vorgängen an anderen deutschen Universitäten zu bilanzieren.

Die Alma Mater Lipsiensis galt in der Weimarer Republik unter den deutschen Hochschulen als „ausgesprochen tolerant"[501], wies zwar weniger herausragende demokratische und jüdische Hochschullehrer auf als etwa Berlin, Breslau und Heidelberg, rangierte aber in dieser Hinsicht deutlich vor einer großen Anzahl anderer deutscher Universitäten. Wenn auch in Leipzig die Berufungsgremien nur selten ihr Interesse auf Gelehrte jüdischer Konfession richteten, war doch nach 1918 deren Zahl vor allem unter den Extraordinarien stark gestiegen.[502]

In den Jahren vor 1933, als die nationalsozialistische Gefahr im Lande immer stärker wurde und der Abbau der Weimarer Demokratie voranschritt, engagierten sich auch in Leipzig Professoren gegen die nazistische Rassenlehre[503], gegen Provokationen von NS-Studenten in Vorlesungen[504] oder, wie der Nationalökonom Gerhard Keßler, publizistisch in der Neuen Leipziger Zeitung gegen die NS-Politik und ihren Rassenwahn[505]. Die Reaktion des Senats auf die Störung von Keßlers Vorlesung durch meist fachfremde NS-Studenten zeigte allerdings, daß es neben dem „Taktieren und Abwiegeln"

---

[500] ACHIM THOM, Von 1933–1945, in: INGRID KÄSTNER/ACHIM THOM (Hg.), 575 Jahre Medizinische Fakultät der Universität Leipzig, Leipzig 1990, S. 162–202, hier S. 164f.; INGRID KÄSTNER, Die Auswirkungen der nationalsozialistischen Personalpolitik auf die medizinische Fakultät der Leipziger Universität, in: GÜNTER GRAU/PETER SCHNECK (Hg.), Akademische Karrieren im Dritten Reich. Beiträge zur Personal- und Berufungspolitik an der Medizinischen Fakultät. Berlin 1993, S. 39–50.

[501] NOTKER HAMMERSTEIN, Jüdische Professoren an deutschen Universitäten, in: RENATE HEUER/RALPH-RAINER WUTHENOW (Hg.), Konfrontation und Koexistenz. Zur Geschichte des deutschen Judentums, Frankfurt am Main 1996, S. 160–176, hier S. 168, 173.

[502] Der einzige jüdische Ordinarius vor 1933 war Leon Lichtenstein. Zu seiner Person REINHARD SIEGMUND-SCHULZE, Mathematiker auf der Flucht vor Hitler, Braunschweig 1998, S. 295. MAX PINL/LUX FÜRSTMÜLLER, Mathematicans under Hitler, in: LBI Yearbook XVIII (1973), S. 129–182, hier S. 170.

[503] WALTER GOETZ, Die Rassenforschung, in: Archiv für Kulturgeschichte 22 (1932), S. 1–20 und 379f. Zum Widerstand von Goetz gegen das Vordringen von NS-Studenten WOLF VOLKER WEIGAND, Walter Wilhelm Goetz. Eine biographische Studie über den Historiker, Politiker und Publizisten, Boppard a. Rh. 1992, S. 312f.

[504] Der Medizinhistoriker Henry E. Sigerist warf im Sommersemester 1932 „zwei dicke Nazis", die trotz Verbotes in SA-Uniformen zur Vorlesung erschienen waren, aus dem Hörsaal. Vgl. HENRY A. SIGERIST, Autobiographische Schriften. Ausgewählt von Nora Sigerist-Besson. Deutsche Übersetzung Alice Meyer, Stuttgart 1970, S. 83.

[505] Erschienen auch als Broschüre. GERHARD KEßLER, Kampf und Aufbau. Junge deutsche Republik, Leipzig 1933.

einer Mehrheit der deutschnational orientierten Professoren auch eine Minderheit von NS-Anhängern unter ihnen gab.[506]

Nur zwei von den 42 deutschen Akademikern, die am 30. April 1932 einen Aufruf zugunsten Hitlers unterzeichneten, kamen von der sächsischen Landesuniversität: der Psychologe Felix Krüger (der Nachfolger von Wilhelm Wundt) und der a. o. Professor für Musikwissenschaft Arthur Prüfer[507]. Eine Erklärung von 56 „deutschen Hochschullehrern" im Völkischen Beobachter vom 5. November 1932, daß „nur durch die Machtübernahme Adolf Hitlers und der nationalsozialistischen Bewegung [die Möglichkeit sich eröffne], der Verelendung des deutschen Volkes Einhalt zu gebieten", trug u. a. die Unterschriften der Leipziger Georg Gerullis (Prof. für Baltische Sprachen) und des außerordentlichen (a. o.) Professors für HNO-Krankheiten Artur Knick.[508]

In den ersten Wochen nach dem Regierungsantritt Hitlers vergrößerte sich die Gruppe von offenen Anhängern Hitlers unter den Leipziger Professoren erheblich. Von den insgesamt 312 Unterschriften eines Wahlaufrufes der „deutschen Geisteswelt" vom 3. März 1933, bei der zwei Tage später stattfindenden Reichstagswahl Liste 1 (NSDAP) zu wählen, stammten schon 16 aus dem Lehrkörper der Leipziger Universität: sieben Ordinarien, fünf a. o. Professoren und vier Privatdozenten.[509]

Die Mehrzahl der übrigen Hochschullehrer blieb bei einer politisch konservativen Grundhaltung zwar zurückhaltender, verband aber angesichts der gesellschaftlichen Krisensituation diverse Hoffnungen mit der Machtübernahme der Hitlerpartei. Antisemitische Vorbehalte, zumindest Gleichgültigkeit gegenüber dem drohenden Schicksal ihrer jüdischen Kollegen, das die nationalsozialistische Propaganda unmißverständlich angekündigt hatte, reichten bis in jene kleine Gruppe von Professoren und Dozenten, die politisch und mental mit der ersten Demokratie auf deutschem Boden verbunden waren. Das belegen u. a. die brieflichen Äußerungen des späteren Ordinarius für physikalische Chemie (1934) Karl-Friedrich Bonhöffer aus seiner Frankfurter Zeit.[510] Da inzwischen eine Reihe von Briefnachlässen Leipziger Professoren aus dieser Zeit zugänglich sind, bleibt es eine Forschungsaufgabe, in diesen Korrespondenzen die Resonanz des Machtantritts der NSDAP und deren erste Maßnahmen an den Hochschulen zu untersuchen.

Den Stoßtrupp bei den „politischen Säuberungen" der Leipziger Universität bildeten NS-Studenten, auch in dem unter der Leitung von Georg Gerullis am 30. März 1933 konstituierten „Nationalen Ausschuß für die

---

506 Die ausführlichste Darstellung des Vorfalls bei HELMUT HEIBER, Universität unterm Hakenkreuz. Bd.1, München 1991, S. 52–54. Im Senat solidarisierte sich der Psychologe Hans Volkelt (1886–1964) mit den Provokateuren. Vgl. HEIBER, Universität, Bd. 1, S. 53.

507 HEIBER, Universität, Bd. 2.1, München 1993, S. 14f. und 567.

508 Völkischer Beobachter, Nr. 310 vom 5.11.1932, S. 3.

509 HEIBER, Universität, Bd. 2.1, S. 18. Der von 101 Leipziger Professoren am 5. März 1933 unterzeichnete Aufruf, angeblich „zur Wahl Hitlers" (so ARNDT, Niedergang, S. 261) ist eine Adresse an den Reichspräsidenten von Hindenburg in der weder der Name Hitler noch die NSDAP vorkommt. UAL, Rep. III/Sec V Nr. 129b, Bd. 29a, Bl. 32f.

510 Vgl. HEIBER, Universität, Bd. 1, S. 233: Er [Bonhöffer] halte sich zwar „für einen ehrlichen Antisemiten", bringe „jedoch nicht die Konsequenz auf, auf Ausnahmen zugunsten anständiger deutscher Juden zu verzichten."

Erneuerung der Universität"[511]. Dieser fand Helfer unter den Professoren und Dozenten, die sich bisher noch nicht offen für die NSDAP engagiert hatten bzw. ihr beigetreten waren.[512] Und er übte noch vor dem Erlaß entsprechender Gesetze Druck auf Institutsdirektoren aus, Mitarbeiter, denen eine Mitgliedschaft in kommunistischen Organisationen unterstellt oder nachgewiesen wurde und die marxistische Gedanken in Arbeiten verwendeten, sofort zu entlassen.

Das erste Opfer dieser Kampagne wurde am 1. April 1933 der Privatdozent für Geschichte Osteuropas Georg Sacke. Er stand zwar politisch links, gehörte aber weder der KPD noch einer der von ihr gesteuerten Organisationen an. Die marxistische Geschichtswissenschaft in der UdSSR hatte er gründlich studiert, ließ sich von ihr aber lediglich für eigene Fragestellungen anregen.[513] Unter dem Druck des Ausschusses entließ ihn der keineswegs nazifreundlich gesinnte Leiter der Abteilung Osteuropäische Geschichte im Institut für Kultur- und Universalgeschichte, Friedrich Braun[514], aus seiner Stellung als wissenschaftlicher Hilfsarbeiter und veranlaßte ihn, die venia legendi aufzugeben.[515] Sacke nannte 1939 Denunziation von Studenten als Grund der Vorwürfe gegen ihn, weil er für eine politische Zusammenarbeit zwischen Deutschland und der Sowjetunion eintrat.[516]

Die Leipziger Universität übte mit dieser Entlassung eine Vorreiterrolle aus. Hochschullehrer, denen eine ähnliche politische Orientierung vorgeworfen wurde, wie dem Ordinarius für Soziologie an der TH Aachen, Alfred Meusel, oder dem a. o. Prof. in Jena Karl Korsch, mußten erst Wochen nach dem Erlaß des „Gesetzes zur Wiederherstellung des Berufsbeamtentums" vom 7. April 1933 ihre Stelle an der Universität aufgeben.

Die Durchführung des Gesetzes sollte ursprünglich bis zum 30. September 1933 abgeschlossen sein, zog sich aber bis zum späten Frühjahr 1934 hin. Während dieser Monate versuchten die meist studentischen Aktivisten im „Nationalen Ausschuß für die Erneuerung", private Rechnungen mit Profes-

---

[511] ARNDT, Niedergang, S. 262; THOM, 1933 bis 1945, S. 163f.; HEIBER, Universität, Bd. 2.2, 1993, S. 124.

[512] SHSTAD, MfVB Loc. 10044/31, Bl. 3ff. (betraf u. a. Prof. H. Junker und Dozent Herbert Schönebaum).

[513] DIETRICH GEYER, Georg Sacke, in: HANS-ULRICH WEHLER (Hg.), Deutsche Historiker. Bd. V, Göttingen 1972, S. 117–129; GABRIELE CAMPHAUSEN, Die wissenschaftliche historische Rußlandforschung im Dritten Reich 1933–1945, Frankfurt am Main 1990, S. 156 –163; GERD VOIGT, Rußland in der deutschen Geschichtsschreibung 1843–1954, Berlin 1994, S. 214–218; VOLKER HOELZER, Georg Sacke und sein Literaturbericht von 1934 über die Geschichtsschreibung über Rußland, in: Osteuropa in Tradition und Wandel. Leipziger Jahrbücher 3,1 (2001), S. 157–215.

[514] Über ihn LUTZ-DIETER BEHRENDT, Friedrich Braun und die osteuropäische Geschichte am Institut für Kultur- und Universalgeschichte, in: GERALD DIESENER (Hg.), Karl Lamprecht weiterdenken. Universal- und Kulturgeschichte heute, Leipzig 1993, S. 42–59; Volker Hoelzer, Friedrich Braun – ein russischer Historiker in Leipzig, in: Russen in Leipzig. Damals – Heute, hg. v. Europa-Haus Leipzig e. V., Leipzig 2003, S. 105–109. Braun unterstützte Sacke nach seiner Entlassung, vgl. VOIGT, Rußland, S. 218 und Anm. 80.

[515] UAL, PA 878, o. P. (Erklärung Sackes vom 5.4.1933 und Bestätigung durch das sächsische Ministerium für Volksbildung am 8.5.1933.).

[516] Ebenda, Brief an das Reichsministerium für Erziehung, Wissenschaft und Volksbildung vom 18.12.1939 betr. Umhabilitierung nach Breslau. Sacke hoffte angesichts des deutsch-sowjetischen Nichtangriffspaktes auf eine Anstellung in Breslau, wo 1940 auch seine Habilitationsschrift von 1932 erschien.

soren und Dozenten zu begleichen und diese dem für die Durchführung des Gesetzes verantwortlichen Ministerium in Dresden zu denunzieren.[517] Vor allem § 6 des Gesetzes vom 7. April, der eine Versetzung in den Ruhestand „wegen Vereinfachung der Verwaltung" vorsah, erwies sich als Hebel zur Entlassung jener Mitglieder des Lehrkörpers, denen weder eine Mitgliedschaft in kommunistischen Parteien bzw. Organisationen (§ 2), noch jüdische Vorfahren bzw. Konfessionszugehörigkeit (§ 3) oder politische Unzuverlässigkeit für den neuen Staat (§ 4) nachgewiesen werden konnte. Die meisten wurden „in den Ruhestand" entlassen. Damit verloren sie ihre Privilegien als Emeriti oder Beamte und erhielten etwa 50 Prozent ihrer bisherigen Bruttobezüge ohne Zulagen, was einen sozialen Abstieg bedeutete und sie besonders hart traf, wenn sie eine Familie zu versorgen hatten.[518] Wenige, wie der Ordinarius für Philosophie Hans Driesch[519] oder der bereits 1932 aus dem aktiven Dienst geschiedene Direktor des Institutes für Kultur- und Universalgeschichte Walter Goetz[520] erhielten oder erstritten sich die vollen Bezüge eines Emeritus, d. h. 100 Prozent ihres früheren Bruttogehaltes. Sie verloren zwar die venia legendi, unterschieden sich aber hinsichtlich ihrer wirtschaftlichen Lage nicht von Professoren, die ihre Laufbahn normal beendet hatten. Nur in Einzelfällen kämpften die Fakultäten um ihre Mitglieder. An den Professor für Nationalökonomie Bruno Moll[521], der bis 1933 weder einer Partei angehört noch sich politisch betätigt hatte, kam ein Kündigungsschreiben des Dresdner Ministeriums, das sich auf den § 6 des Gesetzes zur Wiederherstellung des Berufsbeamtentums bezog. Er war wegen einer Artikelserie in der Berliner Börsenzeitung mit polemischen Angriffen gegen das Finanzkonzept des NS-Theoretikers und Verfassers des Parteiprogramms Gottfried Feder ins Visier der neuen Machthaber geraten.[522] Dagegen machten Hans Freyer und Ludwig Weickmann namens der Philosophischen Fakultät geltend, daß Moll „in allen seinen Schriften Marxismus und Bolschewismus schärfstens bekämpft" und keinem Kandidaten zur Habilitation verholfen habe, „der Nichtarier oder Marxist" war, – vergeblich. Das Ministerium entschied, der Lehrstuhl könne wegen Sparmaßnahmen wegfallen, versetzte Moll am 18. Oktober 1934 in den Ruhestand – und bemühte sich kurze Zeit später um einen neuen Professor!

Mehr Glück hatte der wegen seiner pazifistischen Haltung und wegen einer vorsichtig geäußerten Sympathie für den Heidelberger Privatdozenten Emil Gumbel[523] vom „Nationalen Ausschuß" denunzierte Anglist Levin

[517] Dokumentiert in dem Bestand „Die Ausrichtung der Hochschule im Geiste des Nationalsozialismus". SHSTAD, MfVB, Loc. 10044/31.
[518] Den Übergang vom Gehalt eines ordentlichen Professors zur Ruhestandsbesoldung schildert VIKTOR KLEMPERER, „Ich will Zeugnis ablegen bis zum letzten". Tagebücher 1933-1941, Berlin 1995, S. 176, 195, 231. Er bedeutete nicht den „völlige[n] Verlust jeglicher Gehaltsbezüge", so WALTER DIETZE, Georg Wittkowski (1863–1939), Leipzig 1973, S. 50, Anm. 13.
[519] HANS DRIESCH, Lebenserinnerungen, München/Basel 1951, S. 272: „Ich will nicht leugnen, daß man mich anständig behandelt hat."
[520] WEIGAND, Goetz, S. 320ff.
[521] THEODOR GÜNTHER, Bruno Moll, Köln 1966.
[522] UAL, PA 756, o. P. (Ausschnitte aus der Berliner Börsenzeitung und das Schreiben der Fakultät).
[523] Zur Tätigkeit Gumbels in der Weimarer Republik CHRISTIAN JANZEN, Emil Ludwig Gumbel, Heidelberg 1991.

Ludwig Schücking[524]. Ihm stand in dem NS-Barden und Balladendichter Börries Freiherr von Münchhausen ein wahrer Freund zur Seite, der ihn mit seinen guten Beziehungen zur NS-Spitze „herauspaukte"[525].

Nachdem die NS-Machthaber sich etabliert und mit dem Gesetz zur Wiederherstellung des Berufsbeamtentums an den Hochschulen ein Instrument für ihre Personalpolitik gegen Demokraten und „Nichtarier" in der Hand hatten, war der Terror durch provokative Presseartikel wenigstens in diesem Bereich nicht mehr gefragt. Die Schlagzeile in der Leipziger Tageszeitung vom 4. August 1933, „Sabotage Leipziger Professoren, am mathematischen Institut lehrt heute noch ungestört ein polnischer oder galizischer Jude, Herr Professor Lichtenstein", löste scharfe Reaktionen des sonst beschwichtigenden Rektors Achelis und des Dresdner Ministers Hartnacke aus. Dieser beschwerte sich umgehend bei Ministerpräsident von Killinger und bei dem Landtagspräsidenten Dönitz über die Einmischung in seinen Dienstbereich. Der Gauobmann der NS-Studenten mußte den Rückzug antreten und versicherte, die Pressekampagne sei „ohne sein Wissen" angezettelt worden.[526]

Die Maßnahmen der Nationalsozialisten gegenüber mißliebigen Hochschullehrern 1933/34 erregten im Ausland großes Aufsehen und riefen scharfe Kritik hervor. Das Auswärtige Amt suchte deshalb nach Material für eine propagandistische Gegenoffensive. Der Reichsminister für Wissenschaft und Kunst bat am 13. Oktober 1934 die Unterrichtsverwaltungen der Länder, umgehend die bis zum 30. September des Jahres Entlassenen mitzuteilen. Die eingegangenen Listen wurden am 1. Dezember an das Auswärtige Amt weitergereicht. Bei ihrer Edition aus den Beständen der Außenstelle Merseburg des Preußischen Staatsarchivs 1994 wies Gerstengarbe an den Beispielen der Universitäten Heidelberg, Göttingen und Hamburg auf die Unvollständigkeit im Vergleich zu den tatsächlichen Entlassungen hin.[527] Auch der Teil über Leipzig weist Lücken auf. Das sächsische Ministerium hatte von der Landesuniversität 23 Namen gemeldet. Diese nahm damit in den vorliegenden Listen nach Hamburg (4) und vor Heidelberg (21) einen Spitzenplatz unter den nichtpreußischen Hochschulen Deutschlands ein, lag aber erheblich hinter Berlin (136), Frankfurt (69) und Breslau (43).

Als Entlassungsgründe der 23 Leipziger Hochschullehrer wurden in 14 Fällen § 3 (Nichtarier), bei sechs § 4 (politische Unzuverlässigkeit) und bei drei § 6 (Einsparung der Stelle) angegeben. Die Lücken bei der Angabe der Entlassenen entstanden einerseits durch die Begrenzung auf die Folgen des Gesetzes zur Wiederherstellung des Berufsbeamtentums und durch Auslassung bzw. Ungenauigkeiten. Es fehlten in der Liste Georg Sacke, dem ja

---

[524] WALTER MARTIN, Levin Ludwig Schücking (1878–1964), in: STEINMETZ (Hg.), Gelehrte, S. 191–196.

[525] BEATE E. SCHÜCKING (Hg.), Deine Augen über jedem Verse, den ich schrieb. Börries Freiherr von Münchhausen, Levin Ludwig Schücking. Briefwechsel 1897–1945, Oldenburg 2001, S. 298–301. Der ebenfalls vom „Nationalen Ausschuß" bedrohte Nationalökonom Kurt Wiedenfeld, 1918–1923 im auswärtigen Dienst der Weimarer Republik und 1921/22 Geschäftsträger in Moskau, holte sich Hilfe von seiner früheren Arbeitsstelle und wurde schließlich in Ruhe gelassen.

[526] SHSTAD, MfVB. Loc 10044/31, Bl. 35–141.

[527] Gerstengarbe, Entlassungswelle, S. 29, 33.

sieben Tage vor Erlaß des Gesetzes gekündigt worden war, Leon Lichtenstein, der unter dem Druck des drohenden Verlusts seiner Professur am 23. August 1933 in Zakopane verstarb[528] und der Zeitungswissenschaftler Erich Evert, der nach einem üblen Kesseltreiben gegen ihn ebenfalls starb, ehe die Entlassung wirksam wurde[529], ferner Hans Driesch und die Privatdozenten Felix Bloch[530], Friedhelm Fischer und Berd Haurwitz, der Ende 1932/Anfang 1933 zu seinem Studienaufenthalt am MIT in Cambridge (Mass., USA) weilte und nicht wieder nach Deutschland zurückkehrte[531] – also weitere sieben Hochschullehrer.

Eine Anzahl „nichtarischer" Professoren und Dozenten war Ende 1934 vor der Anwendung des Gesetzes zur Wiederherstellung des Berufsbeamtentums durch die zweite und dritte Ausführungsverordnung[532] geschützt. Diese nahm Frontkämpfer des Ersten Weltkrieges und ihre unmittelbaren Angehörigen von den Bestimmungen zunächst aus. Ende April 1935, noch ehe durch das Reichsbürgergesetz vom 15. September 1935[533] von „Reichsbürgern (und damit von Staatsbeamten) deutsches und artverwandtes Blut" gefordert wurde, wandte die sächsische Regierung die volle Härte der Bestimmung vom 7. April 1933 nun auch gegen diese Gruppe von Personen an. Betroffen wurden an der Universität der a. o. Professor Joachim Wach (Religionssoziologie), der Ordinarius für Assyrologie Benno Landsberger und die a. o. Professoren Friedrich Levi (Mathematik) und Fritz Weigert (Photochemie). Ausgedehnt wurde der Entzug der Lehrerlaubnis auf den Kinderarzt Prof. Siegfried Rosenbaum[534], im Ersten Weltkrieg Truppenarzt und Träger des Eisernen Kreuzes beider Klassen, der 1933 einen wissenschaftlichen Auftrag in Palästina angenommen hatte und noch nicht wieder nach Deutschland zurückgekehrt war, auf den Orthopäden Prof. Ernst Bettmann[535] und auf den ebenfalls nicht mehr in Deutschland weilenden Privatdozenten Arnold Weissenberger.

In der Sitzung der Philosophischen Fakultät vom 25. Mai 1935 kam es daraufhin zu Protesten vor allem der Professoren Heisenberg, Hund, Laendert van der Waerden und Schweitzer. Sie machten geltend, daß „Frontsoldaten ein Teil unserer Volksgemeinschaft" sind[536] und das Vorgehen der

---

[528] Leon Lichtenstein sah bereits vor dem 30. Januar 1933 deutlich die Gefahren für seine Tätigkeit in Leipzig durch die nationalsozialistische Bewegung. Von seinem Urlaubsort Zakopane bemühte er sich um eine Anstellung in den USA. Vgl. NORBERT WIENER, Mathematik – mein Leben, Frankfurt a. M. 1962, S. 141f.

[529] Zur Kampagne gegen Evert SHSTAD, MfVB Loc 10281/35. Evert starb am 22. Juni 1934 an Leukämie.

[530] Felix Bloch, der erste Doktorand von Werner Heisenberg (1929), emigrierte schon 1933 in die USA, arbeitete an der Stanford-University, wurde 1952 mit dem Nobelpreis für Physik ausgezeichnet und war seit 1979 Träger des Ordens Pour le Mérite.

[531] UAL, PA 546.

[532] Reichsgesetzblatt, T. 1, Jg. 1933, Berlin 1933, S. 233 und 245.

[533] Ebd., Jg. 1935, Berlin 1935, S. 1146.

[534] UTA HEBENSTREIT, Die Verfolgung jüdischer Ärzte in Leipzig in den Jahren der nationalsozialistischen Diktatur – Schicksale Vertriebener, Med. Diss., Leipzig 1997, Bl. 135–140.

[535] Ebenda, Bl. 76–78; EDUARD SEIDLER, Kinderärzte 1933–1945, Bonn 2000, S. 279f.

[536] Einer der Hintergründe für diese Haltung war das Engagement Prof. Levis als Zugführer im Zeitfreiwilligenregiment, das während des Kapp-Putsches im März 1920 vor dem Augusteum postiert war und während der Kämpfe um den Augustusplatz schwere Verluste erlitt.

Dresdner Regierung gegen erlassene Gesetze verstößt, konnten sich aber zu keinem offiziellen Protest durchringen.

Die bis Ende 1935 entlassenen deutschen Akademiker waren von der „Notgemeinschaft deutscher Wissenschaftler im Ausland" in der List of displaced German Scholars erfaßt worden[537]. Von der Leipziger Universität enthält diese Zusammenstellung zwar eine Anzahl Assistenten bzw. Assistenzärzte, über die im Universitätsarchiv keine Personalunterlagen vorhanden sind, aber auch Wissenschaftler, die nach Konflikten mit NS-Funktionären oder Behörden ihre Professur behielten, aus anderen Gründen aus dem Lehrkörper ausschieden oder diesem überhaupt nicht angehörten.[538]

Nicht alle Entlassungen von Hochschullehrern der Leipziger Universität lassen sich in die beiden „Wellen" 1933/34 und 1935 einordnen. Dem 1932 emeritierten Ägyptologen Georg Steindorff (geb. 1861) gestand das Ministerium zunächst die Verwaltung seiner frei gewordenen Professur bis 1934 zu.[539] Dekan und Prodekan der Philosophischen Fakultät, H. Freyer und L. Weickmann, informierten am 19. April 1933 den Minister, daß Steindorff „möglicherweise" unter das Gesetz zur Wiederherstellung des Berufsbeamtentums falle, für ihn aber § 3, Abschnitt 2 geltend gemacht werden könne, der Wissenschaftler ausnahm, die vor 1918 bereits im Beamtenverhältnis standen.[540] Zwar wurde dem emeritierten Ägyptologen im WS 1935/36 und im SS 1936 die Abhaltung von Vorlesungen verweigert, ein förmlicher Entzug der venia legendi erfolgte jedoch nicht. Zu seinem 75. Geburtstag (1936) erschien noch eine kurze Notiz im Leipziger Tageblatt; wegen der antisemitischen Politik des NS-Staates verließ Steindorff jedoch Leipzig, legte seine Mitgliedschaft in der Sächsischen Akademie der Wissenschaften nieder[541] und verstarb 1951 in den USA. Erst 1938 entzog das Dresdner Ministerium dem 10 Jahre zuvor emeritierten Professor für Volkswirtschaftslehre Eugen Würzburger (geb. 1858), der vor seiner Tätigkeit als Ordinarius 1902 bis 1923 Direktor des Statistischen Landesamtes in Sachsen gewesen war, die Lehrbefugnis und verbot ihm das Betreten des Institutes.[542] Er war von der NS-Bürokratie bisher offenbar vergessen worden!

Die Skrupellosigkeit der nationalsozialistischen Amtsträger, aber auch Unsicherheit und Unzulänglichkeit betroffener Wissenschaftler verdeutlicht die Geschichte des Kieferchirurgen Wolfgang Rosenthal.[543] Der musisch be-

---

[537] STRAUß, Emigration, S. VIff., 7–125 und Erg. Bd. 1937, S. 5–16.

[538] Von den Leipziger Wissenschaftlern u. a.: Den Gynäkologen Hugo Sellheim attackierten wie andere Medizinprofessoren fanatische NS-Studenten. Vgl. THOM, 1933 bis 1945, S. 166. Sellheim erreichte 1936 als Ordinarius die Altersgrenze und starb kurz danach. Der Chefarzt des Lahmannschen Sanatoriums in Dresden, Hans Oeller, legte 1933 seine außerordentliche Professur an der Universität Leipzig nieder, weil er in Bad Neuenahr (Rheinland) eine Klinik übernahm und seinen Lehrverpflichtungen in der nunmehr fernen Universität nicht mehr nachkommen konnte. Vgl. UAL, PA 1527. Der frühere Assistent am Institut für Kultur- und Universalgeschichte S. H. Steinberg gehörte 1933 nicht mehr zur Universität und besaß keine venia legendi, da er sich noch nicht habilitiert hatte.

[539] UAL, PA 978; Vgl. auch den Nachruf von HANS BONNET, in: Zeitschrift der deutschen morgenländischen Gesellschaft, 102 (1952), S. 21–27.

[540] Ebd.

[541] GERALD WIEMERS/EBERHARD FISCHER, Sächsische Akademie der Wissenschaften zu Leipzig. Mitglieder 1846–1996, Berlin 1996, S. 203.

[542] Deutsche Biographische Enzyklopädie, Bd. 10 (1999), S. 594; UAL, PA 757.

gabte Rosenthal gründete nach 1919 in Leipzig das Rosenthal-Quartett und war lange unsicher, ob er Arzt oder Künstler werden wollte. 1928 wurde er a. o. Professor an der Leipziger Universität, nahm danach ein zusätzliches Studium der Zahnmedizin auf und entwickelte sich zu einem international anerkannten Fachmann, der sich auf die Behandlung von Gaumenspalten spezialisierte. Da er sich um den freigewordenen Lehrstuhl für Zahn-, Mund- und Kiefernheilkunde in Leipzig bewerben wollte, trat Rosenthal 1933 in die NSDAP ein, kam zwar bei dieser Professur nicht zum Zug, hatte aber Chancen, 1936 nach Hamburg berufen zu werden. Bei der dafür geforderten Überprüfung seiner arischen Abstammung signalisierte das Reichssippenamt, er habe einen volljüdischen Großvater. Darauf erfolgte sein Austritt aus der NSDAP, der Entzug der Lehrbefugnis, der Leipziger Professur und ein Widerruf des Arbeitsvertrages in Hamburg, jedoch kein Entzug der Approbation als Arzt.

Rosenthal schlug ein Angebot aus den USA aus, kämpfte in den folgenden Jahren um seine Rehabilitierung als „Arier" und erreichte am 17. Mai 1943 den Gegenbescheid des Sippenamtes: er sei „deutschen oder artverwandten Blutes". Die Leipziger Universität dachte gar nicht daran, die ihm zu Unrecht entzogene Professur zurückzugeben. Der Kieferchirurg baute sich deshalb im Schloß Thallwitz bei Eilenburg eine Klinik auf, die er nach 1945 erweitern konnte. Beim „antifaschistischen Neubeginn" verhinderte zunächst seine dreijährige Mitgliedschaft in der NSDAP eine sofortige Berufung zum Professor. Deshalb unterschlug er diese peinliche Episode in einigen Fragebögen. Schließlich wurde er doch Ordinarius für sein Fach an der Charité und an der Humboldt-Universität in Berlin, geriet jedoch als guter Arzt und Fachmann dort mit dogmatischen Kollegen in Konflikt. Letztlich war auch Rosenthal, ungeachtet seiner Mitgliedschaft in der NSDAP, ein Opfer der NS-Gesetzgebung!

Zwischen 1933 und 1938 verloren 40 Wissenschaftler der Universität Leipzig ihre Stelle oder ihre Lehrbefugnis. Entlassen wurden mit „rassischer" Begründung die Professoren Ernst Bettmann, Alfred Doren, Carl Drucker, Wilhelm Friedmann, Max Goldschmidt, Lazar Gulkowitsch, Siegmund Hellmann, Hans Holldack, Erwin Jacobi, Benno Landsberger, Friedrich Levi, Leon Lichtenstein, Erich Marx, Siegfried Rosenbaum, Leo Rosenberg, Wolfgang Rosenthal, Felix Skrutsch, Georg Steindorff, Joachim Wach, Fritz Weigert, Georg Wittkowski, Eugen Würzburger[544], Adolf Zade sowie die Privatdozenten Felix Bloch, Martin David, Friedhelm Fischer, Ludwig Friedheim, Bernhard Haurwitz, Owsje Temkin und Arnold Weissenberger.

Aus politischen Gründen mußten die Professoren Willibalt Apelt, Hans Driesch, Eduard Erkes, Erich Evert, Walter Goetz, Gerhard Keßler, Bruno Moll und Johannes Richter (Honorarprofessor) sowie die Privatdozenten Hans Becker und Georg Sacke ausscheiden.

---

[543] Nach der quellenkritischen Untersuchung von BURCKHARD GEORG CHR. MÜLLER, Wolfgang Rosenthal (1882–1971). Leben und Werk unter besonderer Berücksichtigung der Jahre 1930–1940, Med. Diss., Gießen 1992 sind ältere Untersuchungen, insbesondere PETER M. AUGNER, Wolfgang Rosenthal, Leipzig 1991^2 überholt.

[544] Aus der Personalakte im Universitätsarchiv geht nicht hervor, ob Würzburger wegen politischer Tätigkeit in der Weimarer Republik oder als „Nichtarier" entlassen wurde.

Bei 343 Mitgliedern des Lehrkörpers im SS 1932[545], Privatdozenten und Honorarprofessoren einbezogen, waren dies 11,66 Prozent. Die Entlassungen verteilten sich auf drei der fünf Fakultäten der Universität. Bei den Theologen und bei den Veterinärmedizinern gab es keine Hochschullehrer, die davon betroffen waren.

Fakultät	Phil. [546]	Jur.	Theol.	Med. Vet.	Med.	Gesamt
Hochschull.	187	22	22	25	95	343
entlassen	28	4	-	-	8	40
in Prozent	14,97	18,18	-	-	8,79	11,66

Mit dieser Quote von 11,66 Prozent lag Leipzig hinsichtlich der Entlassungen im unteren Mittelfeld der Skala der deutschen Hochschulen, weit nach Berlin, Frankfurt und Heidelberg mit jeweils ca. 28 bis 29 Prozent Entlassungen und nach Göttingen mit 21 Prozent.[547] Da bei einer großen Anzahl deutscher Hochschulen eine quellengestützte Aufarbeitung der Vorgänge bisher fehlt, ist es nicht möglich, einen Reichsdurchschnitt der Verluste durch die NS-Gesetzgebung zu berechnen, wie dies Christian Ferber 1956 unternahm.[548]

Differenziert ist der Zusammenhang zwischen Entlassungen und dem Weg ins Exil. Drei der gemaßregelten Professoren starben bereits 1934. Von den 37 übrigen verblieben 13 in Deutschland. Tödlich wurde der Irrtum, die nazistischen Machthaber trachteten jüdischen Intellektuellen nur nach ihrer mehr oder weniger gut bezahlten Stelle, für die beiden „Nichtarier" unter diesen. Siegmund Hellmann, Professor für mittelalterliche Geschichte, starb im Ghetto Theresienstadt. Der Privatdozent für Haut- und Geschlechtskrankheiten Ludwig Friedheim kam nach der Deportation aus Leipzig, wo er zuletzt in einem Judenhaus wohnen mußte, an einem unbekannten Ort zu Tode.[549]

Die übrigen 24 Wissenschaftler zerstreuten sich über die ganze Welt. Viele erreichten einen Aufenthaltsort, an dem sie sich eine neue Existenz aufbauen konnten, erst über Zwischenstationen. Die Einzelschicksale würden einen separaten Beitrag erfordern. An der Spitze der Emigrationsländer standen die USA, in denen sieben Leipziger Zuflucht fanden, je zwei ließen sich in Holland, Schweden, Großbritannien und in der Türkei nieder und jeweils einer in Indien, Iran, Palästina, Estland, Frankreich und in der Schweiz.

Zu den durch die NS-Politik Vertriebenen sollten auch drei Leipziger Wissenschaftler gezählt werden, die zwischen 1932 und 1939 aus politi-

---

[545] Universität Leipzig, Personalverzeichnis. Sommersemester 1932. Erfaßt sind ordentliche, außerordentliche und Honorarprofessoren sowie Privatdozenten.

[546] Die Philosophische Fakultät umfaßte 1933 noch geisteswissenschaftliche, naturwissenschaftliche Institute und die Bereiche Landwirtschaft und Ökonomie.

[547] FISCHER, Emigration, S. 538f.

[548] CHRISTIAN VON FERBER, Die Entwicklung des Lehrkörpers der deutschen Universitäten und Hochschulen 1864–1954, Göttingen 1956, S. 145 berechnete 37 Prozent als Reichsdurchschnitt. Realistischer sieht SIEG, Strukturwandel, S. 257 mit 15 bis 20 Prozent die Abwanderungsquote.

[549] HEBENSTREIT, Verfolgung, S. 100f.

schen Gründen freiwillig ihr Lehramt an der Universität aufgaben und Deutschland verließen. Bereits 1932 tat das der Professor für Geschichte der Medizin Henry E. Sigerist. Nach einem Aufenthalt in den USA erhielt er das Angebot, sein Fachgebiet an der Johns-Hopkins-Universität in Baltimore zu vertreten, verzögerte aber zunächst und kehrte nach Deutschland zurück, da ihm Leipzig und seine wissenschaftliche Arbeit dort viel bedeuteten. Den Ausschlag gab eine Unterredung mit dem Ministerialrat im sächsischen Volksbildungsministerium Robert Ulich[550] im Frühsommer 1932, der ihn eigentlich zum Bleiben bewegen sollte. Dieser riet ihm statt dessen, „nehmen Sie den Ruf an ... retten Sie von der deutschen Wissenschaft, was noch zu retten ist ... Es wird noch viel schlimmer kommen, als Sie und ich es uns vorstellen können."[551]

1936 begründete der planmäßige a. o. Professor für nordische Philologie Konstantin Reichardt[552] seinen Entlassungsantrag an das sächsische Volksbildungsministerium mit „mangelnder Befriedigung bei der Berufsausübung und Gewissensschwierigkeiten". Er fügte hinzu, „aufgrund der hohen kulturpolitischen Bedeutung des Faches geriet er immer wieder in Schwierigkeiten, seine, von den offiziellen und offiziösen Meinungen und Richtlinien abweichende wissenschaftliche Überzeugung, zu vertreten". Reichardt ging zuerst nach Schweden, später in die USA.

Der dritte freiwillige Emigrant war Ernst Hugo Fischer. Er gehörte zum Kreis um den Schriftsteller Ernst Jünger[553], war durch eine schwere Kriegsverwundung 1917 gesundheitlich in Mitleidenschaft gezogen und, wie eine Charakteristik aus dem Beginn der NS-Zeit über ihn schreibt, „ein stiller Gelehrter, der bedürfnislos in seiner Gedankenwelt lebt". Die Fakultät setzte gegen den Widerstand seitens der NS-Studentenschaft 1938 eine a. o. Professur für ihn durch. Charakteristisch für deren Sicht war die Bemerkung des Studentenschaftsführers, „er [Fischer] ist völlig unpolitisch".[554] Die „Bewegung" benötige jedoch „Führergestalten", die mit hohem Pathos und leuchtenden Augen vorangingen! Im Sommersemester 1938 bat Fischer um Urlaub, um in Oslo ein Institut für Gesellschaftsforschung aufzubauen und erhielt ihn für zwei Semester. Als die Frist 1939 abgelaufen war, verzögerte er die Rückkehr nach Deutschland, schob zunächst Krankheit vor, emigrierte dann nach England und schrieb Beiträge in der Emigrantenpresse. Nach Lehrtätigkeit in Cambridge und einer Gastprofessur in Benares (Indien) kehrte er erst 1956 nach Deutschland zurück.[555]

---

[550] Robert Ulich war ab 1923 zunächst als Oberregierungsrat später als Ministerialrat im sächsischen Volksbildungsministerium für den Bereich Hochschulen zuständig und eine Schlüsselfigur für die liberale und innovative Berufungspolitik zwischen 1918 und 1933. Nach seiner Vertreibung durch die NS-Machthaber begann er eine zweite Karriere als namhafter Pädagoge in den USA. Vgl. ROBERT J. HAVIGHURST, Leaders in american Education, Chicago 1971, S. 413–441.

[551] SIGERIST, Autobiographische Schriften, S. 84. Leicht abweichend: SIGERIST, Erinnerungen an meine Leipziger Zeit, in: Wissenschaftliche Zeitschrift der KMU Leipzig, Mathematisch-naturwissenschaftliche Reihe, 5 (1955/56) 1/2, S. 17–21, hier S. 21.

[552] UAL, PA 863, Bl. 65f.

[553] ARMIN MOHLER, Die konservative Revolution in Deutschland 1918–1933. Ein Handbuch, Graz, Stuttgart 1999⁵, S. 457; Ebd., Ergänzungsband, S. 16.

[554] UAL, PA 455, Bl. 66. Die Charakteristik ist undatiert und nicht unterzeichnet.

[555] WERNER RÖDER/HERBERT A. STRAUß (Hg.), Biographisches Handbuch der deutschsprachigen Emigration nach 1933, Bd. 2, München 1982, S. 299.

Nach den Gesetzen zur Wiederherstellung des Berufsbeamtentums und dem gegen Überfüllung der Schulen und Hochschulen vom 25. April 1933, das Immatrikulationsquoten für „nichtarische" Studenten festlegte[556], blieb die akademische Qualifikation zunächst ohne Eingriff von staatlicher Seite. Der württembergische Kultusminister verband in Briefen vom 3. Juli 1933 an seine Amtskollegen in den deutschen Ländern Einschränkungen bei der Promotion von „Nichtariern" mit entsprechenden Regelungen für die Immatrikulation.[557] Das Ministerium in Dresden stimmte dem ausdrücklich zu, ersuchte aber in einem Schreiben vom 13. Oktober 1933 an den akademischen Senat der Universität um eine Übersicht der Promotionen im abgelaufenen Sommersemester.[558] Während die Theologische Fakultät eine Fehlmeldung abgab und die Veterinärmediziner 25 abgeschlossene Arbeiten nur von „Ariern" meldeten, ergab sich bei den anderen drei Fakultäten folgendes Bild:

	Phil. Fak.	Juristen	Mediziner
Promotionen	129	87	67
davon „Nichtarier"	5	9	6
In Prozent	3,87	10,34	8,95

Bereits bei dieser Information wurde deutlich, daß über die akademischen Gremien Druck auf die Professoren ausgeübt werden sollte, gegenüber jüdischen Doktoranden zurückhaltend zu sein.[559] Ein Rundschreiben des sächsischen Volksbildungsministeriums an die Fakultäten vom 6. November 1933 bekräftigte diesen Kurs offiziell. „Ihr Anteil [d. i. der jüdischen Promovenden] darf nicht größer sein als der festgesetzte Anteil der nichtarischen Studenten an den Fakultäten."[560] Bis 1935/36 gab es weitere Promotionen jüdischer Kandidaten an der Universität Leipzig. Wieviel es waren, an welchen Fakultäten sie erfolgten und ob einige Ordinarien besonders vielen Doktoranden zur Promotion verhalfen, ist eine Forschungsaufgabe. Ein Engagement für diese Doktoranden erforderte angesichts des staatsoffiziellen antisemitischen Klimas von den Gutachtern besonderen Mut und Standfestigkeit.

Schwierig war es schon 1932 für jüdische Doktoren, sich in Leipzig zu habilitieren. Unter dem „Druck der Straße" scheiterte noch vor dem Machtantritt der Nazis der Versuch des in Budapest geborenen Soziologen Ernst Manheim. Das deutschnationale Beamtenkabinett Schieck verzögerte die für die Eröffnung des Verfahrens erforderliche ministerielle Genehmigung, da NS-Studenten gegen die Habilitation eines Ausländers und Juden heftig protestierten.[561] Am 28. März 1933 zog Manheim seinen Antrag zurück, verlor we-

---

[556] Reichsgesetzblatt T. 1, Jg. 1933, S. 225. ALBRECHT GÖTZ VON OLENHUSEN, Die „nichtarischen" Studenten an den deutschen Hochschulen, in: Vierteljahreshefte für Zeitgeschichte, 14 (1966), S. 175–206.

[557] SHSTAD, MfVB Loc. 10044/2, Bl. 37 (Anschreiben an den Senat).

[558] Ebd., Bl. 49–57.

[559] Ebd., Bl. 49. Schreiben des Dekans der Juristischen Fakultät an das Ministerium vom 24. Oktober 1933: „Im übrigen habe ich die Kollegen ersucht, bei der Übernahme von Referaten für Nichtarier Zurückhaltung zu üben und sich im Zweifel vorher mit dem Dekan in Verbindung zu setzen."

[560] Ebd., Bl. 113.

[561] SHSTAD, MfVB, Loc. 10028/29, Bl. 104.

gen der NS-Gesetzgebung auch seine Assistentenstelle am soziologischen Institut und wanderte zunächst nach England und dann in die USA aus.[562]

In das Habilitationsverfahren des Leiters der radiologischen Abteilung der Leipziger Universitätsklinik Dr. Richard Schatzki griff das Ministerium direkt ein und forderte Anfang April 1933 dessen Einstellung, da der Kandidat kein „Arier" war[563], Schatzki ging danach ebenfalls in die USA.[564] Eine gesetzliche Grundlage für diesen Stopp gab es nicht. Die Reichshabilitationsordnung mit dem Verbot für eine Habilitation von „Nichtariern" an deutschen Universitäten datiert erst vom 13. Dezember 1934.[565] Auch im „Fall" Schatzki übten die sächsischen Behörden vorauseilenden Gehorsam.

Die Universität Leipzig war am Ende der Weimarer Republik der Studentenzahl und der Stärke ihres Lehrkörpers nach schon im Abstieg von der Spitzenposition, der dritten Stelle nach Berlin und München, die sie Ende des 19. und am Beginn des 20. Jahrhunderts innegehabt hatte.[566] Ihr hohes Ansehen, ihre nach wie vor bedeutende Anziehungskraft vor 1933 verdankte sie aber nicht nur dem Glanz früherer Zeiten, den internationalen Spitzenkräften unter ihren Professoren oder der Lage in einer großen, weltoffenen Handelsstadt, sondern auch einer innovativen Wissenschaftspolitik seit dem Ende des Kaiserreiches. Daß an der Universität Leipzig kein spezifisch liberales geistiges Klima wie in Heidelberg[567] herrschte, begrenzt die Zahl jener Leipziger Professoren und Privatdozenten, die Objekte der NS-Gesetzgebung wurden. Durch deren Folgen verlor die Universität Leipzig international anerkannte Wissenschaftler wie Leon Lichtenstein, Hans Driesch, Walter Goetz und kreative Kräfte aus dem Bereich der Extraordinarien und Privatdozenten, die während ihrer späteren Karriere zu hohem Ansehen gelangten: Felix Bloch (Nobelpreis), Friedrich Levi (Präsident der Mathematischen Gesellschaft Indiens). Die wenigsten der Entlassenen waren aktive Gegner des Nationalsozialismus. Solche traf schon 1933/34 auch physischer Terror. Gerhard Keßler wurde auf Weisung des sächsischen Gauleiters im Frühsommer 1933 inhaftiert, ehe er ins Ausland fliehen konnte. Georg Sacke war im Herbst 1934 das erste Mal im Konzentrationslager.[568] Abgesehen von dem kurzen Aufbegehren einiger Mitglieder der Philosophischen Fakultät im Sommer 1935 akzeptierte der überwiegende Teil der Leipziger Professoren, wie allenthalben an den deutschen Hochschulen, die Entrechtung ihrer Kollegen.[569]

[562] Die Leipziger Universität ehrte den Soziologen zu seinem 100. Geburtstag mit einer Ehrenpromotion. Leipziger Volkszeitung vom 27. Januar 2000; Universität Leipzig (2000) 2, S. 14f. Zu Ernst Manheim auch GERHARD SCHÄFER, Hans Freyer und die Soziologie in Leipzig, in: HANSGEORG MEYER (Hg.), Soziologentag Leipzig 1991, Leipzig 1992, S. 486.

[563] UAL, PA 1583. HEBENSTREIT, Verfolgung, S. 142–144.

[564] Eine knappe biographische Skizze von STEFAN C. SCHATZKI, Richard Schatzki. M. D. Biography, in: American Journal of Roentgenology, 150 (1988), S. 508f.

[565] BRUNO BLAU, Das Ausnahmerecht der Juden in Deutschland, Düsseldorf 1965, S. 27.

[566] TITZE, Wachstum, S. 64, 102f., 413. Der Zahl der Studierenden nach lag Leipzig 1930 noch an dritter Stelle unter allen deutschen Universitäten, aber nun im Wettstreit mit Bonn, das ihm diesen Platz bald streitig machte.

[567] WOLGAST, Universität Heidelberg, S. 360.

[568] MANFRED UNGER, Georg Sacke (1901–1945), in: STEINMETZ (Hg.), Gelehrte, Bd. 1, S. 239–242, hier S. 241; Volker Hoelzer, Georg Sackes erste Haft 1934/35 und ihre briefliche Reflexion, in: Osteuropa in Tradition und Wandel. Leipziger Jahrbücher 3,2 (2002), S. 151–170.

[569] SIEG, Strukturwandel, S. 256.

Die Behandlung der Entlassenen weist ein breites Spektrum auf, vom erzwungenen Übergang in den Stand eines sozial abgesicherten Emeritus bis zur systematischen Zerstörung jeder wirtschaftlichen Existenz durch die NS-Gesetze. Ein Beispiel dafür war der Radiophysiker Prof. Erich Anselm Marx. Nach dem Entzug der Lehrbefugnis 1933 gründete er außerhalb Leipzigs ein kleines Institut für Arbeiten auf seinem Fachgebiet, das für die Industrie tätig war, bis es 1940 die Nazis schlossen. Im folgenden Jahr entkam er mit einem der letzten Transporte über Spanien und Portugal dem Holocaust.[570] Von den Folgen der Entlassungen und Vertreibungen erholte sich die Leipziger Universität bis zum Ende der NS-Herrschaft nicht mehr.

---

[570] RÖDER/STRAUß (Hg.), Handbuch, S. 784. INGRID AHRENS, Erich Anselm Marx, in: Neue Deutsche Biographie, 16 (1980), Sp. 323f.

Auswirkungen antisemitischer Maßnahmen auf das kulturelle Umfeld der Juden

„Konzert und Theater […] Der gefeierte Sänger (Bariton) Hermann Schey, der zu den bedeutenden Künstler-Persönlichkeiten des In- und Auslandes gehört, ist uns Leipzigern von den Gewandhauskonzerten her noch in bester Erinnerung. Man bewundert an diesem Künstler immer wieder sein herrliches mezzo voce, sein Spinnen und Anschwellen des Tones, seine Gestaltungskraft und seine klare Aussprache. Seine Vortragsfolge hielt sich vorwiegend im romantischen Stil. Dieser Meister der Gesangskunst bewies all denen, die Mendelssohn gerne als abgetan betrachten möchten, daß seine Lieder, wenn sie richtig gesungen werden, noch immer ein Quell schönster musikalischer Genüsse sind. […] Von den fünf Liedern von Schubert war jedes eine Perle für sich, der so leicht und beschwingt gesungene „Musensohn" wie der dramatisch gestaltete „Doppelgänger" im besonderen. Ohne äußerliches Pathos, vertieft und poesievoll sang Hermann Schey die Lieder von Robert Schumann. Im zweiten Teil brachte er je zwei Lieder von Gustav Mahler und von dem Expressionisten Max Kowalski."[571]

Der Kritiker, der diese Rezension nach einem Leipziger Konzert im November 1936 verfaßte, lauschte nicht – wie man leicht vermuten könnte – in einem der renommierten Konzerthäuser Leipzigs den Gesängen Hermann Scheys. Nein, er berichtete aus dem außerhalb des Stadtzentrums gelegenen Battenberg-Theater. Zudem fand das Konzert als „geschlossene Vorstellung" statt und das war das eigentlich Besondere. Die Zuhörer, der Kritiker, die Künstler und das Abendpersonal des Theaters waren jüdische Bürger. Informationen über diese Veranstaltung wurden ausschließlich in der jüdischen Presse veröffentlicht und so erschien die Konzertrezension im Gemeindeblatt der Israelitischen Religionsgemeinde zu Leipzig. Zu den Organisatoren und Teilnehmern gehörten ausnahmslos jüdische Bürger und das war eine entscheidende Bedingung, unter der das Konzert nur stattfinden durfte.

Dieses Konzert gehörte zu einer Veranstaltungsreihe, die ebenso Schauspielaufführungen, Opernabende, Vorträge und Kleinkunstabende umfaßte. Die behördliche Voraussetzung war immer die gleiche: anwesend durften nur Juden sein. Künstlerische Darbietungen unter solchen Umständen hätte die jüdische Bevölkerung vor 1933 nicht für möglich gehalten. Allgemeine kulturelle Werte genossen sie in hiesigen Theatern, Opernhäusern, Konzertsälen, bei Kabarett- oder Varieteeabenden. Das änderte sich jedoch mit dem politischen Wechsel 1933 in zunehmendem Maße.

Das größte Interesse an solchen Veranstaltungen hatten jüdische Künstler und kulturinteressierte jüdische Bürger. Auf ihre Situation soll zunächst eingegangen werden. Danach folgen Ausführungen zu der bereits erwähnten Veranstaltungsreihe, dem Jüdischen Kulturbund.

---

[571] Gemeindeblatt der Israelitischen Religionsgemeinde zu Leipzig, 13.11.1936, S. 6.

Die Künstler

Jüdische Künstler waren 1936 durch die judenfeindliche Politik entrechtet und ausgegrenzt. Diese Situation bahnte sich bereits kurz nach Hitlers Regierungsübernahme an, was auch zahlreiche sächsische Künstler erfahren mußten.

So befand sich beispielsweise die in Leipzig tätige Schauspielerin Sidy Rayfeld schon im Februar 1933 in einer Notlage. Nach ihrer Ausbildung an der Schauspielschule des Alten Theaters wurde sie unter anderem Honorarschauspielerin am Alten Theater und übernahm verschiedene Rollen im Mitteldeutschen Rundfunk. Beide Einrichtungen kündigten ihr bereits im Februar 1933 die Zusammenarbeit auf.

Einen Monat später wurden zwei führende Musikerpersönlichkeiten Leipzigs vertrieben: der Generalmusikdirektor Gustav Brecher und der Gewandhauskapellmeister Bruno Walter. Beide hatten den Ruf der Musikstadt Leipzig in maßgebender Weise befördert, doch plötzlich waren sie als sogenannte „Nichtarier" unerwünscht.

Am 7. April 1933 wurde deutschlandweit eine gesetzliche Grundlage geschaffen, durch die Entlassungen geordneter und umfassender vorgenommen werden konnten. Das „Gesetz zur Wiederherstellung des Berufsbeamtentums" ermöglichte die Kündigung aller im öffentlichen Dienst oder auch in Positionen mit öffentlicher Wirksamkeit tätigen Künstler. Betroffen waren davon also Dirigenten, Mitglieder städtischer Ensembles, Solisten in Kultureinrichtungen oder Lehrer an Kunsthochschulen und anderen staatlichen Einrichtungen. Nur wenige Künstler konnten von Klauseln des Gesetzes profitieren und ihre Entlassung hinauszögern. Zu ihnen gehörte Leo Schwarz, der als Konzertmeister am Leipziger Gewandhaus tätig war. Da er im Ersten Weltkrieg für Deutschland gekämpft hatte, verlor er seine Stelle erst 1934.

Die einzige Aussicht, in Deutschland weiter künstlerisch tätig zu sein, bestand für die Betroffenen darin, sich als Freischaffende neue Auftrittsmöglichkeiten zu suchen. Doch aufgrund der Anzahl arbeitssuchender Interpreten waren ihre Chancen nur gering und selbst dieser Ausweg wurde durch die Einführung des sogenannten „Arierparagraphen" in der Reichskulturkammer unterbunden.

Mitglied in der Reichskulturkammer mußte jeder Kulturschaffende in Deutschland werden. Sogenannte „Nichtarier" wurden mit der Kammergründung im September 1933 zunächst aufgenommen, da kein „Arierparagraph" im Sinne des Beamtengesetzes existierte. Doch diese Situation änderte sich spätestens 1935 und so kam es auch hier zu Massenausschlüssen. Betroffen waren davon in Sachsen allein im musischen Bereich zahlreiche Künstler, unter ihnen Hella Chitrik (Pianistin), Frieda Gottlieb (Pianistin), Musja Gottlieb (Geiger), Barnet Licht (Chordirigent), Else Markise (Sängerin), Anni Pomeranz (Sängerin), Leo Schwarz (Konzertmeister), Alfred Simon (Klavier und Orgel), Herta Mautner-Falk (Sängerin), Margarete Anschel (Pianistin) und Hildegard Cohn (Organistin und Pianistin).[572]

---

[572] Vgl. BA Berlin-Lichterfelde, RKK 2011 JL 4 (RMK).

Der Ausschluß aus der Reichskulturkammer kam einem Berufsverbot gleich. Aus Akten im Leipziger Staatsarchiv ist ein Vorgang dokumentierbar, der in besonderer Weise auf die Praxis bei der Einhaltung dieses Verbotes verweist. Ein Denunziant spionierte dem jüdischen Geiger Morduch Henkin bei der Ausgestaltung einer öffentlichen Veranstaltung nach, worauf sich Henkin der Polizeiwache stellen mußte. Dort hatte er sich nicht nur wegen des Spielverbotes für „Nichtarier" zu verantworten, sondern auch wegen seiner „arischen" Schüler, denen er Instrumentalunterricht gab.[573]

In Sachsen waren von dem Auftrittsverbot eine Reihe von Künstlern betroffen, wobei die Mehrzahl in Leipzig ansässig war. In der Messestadt existierte die weitaus größte Israelitische Religionsgemeinde Sachsens und hier boten Einrichtungen wie Musikkonservatorium, Schauspielschule, Gewandhaus oder Oper vielfältige künstlerische Betätigungsfelder. Diese Möglichkeiten waren nun jedoch versperrt und es mußten Alternativen geschaffen werden.

Die Zuschauer

Bereits lange vor dem offiziellen Besuchsverbot öffentlicher Kultureinrichtungen im November 1938 waren die jüdischen Bürger in Sachsen vom allgemeinen Kulturleben ausgeschlossen. So berichtet ein Zeitzeuge 1935: „Ich bitte, nicht zu übersehen, daß es den Juden in Leipzig heute fast unmöglich gemacht ist, Bäder zu besuchen, daß das Aufsuchen von anderen Stätten der Erholung erheblich erschwert ist und aus Gründen des Taktes auch zum großen Teil unterbleiben möchte. Auch die Möglichkeit, an nichtjüdischen kulturellen Veranstaltungen teilzunehmen, ist nur sehr eingeschränkt gegeben."[574]

Entspannung und Erholung bei kulturellen Veranstaltungen waren für die Betroffenen jedoch gerade in dieser schwierigen Zeit wichtig. Konzerte, Theateraufführungen, musikalisch-literarische Abende oder Kabarettvorstellungen konnten für kurze Zeit von den zunehmenden Problemen ablenken. Für fast alle Familien bestanden enorme wirtschaftliche Sorgen, die durch Arbeitslosigkeit entstanden waren. Neben dem wirtschaftlichen Existenzkampf überschatteten Denunziationen, Beschimpfungen und tätliche Angriffe den Alltag. Ein Zeitzeuge aus Plauen berichtet von einem nächtlichen Überfall von SS-Offizieren, der bereits 1935 stattfand.

Durch zahlreiche Ereignisse wurde den Betroffenen immer wieder bewußt gemacht, daß sie in Deutschland unerwünscht waren. So erinnern sich Leipziger Zeitzeugen an die Kündigung von Instrumentallehrern aufgrund der „Nürnberger Gesetze", das Drängen von Geschäftsinhabern, bei ihnen nicht mehr einzukaufen, die schlechtere Behandlung von Lehrern in der Schule oder das Benutzungsverbot von Parkbänken. All diese Vorkommnisse erzeugten Angst, die Betroffene – so eine Zeitzeugin – tags und nachts verfolgte.[575]

Diesen Zuständen durch Auswanderung zu entkommen, war für viele nicht finanzierbar und mit zuviel Risiken verbunden. Die Suche nach einem neuen Betätigungsfeld in einer fremden Kultur und in einem fremden

---

573 Vgl. StAL, PP-V 4453, Bl. 2ff.
574 Ebd., PP-V 4506, Bl. 70 (Schreiben vom 22.8.1935).
575 Für die Mitteilung ihrer Erinnerungen sei Zeitzeugen aus Leipzig und Plauen gedankt.

Sprachraum ließ zunächst große Barrieren entstehen. Und nicht zuletzt bestand bei vielen doch noch die Hoffnung, daß die Feindseligkeiten ein baldiges Ende nehmen würden.

In diesem Kontext war der Alltag für die jüdischen Bürger in Sachsen oft unerträglich. Auf künstlerische Darbietungen wollten sie jedoch nicht verzichten, weil sie noch zu den wenigen willkommenen Ablenkungen gehörten.

Der Jüdische Kulturbund

Der Wunsch nach einer Veranstaltungsreihe, die jüdischen Künstlern und Zuschauern zugute kam, existierte in ganz Deutschland. Eine entscheidende Initiative ging dabei von Berlin aus, die später auch für Sachsen eine zentrale Bedeutung erlangte. In Berlin gründete sich unter der Federführung des Regisseurs Kurt Baumann und dem ehemaligen Intendanten der Städtischen Oper Berlin, Kurt Singer, im Juni 1933 der „Kulturbund Deutscher Juden". Die dafür notwendige Genehmigung wurde von Hans Hinkel, Staatskommissar im Preußischen Ministerium für Wissenschaft, Kunst und Volksbildung, erteilt, erfolgte jedoch unter restriktiven Auflagen.

Die Veranstaltungen des Kulturbundes wurden nur als „geschlossene Vorstellungen" erlaubt. Aufführende und Zuschauer durften nur Juden sein. Zur besseren Kontrolle mußte dafür eine straffe Mitgliederorganisation aufgebaut werden und Werbung für Veranstaltungen war nur in der jüdischen Presse gestattet. Die Programme der Veranstaltungen unterlagen daneben der Genehmigungspflicht durch Hinkels Büro. Damit konnten Streichungen von Textpassagen bis zu vollständigen Programmteilen vorgenommen werden. Bei den abendlichen Veranstaltungen kontrollierten zusätzlich Polizeibeamte den ordnungsgemäßen Ablauf und erstellten Überwachungsprotokolle.

Diese Bedingungen erschwerten nicht nur die Arbeit des Bundes, sondern verdeutlichen zudem das Ansinnen, die Kulturbundarbeit zu isolieren. Dabei genügte der Behörde nicht nur eine organisatorische Isolierung. Sie ermächtigte sich zugleich, auch von inhaltlicher Seite Eingriffe vornehmen zu dürfen.

Von staatlichem Interesse war der Aufbau eines Kulturbetriebes für die jüdische Bevölkerung aus mehreren Gründen. Hier konnten zahlreiche arbeitslos gewordene Schauspieler, Musiker und Tänzer neue Beschäftigung finden, ohne die staatlichen Sozialkassen zu belasten. Darüber hinaus wurde der Kulturbund außenpolitisch zum Vorzeigeobjekt. Ausländische Stimmen, die Deutschland eine extreme Judenfeindlichkeit vorwarfen, wurden mit dem Hinweis einer doch möglichen jüdischen Kunstausübung im Kulturbund besänftigt.

Die sächsischen Behörden erkannten im Gegensatz zu Hans Hinkel die genannten Möglichkeiten nicht. Sie lehnten darum Gründungsbemühungen, wie sie der Rechtsanwalt Alfred Jakoby in Leipzig unterbreitete, ab. Er teilte im Spätsommer 1933 der Leipziger Polizeibehörde das Anliegen mit, unter dem Namen Jüdische Kunstgemeinde Veranstaltungen zu organisieren. Sie sollten wie in Berlin dazu dienen, den Künstlern „eine Stütze für ihre Existenz" zu sein und dem Publikum „ungetrübten Genuss guter Kunst"[576] zu

---

[576] StAL, PP-V 4505, Bl. 6.

ermöglichen. Das Leipziger Polizeipräsidium vermutete jedoch, durch eine Genehmigung „Linksradikalismus" in „jüdischen Künstlerkreisen" und eine „Förderung jüdischer Solidarität"[577] zu unterstützen, und verweigerte ihre Zustimmung. Auf Grundlage der „Notverordnung zum Schutz von Volk und Staat" vom 28. Februar 1933 wies das Sächsische Ministerium des Innern diesen Gründungsversuch endgültig ab.

Einen Ausweg fanden die Kulturwilligen in Sachsen darin, innerhalb der Israelitischen Religionsgemeinden kulturelle Vereinigungen zu gründen. Als interne Gemeindeangelegenheit behandelt, mußte keine entsprechende Genehmigung von staatlicher Seite eingeholt werden. Dadurch nahmen in Leipzig, Dresden, Chemnitz, Plauen und Zwickau sogenannte Kulturausschüsse ihre Arbeit auf. Sie organisierten mindestens einmal monatlich Konzerte, Schauspielaufführungen, Vorträge oder Kleinkunstabende. Bei diesen Veranstaltungen traten nicht nur einheimische Künstler auf, Interpreten aus ganz Deutschland gaben Gastspiele. Neben diesen Kulturausschüssen existierten vor allem in Leipzig noch kleinere Veranstaltungsreihen, die ein weiteres Kulturangebot offerierten.[578]

Zur Einrichtung von Kulturbünden kam es in Sachsen spätestens mit der Gründung des Reichsverbandes der Jüdischen Kulturbünde 1935.[579] Dieser Dachverband entwickelte sich jedoch zu einer Zwangsorganisation, da ihm alle jüdischen Kulturschaffenden und Besucher beitreten mußten. Auch die in Sachsen existierenden Kulturausschüsse mußten sich dem Dachverband anschließen und unterlagen somit den organisatorischen Zwangsbedingungen.

Besonders verheerend wirkte sich nun ebenso in Sachsen die zunehmende inhaltliche Einmischung aus. Diese bereits bei der Berliner Kulturbundgründung festgelegte Eingriffsmöglichkeit wurde nach den Olympischen Spielen 1936 immer stärker ausgenutzt. Verboten wurden häufiger Werke von als „arisch" geltenden Autoren. In der Musik mußte der Kulturbund beispielsweise ab 1937 auf Beethoven, Brahms und Bach verzichten. Mozart fiel der Zensur mit dem „Anschluß" Österreichs an Deutschland im März 1938 zum Opfer. Diese Verbote sollten die jüdische Bevölkerung sogar in ein geistiges Ghetto drängen.

Die sächsischen Behörden waren in dieser Hinsicht besonders eifrig. Sie nahmen trotz Hinkels Genehmigung Streichungen in vorgelegten Programmen vor. Das geschah beispielsweise bei einer Programmnummer der Leipziger Kleinkunstbühne Der bunte Karren. Bei der Wiederholung eines Programms mußte die Nummer „Klub der Prominenten" gestrichen werden, da der anwesende Leipziger Kriminalkommissar eine „Verhöhnung des geltenden Führerprinzips"[580] zu erkennen glaubte. Um weiteren Ärger zu umgehen, nahmen die Künstler stattdessen ein religiöses Lied in das Programm auf.

---

577 Ebd., Bl. 12.
578 Vgl. FRANZISKA SPECHT, Zwischen Ghetto und Selbstbehauptung. Musikalisches Leben der Juden in Sachsen 1933–1941, Altenburg 2000, S. 83ff.
579 In Leipzig gründete sich bereits im Dezember 1934 der Kulturbund deutscher Juden Ortsgruppe Leipzig.
580 StAL, PP-V 4506, Bl. 134 (Mitteilung vom 27.1.1936).

In Leipzig zeigten sich zudem Auswirkungen einer deutschlandweiten Diskussion, bei der es um eine verstärkt zionistische Ausrichtung der Kulturbundvorstände ging. Ausgehend von der Gestapo und Hinkels Behörde wurde nach der Reichsverbandsgründung 1935 plötzlich Wert darauf gelegt, daß Vorstandsmitglieder der Kulturbünde gleichzeitig Mitglieder zionistischer Organisationen sind. Das erfolgte trotz der eindeutigen Zielsetzung des Kulturbundes, nicht politisch oder religiös ausgerichtet zu sein. Der Leipziger Vorsitzende Conrad Goldschmidt konnte eine solche Mitgliedschaft nicht nachweisen und mußte daraufhin sein Amt an Hans Abelsohn abgeben.

Die Arbeit der sächsischen Kulturbünde wurde durch Probleme, geeignete Säle für die Veranstaltungen zu mieten, in erheblichem Maße beeinträchtigt. In Leipzig mußte der Kulturbund zunächst die Veranstaltungsorte ständig wechseln, wobei sich hier sogar Hans Hinkel um eine Klärung der Problematik bemühte.[581] Eine Lösung trat mit dem Bezug des Battenberg-Theaters im Frühjahr 1936 ein, das vom Kulturbund auf eigene Kosten umgebaut wurde. Die Dresdner Saalverhältnisse konnten aufgrund eines Synagogenanbaus erleichtert werden. Ansonsten nutzen die Kulturbünde vor allem Gemeindeeinrichtungen und liberal ausgerichtete Synagogen.

Von angewiesenen Veranstaltungsverschiebungen waren alle sächsischen Kulturbünde betroffen. So mußte beispielsweise der Leipziger Kulturbund wegen einer Hitlerrede oder aus „Rücksicht auf die Erhaltung der öffentlichen Ruhe, Ordnung und Sicherheit"[582] Veranstaltungen absagen. Der Plauener Polizeidirektor verbot mit Beginn des Jahres 1936 gleich alle Veranstaltungen von jüdischen Vereinen an Sonntagen.[583]

Mit der Zunahme judenfeindlicher Erlasse im faschistischen Deutschland wurde der Kulturbund für die Betroffenen immer stärker eine Insel, wo Erholung und Ablenkung noch möglich waren. Es spielte nun längst keine Rolle mehr, ob die Programme verschiedenen Interessengruppen wie Zionisten oder Liberalen entsprachen. Kurt Singer, der Vorsitzende des Reichsverbandes der Jüdischen Kulturbünde, sprach zu Beginn der Spielzeit 1938/39 sogar von einer „Mission" des Bundes: „Seelische Rettung, einzige Erbauung, glückhaftes Erleben, Erschütterung und Lachen, Aufrichtung und geistigen Halt zu geben, all denen, die hier bleiben, hier bleiben müssen."[584]

Doch diese Aufgabe konnte der Kulturbund nur noch in eingeschränktem Umfang bis September 1941 erfüllen. Nach den Novemberpogromen 1938 wurden die eigenständigen Kulturbünde Deutschlands aufgelöst. Eine zentrale Einheitsorganisation bespielte nun von Berlin aus nur noch einzelne Zweigstellen. In Sachsen wurden in Leipzig und Chemnitz solche Zweigstellen errichtet, die der Bevölkerung noch Filmvorführungen, Vorträge und vereinzelt Konzerte anbieten konnten. Der Zuspruch an solchen Veranstaltungen war ausgesprochen hoch, da zu diesem Zeitpunkt das schon erwähnte Besuchsverbot öffentlicher Kultureinrichtungen für Juden in Kraft getreten war.

---

581 Vgl. HERBERT FREEDEN, Jüdisches Theater in Nazideutschland, Frankfurt/M. 1985, S. 55.
582 StAL, PP-V 4506 , Bl. 45 (Mitteilung vom 12.8.1935).
583 Vgl. Rundschreiben der Israelitischen Religionsgemeinde Plauen i. V., 1.2.1936, S. 2.
584 KURT SINGER, An die Juden in Leipzig! in: Blätter des Jüdischen Kulturbundes Leipzig e. V., Oktober 1938, S. 3.

Resümee

Kultur und Antisemitismus – diese beiden Begriffe sind für das faschistische Sachsen in einem Atemzug zu nennen. In unterschiedlicher Weise waren jüdische Bürger Judenfeindlichkeit im kulturellen Bereich ausgesetzt: Künstler wurden ihrer bisherigen Wirkungsstätten beraubt, kunstinteressierte Bürger aus dem öffentlichen Kulturleben verbannt. Aufgrund des wachsenden Antisemitismus mußte ein eigener jüdischer Kulturbetrieb aufgebaut werden.

Zu den spezifischen Merkmalen der sächsischen Verhältnisse gehört die Tatsache, daß politisch Verantwortliche besonders judenfeindliche Einstellungen besaßen. Sie waren so verblendet, daß sie selbst die in Preußen erkannte Isolierungsmöglichkeit durch den Jüdischen Kulturbund übersahen. Nach der deutschlandweiten Einführung von Kulturbünden behinderten sie die Arbeit zusätzlich bei der Saalbeschaffung, durch Programmveränderungen und Veranstaltungsverbote.

In Sachsen gestaltete sich darüber hinaus die Kulturbundarbeit als besonders schwierig, da hier zahlreiche Kleingemeinden existierten. Abwanderungen und Verarmung gefährdeten die Tätigkeit der kleinen Bünde in erheblichem Maße und dabei war ein neues kulturelles Angebot gerade in Kleinstädten wichtig. Für jüdische Bürger in Plauen oder Zwickau bestand aufgrund der fehlenden Anonymität oft von vornherein keine Möglichkeit, kulturelle Einrichtungen in ihrem Heimatort zu besuchen.

Das kulturpolitische Ansinnen des NS-Regimes zielte darauf, bis 1933 vollzogene Integrationsprozesse abzubrechen und rückgängig zu machen. Dabei schreckten sie auch nicht vor Bemühungen zurück, den deutschen Juden durch Verbote geistige Traditionen und Kulturwerte zu nehmen. Diese geistige Ausgrenzung ist ihnen jedoch nicht gelungen, obwohl eine soziale und gesellschaftliche in wenigen Jahren erreicht wurde.

Ausschnitt aus dem Dresdner Spielplan 1933/34

Tag und Ort der Veranstaltung	Art der Veranstaltung und Programmübersicht	Aufführende
2.7.1933 Saal Moritzstraße 1b	Konzert mit Rezitationen Werke von F. Mendelssohn Bartholdy, F. Schubert, J. Brahms	Margarete Anschel (Klavier) Herta Mautner-Falk (Gesang) Otto Bernstein (Rezitation) Walter Goldmann (Klavier) Leonhard Prinz (Klavier) Dresden
7. u. 8.10.1933 Saal Moritzstraße 1b	Kammermusikabend Werke von A. Dvorák, J. S. Bach, F. Mendelssohn Bartholdy	Wittenberg-Trio Walter Goldmann (Klavier) Alfred Wittenberg (Violine) Paul Blumenfeld (Violoncello)

21. u. 22.10.1933 Saal Moritzstraße 1b	Klavierabend Klavierwerke von C. Debussy, M. Castelnuovo- Tedesco, F. Chopin, F. Liszt, F. Mendelssohn Bartholdy, Lieder von Brahms	Paul Aron (Klavier) Agnes Lenbach (Gesang), Berlin
5.11.1933 Komödie	Theateraufführung „Nathan der Weise" von Lessing	Berliner Kulturbundtheater Intendant: Kurt Singer
18. u. 19.11.1933 Saal Moritzstraße 1b	Vortragsabend zeitge- nössischer jüdischer Dichter	Otto Bernstein
9. u. 10.12.1933 Saal Moritzstraße 1b	Operettenabend Lieder und Duette aus klassischen u. modernen Operetten, Chansons	Bella Erdoes (Soubrette) Max Kuttner (Tenor), Berlin Walter Goldmann (Klavier)

Ausfall folgender geplanter Veranstaltungen:

13. u. 14.1.1934	Kammermusikabend	Rostal-Quartett
30.1.1934 Saal der Dresdner Kaufmannschaft (Ostra-Allee)	Theateraufführung „Othello" von Shakespeare	Berliner Kulturbundtheater
10. u. 11.2.1934 Saal Moritzstraße 1b	Lieder- und Arienabend Gesänge von F. Schubert R. Schumann, G. Mahler, R. Strauss, G. F. Händel	Fritzi Jokl (Koloratursopran) Paul Aron (Klavier)
10. u. 11.3.1934 Saal Moritzstraße 1b	Kammermusikabend, Werke von G. Verdi, B. Smetana	Neues Streichquartett, Berlin Willi Frey (1. Violine) Hans Prager (2. Violine) Rudolf Meyer (Viola) Hermann Weil (Violoncello)
8.4.1934 Saal der Dresdner Kaufmannschaft (Ostra-Allee)	Vortragsabend mit Lichtbil- dern „Die Kunst Max Liebermanns"	Franz Landsberger (Kunst- historiker)
2.5.1934 Saal der Dresdner Kaufmannschaft (Ostra-Allee)	Liederabend	Dela Lipinskaja

SBZ und DDR (1945–1988)

Mario Keßler

Kommunismus und Antisemitismus in Deutschland: Der „Fall Merker", seine Vorgeschichte und seine Folgen

Das Verhältnis von kommunistischer Bewegung zum Antisemitismus, aber auch zur jüdischen Emanzipation ist seit längerer Zeit Gegenstand der historischen Forschung. Proletarier und Juden waren, wie der israelische Historiker Walter Grab schrieb, „zwei Gruppen von Außenseitern, die beide – wenn auch aus verschiedenen Gründen – von den Machtträgern benachteiligt, verachtet und politisch ausgegrenzt wurden und daher gleichermaßen an sozialem Wandel und an Demokratisierung interessiert sein mußten... In den vierziger Jahren (des 19. Jahrhunderts) gelangten einige jüdische Intellektuelle zu der Erkenntnis, daß beide Außenseitergruppen den Druck der Repressionsgewalten durch eigene gezielte Aktivität abschütteln müßten, weil die Befreiung der Arbeiter von kapitalistischer Ausbeutung und die Emanzipation der Juden von politischer Diskriminierung zwei Seiten derselben Medaille darstellten. Sie betonten, daß die beiden Außenseitergruppen den Druck der Repressionsgewalten nur durch eigene gezielte Selbsttätigkeit abschütteln könnten. Zu den Pionieren der entstehenden sozialistischen Arbeiterbewegung, die das autoritäre Herrschaftssystem bekämpften und als ,Demagogen' verketzert wurden, gehörten daher Demokraten, die dem Judentum entstammten."[585]

Stephan Born, Ferdinand Lassalle, natürlich Karl Marx und eine Vielzahl weiterer Persönlichkeiten nach ihnen belegen die Feststellung Walter Grabs. Die Haltung der kommunistischen Bewegung gegenüber den Juden war und ist hingegen umstritten. Marx' antijüdische Bemerkungen in seinen Privatbriefen, aber auch die Unterschätzung des Emanzipationskampfes der Juden wird in der Forschung nicht mehr bestritten, sowenig Marx heute noch ernsthaft als der Stammvater eines sozialistischen Antisemitismus namhaft gemacht wird. Die Juden seien keine Nation, urteilten die Marxisten der Zweiten Internationale (Kautsky, Bauer, Lenin), sondern lediglich eine durch gemeinsames Schicksal verbundene Gemeinschaft, die mit Gewalt in der Lage einer Kaste gehalten werde.[586] Der Zionismus stieß auf leidenschaftliche Kritik aller Teile der Arbeiterbewegung, bis sich ab etwa 1907 reformorientierte Sozialdemokraten den sozialistischen, allerdings auch nationalistischen Argumenten der Arbeiterzionisten (der Poalei Zion) öffneten, die in Palästina einen sozialistischen Judenstaat, freilich ohne Araber, errichten wollten.[587]

Der folgende Überblick sucht die Haltung des offiziellen deutschen Kommunismus, verkörpert durch die KPD und die SED, zum Antisemitismus aufzuzeigen. Im Mittelpunkt soll dabei die Frage nach den Ursachen und Folgen der antisemitischen Repressionen der Jahre 1952/53 in der DDR stehen, die dem ursprünglichen kommunistischen Anliegen so kraß zuwider-

---

[585] WALTER GRAB, Der deutsche Weg der Judenemanzipation 1789–1938, München/ Zürich 1991, S. 134.

[586] Für die Zusammenfassung der Problematik vgl. ENZO TRAVERSO, Die Marxisten und die jüdische Frage. Geschichte einer Debatte (1843–1943), Mainz 1995.

[587] Vgl. MARIO KEßLER, Zionismus und internationale Arbeiterbewegung 1897–1933, Berlin 1994, Kap. 3.

liefen. Sie gipfelten im „Fall Merker", in der Verfolgung eines nichtjüdischen Kommunisten. Der im sächsischen Oberlößnitz geborene Paul Merker (1894–1969) hatte sich um eine neue Sichtweise auf Antisemitismus, deutsche Schuld und Verantwortung nach Auschwitz bemüht.[588]

Die KPD und die Juden: Grundlinien der Politik

Auch die an der Jahreswende 1918/1919 gegründete Kommunistische Partei Deutschlands (KPD) knüpfte an die traditionelle marxistische Analyse an. Sie befürwortete eine Emanzipation der Juden durch Assimilation und lehnte den Zionismus strikt ab. Mit der Forderung, daß sich Juden ihrer religiösen und kulturellen Traditionen entledigen sollten, akzeptierte die KPD jedoch letztlich die von den konservativen Macht- und Bildungseliten aufgestellten Normen, wonach jüdisches kulturelles Leben nicht prinzipiell erhaltenswert sei. Die deutschen Kommunisten verteidigten jedoch entschieden das auch in der Weimarer Verfassung festgeschriebene Prinzip der Rechtsgleichheit, was die (ursprünglich konfessionelle) Benachteiligung der Juden aufhob. In der ersten deutschen Republik mußten sich Adel, Großgrundbesitz und die Offizierskaste demokratisch maskieren. Doch setzten sie in allen Krisen auf die antidemokratischen Kräfte, schließlich auf die Nazipartei. Deren rabiater Antisemitismus prägte die Staatskrise der deutschen Republik am Beginn der dreißiger Jahre entscheidend mit.

Die Persönlichkeiten jüdischer Herkunft innerhalb der KPD-Führungsgremien traten als Juden zwar nicht hervor, waren gerade aber als solche Angriffsobjekte von Seiten der extremen Rechten. Rosa Luxemburg und Leo Jogiches, die Mitbegründer der KPD, sowie Eugen Leviné wurden 1919 Opfer einer Mordkampagne, die gleichermaßen antikommunistisch wie antisemitisch ausgerichtet war. In den ersten Jahren der KPD waren jüdische Intellektuelle in wichtigen Positionen innerhalb der Partei tätig; genannt seien Paul Levi, August Thalheimer, Rosi Wolffstein, etwas später Ruth Fischer, Arkadij Maslow, Werner Scholem, Iwan Katz, Arthur Rosenberg und Heinz Neumann. Doch existierten in der Partei antisemitische Unterströmungen, die von Clara Zetkin und einem (namentlich nicht genannten) Anhänger Heinrich Brandlers auf dem 9. KPD-Parteitag im April 1924 angesprochen wurden.[589] Im gleichen Jahr trat unter Kommunisten in Bayern und im mitteldeutschen Raum ein lumpenproletarischer, sich antikapitalistisch gebender Antisemitismus auf, der zeitweise Einzug in den Klassenkampf, eine KPD-Zeitung in Halle, hielt.[590] Aus tagespolitischer

[588] Das Folgende faßt frühere Beiträge des Verfassers zusammen. Vgl. MARIO KEßLER, Die SED und die Juden – zwischen Repression und Toleranz. Politische Entwicklungen bis 1967, Berlin 1995; DERS., Antisemitismus in der SED 1952/53. Verdrängung der Geschichte bis ans Ende, in: Utopie kreativ, Nr. 85/86 (November/Dezember 1997), S. 158–166; DERS.: Verdrängung der Geschichte - Antisemitismus in der SED 1952/53, in: MOSHE ZUCKERMANN (Hg.), Zwischen Politik und Kultur. Juden in der DDR, Göttingen 2002, S. 34–47; DERS., Anti-Semitism in the SED, 1952–1953: Denial to the End, in: LESLIE MORRIS/JACK ZIPES (eds.), Unlikely History: The Changing German-Jewish Symgiosis 1945–2000, New York, Basingstoke 2002, pp. 141–154.
[589] Vgl. Bericht über die Verhandlungen des IX. Parteitages der KPD (7. bis 10. April 1924), Berlin 1924, S. 93, 289.
[590] Einzelheiten bei EDMUND SILBERNER, Kommunisten zur Judenfrage. Zur Geschichte von Theorie und Praxis des Kommunismus, Opladen 1983, S. 270.

Opportunität gab es Tendenzen einer Rücksichtnahme gegenüber judenfeindlichen Einstellungen von Schichten, die für die KPD gewonnen werden sollten. Dies drückte sich in einer Rede Ruth Fischers am 25. Juli 1923
vor kommunistischen und völkischen Studenten aus, als sie betonte: „Wer
gegen das Judenkapital aufruft, meine Herren, ist schon Klassenkämpfer,
auch wenn er es nicht weiß. Tretet die Judenkapitalisten nieder, hängt sie
an die Laterne, zertrampelt sie. Aber, meine Herren, wie stehen Sie zu den
Großkapitalisten, den Stinnes, Klöckner…?"[591] Doch nahm die Parteipresse
auch entschieden Stellung gegen antisemitische Tendenzen, die sich – auch
unter dem Eindruck des Zuzugs von Juden aus Osteuropa – nach dem Ersten Weltkrieg unter den von der Inflation sozial zerriebenen Mittelschichten
ausbreiteten.[592] Auch während ihrer „nationalbolschewistischen" Phase im
Jahre 1919 und der Annäherung an die nationalistische Rechte während
der Ruhrkrise 1923 behielt die KPD insgesamt ihre Gegnerschaft zum Antisemitismus bei, auch wenn sich antisemitische Klischees des öfteren im
Zentralorgan Die Rote Fahne finden lassen.[593] Entscheidender aber war, daß
der mörderische Judenhaß der Nazis nicht als genuin, sondern nur als politischer Schwindel oder bestenfalls als Manipulationsmittel begriffen, die
Hitlerbewegung damit insgesamt unterschätzt wurde. So schrieb der führende KPD-Politiker Hermann Remmele 1930, der Antisemitismus der Nazis sei eine reine Farce, da jüdische Bankiers ebenso wie „arische" Unternehmer Nutznießer des Hitlerfaschismus seien. Sie alle würden sich der
Nazis um ihrer eigenen Profitinteressen bedienen.[594]

Doch mit der Übergabe der Macht an Hitler setzte unverzüglich die Verfolgung aller Kommunisten und aller Juden ein. Die KPD rief sofort alle
arbeitenden Menschen auf, sich nicht im Namen rassistischer Losungen
gegeneinander hetzen zu lassen und den „werktätigen Juden" zu helfen.[595]
Doch erst nach dem Riesenpogrom vom 9. November 1938 stellte sich die
KPD bedingungslos an die Seite auch der Juden, die – gleich ob Kapitali-
sten oder Mittelständler – trotz „nichtproletarischer" Herkunft Opfer des
todbringenden Rassismus der Nazis wurden.[596] Die systematische Ermordung der Juden in den Gaskammern zwang die KPD wie alle antifaschistischen Kräfte zur Überprüfung bisheriger Positionen. In einer Lektion vor
KPD-Funktionären räumte Walter Ulbricht im Dezember 1944 in der Sowjetunion ein, die deutschen Kommunisten hätten den Judenhaß der Nazis unterschätzt. Er betonte: „Nicht einfach die Verschärfung der Unterdrückung
des Volkes, sondern die Anwendung der modernsten Technik zur Vernichtung und Ausrottung der Gegner des Hitlerregimes und der Gegner des

---

[591] Nach einem Bericht im SPD-Blatt „Vorwärts" vom 22. August 1923. Hervorhebung im Text.

[592] Vgl. Neue Zeitung (München), 23. Dezember 1923.

[593] Einzelheiten bei SILBERNER, Kommunisten, S. 271f.

[594] Vgl. HERMANN REMMELE, Sowjetstern oder Hakenkreuz. Die Rettung Deutschlands
aus der Youngsklaverei und Kapitalistenherrschaft, Berlin o. J. (1930), bes. S. 14.

[595] Vgl. DAVID BANKIER, The German Communist Party and Nazi Antisemitism, in: LBI
Yearbook XXXII (1987), S. 325–340.

[596] Gegen die Schmach der Judenpogrome! Erklärung des ZK der KPD (November 1938).
Wiederabruck in: HELMUT ESCHWEGE (Hg.), Kennzeichen J. Bilder, Dokumente, Berichte zur Geschichte der Verbrechen des Hitlerfaschismus an den deutschen Juden 1933–
1945, Berlin (Ost) 1966, S. 105.

deutschen Monopolkapitals waren für die faschistischen Herrschafts-
methoden charakteristisch. Das war die Besonderheit. Es wurden Gegner
nicht wie früher ins Gefängnis geworfen, sondern vernichtet. Es wurden
nicht Zuchthausurteile gefällt, sondern Gaswagen konstruiert, um die Gegner in Massen zu vernichten."[597]

Im britischen Exil sahen Wilhelm Koenen und seine um die KPD-Zeit-
schrift Freie Tribüne gescharte Gruppe eine „Mitbeteiligung und Mitschuld
des ganzen deutschen Volkes an den ungeheuerlichen Grausamkeiten des
deutschen Faschismus." Die Vernichtungslager in Polen, die „zahllosen
Verbrechen, die von Deutschen in allen Ländern Europas begangen oder
geduldet wurden", zeigten ihnen: Das Beschworene und erhoffte „andere
Deutschland" war nur ein „Wunschbild", das der Wirklichkeit nicht entsprach. Die „gewaltige Mehrheit des deutschen Volkes" stehe „mit Enthu-
siasmus" hinter Hitler, ein großer Teil der Deutschen werde selbst nach einer totalen militärischen Niederlage alles daransetzen, „den Faschismus
als eine starke politische Kraft in Deutschland zu erhalten." Die Arbeiterklasse, so der Befund, „einst erfüllt vom Gedanken internationaler Solidarität", sei „zu einer der wesentlichen Stützen des Nationalsozialismus her-
abgesunken." Eine radikale politische Umerziehung sei nötig, in der die
„Legende vom hitlerfeindlichen deutschen Volk" zerstört werden müsse.[598]

Auch Paul Merker zweifelte in Mexiko nicht daran, daß Millionen in
Deutschland, auch Arbeiter, zu Anhängern Hitlers geworden waren. Doch
Koenens Verdammungsurteil sei eine, wenngleich ungewollte „Entlastung
der für den Nazismus wirklich Verantwortlichen, eine Entlastung verräte-
rischer Führer ehemaliger politischer und gewerkschaftlicher Organisatio-
nen, eine Entlastung der Monopolkapitalisten, Junker und der nazistischen
Gangster. Die Mitverantwortung des deutschen werktätigen Volkes an den
Verbrechen des Hitlerregimes besteht vor allem in der Tatsache, daß es dieses zur Macht kommen ließ, und daß es dem nazistischen Überfall auf die
Sowjetunion nur einen kaum sichtbaren Widerstand entgegenstellte." Im
Gegensatz zu Koenen unterschied Merker zwischen aktiver Schuld im Sinne politischen Handelns und einer moralischen Verantwortung. Habe die
deutsche Arbeiterklasse wirklich Verrat geübt oder solle man besser von
ihrem Versagen sprechen?[599] All diese Fragen erlangten eine praktische Bedeutung, als die KPD in einem Teil Deutschlands zur politisch wichtigsten
Kraft wurde.

---

[597] WALTER ULBRICHT, Zur Geschichte der deutschen Arbeiterbewegung. Aus Reden und
Aufsätzen, Bd. II: 1933–1946, Zusatzband, Berlin (Ost) 1966, S. 192f.

[598] Sämtliche Zitate aus der „Freien Tribüne" Nr. 5–11, 1944, nach: LISELOTTE MAAS,
„Unerschüttert bleibt mein Vertrauen in den guten Kern unseres Volkes". Der Kommunist
Paul Merker und die Exil-Diskussion um Deutschlands Schuld, Verantwortung und Zukunft, in: THOMAS KOEBNER/GERT SAUTERMEISTER/SIGRID SCHNEIDER (Hg.),
Deutschland nach Hitler. Zukunftspläne im Exil und aus der Besatzungszeit, Opladen
1987, S. 181–189. Die Arbeit von Thomas Khaury, Antisemitismus von links. Kommunistische Ideologie, Nationalismus und Antizionismus in der frühen DDR, Hamburg 2002,
konnte nicht mehr berücksichtigt werden.

[599] PAUL MERKER, An meinen Bruder in London, in: Freies Deutschland, 1 (1944/45) 6, S. 6f.

Ein Neuanfang und alte Positionen

In der Sowjetischen Besatzungszone wurde zunächst der Versuch eines Neuanfangs stärker betont als im Westen. Deshalb wählten viele Juden, die aus dem Exil zurückgekehrt waren oder in Deutschland in der Illegalität überlebt hatten, die spätere DDR als Wohnort. Die Politik der sowjetischen Behörden und ihrer deutschen Verbündeten stand in der SBZ im Zeichen des Anknüpfens an die Politik der KPD vor 1933. Doch damit knüpfte die SED, die sich seit 1948 in einem folgenschweren Prozeß der Stalinisierung befand, auch an das alte Konzept zur „Lösung der jüdischen Frage" und zur Überwindung des Antisemitismus an: Juden sollten sich, ungeachtet der jeweiligen sozio-kulturellen Umstände, durch Verzicht auf eine (wie auch immer begriffene) jüdische Identität in die kommunistische Bewegung einfügen. Innerhalb dieser Bewegung sollten sie für eine klassenlose Gesellschaft streiten. In einer solchen Gesellschaft würde auch dem Antisemitismus jede Grundlage genommen werden. Der Zionismus wurde in all seinen Varianten weiterhin abgelehnt.[600]

Auch in der unmittelbaren Nachkriegszeit wies die KPD auf die Mitschuld großer Teile des deutschen Volkes an den nationalsozialistischen Verbrechen hin. In ihrem Aufruf vom 11. Juni 1945 betonte sie, daß „in jedem deutschen Menschen das Bewußtsein und die Scham brennen (muß), daß das deutsche Volk einen bedeutenden Teil Mitschuld und Mitverantwortung für den Krieg und seine Folgen trägt. Nicht nur Hitler ist schuld an den Verbrechen, die an der Menschheit begangen wurden! Ihr Teil Schuld tragen auch die zehn Millionen Deutschen, die 1932 bei freien Wahlen für Hitler stimmten, obwohl wir Kommunisten warnten: ‚Wer Hitler wählt, der wählt den Krieg!'"[601]

Der Historiker Olaf Groehler schrieb, die Befreiung vom Hitler-Regime durch die Armeen der Antihitler-Koalition habe bei vielen deutschen Kommunisten zu einem „Bestätigungsglauben" von der Richtigkeit der eigenen Sache geführt. Dies und die Omnipräsenz der sowjetischen Administration bestimmten die Haltung der KPD/SED gegenüber den in Ostdeutschland lebenden Juden.[602]

In den Erklärungen der KPD wurde der Völkermord an den Juden zwar nicht ausgeblendet, fand aber keine spezielle Hervorhebung. Dies entsprach der sowjetischen Linie, den Judenmord als ein nur sekundäres Merkmal der Nazidiktatur anzusehen. Dennoch gab es in den unmittelbaren Nachkriegsjahren – und nur damals – ernsthafte Überlegungen, den überlebenden Juden nicht nur Individual-, sondern auch Kollektiv„entschädigung" zuteil werden zu lassen. Dies war innerhalb der KPD nicht unumstritten. Bereits im Verlauf seiner ersten Sitzungen hatte der Berliner Hauptausschuß der OdF (Opfer des Faschismus) den Begriff des Kämpfers gegen den Faschismus ein-

---

[600] Vgl. hierzu MARIO KEßLER, Antisemitismus, Zionismus und Sozialismus. Arbeiterbewegung und jüdische Frage im 20. Jahrhundert, Mainz 1994²; DERS., Zionismus.

[601] Aufruf des ZK der KPD vom 11. Juni 1945, in: Dokumente und Materialien zur Geschichte der deutschen Arbeiterbewegung, Reihe III, Bd. 1, Berlin (Ost) 1959, S. 15f.

[602] OLAF GROEHLER, Erblasten. Der Umgang mit dem Holocaust in der DDR, in: HANNO LOEWY (Hg.), Holocaust. Die Grenzen des Verstehens. Eine Debatte über die Besetzung der Geschichte, Reinbek b. Hamburg 1992, S. 110–127, hier S. 110f.

gegrenzt, also den Kreis der Personen, die besondere Zuwendungen materieller Art erhalten sollten. „Opfer des Faschismus", so der Bericht in der Deutschen Volkszeitung, „sind Juden, die als Opfer des faschistischen Rassenwahns
verfolgt und ermordet wurden, sind die Bibelforscher und die ‚Arbeitsver-
tragssünder'. Aber soweit können wir den Begriff ‚Opfer des Faschismus'
nicht ziehen. Sie alle haben geduldet und Schweres erlitten, aber sie haben
nicht gekämpft!"[603] Nach Auseinandersetzungen innerhalb der OdF und der
KPD sollte dann dafür Sorge getragen werden, „die rassisch Verfolgten in
den Kreis der … Opfer des Faschismus einzubeziehen."[604]

Nach seiner im Juli 1946 erfolgten Rückkehr aus dem mexikanischen Exil
engagierte sich Paul Merker besonders entschieden für die Belange der jüdischen Überlebenden des Völkermordes. Er mahnte gegenüber Walter Ulbricht
verschiedentlich an, daß die SED noch immer keine verbindlichen Richtlinien
zur Frage der Entschädigung jüdischer Opfer des Faschismus ausgearbeitet
habe und hob hervor, daß – wie 1947 in Thüringen[605] – die Liberal-Demokratische Partei die Initiative dazu ergriffen habe.[606] Doch noch im August 1947
lehnte das Zentralsekretariat Merkers Forderung nach kollektiver „Entschädigung" der Juden ab, und zwar mit der Begründung, dies fördere den Antisemitismus.[607] Nach einer Serie von Vorschlägen, Besprechungen und Rück-
sprachen innerhalb der SED-Gremien wurde am 5.10.1949, zwei Tage vor
Gründung der DDR, eine Anordnung in die Wege geleitet, die sich auf individuelle Betreuung der in Frage kommenden Personen (d. h. der anerkannten
Verfolgten des Nazi-Regimes) und auf beachtliche Sozialleistungen für sie konzentrierte, jedoch keine Stellung bezog zu Fragen der Restitution oder zu
Entschädigungszahlungen.[608] Ohnehin hatte die Sowjetische Militärad-
ministration in ihren Befehlen Nr. 124 und 126 verfügt, daß ehemals jüdische
Firmen, für die sich der nationalsozialistische Staat besonders interessiert hatte, als Nazi-Vermögen unter Sequester beziehungsweise Konfiskation gelangt
waren. Diese fielen somit aus den Restitutionsverfahren heraus. Andere Schieds-
verfahren verliefen äußerst schleppend oder wurden im April 1949 ausgesetzt.
In Einzelfällen wurde den Restitutionsansprüchen jedoch Genüge getan.[609]

Einen Monat nach Gründung der DDR, am 7. November 1949, richtete
Hermann Matern, Vorsitzender der Zentralen Parteikontroll-Kommission
(ZPKK), einen Brief an die Landesparteikontroll-Kommissionen. Darin waren der Plan und die Aufgaben zur Überprüfung aller Verantwortlichen in
Staat, Partei und Wirtschaft auf Landesebene festgelegt. Nora Goldenbogen
wies am sächsischen Beispiel nach, daß die dazu nachgelieferten Überprüfungshinweise innerhalb der Schweizer Emigration die Exilanten jüdischer
Herkunft bereits als besonders zu beobachtende Gruppe nannten. Als Grund
wurde die unterstellte Verbindung vieler ihrer Mitglieder zur zionistischen

---

[603] Deutsche Volkszeitung (DVZ), 3. Juli 1945. Die DVZ war das Zentralorgan der KPD.
[604] Ebd., 25. September 1945.
[605] Vgl. THOMAS SCHÜLER, Das Wiedergutmachungsgesetz vom 14. September 1945, in: Jahrbuch für Antisemitismusforschung 2 (1993), S. 118–138.
[606] SAPMO-BA, DY 30, IV 2/2027/30.
[607] Ebd., Bl. 3.
[608] ANGELIKA TIMM, Hammer, Zirkel, Davidstern. Das gestörte Verhältnis der DDR zu Zionismus und Staat Israel, Bonn 1997, S. 66.
[609] Vgl. SCHÜLER, Wiedergutmachungsgesetz, S. 131ff.

Bewegung, zum US-Geheimdienst und zu einer angeblichen „trotzkistisch-jüdischen" Bewegung festgehalten. Bei allen aufgelisteten Emigrantenorganisationen wurde auf den hohen Anteil von Juden verwiesen.

Materns Brief war der Auftakt zu einer Reihe von Überprüfungen, deren Angaben an die ZPKK sowie an eigens geschaffene Sonderkommissionen weitergeleitet und dort miteinander verglichen wurden.[610]

Diese Hinweise wurden jedoch für die Betroffenen erst in der zweiten Überprüfungswelle, die die Merkmale einer „Säuberungs"-Aktion annahm, zur Gefahr. Im Zusammenhang mit dem antisemitischen Slánský-Prozeß in Prag ergriff die SED-Führung auch Maßnahmen gegen Juden als solche. Dies geschah – das muß betont werden – auf Druck der Moskauer Administratoren, die in der DDR wie in anderen Satellitenstaaten der Sowjetunion Schauprozesse nach berühmt-berüchtigter Lesart durchzuführen gedachten. Der antifaschistisch-demokratische Neuanfang in Ostdeutschland wurde durch stalinistische Praktiken pervertiert.

Zum Sündenbock nicht geeignet: Alexander Abusch

In der ersten Welle der Partei-„Säuberungen", die 1950/51 die Stalinisierung der SED vorantrieben, wurden auch jüdische Kommunisten von den Mühlsteinen des Apparats zermalmt: Rudolf Feistmann wurde in den Selbstmord getrieben,[611] Lex Ende ging an der Ächtung als aus der SED Ausgestoßener zugrunde.[612] Unter den damals Verhafteten oder anderweitig Gemaßregelten befanden sich weitere Parteimitglieder jüdischer Herkunft. Doch spielte diese Herkunft in den Überprüfungen ersichtlich noch keine Rolle, entscheidend waren dagegen die Emigration im Westen während der NS-Zeit und das in der Emigration gezeigte oder unterstellte Verhalten. Eine Ausnahme bildeten die Vernehmungen Alexander Abuschs durch die ZPKK.

Dabei wurde versucht, Abusch solche Kontakte zu Noel Field, dem Bauernopfer im schmutzigen Spiel, anzulasten, durch die er als angeblicher „Verschwörer" hätte entlarvt werden können. Abusch schien alle Voraussetzungen zu erfüllen: Er war Westemigrant gewesen, als Jude ein Außenseiter, der dies durch Überangepaßtheit zu kompensieren suchte, und mußte Kontakte zu Erica Wallach, der Pflegetochter des Ehepaars Field, einräumen.

Diese Kontakte zwischen Abusch und Erica Wallach waren jedoch, wie die Befragungen – besser: Vernehmungen – zeigten, rein zufälliger Natur gewesen. Abusch hatte in Prag einen Brief Erica Wallachs entgegengenommen, um diesen an ihren früheren Freund Leo Bauer in Berlin zu übergeben. Bauer war jedoch kurz darauf, am 24. August 1950, als angeblicher „Parteifeind" festgenommen worden. Er wurde später in die Sowjetunion deportiert, zum Tode verurteilt, dann zu lebenslanger Haft begnadigt, schließlich 1956 entlassen und ging in den Westen.[613]

610 Vgl. den Beitrag von NORA GOLDENBOGEN im vorliegenden Band bzw. DIES., Antisemitismus und „Säuberungen" in Sachsen (1949–1953), in: MARIO KEẞLER (Hg.), Arbeiterbewegung und Antisemitismus. Entwicklungslinien im 20. Jahrhundert, Köln 1993, S. 121–128, hier S. 126.

611 Vgl. WOLFGANG KIESSLING, Partner im „Narrenparadies". Der Freundeskreis um Noel Field und Paul Merker, Berlin 1994, S. 263.

612 Vgl. KEẞLER, SED, S. 70ff. mit zahlreichen archivalischen Belegen.

613 Vgl. LEO BAUER, „Die Partei hat immer recht", in: Aus Politik und Zeitgeschichte, 4/1956 27, S. 405–413.

In der ersten Befragung Abuschs am 10. Juli 1950 spielte der jüdische Aspekt noch keine Rolle.[614] Um so stärker war dies in der zweiten Anhörung am 10. November desselben Jahres der Fall.

Max Sens und Hertha Geffke von der ZPKK unterzogen Abusch einem wahren Verhör, in dem es unter anderem um Geldsammlungen „von jüdischen Wirtschaftsemigranten" in Abuschs mexikanischem Exil, um den Verkauf von Pässen, Abuschs Mitgliedschaft in der deutsch-jüdischen Kulturorganisation Menorah, um seine – nicht existierende – Mitgliedschaft in der Jüdischen Gemeinde ging; schließlich um Abuschs Beziehungen zu Leo Zuckermann und vor allem zu Paul Merker.[615] In einem nachgereichten Brief beteuerte Abusch noch einmal, was er schon während der Vernehmung unterstrichen hatte: Er habe sich seit seinem 18. Lebensjahr „nie wieder für jüdische Fragen interessiert, niemals darüber geschrieben, (er) besaß keine Erfahrung für politische Arbeit auf diesem Gebiet, und (war) außerdem noch nichtjüdisch verheiratet."[616]

Dabei waren nicht die von Abusch genannten Fakten bemerkenswert, wohl aber der Ton seiner Erklärungen und seines Briefes. Er sprach und schrieb beinahe im Duktus der Entschuldigung davon, daß er sich als Jugendlicher „unter schweren häuslichen Kämpfen vom Einfluß des Judentums freimachte", um sich der Arbeiterbewegung zuzuwenden[617] – als sei es gewissermaßen ehrenrührig, sich als Kommunist nach Auschwitz noch für jüdische Belange zu interessieren. Mehr als alles andere gibt dies einen Hinweis darauf, wie drastisch sich die Atmosphäre innerhalb des SED-Apparates geändert hatte.

Abuschs Begegnung mit Erica Wallach – auch sie inzwischen verhaftet und in die Sowjetunion verschleppt[618] – war jedoch zu flüchtig, als daß sie die Basis für ein Konstrukt hätte abgeben können, das Abusch in die Prozeß- und Verfolgungswelle stärker hineingezogen hätte. Er wurde aus dem Politbüro ausgeschlossen, aber nicht verhaftet, und erlebte später wieder einen Aufstieg bis hin zum Kulturminister und Stellvertretenden Ministerratsvorsitzenden. Zum inneren Kreis der Mächtigen, dem Politbüro, bekam er jedoch nie wieder Zutritt.

Ein nichtjüdisches Opfer des Antisemitismus: Paul Merker

Paul Merker erwies sich als ein geeigneteres Opferlamm: Er war, ungleich Abusch, Nichtjude, so daß gegebenenfalls der Vorwurf des Antisemitismus propagandistisch leichter zurückzuweisen war. Er hatte sich im mexikanischen Exil aber sehr für eine künftige Entschädigung der jüdischen Verfolgten, soweit dies irgend möglich war, eingesetzt, auch, wenn diese

---

614 Vgl. SAPMO-BA, DY 30, IV 2/4/11, Bl. 9ff.

615 Vgl. ebd., Bl. 30ff.

616 Ebd., Bl. 43.

617 Vgl. auch die unveröffentlichten Passagen aus Abuschs Lebenserinnerungen, erstmals publiziert bei KARIN HARTEWIG, Das „Gedächtnis" der Partei. Biographische und andere Bestände im Zentralen Parteiarchiv der SED in der „Stiftung Archiv der Parteien und Massenorganisationen der DDR im Bundesarchiv", in: Jahrbuch für Kommunismusforschung 1 (1993), S. 312–323, hier S. 321.

618 Vgl. ERICA WALLACH, Licht um Mitternacht. Fünf Jahre in der Welt der Verfemten, München 1969.

Opfer nicht in Deutschland leben würden. Ebenso entschieden hatte er sich für die Existenz eines jüdischen Staates ausgesprochen; damit übrigens keineswegs im Widerspruch zur Haltung der Stalin-Führung und ihrer ostdeutschen Genossen gestanden.[619] Allerdings hatte ab 1949 die UdSSR ihre Position gegenüber dem neuen Staat Israel geändert und setzte nun auf einen Schulterschluß mit angeblich „progressiven" Kräften im arabischen Raum.[620] Ein vorheriges Engagement für Israel konnte somit nunmehr leicht Bestandteil des Sündenregisters werden, das über die Kommunisten bei der ZPKK und ihren Untergliederungen geführt wurde.

Am 2. Dezember 1952, parallel zum antisemitischen Slánský-Prozeß und der dadurch geschürten Pogromstimmung, wurde Paul Merker verhaftet. Die Begründung wurde in einer ZK-Entschließung nachgeliefert, in der die „Lehren aus dem Prozeß gegen das Verschwörerzentrum", so der Titel, zu ziehen waren.[621] Dieses Dokument ordnete sich in die Bemühungen der osteuropäischen kommunistischen Parteien ein, durch die „Entlarvung von Parteifeinden" Beweise für die Unterwürfigkeit unter Stalins Repressionsapparat zu liefern. Damit sollten alle nationalen Entwicklungswege – gar nach jugoslawischem Vorbild unter Tito – im Ansatz verhindert werden. Die Kampagne gegen „Kosmopolitismus" – also internationalistisches Verhalten – und „Zionismus" – gemeint war hier immer die jüdische Herkunft – bildete dabei eine wichtige, wenngleich nicht die alleinige Dimension. Das war ein spezifisches Merkmal des stalinistischen Antisemitismus. Damit sollte auch die noch vorhandene internationalistische, um solidarisches Handeln bemühte Traditionslinie innerhalb der SED getroffen und möglichst abgeschnürt werden.

Merker, so wurde ihm in der ZK-Entschließung vorgeworfen, habe im Exil zionistische Auffassungen vertreten und die Entschädigung der von den Nazis geraubten jüdischen Vermögen nur gefordert, um dem US-Finanzkapital das Eindringen in Deutschland zu ermöglichen. Dies wurde von der SED-Führung mit dem nazistischen Terminus der „Verschiebung deutschen Volksvermögens" – so zweimal im Entschließungstext – gebrandmarkt.

Der Tod Stalins am 5. März 1953 und die einen Monat später erfolgte Rehabilitierung der in Moskau verhafteten jüdischen Ärzte verhinderten auch in der DDR weitere mögliche Repressalien, nicht aber die Verurteilung Merkers in einem Geheimprozeß, in dem die Beschuldigungen antisemitischer Natur noch 1955 voll aufrechterhalten wurden.[622]

Nicht weniger bedrückend als die Verurteilung Merkers oder als die inzwischen bekanntgewordenen Fakten über seine Haft im MfS-Gefängnis

---

[619] Zur Haltung ostdeutscher Politiker gegenüber dem entstehenden Staat Israel bis zu Stalins Kurswechsel vgl. KEßLER, Die SED, S. 47ff.; TIMM, Hammer, S. 81ff.

[620] Zur sowjetischen Nahostpolitik und ihren antisemitischen Implikationen in den frühen fünfziger Jahren vgl. ROBERT S. WISTRICH (Hg.), The Left against Zion. Communism, Israel and the Middle East, London/Totowa, N. J. 1979, bes. die Beiträge von Peter Brod, Arnold Krammer und des Herausgebers.

[621] Das Dokument ist abgedruckt in: Dokumente der Sozialistischen Einheitspartei Deutschlands, Bd. 4, Berlin (Ost) 1954, S. 199–219.

[622] Das entsprechende Urteil des Obersten Gerichts der DDR in der Strafsache Merker vom 30. März 1955 ist abgedruckt bei JEFFREY HERF, Antisemitismus in der SED. Geheime Dokumente zum Fall Paul Merker aus SED- und MfS-Akten, in: Vierteljahreshefte für Zeitgeschichte, 42 (1994) 4, S. 643–650.

Hohenschönhausen liest sich sein Kampf um eine vollständige Rehabilitierung durch die SED-Führung.[623]

Am 21. Juli 1956 verkündete der Erste Strafsenat des Obersten Gerichts der DDR lakonisch, daß „in der Strafsache gegen Merker, Paul Friedrich … das Urteil des Obersten Gerichts vom 30. März 1955 aufgehoben (wird). Der Angeklagte wird freigesprochen."[624] Damit gab sich Merker nicht zufrieden. Er verlangte eine vollständige, also politische wie juristische Rehabilitierung sowie eine Entschädigung. Nach einem Brief an das Oberste Gericht[625] entschied dieses, ihm eine Pauschalsumme von 50 000 DDR-Mark zu überweisen.[626]

Auf Merkers Anfragen an die Parteiführung antwortete ihm Walter Ulbricht am 31. Juli 1956. Ulbricht berief sich auf die 28. ZK-Tagung vom Juli 1956, um daran anschließend an Merker lapidar zu schreiben: „Die unter Berücksichtigung neuer Gesichtspunkte durchgeführte Nachprüfung ergab, daß die Dir zur Last gelegten Anschuldigungen in der Hauptsache politischer Natur sind, die eine strafrechtliche Verfolgung nicht rechtfertigen. Das hatte bereits zu Beginn dieses Jahres zu Deiner Freilassung und zur Wiederaufnahme des Verfahrens geführt. Mit sozialistischem Gruß…"[627] Jede weitere Diskussion innerhalb der Partei pflegte man nach einem solchen Bescheid mit der Warnung „Keine Fehlerdiskussion!" abzubrechen.

Doch Merker ließ nicht locker. Am 23. August 1956 schrieb er wiederum an Ulbricht und fragte ihn, wie der Satz auszulegen sei, daß die Merker zur Last gelegten Anschuldigungen in der Hauptsache politischer Natur seien, die eine strafrechtliche Verfolgung nicht rechtfertigten: „Hält das Zentralkomitee die gegen mich erhobenen und öffentlich verbreiteten Anschuldigungen weiter aufrecht und fühlt es sich nur zu dem Zugeständnis veranlaßt, festzustellen, daß diese Anschuldigungen eine strafrechtliche Verfolgung, die aber doch tatsächlich stattgefunden hat, nicht rechtfertigten?", so Merker.[628]

Merker verteidigte, wie er betonte, seine Würde als Kommunist im und nach dem Prozeß sowie auch „die Interessen der Partei und ihrer Führung gegen die Werkzeuge der Berijabande, die sich über die Partei und ihre Führung erhoben, die mich auf das würdeloseste behandelten und die mich verhöhnten, weil ich es nicht vorgezogen hatte, mich ihren Verfolgungen durch die Flucht nach Westdeutschland zu entziehen, sondern mich ihnen entgegenstellte." Als Anerkennung dafür sei er in einem für die Justiz der DDR schmachvollen Verfahren verurteilt worden. „Und nun, nachdem mit diesen Schändlichkeiten endlich aufgeräumt werden mußte, werde ich von der Parteiführung immer noch wie ein Aussätziger gemieden." Durch den Beschluß des 28. ZK-Plenums sei versucht worden, das Unrecht „nicht aus der Welt zu schaffen, sondern es zu beschönigen und es, wenn auch in stark abgeschwächter Form, weiter aufrecht zu erhalten."[629]

---

[623] Die entsprechenden Dokumente sind abgedruckt bei KEßLER, SED, S. 156–170.
[624] SAPMO-BA, DY 30, NL 102/27, Bl. 73.
[625] Ebd., Bl. 76.
[626] Ebd., Bl. 81.
[627] Ebd., Bl. 84.
[628] Ebd., Bl. 85.
[629] Ebd., Bl. 87.

In seiner Antwort räumte Ulbricht ein, daß Merkers „Aufnahme in die Partei auf Grund der Beschlüsse des 28. Plenums unverzüglich hätte vollzogen werden müssen. Deine Freilassung", so Ulbricht weiter, „wurde von der Partei und von den staatlichen Organen als Rehabilitierung betrachtet."[630]

Dies war alles, was Merker an Genugtuung erfuhr. Es sei denn, man betrachtet jenes Stück Blech, das er kurz vor seinem Tode 1969 überreicht bekam, den „Vaterländischen Verdienstorden", als eine Kompensation für erlittenes Unrecht und für die Tatsache, daß Merkers Name jahrelang gleichsam für den eines „zionistischen Agenten" und Erzverräters stand.

Verdrängung der Geschichte bis ans Ende

Die Welle an Parteiüberprüfungen, Verhaftungen, beruflichen Degradierungen und Parteiausschlüssen intensivierte sich während des gesamten Winters 1952/53.[631] Auch die Jüdischen Gemeinden, soeben noch mit staatlichen Zuwendungen bedacht, galten nun sozusagen als „Fünfte Kolonne" des Imperialismus. Zu Beginn des Jahres 1953 wurden die Büros der Gemeinden von MfS-Mitarbeitern durchsucht, Gemeindemitglieder verhaftet und verhört und verschiedentlich den Gemeindemitgliedern vorgeworfen, sie seien als Zionisten „bereit und fähig, im Auftrage des amerikanischen Geheimdienstes zu arbeiten."[632] In diesem Zusammenhang wurde Paul Merker unterstellt, er habe jüdische SED-Mitglieder aufgefordert, den Gemeinden beizutreten. Merker wies dies zurück, aber der Vorwurf wurde wiederholt.[633] In der Tat waren zahlreiche Juden in der DDR vom US-amerikanischen Joint Distribution Committee materiell unterstützt worden; eine Tatsache, die den Parteioberen seit langem bekannt und von ihnen toleriert worden war. Doch dies galt nunmehr als zutiefst suspekt. Nach einer Gesprächsnotiz des Vorsitzenden der Jüdischen Gemeinden in der DDR, Julius Meyer, waren bereits im Dezember 1951 führende Gemeindemitglieder zur Sowjetischen Kontrollkommission bestellt und gefragt worden: „Woher bekommen Ihre Gemeinden ihre Anordnungen? Bekommen sie diese in der Weise wie die Kirche aus Rom? Haben sie Hirtenbriefe? ... Ist Ihnen denn nicht klar, aus welchen Gründen ‚Joint' die Liebesgaben nach Deutschland bringt?"[634]

---

630 Ebd., Bl. 92.
631 Vgl., neben der bereits angeführten Literatur, vor allem THOMAS KLEIN/WILFRIEDE OTTO/PETER GRIEDER, Visionen. Repression und Opposition in der SED (1949–1989), 2 Bde., Frankfurt/Oder 1996, bes. Bd. 1, 25ff., 219ff.
632 Zit. nach LOTHAR MERTENS, Davidstern unter Hammer und Zirkel. Die Jüdischen Gemeinden in der SBZ/DDR und ihre Behandlung durch Partei und Staat 1945–1990, Hildesheim 1997, S. 55, unter Bezugnahme auf einen Bericht der Schweriner Staatssicherheit vom 27. Januar 1953.
633 Vgl. den bei KEßLER, SED, S. 157–170, abgedruckten Brief Merkers an die ZPKK vom 1. Juli 1956, bes. S. 169–170. Das Dokument befindet sich im SAPMO-BA und trägt die Signatur NL 102/27, Bl. 1–38.
634 Julius Meyer, nach einem Manuskript von Rainer Hildebrandt, dem Leiter der antikommunistischen „Kampfgruppe gegen Unmenschlichkeit" vom Frühjahr 1953, in dem dieser eine Gesprächsnotiz Meyers nach dessen Flucht nach Westberlin wiedergibt. Das Manuskript befindet sich in den Jewish Research Archives, New York (YIVO), und ist zit. bei OLAF GROEHLER, Antifaschismus und jüdische Problematik in der SBZ und der frühen DDR, in: OLAF GROEHLER/MARIO KEßLER, Die SED-Politik, der Antifaschismus und die Juden in der SBZ und der frühen DDR, Berlin 1995, S. 5–31, hier S. 16.

Seit Ende 1952 wurden die Gemeindebüros von Angehörigen des Staatssicherheitsdienstes durchsucht und die Akten beschlagnahmt.[635] Dies löste große Ängste unter den Juden aus. Leo Zuckermann, der zeitweilig Wilhelm Piecks Kanzleichef war, suchte Zuflucht in der Westberliner Wohnung von Heinz Galinski. Allein im Januar 1953 flohen 400 Juden in den Westen, darunter Zuckermann und Meyer. Der amerikanische, in Berlin tätige Rabbiner Nathan Peter Levinson drängte Galinski, die Juden in der DDR aufzufordern, diese zu verlassen. Nach anfänglichem Zögern willigte Galinski ein und berief eine Pressekonferenz ein. Die Gemeindebibliothek wurde aus Ostberlin über die offene Grenze in den Westteil der Stadt gebracht.[636] Auch die Vorsteher der Jüdischen Gemeinden von Leipzig, Erfurt, Halle und Schwerin gingen in den Westen. Erst Stalins Tod beendete diese Phase des Drucks und des Leidens. Doch blieb, wie der Zeitzeuge Heinz Brandt berichtete, das Mißtrauen vieler Juden gegenüber der Staatsmacht noch längere Zeit unterschwellig, doch deutlich spürbar. Immerhin wurden jetzt die bislang sehr zögerlich bearbeiteten Rückkehrwünsche – es gab sie nach alldem tatsächlich noch! – jüdischer Emigranten schneller bearbeitet, wie Carl Jacob Danziger und Franz Loeser festhielten.[637]

Es gibt nichts, was den Druck auf die Jüdischen Gemeinden, was die Verfolgung jüdischer Kommunisten auch nur irgendwie rechtfertigen oder relativieren könnte. Dennoch bleibt, so makaber dies klingen mag, festzuhalten, daß es in der DDR keine Exzesse wie in der Sowjetunion oder der Tschechoslowakei gab. In der DDR wurden von offizieller Seite, entgegen mancher Befürchtungen unter den Juden, keine Pogrome angezettelt oder auch nur geduldet. Im Gegenteil: Das Neue Deutschland berichtete am 29. Januar 1953, daß die Bezirksgerichte von Magdeburg, Gera und Frankfurt/Oder mehrere Bürger, „die antisemitische Hetzparolen und Verleumdungen über jüdische Mitbürger verbreitet hatten", zu Zuchthausstrafen von ein bis zwei Jahren verurteilten.[638] Schließlich traten während des Arbeiteraufstandes vom 17. Juni 1953 keinerlei antisemitische Begleiterscheinungen zutage. Die alte nazistische Propagandafigur vom „jüdischen Bolschewismus" zeigte keine Folgen! Die demonstrierenden Arbeiter entsannen sich demokratischer und teilweise auch sozialistischer Traditionen und nahmen sie in ihren Forderungskatalog auf.[639] Lutz Niethammer betonte, die Juden in der DDR „sympathisierten in der Regel mit dem Drang nach einer Liberalisierung der Verhältnisse und mit einer Verdrängung des SED-Bonzentums, aber angesichts einer bewegten und undisziplinierten Masse von Deutschen, die acht Jahre nach Hitler die Macht der Straße erkämpften und unter

---

[635] Vgl. PETER MASER, Juden und Jüdische Gemeinden in der DDR bis in das Jahr 1988, in: Tel Aviver Jahrbuch für deutsche Geschichte, XX (1991), S. 393–426, hier S. 404.

[636] Ebd.; MERTENS, Davidstern, S. 54ff.

[637] Vgl. HEINZ BRANDT, Ein Traum, der nicht entführbar ist. Mein Weg zwischen Ost und West, München 1967, S. 192f.; CARL JACOB DANZIGER, Die Partei hat immer recht, Stuttgart 1976, S. 27; FRANZ LOESER, Antisemitismus in der DDR, in: Kontinent 24 (1989) 2, S. 50–54; vgl. auch DERS., Die unglaubwürdige Gesellschaft. Quo vadis, DDR? Köln 1984 (Loesers Memoiren).

[638] Neues Deutschland, 29. Januar 1953.

[639] Vgl. THORSTEN DIETRICH, Der 17. Juni 1953 in der DDR. Bewaffnete Gewalt gegen das Volk, Berlin 1991.

denen es binnen weniger Stunden auch zu Gewalttätigkeiten kam, empfanden sie Angst und waren deshalb der Roten Armee für ihre weitgehend unblutige Intervention nicht undankbar."[640]

Dies deckt sich mit den Stellungnahmen beispielsweise von Hans Mayer, der unmittelbar nach der Beendigung der Revolte durch die sowjetischen Truppen schrieb: „Es ging bei uns am 17. Juni in Wahrheit um Faschismus oder Antifaschismus. Es ist sinnlos, sich in dieser Grundfrage irgend etwas vormachen zu wollen. Außerdem haben die Älteren unter uns noch gewisse Bilder in der Erinnerung, gewisse Klänge im Ohr. Klirrende Fensterscheiben, Verbrennungen von Büchern und Papieren, Brandstiftungen, Plünderungen, Jagd auf Menschen, Lynchjustiz ... Was wäre geschehen, wenn das da gesiegt hätte?"[641] Jahrzehnte später hielt Mayer im Rückblick fest, daß es „kaum aufregend" in Leipzig war. „Ziemlich viele Radfahrer auf feinen und unverkennbar westlichen Fahrrädern, die rasch davonzuflitzen schienen, fielen mir auf."[642]

Die Auseinandersetzung um den 17. Juni schob das Problem des Antisemitismus in der SED ganz in den Hintergrund. Es ist ein Paradoxon der Geschichte, daß gerade jüdische Kommunisten, die noch Monate zuvor die Staatsmacht, ihren Partei- und Sicherheitsapparat und vor allem den Willen des sowjetischen Diktators fürchten mußten, nun in der Präsenz ebendieser Staatsmacht eine Garantie für ihre – relativ – sichere Existenz sehen mußten. Dabei dachten durchaus nicht alle so, verdrängten nicht alle die bedrückende Wirklichkeit. Alfred Kantorowicz, der am 17. Juni im Krankenhaus lag, notierte wenig später in sein Tagebuch: „Warum haben wir Intellektuellen und alten Sozialisten uns nicht an die Spitze der Bewegung gestellt? Was außer passiver Resistenz, außer Raunzen, Klagen, äußerstenfalls geistiger Selbstbehauptung haben wir getan?"[643] Ob die demonstrierenden Arbeiter freilich auf staatstragende Intellektuelle damals gehört hätten, muß indes wenigstens offen bleiben. Nach dem 17. Juni saßen Ulbricht und die Seinen fester denn je zuvor im Sattel. Diese neue Konstellation bewog die noch in der DDR verbleibenden Juden, sich oft notgedrungen enger an das Regime zu binden.

Die Aufarbeitung des Antisemitismus in der DDR hätte somit eine freie Diskussion über Grundfragen der ostdeutschen Geschichte notwendig gemacht. Dies war bis zum Herbst 1989 nicht möglich. Allerdings verschwand nach dem Tode Stalins der spezifisch stalinistische Antisemitismus, der zum einen als Waffe in Fraktionskämpfen eingesetzt wurde, zum anderen sich gegen ungeschützte Minoritäten – wie fast jede Spielart des Stalin-Terrors – richtete. Er feierte Anfang 1968 noch einmal in Polen eine traurige Wiederauferstehung, was – unter anderem – auch darauf verweist, wie wenig die nachstalinistischen Gesellschaften des bürokratischen Sozialismus ihr Erb-

---

640 LUTZ NIETHAMMER, Zur Einführung. Der 17. Juni – vierzig Jahre danach, in: JÜRGEN KOCKA/MARTIN SABROW (Hg.), Die DDR als Geschichte. Fragen – Hypothesen – Perspektiven, Berlin 1994, S. 40–48, hier S. 47.

641 SAPMO-BA, DY 30, IV 2/9.04/426, zit. nach ARNIM MITTER/STEFAN WOLLE, Untergang auf Raten. Unbekannte Kapitel der DDR-Geschichte, München 1993, S. 112f.

642 HANS MAYER, Ein Deutscher auf Widerruf, Bd. 2, (Taschenbuchausgabe) Frankfurt am Main 1988, S. 50.

643 ALFRED KANTOROWICZ, Deutsches Tagebuch, Bd. 2, Berlin (West) 1980, S. 365.

teil wirklich abzustreifen vermochten. Es war somit ein Akt historischer
Gerechtigkeit, daß die frei gewählte Volkskammer der DDR am 12. April
1990 die Juden in aller Welt um Verzeihung bat „für die Verfolgung und
Entwürdigung jüdischer Mitbürger auch nach 1945 in unserem Land".[644]
Die Partei des Demokratischen Sozialismus hatte als Rechtsnachfolgerin
der entmachteten SED schon vorher einen längst überfälligen Schritt getan
und Paul Merker voll, wenn auch zu spät, rehabilitiert.

---

[644] Neues Deutschland, 14./15. April 1990.

Nora Goldenbogen

Zum Zusammenhang zwischen Antisemitismus und spätstalinistischen Säuberungswellen in Sachsen zwischen 1949 und 1953

Auch nach dem Studium der inzwischen zahlreich erschienenen Literatur zur Geschichte der Juden in der DDR bleibt es notwendig, zunächst festzuhalten, daß die ersten Nachkriegsjahre und die frühen Jahre der DDR von entscheidender Bedeutung für den grundsätzlichen Umgang mit der „jüdischen Frage", mit überlebenden und zurückgekehrten Juden und Bürgern jüdischer Herkunft sowie für Umfang und Tiefe der Auseinandersetzung mit Antijudaismus und Antisemitismus in diesem Teil Deutschlands waren. Festzuhalten bleibt aber ebenso der Gedanke, daß lineare und eindimensionale Antworten auf die Fragen nach Verläufen, nach Ursachen und nach Ergebnissen der damaligen Vorgänge der Komplexität der Geschehnisse Ende der 1940er / Anfang der 1950er Jahre nicht gerecht werden.

Der verstorbene Berliner Historiker Olaf Groehler löste Anfang der 1990er Jahre mit seinen Aufsätzen zu diesem Problem eine unter ostdeutschen Historikern zum Teil sehr heftig und sehr emotional geführte Debatte aus, die sich vor allem an Groehlers grundsätzlichen Wertungen entzündete. Einige davon seien deshalb hier eingangs noch einmal zitiert. „Meine Grundüberzeugung", so schrieb er 1993, „läuft darauf hinaus, daß es zu keinem Zeitpunkt in der SBZ und der späteren DDR zu einer der Problematik angemessenen und notwendig ausreichenden Auseinandersetzung und Klärung mit dem Problem des deutschen Antijudaismus gekommen ist, daß die sozialistische Arbeiterbewegung bei der theoretischen und praktischen Bewältigung dieses Problems weitgehend versagt hat. Das bedeutet nicht, daß nicht erhebliche Mühen und Anstrengungen von verschiedener Seite zu verschiedenen Zeiten unternommen wurden, um eine Klärung und Lösung in angemessener Weise zu versuchen bzw. voranzubringen… Der Blick richtet sich hier auf Anfänge des Diskurses unmittelbar nach der militärischen und politischen Katastrophe des Dritten Reichs im Jahre 1945, die m. E. deshalb von konstituierender Bedeutung waren, weil hier einerseits Ansätze sichtbar wurden, Problemlösungen zu finden, andererseits die sie hemmenden Widerstände bereits deutlich hervortraten, die vor allem durch politische Instrumentalisierung und Nutzbarmachung gekennzeichnet waren und zur Folge hatten, daß sich die DDR mit einer Erblast befrachtete, an der sie, letztendlich über Jahrzehnte trug." [645]

Meines Erachtens skizzierte Olaf Groehler hier tatsächlich entscheidende Probleme und Leerstellen im Umgang mit der „jüdischen Frage", mit jüdischer Geschichte, mit deutschem Antijudaismus und Antisemitismus. In ihrem Kern werden sie auch in den nun im folgenden dargestellten historischen Vorgängen in Sachsen sichtbar.

---

[645] OLAF GROEHLER, Die Diskussion um die Judenverfolgung in SBZ und DDR (1947–1953), in: MARIO KEßLER (Hg.), Arbeiterbewegung und Antisemitismus. Entwicklungslinien im 20. Jahrhundert, Bonn 1993, S. 79–85, hier S. 79.

Die Ausgangslage in Sachsen

Den Naziterror überlebt hatten auch in Sachsen vor allem Juden und Jüdinnen, die in sogenannten Mischehen lebten, oder in der Illegalität die Verfolgung überstanden. Daneben war Sachsen in den ersten Jahren auch Zwischenstation für auswanderungswillige osteuropäische Juden auf ihrem Weg insbesondere nach Berlin und in die amerikanische Besatzungszone und von dort aus nach Palästina, in die USA oder andere Länder. Wie in die übrigen Länder der sowjetischen Besatzungszone kehrten auch nach Sachsen jüdische Überlebende der Lager und Emigranten zurück. Unter den letztgenannten überwog, und das ist eine gewisse Spezifik der gesamten sowjetischen Besatzungszone, der Anteil der politischen Emigranten jüdischer Herkunft. Viele kamen, auf unterschiedliche Weise dazu veranlaßt, zurück, um am Aufbau eines demokratischen, antifaschistischen und auch später sozialistischen Deutschlands teilzunehmen. Während in Leipzig beispielsweise diejenigen Emigranten, die sich der Israelitischen Religionsgemeinde zu Leipzig anschlossen, insbesondere aus Schanghai (China) und nur vereinzelt aus Palästina, England, Rumänien oder Südamerika zurückkehrten[646], so war die Ausgangslage in Dresden eine andere. Sie war es sicher auch deswegen, weil Dresden als Landeshauptstadt auch Sitz der Landesverwaltung und später der Landesregierung Sachsens und des Landesvorstandes Sachsen der SED war. Für die Besetzung der staatlichen und politischen Funktionen auf Landesebene wurden Menschen gebraucht, die eine antifaschistische oder zumindest nicht durch die Mitgliedschaft in nationalsozialistischen Organisationen belastete Biographie nachwiesen und sich auch politisch für eine antifaschistisch-demokratische und letztlich sozialistische Perspektive engagieren wollten. Der überwiegende Teil der Remigranten, von denen zeitweise mehr als 40 Männer, Frauen und Kinder auch zur Jüdischen Gemeinde zu Dresden gehörten, kehrte aus dem englischen Exil zurück. Weitaus weniger kamen aus Mexiko, Kuba, Palästina und der Schweiz. Diese unterschiedliche Konstellation in bezug auf die Exilländer, aus denen die jüdischen Emigranten zurückkehrten, sollte nur wenige Jahre später für den Umfang und die Auswirkungen der spätstalinistischen Säuberungen von einiger Bedeutung werden.

Die bisherigen Forschungen zu dieser Problematik machen zudem zumindest für Dresden sichtbar, daß nur der kleinere Teil dieser zurückgekehrten Emigranten ursprünglich aus dieser Stadt stammte. Viele zogen nach 1945 neu nach Dresden, vorwiegend aus den schon erwähnten beruflichen Gründen. Für andere sächsische Städte sind hierzu auf Grund des bisherigen Forschungsstandes noch keine detaillierteren Aussagen möglich. Quellenmäßig belegt ist aber, daß sich in Leipzig, Dresden und Chemnitz zwischen Sommer 1945 und Anfang 1946 die drei ehemaligen Jüdischen Gemeinden wieder gründeten. Anfänge zur Wiedergründung von Jüdischen Gemeinden gab es auch in Zwickau und in Plauen im Vogtland. Gewählte Spitzenfunktionäre der neuen Gemeinden, wie z. B. der Leipziger Rechts-

---

646 Vgl. STEFFEN HELD, Zwischen Tradition und Vermächtnis. Die Israelitische Religionsgemeinde zu Leipzig nach 1945, hg. vom Vorstand der Israelitischen Religionsgemeinde zu Leipzig, Hamburg 1995.

anwalt Dr. Fritz Grunsfeld [647] oder der Dresdner Versicherungs- und Finanz-
fachmann Leon Löwenkopf gehörten schon früh zu den aktiven Interessen-
vertretern der Jüdischen Gemeinden in der gesellschaftlichen Öffentlichkeit. Mehrere Vorstandsmitglieder in den wiedergegründeten Gemeinden
waren Mitglieder der KPD oder SPD und später der SED. In Dresden gaben
bereits sämtliche Mitglieder des ersten Gemeindevorstandes nach dem
Krieg, Leon Löwenkopf, Leonhard Natowitz und Rolf Pionkowski, in den
amtlichen Mitteilungen an die staatlichen und polizeilichen Organe bei der
Frage „Zugehörigkeit zu politischen Organisationen" ihre Mitgliedschaft
in der SED an. Der erste Vorsteher, Leon Löwenkopf, bis 1953 in verschiedenen führenden Wirtschaftspositionen in Sachsen tätig, hatte schon
vor 1933 der SPD und der Poale Zion angehört. Auch in den folgenden Jahren sollte sich dieser Trend fortsetzen. Mit Albert Hirsch oder Werner
Witepsky wirkten beispielsweise zwischen 1947 und 1952 weitere Männer
im Dresdner Gemeindevorstand, die sich ganz bewußt im sich entwickelnden politischen System der Sowjetischen Besatzungszone und späteren DDR
engagierten. Albert Hirsch, er gehörte zu den wenigen Überlebenden des
Transportes aus dem Dresdner „Judenlager Hellerberg" nach Auschwitz,
wurde ebenfalls Mitglied der SED und arbeitete von 1949 bis 1953 als per-
sönlicher Referent für jüdische Angelegenheiten in der Hauptabteilung
Verbindung zu den Kirchen, die Otto Nuschke, dem Stellvertreter des Ministerpräsidenten der DDR[648] unterstand. Werner Witepsky kehrte aus der
englischen Emigration nach Dresden zurück und trat der KPD, später der
SED bei. Er war im Rang eines Regierungsrates in der Landesregierung
Sachsen[649] tätig.

Probleme von konstituierender Bedeutung im gesellschaftlichen Diskurs der frühen Nachkriegsjahre

Als einer der frühesten Reibungspunkte erwiesen sich die bald einsetzenden Diskussionen um den amtlich anerkannten Status als „Opfer des Faschismus" und die daraus resultierenden Betreuungs- und Versorgungs-
leistungen. In ihnen zeigte sich frühzeitig, daß sowohl im Bereich der neu
entstehenden Verwaltungen und der politischen Führungsgremien der KPD,
später dann der SED, aber auch innerhalb der einzelnen Verfolgtengruppen
selbst teilweise sehr unterschiedliche Auffassungen und Wertungen zu Ursachen und Ausmaß der nationalsozialistischen Judenverfolgung sowie zum
Umgang mit den davon Betroffenen existierten. Zwar wurden in Sachsen,
im Gegensatz beispielsweise zu Berlin[650], die von der nationalsozialistischen
Judenverfolgung Betroffenen bereits im Zuge der ersten, vom 24. September 1945 datierenden „Verordnung über die Fürsorge für die Opfer des Faschismus und die Einrichtung eines Landesnachforschungsamtes" der
Landesverwaltung Sachsen und damit von Anfang an in alle vorgesehenen

---

647 Ebenda, S. 22.
648 AJGD, Mitteilungen über Vorstandsveränderungen, o. P.
649 SHStAD, LVS SED, A/ 2052, o. P.; ebd., VVN, A/ 1792, o. P.
650 OLAF GROEHLER, Antifaschismus und jüdische Problematik in der SBZ und der frühen
   DDR, in: DERS./MARIO KEßLER, Die SED-Politik, der Antifaschismus und die Juden in
   der SBZ und der frühen DDR, Berlin 1995, S. 5–31, hier S. 8–14.

sozialen und finanziellen Betreuungsleistungen einbezogen. Gleichzeitig aber beinhaltete schon diese erste Verordnung, insbesondere deren Durchführungsbestimmungen sowie nachfolgende Verordnungen und Gesetze eine administrative Kategorisierung von angeblich unterschiedlichen „Qualitäten" der Verfolgung und des Widerstands unter dem nationalsozialistischen Regime. Daraus ergaben sich in der administrativen und politischen Praxis auch unterschiedliche Kategorisierungen der Verfolgtengruppen. Ein frühes Zeugnis dieser Praxis ist ein Brief der Landesverwaltung Sachsen, Soziale Fürsorge „Opfer des Faschismus" an alle Landräte und Oberbürgermeister vom 28. November 1945. Darin heißt es: „Viele Zuschriften bewiesen uns, daß noch große Unklarheiten bestehen betreffs der Anerkennung und Sozialen Fürsorge für die ‚Opfer des Faschismus'… Es ist zu unterscheiden nach zweierlei Gesichtspunkten: 1. alle aktiven Kämpfer, die einen kompromißlosen Kampf gegen den Faschismus geführt haben und auf Grund dessen inhaftiert und verurteilt wurden… 2. diejenigen, die zwar auf Grund einer staatsfeindlichen Haltung inhaftiert wurden, aber nicht den bewußten Kampf gegen den Faschismus geführt haben (darunter fällt Heimtückevergehen, Abhören ausländischer Sender, Religiös- und Rassenverfolgte, soweit sie keine aktiven Kämpfer waren und bis zu einem gewissen Grad auch Wehrmachtszersetzung, Fahnenflucht und Arbeitsverweigerung)… Nach dieser Differenzierung erfolgt dann die soziale Betreuung. Die unter Punkt 1) genannten Personen nehmen in jeder Beziehung eine bevorzugte Sonderstellung."[651] Ähnliche Ressentiments gegenüber den „Nur-Opfern", denen, die nicht gekämpft hätten, prägten in der Folgezeit auch viele Debatten in Gremien wie der 1947 gegründeten politischen Organisation der „Opfer des Faschismus", der „Vereinigung der Verfolgten des Naziregimes" (VVN). Sie fanden ihren Niederschlag auch in Alltagsäußerungen und im Alltagsverhalten gegenüber Juden und Bürgern jüdischer Herkunft. In den Akten des Landesvorstandes der VVN Sachsen jener Jahre sind sie vielfach nachzulesen. Letztendlich weist aus heutiger Sicht auch der damals sehr gebräuchliche, ja amtliche Terminus „rassisch Verfolgte" für die von der nationalsozialistischen Judenverfolgung Betroffenen auf tiefe Defizite im gesellschaftlichen Diskurs jener Jahre hin. Ein Begriff aus dem Arsenal des modernen, mörderischen Antisemitismus blieb erhalten in der Sprachregelung für die Versorgung und Betreuung der überlebenden Opfer dieser Ideologie. Diese Sprachregelung war aber beileibe keine „sächsische Angelegenheit", sondern weit verbreitet und langlebig.

Die im Februar 1946 von der Landesverwaltung Sachsen erlassenen Durchführungsbestimmungen zur obenerwähnten Verordnung wiesen aber noch auf einen weiteren gesellschaftlichen Reibungspunkt hin, auf die ebenfalls sehr früh einsetzenden Diskussionen über Wiedergutmachung und über die Rückführung ehemals „arisierten" jüdischen Eigentums. Im letzten Punkt dieser Durchführungsbestimmungen wurde dazu unter anderem festgelegt: „Schadenersatz wegen dienstlicher Maßregelungen und wegen Verdienstausfall während der Haftzeit, eingezogener Bank- oder

---

[651] Verordnung über die Fürsorge für die Opfer des Faschismus und über die Errichtung eines Landesnachforschungsamtes vom 24. September 1945, Schreiben vom 28. Nov. 1945, Betr. Opfer des Faschismus, in: SHStAD, LRS, Min.Präs. Nr. 519, o. P.

Sparguthaben oder wegen sonst verlorenen Vermögens, sowie wegen Sach-schäden infolge von Bombenangriffen oder anderen Kriegseinwirkungen wird nicht gewährt."[652] Mit der Absicht, entgegen dieser Festlegung von 1946, eine gesetzliche Regelung zur Wiedergutmachung und zur Rücker-stattung jüdischen Eigentums im Interesse der Betroffenen und der Jüdi-schen Gemeinden als Körperschaften des öffentlichen Rechts durchzuset-zen, engagierten sich in Sachsen in den folgenden Jahren an besonders exponierter Stelle Dr. Fritz Grunsfeld, Mitglied des Vorstandes der Israeliti-schen Religionsgemeinde zu Leipzig, und Leon Löwenkopf, Vorsitzender der Jüdischen Gemeinde zu Dresden. In einer detaillierten Darstellung der auf zentraler Ebene geführten Diskussionen um Wiedergutmachung und Rückerstattung von Karin Hartewig wird sehr deutlich, daß es bereits in dieser Phase Querverbindungen zwischen regionalen und zentralen Akti-vitäten in bezug auf die Fragen der Wiedergutmachung und Rückerstat-tung jüdischen Eigentums gab, einschließlich des Kontakts und der Zusam-menarbeit mit den obengenannten Spitzenfunktionären der Jüdischen Gemeinden in Sachsen. Auf zentraler Ebene war der Motor dieser Diskus-sion vor allem der 1946 aus dem mexikanischen Exil zurückgekehrte KPD-Funktionär Paul Merker. Er hatte sich innerhalb der Führungselite der KPD am intensivsten und weitgehendsten mit der „jüdischen Frage" und deren Lösung in einem zukünftigen sozialistischen Deutschland auseinander-gesetzt und stieß als ranghoher Parteifunktionär die Diskussion zu dieser Thematik in der Sowjetischen Besatzungszone immer wieder an. In bezug auf die Fragen Wiedergutmachung und Rückerstattung versuchte er eine Lösung gemäß seinen Vorstellungen von einer sozialistischen deutschen Perspektive zu entwickeln. Zu seinen engsten Mitstreitern im Ringen um eine „sozialistische Lösung" gehörten auf zentraler Ebene Leo Zuckermann, politischer Emigrant jüdischer Herkunft, wie Merker selbst aus Mexiko zu-rückgekehrt und später enger Mitarbeiter des Präsidenten Wilhelm Pieck, Julius Meyer, Vorsitzender der Jüdischen Gemeinde Berlin und Präsident des Landesverbandes der Jüdischen Gemeinden in der Sowjetischen Besat-zungszone, sowie Leon Löwenkopf, neben seiner Dresdner Gemeinde-funktion auch Mitglied des Präsidiums der VVN in der Sowjetischen Besat-zungszone. Diese engagierten Interessenvertreter einer Lösung zugunsten der Betroffenen blieben allerdings immer eine kleine Minderheit.[653] Mit dem 1948 in die Gänge gebrachten Gesetz wurden diese Fragen letztendlich ebensowenig gelöst wie durch die noch in den Jahren 1951/1952 von Dr. Fritz Grunsfeld angestrengten Bemühungen, den Befehl 82 der SMAD, der die Rückgabe von Eigentum an die Jüdischen Gemeinden regelte, weiter zugunsten der Gemeinden zu untersetzen.[654] Offensichtlich jedoch hatte dieses besondere Engagement von Merker, Zuckermann, Meyer und Löwen-kopf nur wenige Jahre später, im Zusammenhang mit den Vorgängen in

---

652 Durchführungsbestimmungen zur Verordnung über die Fürsorge für die Opfer des Fa-schismus und über die Errichtung eines Landesnachforschungsamtes vom 24. Septem-ber 1945, in: SHStAD, LRS, Min.Präs., Nr. 519, o. P.

653 KARIN HARTEWIG, Zurückgekehrt. Zur Geschichte der Jüdischen Kommunisten in der DDR, Köln/Weimar/Wien 2000, S. 276ff.

654 AJGD, Allgemeine Korrespondenz 1951, o. P.

den sogenannten spätstalinistischen Säuberungen zwischen 1949 und 1953 für dieselben sehr negative Auswirkungen, wurde es zu einem Punkt, der sie verdächtig machte. Im Fall Paul Merker wurde es im berüchtigten Beschluß des Zentralkomitees der SED vom 20. Dezember 1952 „Lehren aus dem Prozeß gegen das Verschwörerzentrum Slanský" mit folgenden Worten als einer von vielen fingierten Anklagepunkten gegen ihn eingebracht. Dort heißt es: „Es unterliegt keinem Zweifel mehr, daß Merker ein Subjekt der USA-Finanzoligarchie ist, der die Entschädigung der jüdischen Vermögen nur fordert, um dem USA-Finanzkapital das Eindringen in Deutschland zu ermöglichen…Die Verschiebung von deutschem Volksvermögen fordert er mit den Worten: Die Entschädigung des den jüdischen Staatsbürgern zugefügten Schadens erfolgt sowohl an die Rückkehrer wie an diejenigen, die im Ausland bleiben wollen."[655]

Dieser Beschluß des Zentralkomitees der SED vom 20. Dezember 1952 mit seinen vielfachen negativen Folgen für politische Funktionäre jüdischer Herkunft, aber auch für Vorstände und Mitglieder der Jüdischen Gemeinden in der DDR markierte den Höhepunkt eines innenpolitischen Prozesses, der mittlerweile schon mehrfach in der Literatur mit dem Begriff der „spätstalinistischen Säuberungen" umrissen wird. Dieser innenpolitische Prozeß verlief in mehreren Wellen, die miteinander eng verzahnt waren und umfaßte den gesamten Zeitraum zwischen 1949 und 1953. Gleichzeitig markierte der ZK-Beschluß vom Dezember 1952, insbesondere auch die Sprache, in der er abgefaßt wurde, den Höhepunkt einer Entwicklung, in der antisemitische Stereotype und Klischees, häufig im Gewand des Antizionismus, aber auch eindeutig antisemitisch gefärbte sprachliche Wendungen mehr und mehr Einlaß in die politischen Begründungen und Abläufe der sogenannten Säuberungen in Sachsen fanden. Wenn man heute, im historischen Abstand von fast 50 Jahren fragt, wie derartige Entwicklungen nur wenige Jahre nach dem Ende des Hitlerregimes, nach dem hoffnungsvollen Neubeginn jüdischen Lebens im Osten Deutschlands und dem antifaschistischen Grundkonsens der frühen Jahre möglich waren, so muß neben den bisher angerissenen Problemen vor allem nach dem Stellenwert und dem Umfang der Nachkriegsauseinandersetzung mit Wurzeln und Erscheinungsformen von Antisemitismus und Rassenhaß sowie nach der Auseinandersetzung mit der zentralen Bedeutung von Antisemitismus und Rassismus für die nationalsozialistische Ideologie als konstituierendes Element im gesellschaftlichen Diskurs jener Anfangsjahre gefragt werden.

In Sachsen machten vor allem Vertreter der Jüdischen Gemeinden sehr frühzeitig und sehr vehement auf vorhandene Leerstellen und Problemfelder in bezug auf die Auseinandersetzung mit Antisemitismus und Rassismus unter der Bevölkerung, auf deren latente Existenz im Alltag und die sehr unterschiedliche Beurteilung dieses gesellschaftlichen Phänomens durch Funktionäre der verschiedenen politischen und staatlichen Ebenen aufmerk-

---

[655] Lehren aus dem Prozeß gegen das Verschwörerzentrum Slanský. Beschluß des Zentralkomitees der Sozialistischen Einheitspartei Deutschlands, 20. Dezember 1952, in: HERMANN MATERN, Über die Durchführung des Beschlusses des ZK der SED „Lehren aus dem Prozeß gegen das Verschwörerzentrum Slanský". 13. Tagung des Zentralkomitees der Sozialistischen Einheitspartei Deutschlands, 13.–14. Mai 1953, Berlin 1953, S. 55ff.

sam. Begonnen wurde die öffentliche Diskussion zu diesem Thema auch in der Sowjetischen Besatzungszone jedoch erst, nachdem 1947/1948 über ganz Deutschland eine Welle antisemitischer Ausschreitungen und Übergriffe schwappte. Es kam neben anderen Vorkommnissen zu zahlreichen Friedhofsschändungen. In Sachsen betraf das Zittau, Chemnitz und Leipzig. Das war für die damalige Leitung der VVN in der sowjetischen Besatzungszone Anlaß, im November 1947 Gedenkveranstaltungen zur Erinnerung an die Geschehnisse der „Reichskristallnacht" und deren Folgen vorzubereiten. Diese Veranstaltungen waren in ihrem Kern eine einzige Anklage gegen den Nachkriegsantisemitismus. Solche Veranstaltungen fanden beispielsweise am 12. und 13. November 1947 in Leipzig[656] und am 9. November 1947 im Dresdner Hygienemuseum[657] statt. Wenige Monate später kritisierte Leon Löwenkopf, der Dresdner Gemeindevorsitzende, auf der 2. Hauptkonferenz der VVN im Februar 1948 in Halle sehr leidenschaftlich die mangelnde öffentliche Bereitschaft, sich der notwendigen Auseinandersetzung zu stellen: „Wenn wir… jedoch auf die vergangenen zwei Jahre seit dem Zusammenbruch des Naziregimes zurückblicken, so erfüllt uns das, was sich in den letzten Monaten wieder abspielt, mit großer Besorgnis und tiefster Trauer. Nachdem der Nationalsozialismus dem deutschen Volke selbst zuletzt das Schreckliche bereitet hat, das er vorher anderen Völkern und besonders dem jüdischen Volke bereitet hat, sollte man doch meinen, daß man die Hintergründe der nationalsozialistischen Rassenlehre in Deutschland endlich erkannt hat. Leider ist das nicht der Fall. Man sagt uns, solange ein Volk hungert, kann man nicht erwarten, daß es daran denkt, sich umzuschulen. Inzwischen werden wieder Friedhofsschändungen am laufenden Band gemeldet,…44 Friedhofsschändungen in den verschiedensten Gegenden Deutschlands…, das wieder besagt, daß große Teile des deutschen Volkes aus dem nationalsozialistischen Deutschland wohl enttäuscht, nicht aber belehrt hervorgegangen sind. Es gibt aber nur sehr wenige solcher vernünftigen Deutschen. Eine gewisse Zahl wirklicher Demokraten, die in Deutschland sehr klein ist. Die Millionen plötzlicher Auch-Demokraten und Auch-Antifaschisten, die gestern noch für Hitler durch dick und dünn gingen und morgen wieder gehen werden, haben lediglich ihr Mäntelchen gewendet… Es ist daher unsere heiligste Pflicht, schonungslos den kranken Kern aufzudecken und immer wieder zu warnen."[658] Die von Löwenkopf hier und anderenorts so dringlich angemahnte Auseinandersetzung wurde weder in der Öffentlichkeit noch intern in der SED oder anderen gesellschaftlichen Organisationen mit der Intensität geführt, wie sie gefordert worden war. Zumindest deuten die bisher ausgewerteten Quellen für diesen Zeitraum darauf hin. Wenn es, wie beispielsweise 1948, im Anschluß an einen Vortrag in der VVN-Landesschule Sachsen zum Thema „Antisemitismus und die Bedeutung des Staates Israel", aber auch bei anderen Gelegenheiten zu Diskussionen über dieses Thema kam, so wird aus den Quellen häufig deutlich, daß auch unter so manchen Funktionären antisemitische und rassistische Vorbehalte und Denkklischees weiterlebten,

---

[656] HELD, Tradition, S. 22.

[657] HARTEWIG, Zurückgekehrt, S. 529.

[658] 2. Hauptkonferenz der VVN in der sowjetischen Besatzungszone 22.2.–24.2.1948, Halle/Saale, o. O., o. J., S. 124.

die weder als solche thematisiert noch diskutiert wurden.[659] Dafür sind sicher mehrere Ursachen auszumachen. Einerseits wurden in den ersten Nachkriegsjahren viele Menschen Mitglieder der SED und bekleideten sehr bald auch politische Funktionen, die nicht selten zumindest „Mitläufer" des Hitlerregimes gewesen waren und das alltägliche Gift des Antisemitismus und Rassismus der Jahre zwischen 1933 und 1945 in sich aufgenommen hatten. Andererseits spielten für die Haltung vieler älterer, aus der Arbeiterbewegung vor 1933 hervorgegangener Funktionäre zu dieser Thematik auch in der marxistisch orientierten Arbeiterbewegung über lange Zeit tradierte theoretische Positionen eine Rolle. Bei aller Ablehnung von politischem Antisemitismus und Rassismus und ihren mörderischen Folgen galten diese Ideologien als Sekundärerscheinungen der antagonistischen Klassengesellschaft, die mit der Überwindung der Klassengesellschaft und der damit selbstverständlich einhergehenden vollständigen Assimilation der Juden als gesellschaftliche Phänomene abgeschafft würden. Oder in einprägsamer Kurzfassung: Mit der Lösung der „sozialen Frage" ginge auch die Lösung der „jüdischen Frage" einher. Eine Auseinandersetzung in bezug auf die relative Eigenständigkeit dieser gesellschaftlichen Phänomene fand kaum statt: Die „jüdische Frage" blieb ein Nebenthema.[660]

Mechanismen und Abläufe der „spätstalinistischen Säuberungen" in Sachsen

Auf diesem, hier nur grob skizzierten Nährboden konnten die antisemitischen Akzente der „spätstalinistischen Säuberungen" in der SED und nachfolgend auch im Verwaltungsapparat der Sowjetischen Besatzungszone und späteren DDR gedeihen. Sie waren aber kein spezifisch sächsisches oder ostdeutsches Problem, sondern müssen zunächst in einem größeren, internationalen Kontext betrachtet werden. Diese innenpolitischen Vorgänge waren letztendlich eingebunden in den sich entwickelnden außenpolitischen Kontext des Ost-West-Konflikts und des eskalierenden „Kalten Krieges". Sie waren gleichzeitig verknüpft mit den davon und von eigenen Machtambitionen getriebenen Bestrebungen Stalins, einen festgefügten Block der Oststaaten zu schaffen, von Staaten, aufgebaut nach „sowjetischem Modell", mit stalinistischen Strukturen, Methoden und Mechanismen. Für die Erreichung dieses Ziels mußten die Kommunistischen oder Sozialistischen Parteien der Länder die entscheidende Rolle übernehmen. Voraussetzung dafür war, analog stalinistischer Szenarien in der Sowjetunion während der 1930er Jahre, die unbedingte „Säuberung" der Parteien von „feindlichen und entarteten Elementen". So hieß in eindeutig stalinistischer Sprachregelung bereits der Beschluß der 12. Tagung des Parteivorstandes der SED vom 28./29. Juli 1948. Ziel war die möglichst vollkommene geistige, emotionale und damit politische Disziplinierung der Parteimitglieder, die Entwicklung der SED zu einer „Partei neuen Typus".[661] Der internationale Rahmen dieser Vorgänge wird auch dadurch deutlich, daß die „Säuberun-

---

[659] SHStAD, LVS SED, A/ 1704, o. P.
[660] MARIO KEßLER, Die SED und die Juden – Zwischen Repression und Toleranz: politische Entwicklungen bis 1967, Berlin 1995.
[661] Geschichte der deutschen Arbeiterbewegung, Chronik, Teil III von 1945 bis 1960, Berlin 1967, S. 165f.

gen" letztendlich bereits im Mai 1948 mit der Resolution „Über die Lage der Kommunistischen Partei Jugoslawiens", verabschiedet auf einer Sondersitzung des Informationsbüros der kommunistischen und Arbeiterparteien (Kominform), vorangekündigt worden waren.[662] Die ebenfalls zum internationalen Szenario der Stalinisierung gehörenden Schau- und Geheimprozesse in vielen osteuropäischen Staaten, von denen vor allem der Rajk-Prozeß im September 1949 in Ungarn und der Slanský-Prozeß im November 1952 in der CSR ganz unmittelbare und sehr nachhaltige Auswirkungen auf die Geschehnisse in der DDR und damit auch in Sachsen hatten, prägten und forcierten die „Säuberungen" oder „Parteiüberprüfungen", wie die Abläufe im abgemilderten, offiziellen Sprachgebrauch hießen. Sie waren ein wesentlicher Bestandteil der inneren Vorgänge in der SED und im von ihr dominierten Staatsapparat zwischen 1949 und 1953 und bildeten trotz scheinbarer jeweiliger zeitlicher Begrenzung eine deutliche strukturelle und inhaltliche Einheit. Das weisen auch die überlieferten Quellen aus dem Bestand des Landesvorstandes Sachsen und der späteren Bezirksleitungen der SED aus. Begründet mit der Stalinschen These von der Verschärfung des Klassenkampfes beim erfolgreichen Aufbau des Sozialismus wurden die „Säuberungen" oder „Überprüfungen" zum Aufspüren und Vorführen von angeblichen „Feinden", „Abweichlern" und „imperialistischen Agenten" jeglicher Couleur geführt. Zu den aufgeführten Zielgruppen gehören nach dem damaligen Sprachgebrauch „Titoisten", „Trotzkisten", „Westemigranten", SED-Mitglieder, die in westlicher oder jugoslawischer Kriegsgefangenschaft waren, ehemalige Sozialdemokraten, ehemalige Mitglieder der KPD(O) oder SAP und im weiteren Verlauf auch verstärkt „Kosmopoliten". Unter diesem Begriff, der grundsätzlich zum antisemitischen Sprachvokabular gehört, wurden jüdische Intellektuelle und Emigranten zusammengefaßt. Später kam noch die Feindgruppe der „Zionisten" hinzu.

In Sachsen begannen die „Säuberungen" mit einem Brief Hermann Materns, Vorsitzender der Zentralen Parteikontrollkommission der SED an alle Landesparteikontrollkommissionen der SED. Datiert war der Brief mit dem 7. November 1949.[663] Das System der Parteikontrollkommissionen auf allen Strukturebenen der Partei basierte nicht auf den Traditionen der deutschen sozialistischen oder kommunistischen Bewegung, sondern gehörte zum Konzept der Übernahme stalinistischer Parteimechanismen. Ihre Gründung war auf der 13. Tagung des Parteivorstandes der SED im September 1948 beschlossen worden. Diese Kommissionen sollten insbesondere zur Kontrolle und Festigung der ideologischen „Einheit" und „Reinheit" der Partei dienen.[664] Im Brief Materns waren der Plan und die Aufgaben zunächst zur Überprüfung aller Verantwortungsträger in Staat, Partei und Wirtschaft jeweils auf Landesebene festgelegt. Die dazu nachgelieferten detaillierten Überprüfungshinweise, sie sind quellenmäßig bisher nur aus dem Bestand der Landesparteikontrollkommission Sachsen der SED bekannt und ausgewertet, ent-

---

662 GEORG HERMANN HODOS, Schauprozesse. Stalinistische Säuberungen in Osteuropa 1948–54, Berlin 1990, S. 23 und S. 68ff.
663 Brief von Hermann Matern an alle Landesparteikontrollkommissionen vom 7.11.1949, SHStAD, LVS SED, A/ 2017, o. P.
664 Geschichte der deutschen Arbeiterbewegung, Chronik, Teil III, S. 171f.

hielten Anleitungen über das empfohlene Vorgehen bei den Überprüfungen und umfangreichere Informationen zu besonders interessierenden Emigrationsländern. Vor allem die Schweiz und England befanden sich zunächst im Visier der „Kontrolleure". In den Hinweisen zur Schweizer Emigration wurde bereits 1949 die dortige „jüdische Emigration" als besonders zu überprüfende Gruppe ausgewiesen, mit Verweisen auf Verbindungen zur „zionistischen Bewegung", zur „trotzkistisch-jüdischen" Bewegung und engen Beziehungen zum amerikanischen Geheimdienst. Auch in den Informationen zur englischen Emigration wurde bei den einzelnen charakterisierten Emigrationsgruppen der hohe Anteil an Juden explizit vermerkt. Im Klartext bedeutete das die besonders intensive Überprüfung aller jüdischen Remigranten aus England und vor allem aus der Schweiz in bezug auf ihre eigene Biographie und auf ihre Kontakte während der Emigration und danach. Mit diesen antijüdischen Akzenten in den Überprüfungshinweisen der Zentralen Parteikontrollkommissionen bereits am Anfang der „Säuberungen" waren wichtige Signalwörter gesetzt worden, die bis zu den Vorgängen 1952/1953 eine wichtige Rolle spielen sollten. Im Gefolge der bis zum Frühjahr 1950 laufenden ersten Welle der Parteiüberprüfungen sind in Sachsen 4.635 Personalunterlagen sowie 31 Institutionen und 13 VVBs sowie die „Zonenkreise" Plauen und Oelsnitz untersucht worden. Listen mit über 140 Namen von „verdächtigen Elementen, Agenten, Trotzkisten" und sonstigen „fragwürdigen Elementen" wurden zusammengetragen und mit der Zentralen Parteikontrollkommission der SED und eigens dafür geschaffenen Sonderkommissionen ausgetauscht. Auf diese Art und Weise konnte man auf ein ganzes Arsenal von Verdächtigen zurückgreifen. Ausführliche Charakteristiken wurden, das ist im Bestand der Landesparteikontrollkommission Sachsen der SED nachlesbar, vor allem über die „Westemigranten" erarbeitet.[665] Die jüdische Herkunft der Betreffenden ist in den meisten Fällen gesondert vermerkt worden. In diesem Verfahren filterte man sogenannte Sonderfälle heraus und führte sie speziellen Untersuchungen zu. Die meisten auf diese Art und Weise zusammengestellten Unterlagen konservierte man jedoch für den eventuellen späteren Gebrauch.

Ganz deutlich wird das beispielsweise am Fall von Hans Straschitz-Schrekker, Kommunist jüdischer Herkunft und aus dem englischen Exil zurückgekehrt. Hans Straschitz-Schrecker arbeitete zunächst in Dresden und ab 1952 in Leipzig, zuletzt als kommissarischer Chefredakteur der „Leipziger Volkszeitung". Auch über ihn wurde Material bereits während der Überprüfung 1949/50 zusammengestellt. Verhaftet wurde er dann im Gefolge der zweiten Welle der Säuberungen im Zusammenhang mit dem Prager Slánský-Prozeß im November 1952. Nach seiner Haftentlassung im September 1956 berichtete Straschitz-Schrecker, daß viele Verhöre „eine stark antisemitische Note" trugen. Bereits während seines ersten Verhörs sei er mit folgenden Worten beschimpft worden: „Sie Schwein wagen es, uns hier mit Genossen anzureden. Sie Verbrecher. Sie internationaler Spion. Sie Dreckjude haben die Partei verraten. Sie trotzkistischer Bandit…"[666] In den weiteren Verhören tauchten Nachfragen über viele Juden und Funktionäre jüdischer Herkunft auf, über

---

[665] SHStAD, LVS SED, A/ 2017, o. P.

die Material in den ersten Überprüfungen 1949/1950 gesammelt worden war. Befragt wurde er zu insgesamt etwa 30 Personen, unter ihnen aus Sachsen über Max Zimmering, Max Dankner und Gerda Lindner. Das besondere Interesse der Vernehmer galt außerdem dem Vorsitzenden der Jüdischen Gemeinde Dresden, Leon Löwenkopf und dem Verhältnis von Straschitz-Schrecker generell zur Jüdischen Gemeinde.[667]

Anders als bei Hans Straschitz-Schrecker hatte jedoch bereits die erste Welle der „Säuberungen" 1949/1950 für weitere Betroffene zu beruflichen Konsequenzen, Parteiausschlüssen und Verhaftungen geführt, letztere häufig im Zusammenhang mit Verdächtigungen und Beschuldigungen im beruflichen Tätigkeitsbereich. Diese Vorgänge wurden vielfach durch das bereits entstandene Klima des Mißtrauens und der Denunziation gefördert. Auch Leon Löwenkopf wurde auf Grund einer Denunziation wegen angeblicher Unterschlagungen und Unregelmäßigkeiten in seiner Leitungstätigkeit als Präsident der Sächsischen Landeskreditbank von August bis November 1950 in Untersuchungshaft genommen.[668] Nach seiner Entlassung erfolgte zunächst noch einmal die Rehabilitierung, doch das Mißtrauen blieb. Eine Spätfolge dieser Überprüfungen waren in den Jahren 1951/1952 eine Reihe von Austritten aus den Jüdischen Gemeinden. Für Dresden ist das auf Grund der teilweise erhalten gebliebenen Mitgliederlisten der Gemeinde aus diesen frühen Jahren und durch den Vergleich mit den Protokollen der Landesparteikontrollkommission der SED aus dem Jahre 1950 partiell nachweisbar. Ihren Austritt vollzogen hier vor allem Gemeindemitglieder, die in westlicher Emigration gewesen waren, höhere politische oder staatliche Funktionen innehatten, sich den Parteiüberprüfungen unterziehen mußten und wahrscheinlich weiterem Druck und weiterem Mißtrauen ausweichen wollten.[669]

Mit der zweiten großen Welle der „Säuberungen" 1952/1953 im Zusammenhang mit den Vorgängen um den Prager Schauprozeß gegen das „Verschwörerzentrum Slanský" wurde die antijüdische-zionistische Stoßrichtung parteioffiziell. Mit bestürzender Deutlichkeit zeigt sich diese Komponente im schon mehrfach erwähnten Beschluß des ZK der SED „Lehren aus dem Prozeß gegen das Verschwörerzentrum Slanský" vom 20. Dezember 1952.

Bereits bekannte antisemitische Stereotype wie „Kosmopolitentum", „Wegbereiter des amerikanischen jüdischen Kapitals", „zionistische Agentur", die Bezeichnung der Wiedergutmachung als „Verschiebung deutschen Volksvermögens"[670] und noch durchaus vorhandene antisemitisch gefärbte Vorbehalte wurden nun ganz bewußt für die Durchsetzung aktuell-politischer Ziele genutzt. Bereits im November 1952 war die nie ganz zum Still-

---

[666] WILFRIEDE OTTO, Antizionismus – übergestülptes Feindbild und antisemitische Haltung. In: KEßLER (Hg.), Arbeiterbewegung, S. 95–119, hier S. 114.

[667] Ebd., S. 116.

[668] SHStAD, BL Dresden SED, A/ 1236, o. P.; ANDREAS HERBST, Großmutter im Sterben. Die Flucht der Repräsentanten der Jüdischen Gemeinden 1953 aus der DDR, in: ANNETTE LEO/PETER REIF-SPIREK (Hg.), Helden, Täter und Verräter. Studien zum DDR-Antifaschismus, Berlin 1999, S. 13–35, hier S. 31.

[669] AJGD, Mitgliederlisten der Jüdischen Gemeinde 1949 und 1951; SHStAD, LV SED, A/ 2017, o. P.

[670] Lehren aus dem Beschluß gegen das Verschwörererzentrum Slanský, S. 51ff.

stand gekommene stalinistische Maschinerie wieder kräftig in Gang gesetzt, bisher gesammeltes Material neu geordnet und verwendet worden. Noch bevor die Urteile in Prag gefällt wurden, trafen außerdem beispielsweise in der Bezirksparteikontrollkommission Dresden der SED Denunziationen und Selbstdarstellungen mit Informationen über Parteimitglieder, Freunde oder Arbeitskollegen mit verdächtigen Beziehungen zu den Prager Angeklagten, zu jüdischen Organisationen, zu Empfängern von Care-Paketen des Joint (American Joint Distribution Committee) usw. ein. Ende Dezember 1952/ Anfang Januar 1953 hatte sich das so gesponnene Netz derart über vielen der Betroffenen zusammengezogen, daß sie verhaftet wurden, wie der schon erwähnte Hans Straschitz-Schrecker oder der aus Görlitz stammende Staatssekretär Paul Baender und seine Frau Hannelore, geborene Goldschmidt, eine ehemalige Leipzigerin.[671] Befürchtungen bezüglich einer bevorstehenden Verhaftung hatten auch Spitzenfunktionäre der Jüdischen Gemeinden in Sachsen. Sie erfuhren durch den Berliner Gemeindevorsitzenden Julius Meyer von dessen mehrstündiger Befragung am 6. und am 8. Januar 1953 vor der Zentralen Parteikontrollkommission der SED und den dort aufgemachten Forderungen. Vermutlich am 11. Januar begann die Flucht von Vorstandsmitgliedern der Gemeinden, die sich nach der am 14. Januar 1953 veröffentlichten Meldung über die angebliche Verschwörung jüdischer Ärzte in Moskau, die durch den amerikanischen Joint den Auftrag erhalten hätten, führende Persönlichkeiten der Sowjetunion zu beseitigen, zu einer allgemeinen Fluchtwelle von Gemeindemitgliedern auswuchs und bis in das Frühjahr 1953 anhielt. Gespeist wurde diese Fluchtwelle einmal aus der Angst vor erneuten Verfolgungen, einer Angst, die allerdings ganz im Sinne des Kalten Krieges auch von westlichen Medien noch weiter angeheizt wurde, wie Heinz Galinski, der langjährige Vorsitzende des Zentralrates der Juden in Deutschland Jahre später kritisch anmerkte.[672] Gespeist wurde sie aber gleichzeitig durch die in dieser Zeit in der BRD zur Wirkung kommenden gesetzlichen Regelungen zur Wiedergutmachung und Rückerstattung jüdischen Eigentums.

Am 18. Februar 1953 übermittelte, wie der Berliner Historiker Andreas Herbst feststellte, die Bezirksparteikontrollkommission Dresden der Berliner Zentralen Parteikontrollkommission der SED einen von Leon Löwenkopf an die Dresdner Maler Lea und Hans Grundig gerichteten Brief. Hierin wird auch die hinter den Abläufen liegende Tragik des Geschehens besonders deutlich. In diesem Brief äußerte sich Löwenkopf zu den Motiven seiner Flucht nach Westberlin: „Liebe Freunde! Leider mußten wir den Entschluß fassen, fortzugehen über Nacht, so daß wir keine Zeit hatten, Euch davon zu unterrichten oder gar noch Abschied von Euch zu nehmen. Eines sollt Ihr jedoch wissen, ich war immer ein anständiger Mensch und habe meine ganze Kraft für den Aufbau unserer Heimat zur Verfügung gestellt. Die Diffamierungen jedoch konnten wir nicht länger ertragen und so haben wir den Entschluß gefaßt, aus zwingenden Gründen unsere Hei-

[671] WOLFGANG KIEßLING, Der Fall Baender. Ein Politkrimi aus den 50er Jahren der DDR, Berlin 1991, S. 166ff.
[672] HEINZ GALINSKI, Bericht zur Tätigkeit des Zentralrats der Juden in Deutschland, S. 18; BA, Abteilungen Potsdam, 0–4/274, o. P.

mat aufzugeben und fortzugehen. Scheinbar ist das, was wir während der Nazizeit erlitten haben, noch nicht genug gewesen? Jetzt stehen wir vor der Frage, wohin? Und womit?... Glaubt ja nicht, daß ich zu irgendeiner Handlung fähig wäre, welche nur im geringsten unanständig wäre...Vernichtet den Brief, da ich nicht will, daß es Euch irgendwie schaden könnte, da ich ohne Euch zu fragen, Euch schreibe, um unser Fortgehen zu rechtfertigen."[673]

Obwohl nach dem Tod Stalins die über das ganze erste Halbjahr 1953 andauernden Parteiüberprüfungen unter dem Motto „Erfüllung des Beschlusses Lehren aus dem Beschluß gegen das Verschwörerzentrum Slánský" anhielten, so verloren sie doch allmählich ihren antisemitischen und antizionistischen Stachel. Trotzdem wurde noch im Juli 1953 von der Bezirksparteikontrollkommission Karl-Marx-Stadt (Chemnitz) an die Zentrale Parteikontrollkommission der Vorschlag unterbreitet, Hans Marum, politischer Funktionär jüdischer Herkunft und damals Stellvertrender Chefredakteur bei der dortigen „Volksstimme", aus der SED auszuschließen, weil er einen Satzfehler in seiner Zeitung „Volksstimme" ausgerechnet beim Abdruck einer offiziellen Meldung des Ministerrates zugelassen habe. In der Begründung der Kommission findet sich das ganze argumentative Arsenal der „Säuberungen" wieder, vom mexikanischen Exil Marums und seiner Bekanntschaft mit Paul Merker bis zu seiner Mitgliedschaft in der Jüdischen Gemeinde, angeblich um Care-Pakete des „Joint" erhalten zu können.[674]

Fragt man abschließend nach den Folgen dieser Vorgänge, so seien hier zumindest die folgenden genannt:

1. Alle von den „spätstalinistischen Säuberungen" Betroffenen trugen traumatische Erfahrungen und das zumeist erneute Erlebnis der Stigmatisierung davon. Die in der DDR Gebliebenen verdrängten und verschwiegen ihre Erlebnisse und Erfahrungen jahrzehntelang, häufig auch aus selbst auferlegter „politischer Disziplin". Erst seit Beginn der 1990er Jahre offenbarten sie oder ihre Angehörigen das ihnen Geschehene in einer Reihe autobiographischer und biographischer Darstellungen sowie in Interviewbänden.

2. Durch die „Säuberungen" und ihre Folgeerscheinungen wurden die Jüdischen Gemeinden in Sachsen, wie in der gesamten DDR, in ihrer Innen- und Außenwirkung über einen längeren Zeitraum paralysiert. Erst ab Mitte der 1950er Jahre kann man von einer gewissen Konsolidierung der Gemeinden sprechen. Es blieb aber der Prozeß der stetigen zahlenmäßigen Verringerung der Mitgliederzahlen.

3. Es gab eine Tabuisierung dieser Geschehnisse in der Geschichtsschreibung der DDR und damit auch im öffentlichen Bewußtsein bis weit in die 1980er Jahre hinein. Möglicherweise liegt auch hier eine Wurzel für den in der gesamten DDR erst so spät in Gang gekommenen breiteren gesellschaftlichen Diskurs zu Wurzeln und Erscheinungsformen von Judenhaß und Antisemitismus in der deutschen Geschichte.

4. Nachzutragen bleibt, daß indem der Dresdner jüdische Historiker Helmut Eschwege in seinen Arbeiten sowie der Dresdner Arbeitskreis „Be-

---

[673] HERBST, Großmutter, S. 24.
[674] VINCENT VON WROBLEWSKY (Hg)., Zwischen Thora und Trabant. Juden in der DDR, Berlin 1993, S. 19ff.

gegnung mit dem Judentum" in der 1988 fertiggestellten und erstmals präsentierten Ausstellung „Juden in Sachsen. Ihr Leben und Leiden" auf die Geschehnisse in den 1950er Jahren aufmerksam machten, von ihnen zumindest in Sachsen Breschen in das lange vorherrschende Tabu geschlagen wurden.

Siegfried Hollitzer

Eugen Gollomb und seine Proteste gegen antizionistische Tendenzen

I.

Zur Vorgeschichte: Eugen Getzel Gollomb wurde am 19. Januar 1917 als polnischer Jude im damals deutschen Breslau geboren[675], nicht etwa in Lodz, wie einige Historiker irrtümlich schreiben[676].

Sein Vater David[677], ein erfolgreicher Textilverleger, war praktizierender Chassid und gehörte damit einer orthodoxen Strömung des Judentums an, die zur Mystik neigte. Entschieden distanzierte sich David vom schnell sich ausbreitenden Zionismus. Der war, in seiner politisch geprägten Form, 1897 von Theodor Herzl[678] entwickelt worden und wuchs sich umgehend, vor allem unter den säkularisierten Juden, zu einer wahren Weltbewegung aus. Die Idee des ursprünglich völlig assimilierten Theodor Herzl war es, nach anfänglich anderer Intention (!), im damals noch von den Türken beherrschten Palästina einen jüdischen Nationalstaat zu schaffen.

Doch Herzls Vision, den über den Erdkreis verstreuten und überall verfolgten Juden in einer eigenen Heimat Zuflucht, Schutz und Frieden zu sichern, schien frommen Chassidim wie David Gollomb eine ketzerische Anmaßung zu sein. Hatten nicht schon die Propheten verkündet, daß das Exil eine Strafe des Allmächtigen sei? Mußte nicht deshalb ER den Augenblick der Amnestie, d. h. der Heimkehr ins Land der Väter, bestimmen? Würde nicht äußeres Zeichen dieses Gnadenaktes sein, daß der sehnlich erwartete Messias erschiene? Daß man immer noch vergebens seiner Ankunft harrte, war den Frommen Beweis genug, daß die Phase der Diaspora noch nicht beendet sein sollte. Darum kam es ihnen fast wie ein todeswürdiger Frevel vor, wenn Menschen versuchten, dem göttlichen Willen vorzugreifen, indem sie schon jetzt ein jüdisches Staatswesen in Palästina errichten wollten.

Natürlich minderte die geschilderte Einstellung der Chassidim keineswegs deren Liebe zu Erez Israel, dem Land der Väter. Aber der weltlichen Oberherrschaft von Medinat, d. h. dem Staate, Israel verweigerten sie ihre Anerkennung.

---

675 EUGEN GOLLOMB, Zweiseitiger „Lebenslauf" aus dem Nachlaß im Besitz der Witwe Ingeborg G., o. O., o. J., S. 1.

676 Ausgelöst wurde dieser Irrtum mutmaßlich durch den ersten Beitrag, der sich ausführlicher mit dem Leben Eugen Gollombs beschäftigte, nämlich den Aufsatz von LUTZ NIETHAMMER, Flüchten und standhalten, in: Die volkseigene Erfahrung. Eine Archäologie in der Industrieprovinz der DDR. 30 biographische Eröffnungen, Berlin 1991, S. 248–299. Dort gab er auf den Seiten 255 und 257 Lodz als Geburtsort an. Diesen Fehler übernahm ungeprüft ULRIKE OFFENBERG, Seid vorsichtig gegen die Machthaber – die jüdischen Gemeinden in der SBZ und DDR 1945–1990. Berlin 1998, S. 116. Und er findet sich noch in der verbesserten und erweiterten Auflage des biografischen Lexikons HELMUT MÜLLER-ENBERGS (Hg., unter Mitarbeit von OLAF W. REIMANN und BERND-RAINER BARTH) „Wer war wer in der DDR?", Berlin 2000, S. 264.

677 David Gollomb (geb. 1880), wurde in Lodz geboren und kam wahrscheinlich ebendort um.

678 Theodor Herzl (1880–1904), geboren in Ungarn, arbeitete als Korrespondent für eine österreichische Zeitung in Frankreich und betätigte sich auch als Schriftsteller.

Extrem andere Ziele als Vater David verfolgte dessen Bruder Eliyahu[679]. Der aus Weißrußland Gebürtige war schon als 16jähriger nach Palästina ausgewandert und 1918 in die Jüdische Legion eingetreten. Dort diente er sich allmählich zum Oberst empor und gilt heute als Vater der jüdischen Streitkräfte in Israel. Sein ehemaliges Wohnhaus in Tel Aviv wurde zum Museum umgestaltet und zeigt Waffen der Untergrundtruppen aus der Mandatsära[680].

Vater David und Onkel Eliyahu war eines gemeinsam: Beide verfochten ihre Ziele mit Mut, Zähigkeit und außergewöhnlichem Organisationstalent. Mochte, was Eliyahu für wahr und richtig erachtete, auch diametral von der Weltschau seines Bruders unterschieden sein, beide Geschwister verband Wesentliches. Auf welcher Seite sie auch für ihre Sache fochten, gemeinsam war ihnen die Aufrichtigkeit der Gesinnung, die Schärfe des Verstandes und eine bewundernswerte Zivilcourage. Von diesem charakterlichen und geistigen Erbe konnte Eugen Gollomb reichlich zehren.

Als Eugen 13 Jahre alt geworden war, schickte Vater David ihn auf die Lubliner Jeschiwa, die Talmudhochschule. Dort sollte er zum Rabbiner ausgebildet werden. Aber Eugen, obwohl ausnehmend gescheit, verspürte keinerlei Lust, Theologie zu studieren.

Deshalb kehrte er bereits nach zweieinhalb Jahren ins Elternhaus zurück und begann eine kaufmännische Lehre. Damit war freilich wenig für ihn gewonnen. Das häusliche Milieu mit seinem rechtgläubigen Zuschnitt und seiner strengen Zucht ließ den lebhaften Knaben nach einer Flucht aus den Zwängen suchen. Zweimal wollte er sich der Hachschara anschließen, einer zionistischen Gruppierung, die ihre Mitglieder auf das Pionierleben in Palästina vorbereitete. Zweimal holte ihn der Vater von dort zurück, indem er drohte, ihn anderenfalls zu verstoßen, denn die Auswanderung ins heilige Land dünkte ihm Sünde, weil ein unerlaubter Vorgriff auf messianische Zeiten.

II.

Ein Sprung in die Nachkriegszeit sei gewagt. Erschreckt vom unverminderten Antisemitismus in Polen verließ Eugen Gollomb im Januar 1947 seine Heimat und siedelte in die SBZ um, genauer gesagt nach Leipzig. Dort meldete er sich als erstes im Büro der Israelitischen Religionsgemeinde und ließ sich als neues Mitglied einschreiben. Sein Glaube an den Allmächtigen war zwar im Rauch der KZ-Krematorien erstickt, aber zumindest zu seinem Judentum, zur Schicksalsgemeinschaft seines Volkes, wollte er sich öffentlich bekennen.

Dann kam der 15. Mai 1948. Auf ehemals britischem Mandatsgebiet wurde der Staat Israel ausgerufen. Dieses Ereignis einer Wiedergeburt, von Eugen Gollomb aus der Ferne mit brennendem Herzen verfolgt, änderte sein Dasein von Grund auf. Es führte ihn zu Gott zurück, denn in jenem Geschehnis erkannte er die Erfüllung dessen, was der Schöpfer dereinst verheißen hatte. Und sein wie Phönix aus der Asche entstandener Glaube schenkte ihm künftig Kraft. Er bekannte sich freilich nicht zur Orthodoxie

---

[679] Eliyahu Golomb (1893–1945), sein Nachname schreibt sich nur mit einem „l", wurde in Volkovysk geboren. Er war einer der Führer der Achdut Haawoda, einer dem landwirtschaftlichen Pionierideal verpflichteten Arbeiterpartei.

[680] Das „Hagadamuseum" ist auf dem Rothschild-Boulevard 23 zu finden.

seines Vaters, sondern fühlte sich, wie bereits in seiner Jugend, zur liberalen Richtung hingezogen.

Am 13. Januar 1950 hatte Eugen Gollomb, der ja staatenlos gewesen war, das Bürgerrecht der jüngst proklamierten DDR erhalten. Er war nicht sonderlich stolz darauf, denn an erster Stelle fühlte er sich stets als Jude, erst in zweiter Linie als Mitglied des jeweiligen Gastlandes. Diese Bemerkung darf allerdings nicht zum Schluß verführen, er sei der DDR gegenüber feindlich gesonnen gewesen. Es stimmt einfach nicht, daß er, wie mancher Funktionär ihm vorwarf, eine „antikommunistische Grundhaltung" eingenommen habe. Er unterschied bloß genau zwischen dem, was er den Oberen hoch anrechnete und dem, was er an deren Innen- und Außenpolitik zu bemängeln hatte.

So wußte er durchaus zu schätzen, daß die Regierung zumindest seit 1956 judenfeindliche Bemerkungen ihrer Bürger strenger ahndete, als dies in den meisten übrigen Ostblockländern geschah. Andererseits beklagte er häufig, zum Beispiel 1977 im jüdischen „Nachrichtenblatt", die fehlenden historischen Kenntnisse besonders bei Halbwüchsigen. Sie hätten in der Schule zu selten und zu ungenau von schlimmer Vergangenheit erfahren[681]. Diesen Zustand zu bessern wurde sein vordringliches Anliegen, seit ihn die Gemeindeversammlung am 26. November 1967 zu ihrem Vorsitzenden gewählt hatte. Sie hatte es trotz seiner Bedingung getan, daß er die Gemeinde vor dem Staat, und nicht umgekehrt, den Staat vor der Gemeinde vertreten dürfe[682]. Nun also hielt er nimmermüde vor Konfirmandenklassen, Theologiestudenten, christlichen Ehepaarkreisen und Kirchgemeinden Vorträge über Geschichte und Brauchtum der israelitischen Bürger. Sein ganzes Streben war darauf gerichtet, den Hörern das Fremde verständlicher zu machen und dadurch Voreingenommenheiten abzubauen; denn, um mit seinen eigenen Worten zu reden: „Vorurteile sind das, was Haß erzeugt, und was Haß bewirkt, haben wir am eigenen Leib zu spüren bekommen."[683] Eugen Gollomb monierte zudem, daß jene Vorurteile, die das deutsche Volk seit Jahrhunderten gegen die Juden gehegt hatte, in der DDR nie gründlich analysiert worden waren. So erschien zwar eine Fülle von Romanen zum Thema, aber kaum eine wissenschaftliche Untersuchung, die dem Phänomen des Judenhasses, seiner Ursachen und widersinnigen Begründungen nachgegangen wäre. Die SED rechtfertigte ihr Versäumnis mit der vollmundigen Behauptung, daß die Wurzeln des Faschismus, Rassismus und Antisemitismus in der DDR ein für allemal ausgerottet seien[684]. Dem setzte Eugen Gollomb, etwa 1982 in einem Protestbrief an die Leipziger Volkszeitung, entgegen: „Es gibt in der DDR keinen Antisemitismus mehr, aber es gibt in sämtlichen Schichten der Bevölkerung Antisemiten, und zwar mehr, als Sie und ich es wahrhaben wollen."[685] Einen Grund dafür sah er eben in der Tatsache, daß das Problem des Judenhasses in der DDR geistig nie be-, ge-

---

[681] Nachrichtenblatt der Jüdischen Gemeinden in der Deutschen Demokratischen Republik, Dresden März 1977, S. 16; Ebenda, Juni 1977, S. 15.

[682] Aussage von Ingeborg Gollomb.

[683] NIETHAMMER, Flüchten, S. 250.

[684] Siehe z. B. Leipziger Volkszeitung (LVZ), 18. Oktober 1988, S. 2.

[685] Nachlaß Eugen Gollomb, Dreiseitiges Einschreiben von Eugen Gollomb an die Redaktion Außenpolitik der LVZ vom 7. Januar 1982, hier S. 2.

schweige denn verarbeitet worden war. Der Staat hatte es einfach geleug-
net, statt es tatkräftig anzugehen.

Besonders, daß die DDR den Antizionismus propagierte und damit eine
Ersatzdroge für den verbal doch verpönten Antisemitismus geschaffen hatte,
erregte ihn ungemein. Beide Begriffe nämlich schienen ihm in ihren Auswirkungen vergleichbar. Als scharfer Beobachter der Zeit (und der Zeitungen!) bemängelte er freimütig, offen und ohne diplomatische Verren-
kung, was ihm korrekturbedürftig schien. Unbestechlich, kritisch und
konsequent meldete er sich schriftlich und mündlich zu Wort, wo immer er
Volksverhetzung gegen Israel spürte.

III.

Im November 1975, 37 Jahre nach der Pogromnacht, entschied die UNO-
Vollversammlung über die Resolution 3379, welche den Zionismus als Form
des Rassismus brandmarkte. Nur 32 Staaten enthielten sich eines Votums,
35 stimmten gegen sie, 72 aber, eine verblüffend deutliche Mehrheit, unterstützte das Papier[686].

Fünf Monate später kamen die Vorsitzenden der Jüdischen Gemeinden
turnusgemäß beim Staatssekretär für Kirchenfragen, Hans Seigewasser[687],
zusammen. Ziel des Gespräches sollte vornehmlich sein, die Anwesenden
zu einer gemeinsamen öffentlichen Erklärung gegen die israelische Nah-
ost-Politik zu verpflichten. Dieses Ansinnen lehnte Eugen Gollomb vehement ab. Statt dessen nannte er jene Resolution Nr. 3379 „schändlich" und
stellte laut Protokoll fest, daß „genauso schädlich wie der Antikommunismus der Antisemitismus und der Antizionismus seien."[688]

Vorher schon hatte er den späteren Außenminister Andrei Gromyko[689]
zitiert, der 1946 bis 1948 Vertreter der UdSSR beim Sicherheitsrat der UN
gewesen war. Ihn hatte er gleichsam als Kronzeugen für die Richtigkeit seiner eigenen Meinung angeführt, denn Gromyko hatte in seinen Reden
verschiedentlich dargelegt, „in welch besonderer Weise das jüdische Volk
mit Palästina verbunden ist und daß die Juden unter dem Zweiten Weltkrieg mehr gelitten hätten als jedes andere Volk."[690] Eugen Gollomb erläu-
terte dieses Zitat laut Protokoll: „Besser als Gromyko hätte das kein Zionist
formulieren können."[691] Das angeführte Beispiel, hier pars pro toto gesetzt,
zeigt, daß Eugen Gollomb selbst vor Staatssekretären keine Scheu besaß.

---

[686] Vgl. Vorwort zu „Beschlüsse anläßlich der Zionismus-Resolution der Vereinten Nationen
vom 6. November 1975, in: ROLF RENDTORFF/HANS HERMANN HENRIX, Die Kirchen und das Judentum – Dokumente von 1945–1985, Paderborn, München 1988, S. 578f.

[687] Hans Seigewasser (1905–1979) war von 1960 an bis zu seinem Tode in der DDR Staatssekretär für Kirchenfragen.

[688] BA, Abteilungen Potsdam DO 4, 1341 (Bericht über ein Gespräch Hans Seigewassers mit
den Vorsitzenden der Jüdischen Gemeinden in der DDR vom 22. März 1976). Zitiert nach:
ANGELIKA TIMM, Hammer, Zirkel, Davidstern – Das gestörte Verhältnis der DDR zu
Zionismus und Staat Israel, Bonn 1997, S. 547–550, hier S. 550.

[689] Andrei Gromyko (1909–1989) war von 1957–1985 Außenminister der UdSSR und anschließend deren Staatsoberhaupt.

[690] ANGELIKA TIMM, Hammer, S. 547.

[691] Ebd.

IV.

Besonders erzürnte Eugen Gollomb die sozialistische Presse mit ihren unzähligen Angriffen auf den Staat Israel. Sie veranlaßten ihn oft zu scharfen Leserbriefen, die freilich nie gedruckt wurden. Dennoch gelang es ihm zumindest einmal, einen Artikelschreiber in „die individuelle Verantwortung hineinzuschocken", wie Prof. Niethammer es formuliert[692]. Der Vorgang war folgender gewesen:

1983 wollten zwei Leser des Neuen Deutschland (ND) wissen, was der Begriff „Holocaust" bedeute. Ihnen antwortete der Journalist Werner Goldstein mit einer Glosse, in der es, nach einer zunächst exakten Einschätzung, übergangslos hieß: „Einem Holocaust ist auch der Ausrottungsfeldzug gleichzusetzen, den die Machthaber Israels gegen das palästinensische Volk führen."[693] Dieser Satz empörte Eugen Gollomb zutiefst. Und so schrieb er an den Chefredakteur des ND einen sechsseitigen Brief, der die ihn beleidigende Analogie als falsch erweisen sollte. Ausführlich zitierte Eugen Gollomb in ihm aus dem Palästinensischen Nationalabkommen, das, wie er wörtlich schrieb, auf eine „Liquidierung des jüdischen Staates und seiner Menschen"[694] abzielte. Deshalb sei der Kampf Israels ein Verteidigungskrieg, kein Ausrottungsfeldzug, wie Werner Goldstein behauptete. Erst reichlich einen Monat später erhielt Eugen Gollomb vom stellvertretenden Chefredakteur der Zeitung eine verhältnismäßig nichtssagende Erwiderung[695]. Mit ihr wollte sich Eugen Gollomb nicht zufriedengeben und so replizierte er erneut: „Wo die wahren Friedensstörer sitzen, bewies ich Ihnen unter anderem mit Zitaten aus dem Palästinensischen Nationalabkommen. … In der DDR-Presse und vermutlich auch der Presse anderer Staaten (wird es) hartnäckig verschwiegen. Sagen Sie bitte nicht, Sie hätten als leitender Mitarbeiter des Organs des Zentralkomitees der Sozialistischen Einheitspartei nichts davon gewußt. Wenn das der Fall sein sollte, was ich nicht annehme, warum in aller Welt werfen Sie mir ein Verkennen der Nahostsituation vor? Warum also schweigen Sie in Ihrem Organ? Warum zeigen Sie nur die Wirkung und gehen nicht auf die Ursachen ein? Fürchten Sie etwa, Ihre Leser könnten sich ein eigenes Bild machen?"[696]

Nach diesem Fragenkatalog räumte er freilich ein: „Die Kritik am Nichteingreifen israelischer Einheiten bei den Massakern von Sabra und Shatila ist berechtigt. Wo aber blieb die Kritik an der Passivität sozialistischer Staaten bei den Massakern des (Generalsekretärs der KP) Pol Pot[697], der, um seine Revolution zu säubern, Millionen Kambodschaner abschlachten ließ? … Man kann nicht einseitig den jüdischen Staat verantwortlich machen und

---

692 LUTZ NIETHAMMER, Flüchten, S. 296.
693 WERNER GOLDSTEIN, Was bedeutet Holocaust? In: Neues Deutschland, 9./10. Juli 1983.
694 Nachlaß Eugen Gollomb, Sechsseitiges Einschreiben von Eugen Gollomb an die Chefredaktion des ND vom 22. Juli 1983, S. 2.
695 Ebd., Zweiseitiger Brief des stellvertretenden Chefredakteurs des ND, Werner Micke, an Eugen Gollomb vom 24. August 1983.
696 Ebd., Dreiseitiges Einschreiben von Eugen Gollomb an die Chefredaktion des ND vom 7. September 1983, S. 1f.
697 Pol Pot (1928–1998), Mitbegründer und Führer der Roten Khmer, war von 1976–1979 Ministerpräsident Kambodschas. Er wurde 1979 wegen Völkermordes und anderer Verbrechen in Abwesenheit zum Tode verurteilt.

vor dem Fehlverhalten anderer die Augen verschließen. Den jüdischen Staat, der von Struktur und Herkunft her antifaschistisch ist und nur antifaschistisch sein kann, als faschistisch zu beschimpfen, ist ungeheuerlich und schlägt umgemünzt und unabgewandelt auf die Verleumder zurück."[698]

Trotz des unverblümten Tones, den Eugen Gollomb in seinen Briefen angeschlagen hatte, kam es Ende September zu einer persönlichen Begegnung zwischen ihm, Werner Goldstein und einem Nahostexperten. Als am Ende des vierstündigen Gespräches der Leipziger Gast auf Werner Goldstein einredete, „er schüre (mit seinem Artikel) das Feuer unter dem Rost, auf dem unsere Kinder gebraten werden, (brach) dieser Autor in Tränen aus".[699]

Besagter Vorfall zeigt einerseits, wie beeindruckend die Argumente Eugen Gollombs wirkten und läßt andererseits ahnen, daß sein Bestreben, um der Wahrhaftigkeit willen der staatlichen Propaganda zu trotzen, den Mächtigen der SED ein ewiger Pfahl im Fleische sein mußte. Allein, daß er nie einer Partei beitrat, weder einer bürgerlichen noch der staatstragenden, machte ihn für die Funktionäre zum Problemfall. Die meisten anderen Amtskollegen gehörten ja der SED an und waren damit strenger Parteidisziplin unterworfen. Er aber wollte seine geistige Unabhängigkeit bewahren und sich nicht ins Korsett des jeweils Opportunen einschnüren lassen.

V.

Wer bloß die beiden zuletzt angeführten Beispiele überdenkt, könnte meinen, Eugen Gollomb hätte sich ausnahmslos hinter geschlossenen Türen mutig gezeigt. Daß er aber auch vor großer Zuhörerschaft kein Blatt vor den Mund nahm, beweist etwa jene Ansprache, die er am 11. Mai 1985 anläßlich des 40. Jahrestages der Befreiung vom Nazismus hielt. Im zweiten Teil seiner Rede kam er in der von Juden und Nichtjuden gut gefüllten Synagoge auf den Zionismus zu sprechen. Ich zitiere, stark kürzend, aus dem Manuskript: „Als der Staat Israel in der Folge und Konsequenz dessen, was zuvor in Europa geschehen war, im Mai 1948 proklamiert wurde, fielen sämtliche arabischen Staaten noch am gleichen Tage über das Land her. … Die Juden stimmten dem Plan, einen jüdischen und einen arabischen Staat auf palästinensischen Boden in einer Wirtschaftsunion zu gründen, zu, die arabischen Regierungen … lehnten es ab.

Der unangefochtene Führer der palästinensisch-arabischen Gemeinschaft war zu jener Zeit der Großmufti von Jerusalem, Hadsch Emin al Husseini[700], der sich während des Zweiten Weltkrieges den Nazis anschloß und die Kriegsjahre in Berlin verbrachte. Dieser Großmufti forderte die Araber auf, das Land zu verlassen und erst zurückzukehren, wenn die Juden verjagt seien. Dadurch entstand auch das Flüchtlingsproblem. … (Freilich), wenn wir uns gegen den Terror der PLO und ihrer Verbände wenden, verwahren wir uns mit gleicher Schärfe gegen den ideologischen und aktiven Terroris-

---

[698] Nachlaß Eugen Gollomb, Dreiseitiges Einschreiben von Eugen Gollomb an die Chefredaktion des ND vom 7. September 1983, S. 2f.

[699] LUTZ NIETHAMMER, Flüchten, S. 297.

[700] Hadsch Emin al Husseini (1895–1974) wurde in Jerusalem geboren und war Anstifter antijüdischer Aktionen in Palästina. Er ging 1937 nach Deutschland ins Exil und entkam von dort 1945 nach Ägypten.

mus eines Rabbi (Meir) Kahanes[701] und anderer Extremisten in den Reihen des Zionismus, weil Menschen vom Schlage Kahanes der guten jüdischen Sache Schaden zufügen.

Es ist aber erfreulich, daß in der Knesset mit einer großen Mehrheit (an) Stimmen beschlossen wurde, das Recht des Rassisten Kahane zu begrenzen und sein Mandat auszunützen, antiarabische und antidemokratische Propaganda zu führen. Doch hätte Kahane, von dessen Denken und Tun wir uns, wie der weitaus größte Teil der Judenheit, auf das entschiedenste distanzieren, niemals komfortables Exil in Nazideutschland genossen wie beispielsweise der damalige Großmufti von Jerusalem. Die auch von uns verurteilten israelischen Extremisten haben bei allen Untaten nie die Untat begangen, mit einer deutschen, neonazistischen Mordgruppe gemeinsame Übungen durchzuführen, wie es in Libanon die PLO und die auch in der BRD verbotene Wehrsportgruppe Hoffmann mit dem Ziel getan haben, die Juden in Israel und Europa zu vernichten. …

Verehrte Anwesende! Kein Volk hat in der Neuzeit mehr unter dem Rassismus gelitten als das jüdische. Der Zionismus ist eine jüdische nationale Bewegung und nach eigener, leidvoller Erfahrung prinzipiell antirassistisch. … Wer nun von antizionistischer Position aus dem Zionismus – trotz Kenntnis dessen, was in Europa geschah – Rassismus vorwirft, darf nicht gekränkt sein, … von dem israelischen Volk des Antisemitismus beschuldigt zu werden, ungeachtet dessen, daß es auch Juden gibt, die sich, aus welchen Gründen auch immer, als Antizionisten ausweisen."[702]

Aus den zitierten Textpassagen geht hervor, wie sehr Eugen Gollomb um eine ausgewogene, ehrliche Beurteilung des Nahostkonflikts rang und wie strikt er jede blinde Parteinahme ablehnte, auf welcher Seite sie auch immer praktiziert werden mochte.

Am 10. Januar 1988 verstarb Eugen Gollomb. Deshalb erlebte er nicht mehr den 16. Dezember 1991, an dem die UNO-Vollversammlung ihre unselige Resolution 3379 mit 111 gegen 23 Stimmen bei 13 Enthaltungen für null und nichtig erklärte[703]. Daß Eugen Gollombs ständiger Kampf gegen antizionistische Tendenzen erst post mortem Früchte trug, erinnert an die „Sprüche der Väter", in denen es heißt: „Dir obliegt nicht, die Arbeit zu vollenden. Doch Du bist auch nicht frei, Dich ihr zu entziehen."[704]

---

[701] Meir Kahane (1932–1990) gründete 1973 die extrem nationalistische religiöse Kachpartei und wurde 1990 in New York ermordet.

[702] Nachlaß Eugen Gollomb, Ansprache zum 40. Jahrestag der Befreiung vom Faschismus am 11. Mai 1985, 13seitiges Manuskript, S. 5–11.

[703] Friede über Israel. In: Zeitschrift für Kirche und Judentum, 2/1992, S. 95.

[704] Pirke Awot , Traktat Nasikin, m Ab 2,16.

Anhang

Abkürzungsverzeichnis

AHM	Amtshauptmannschaft
AZJ	Allgemeine Zeitung des Judentums
AJGD	Archiv der Jüdischen Gemeinde zu Dresden
a. o.	außerordentlich(er)
BA	Bundesarchiv
Bd(e).	Band/Bände
BL	Bezirksleitung
Bl.	Blatt
ca.	circa
DFG	Deutsche Forschungsgemeinschaft e. V.
Diss.	Dissertation
DDR	Deutsche Demokratische Republik
ebd.	ebenda
e. V.	eingetragener Verein
f./ff.	folgende(s)/fortfolgende
Fn.	Fußnote
GVBlS	Gesetz- und Verordnungsblatt für das Königreich Sachsen
Hg.	Herausgeber
hg. v.	herausgegeben von
Jg.	Jahrgang
jur.	juristisch
KHM	Kreishauptmannschaft
KPD	Kommunistische Partei Deutschlands
LBI (NY)	Leo Baeck Institute (New York)
LG	Landgericht
LRS	Landesregierung Sachsen
LVS	Landesvorstand Sachsen
m. E.	meines Erachtens
Med.	medizinisch
MdAA	Ministerium der Auswärtigen Angelegenheiten/Außenministerium
MdI	Ministerium des Innern
MfVB	Ministerium für Volksbildung
Min.Präs.	Ministerpräsident
NSDAP	Nationalsozialistische Deutsche Arbeiterpartei
NStAW	Niedersächsisches Staatsarchiv Wolfenbüttel
o. J.	ohne Jahr
o. O.	ohne Ort
o. P.	ohne Paginierung
OLG	Oberlandesgericht
PLO	Palästinensische Befreiungsorganisation
S.	Seite/n
SAP	Sozialistische Arbeiterpartei

SAPMO-BA	Stiftung Archiv der Parteien und Massenorganisationen der DDR im Bundesarchiv
SBZ	Sowjetische Besatzungszone
SED	Sozialistische Einheitspartei Deutschlands
SHStAD	Sächsisches Hauptstaatsarchiv Dresden
SPD	Sozialdemokratische Partei Deutschlands
StadtAB	Stadtarchiv Bautzen
StadtAD	Stadtarchiv Dresden
StadtAL	Stadtarchiv Leipzig
StadtAP	Stadtarchiv Plauen
StAL	Sächsisches Staatsarchiv Leipzig
StVAkt	Stadtverordnetenakten
UAL	Universitätsarchiv Leipzig
u. a.	unter anderem
UNO, UN	(Organisation) Vereinte Nationen
VVN	Vereinigung der Verfolgten des Naziregimes
v. a.	vor allem
zit.	zitiert
ZStA	Zentrales Staatsarchiv
z. T.	zum Teil
z. Z.	zur Zeit

Auswahlbibliographie zur Geschichte der Juden in Deutschland, Geschichte des Antisemitismus und Geschichte der Juden in Sachsen

Geschichte der Juden in Deutschland

BATTENBERG, FRIEDRICH, Das europäische Zeitalter der Juden, Darmstadt 1990.

DERS., Die Juden in Deutschland vom 16. bis zum Ende des 18. Jahrhunderts, München 2001.

BIEGEL, GERD/GRAETZ, MICHAEL (Hg.), Judentum zwischen Tradition und Moderne, Heidelberg 2002.

BRENNER, MICHAEL, Nach dem Holocaust. Juden in Deutschland, 1945–1950, München 1995.

DERS., Jüdische Kultur in der Weimarer Republik, München 2000.

DERS., Geschichte des Zionismus, München 2002.

BURGAUER, ERIKA, Zwischen Erinnerung und Verdrängung. Juden in Deutschland nach 1945, Reinbek bei Hamburg 1993.

DENKLER, HORST (Hg.), Juden und jüdische Kultur im Vormärz, Bielefeld 1999.

GAY, RUTH, Geschichte der Juden in Deutschland. Von der Römerzeit bis zum Zweiten Weltkrieg, München 1993.

DIES., Das Undenkbare tun. Juden in Deutschland nach 1945, 2001.

GOTZMANN, ANDREAS/LIEDTKE, RAINER/VAN RAHDEN, TILL (Hg.), Juden, Bürger, Deutsche. Zur Geschichte von Vielfalt und Differenz, 1800–1933, Tübingen 2001.

GRAB, WALTER (Hg.), Juden im Vormärz und in der Revolution von 1848, Stuttgart 1983.

GRAETZ, MICHAEL (Hg.), Schöpferische Momente des europäischen Judentums in der frühen Neuzeit, Heidelberg 2000.

GREIVE, HERMANN, Die Juden. Grundzüge ihrer Geschichte im mittelalterlichen und neuzeitlichen Europa, Darmstadt 1992.

HEID, LUDGER/KNOLL, JOACHIM H. (Hg.), Deutsch-Jüdische Geschichte. Von der Aufklärung bis zur Gegenwart, Bonn, Stuttgart 1992.

HEID, LUDGER/SCHOEPS, JULIUS H., Juden in Deutschland. Von der Aufklärung bis zur Gegenwart, München 1994.

HEID, LUDGER/PAUCKER, ARNOLD (Hg.), Juden und deutsche Arbeiterbewegung bis 1933. Soziale Utopien und religiös-kulturelle Traditionen, Tübingen 1992.

HEID, LUDGER, Maloche statt Mildtätigkeit. Ostjüdische Proletarier in Deutschland 1914–1923, Hildesheim/Zürich/New York 1995.

HERMAND, JOST, Judentum und deutsche Kultur. Beispiele einer schmerzhaften Symbiose, Köln 1996.

HERZIG, ARNO, Jüdische Geschichte in Deutschland. Von den Anfängen bis zur Gegenwart, München 1997.

DERS. (Hg.), Judentum und Aufklärung. Jüdisches Selbstverständnis in der bürgerlichen Öffentlichkeit, Göttingen 2002.

ILLICHMANN, JUTTA, Die DDR und die Juden. Die deutschlandpolitische Instrumentalisierung von Juden und Judentum durch die Partei- und Staatsführung der SBZ/DDR von 1945 bis 1990, Frankfurt a. M. 1997.

KAPLAN, MARION (Hg.), Geschichte des jüdischen Alltags in Deutschland. Vom 17. Jahrhundert bis 1945, München 2003.

KARADY, VICTOR, Gewalterfahrung und Utopie. Juden in der europäischen Moderne. Frankfurt a. M. 1999.

KOTOWSKI, ELKE-VERA/SCHOEPS, JULIUS H./WALLENBORN, HILTRUD (Hg.), Handbuch zur Geschichte der Juden in Europa, Darmstadt 2001.

LINDNER, ERIK, Patriotismus deutscher Juden von der napoleonischen Ära bis zum Kaiserreich. Zwischen korporativem Loyalismus und individueller deutsch-jüdischer Identität, Frankfurt am Main u. a. 1997.

MAURER, TRUDE, Ostjuden in Deutschland 1918 bis 1933, Hamburg 1986.

MEYER, MICHAEL A./BRENNER, MICHAEL (Hg.), Deutsch-jüdische Geschichte der Neuzeit, 4 Bde., München 1996–1997.
Bd. 1: Tradition und Aufklärung, 1600–1780.
Bd. 2: Emanzipation und Akkulturation, 1780–1871.
Bd. 3: Umstrittene Integration, 1871–1918.
Bd. 4: Aufbruch und Zerstörung, 1918–1945.

MOSSE, WERNER E. (Hg.), Juden im Wilhelminischen Deutschland: 1890–1914. Ein Sammelband, Tübingen 1998.

OFFENBERG, ULRIKE, Seid vorsichtig gegen die Machthaber – die jüdischen Gemeinden in der SBZ und DDR 1945–1990, Berlin 1998.

RHODE, GOTTHOLD (Hg.), Juden in Ostmitteleuropa von der Emanzipation bis zum Ersten Weltkrieg, Marburg/Lahn 1989.

RICHARZ, MONIKA (Hg.), Jüdisches Leben in Deutschland. Selbstzeugnisse zur Sozialgeschichte, 3 Bde., Stuttgart 1976–1982.

RIES, ROTRAUT/BATTENBERG, J. FRIEDRICH (Hg.), Hofjuden. Ökonomie und Interkulturalität. Die jüdische Wirtschaftselite im 18. Jahrhundert, Hamburg 2002.

ROMBERG, OTTO R. (Hg.), Juden in Deutschland nach 1945. Bürger oder „Mit"-Bürger?, Frankfurt a. M. 1999.

SCHOEPS, JULIUS H. (Hg.), Neues Lexikon des Judentums, Gütersloh 1992.

STERN, SELMA, Der Hofjude im Zeitalter des Absolutismus. Ein Beitrag zur europäischen Geschichte im 17. und 18. Jahrhundert, Tübingen 2001.

TOCH, MICHAEL, Die Juden im mittelalterlichen Reich. München 1998.

VOLKOV, SHULAMIT (Hg.), Deutsches Judentum und die Moderne, München 1994.

DIES., Die Juden in Deutschland 1780–1918, München 1994.

DIES./STERN, FRANK (Hg.), Sozialgeschichte der Juden in Deutschland. Festschrift zum 75. Geburtstag von Jacob Toury, Gerlingen 1991.

WROBLEWSKY, VINCENT VON (Hg.), Zwischen Thora und Trabant : Juden in der DDR, Berlin 1993.

DERS., Eine unheimliche Liebe. Juden in der DDR, Berlin 2001.

ZIMMERMANN, MOSHE, Die deutschen Juden 1914–1945, München 1997.

ZUCKERMANN, MOSHE (Hg.), Zwischen Politik und Kultur – Juden in der DDR, Göttingen 2002.

Geschichte des Antisemitismus

ALTER, PETER (Hg.), Die Konstruktion der Nation gegen die Juden, München 1999.

ALY, GÖTZ, „Endlösung". Völkerverschiebung und der Mord an den europäischen Juden, Frankfurt a. M. 1995.

DERS./HEIM, SUSANNE, Vordenker der Vernichtung. Auschwitz und die deutschen Pläne für eine europäische Neuordnung, Frankfurt am Main 1991.

BARKAI, AVRAHAM, Juden, Judentum und Kapitalismus, in: Menora 5 (1994), S. 25–38.

BENZ, WOLFGANG (Hg.), Die Juden in Deutschland 1933–1943. Leben unter nationalsozialistischer Herrschaft, München 1988.

DERS. (Hg.), Legenden, Lügen, Vorurteile. Ein Wörterbuch zur Zeitgeschichte, München 1992.

DERS. (Hg.), Antisemitismus in Deutschland. Zur Aktualität eines Vorurteils, München 1995.

DERS./BERGMANN, WERNER (Hg.), Vorurteil und Völkermord. Entwicklungslinien des Antisemitismus, Bonn/Freiburg 1997.

BENZ, WOLFGANG, Bilder vom Juden. Studien zum alltäglichen Antisemitismus, 2001.

DERS./KÖNIGSEDER, ANGELIKA (Hg.), Judenfeindschaft als Paradigma. Studien zur Vorurteilsforschung, Berlin 2002.

BERDING, HELMUT, Moderner Antisemitismus in Deutschland, Frankfurt am Main 1993.

BERESWILL, MECHTHILD (Hg.), Bürgerliche Frauenbewegung und Antisemitismus, Tübingen 1998.

BERGHAHN, KLAUS L., Grenzen der Toleranz. Juden und Christen im Zeitalter der Aufklärung, Köln/Weimar/Wien 2001.

BERGMANN, WERNER/ERB, RAINER, Die Nachtseite der Judenemanzipation. Der Widerstand gegen die Integration der Juden in Deutschland 1780015–1860, Berlin 1989.

DIES. (Hg.), Antisemitismus in der politischen Kultur nach 1945, Opladen 1990.

DIES., Antisemitismus in der Bundesrepublik Deutschland. Ergebnisse der empirischen Forschung von 1946–1989, Opladen 1991.

DIES. (Hg.), Schwieriges Erbe. Der Umgang mit Nationalsozialismus und Antisemitismus in Österreich, der DDR und der Bundesrepublik Deutschland, Frankfurt/Main 1995.

BERGMANN, WERNER, Geschichte des Antisemitismus, München 2002.

BERING, DIETZ, Der Name als Stigma. Antisemitismus im deutschen Alltag 1812–1933, Stuttgart 1992.

BETTELHEIM, PETER/PROHINIG, SILVIA/STREIBEL, ROBERT (Hg.), Antisemitismus in Osteuropa. Aspekte einer historischen Kontinuität, Wien 1992.

BRAUN, CHRISTINA VON/HEID, LUDGER (Hg.), Der ewige Judenhaß. Christlicher Antijudaismus, deutschnationale Judenfeindlichkeit, rassistischer Antisemitismus, Berlin 2000.

CLAUSSEN, DETLEV, Grenzen der Aufklärung. Die gesellschaftliche Genese des modernen Antisemitismus, Frankfurt a. M. 1994.

DERS., Vom Judenhaß zum Antisemitismus. Materialien einer verleugneten Geschichte, Neuwied 1988.

ENDERWITZ, ULRICH, Antisemitismus und Volksstaat. Zur Pathologie kapitalistischer Krisenbewältigung, Freiburg i. Br. 1998.

ERB, RAINER (Hg.), Die Legende vom Ritualmord. Zur Geschichte der Blutbeschuldigung gegen Juden, Berlin 1993.

GILMAN, SANDER L., Jüdischer Selbsthaß. Antisemitismus und die verborgene Sprache der Juden, Frankfurt a. M. 1993.

GRAB, WALTER, Zwei Seiten einer Medaille. Demokratische Revolution und Judenemanzipation, Köln 2000.

GRAML, HERMANN/KÖNIGSEDER, ANGELIKA/WETZEL, JULIANE (Hg.), Vorurteil und Rassenhaß. Antisemitismus in den faschistischen Bewegungen Europas, Berlin 2001.

GRAUS, FRANTISEK, Pest – Geißler – Judenmorde. Das 14. Jahrhundert als Krisenzeit, Göttingen 1994.

GREIVE, HERMANN, Geschichte des modernen Antisemitismus in Deutschland, Darmstadt 1983.

GROEHLER, OLAF/KESSLER, MARIO/MEYER, HELMUT (Hg.), Die SED-Politik, der Antifaschismus und die Juden in der SBZ und der frühen DDR, Berlin 1995.

GRONKE, HORST/MEIER, THOMAS/NEIẞER, BÄRBEL (Hg.), Antisemitismus bei Kant und anderen Denkern der Aufklärung, Würzburg 2001.

HAMMERSTEIN, NOTKER, Antisemitismus und deutsche Universitäten: 1871–1933, Frankfurt a. M. 1995.

HARTEWIG, KARIN, Zurückgekehrt. Zur Geschichte der jüdischen Kommunisten in der DDR, Köln/Weimar/Wien 2000.

HAUSLEITNER, MARIANA/KATZ, MONIKA (Hg.), Juden und Antisemitismus im östlichen Europa, Wiesbaden 1995.

HEINRICHS, WOLFGANG E., Das Judenbild im Protestantismus des Deutschen Kaiserreichs. Ein Beitrag zur Mentalitätsgeschichte des deutschen Bürgertums in der Krise der Moderne, Köln 2000.

HERBERT, ULRICH (Hg.), Nationalsozialistische Vernichtungspolitik 1939–1945. Neue Forschungen und Kontroversen, Frankfurt am Main 1998.

HILBERG, RAUL, Die Vernichtung der europäischen Juden. Die Gesamtgeschichte des Holocaust. 3 Bde., Frankfurt a. M. 1990.

HOENSCH, JÖRG K. (Hg.), Judenemanzipation – Antisemitismus – Verfolgung in Deutschland, Österreich-Ungarn, den böhmischen Ländern und in der Slowakei, Essen 1999.

HOLZ, KLAUS, Nationaler Antisemitismus. Wissenssoziologie einer Weltanschauung, Hamburg 2001.

JÄCKEL, EBERHARD/LONGERICH, PETER/SCHOEPS, JULIUS H. (Hg.), Enzyklopädie des Holocaust. Die Verfolgung und Ermordung der europäischen Juden, 3 Bde., München 1993.

JOCHMANN, WERNER, Gesellschaftskrise und Judenfeindschaft in Deutschland 1870–1945, Hamburg 1988.

KATZ, JACOB, Vom Vorurteil zur Vernichtung. Der Antisemitismus 1700–1933, Berlin 1990.

KEßLER, MARIO, Antisemitismus, Zionismus und Sozialismus. Arbeiterbewegung und jüdische Frage im 20. Jahrhundert, Mainz 1994.

DERS. (Hg.), Arbeiterbewegung und Antisemitismus. Entwicklungslinien im 20. Jahrhundert, Bonn 1993.

DERS., Die SED und die Juden – zwischen Repression und Toleranz. Politische Entwicklungen bis 1967, Berlin 1995.

KIESEL, DORON (Hg.), Der Aufklärung zum Trotz. Antisemitismus und politische Kultur in Deutschland, Frankfurt am Main 1998.

LUKS, LEONID (Hg.), Der Spätstalinismus und die „jüdische Frage". Zur antisemitischen Wendung des Kommunismus, Köln u. a. 1998.

LUSTIGER, ARNO, Rotbuch. Stalin und die Juden. Die tragische Geschichte des Jüdischen Antifaschistischen Komitees und der sowjetischen Juden, Berlin 1998.

MARIN, BERND, Antisemitismus ohne Antisemiten. Autoritäre Vorurteile und Feindbilder. Unveränderte Neuauflage früher Analysen 1974–1979 und Umfragen 1946–1991, Frankfurt am Main u. a. 2000.

MEINING, STEFAN, Kommunistische Judenpolitik. Die DDR, die Juden und Israel, Hamburg 2002.

MERTENS, LOTHAR, Davidstern unter Hammer und Zirkel. Die jüdischen Gemeinden in der SBZ/DDR und ihre Behandlung durch Partei und Staat 1945–1990, Hildesheim/Zürich/New York 1997.

NIPPERDEY, THOMAS/RÜRUP, REINHARD, Antisemitismus, in: BRUNNER, OTTO/CONZE, WERNER/KOSELLECK, REINHART (Hg.), Geschichtliche Grundbegriffe. Historisches Lexikon zur politisch-sozialen Sprache in Deutschland, Bd. 1, Stuttgart 1972, S. 129–153.

NOWAK, KURT, Kulturprotestantismus und Judentum in der Weimarer Republik, Göttingen 1993.

DERS./RAULET, GÉRARD (Hg.), Protestantismus und Antisemitismus in der Weimarer Republik, Frankfurt a. Main/New York/Paris 1994.

OBERMAN, HEIKO AUGUSTINUS, Wurzeln des Antisemitismus. Christenangst und Judenplage im Zeitalter von Humanismus und Reformation, Berlin 1981.

OFFENBERG, ULRIKE, „Seid vorsichtig gegen die Machthaber". Die jüdischen Gemeinden in der SBZ und der DDR 1945–1990, Berlin 1998.

PLETICHA, HEINRICH (Hg.), Das Bild des Juden in der Volks- und Jugendliteratur vom 18. Jahrhundert bis 1945, Würzburg 1985.

POLIAKOV, LÉON, Geschichte des Antisemitismus, 8 Bde., Worms/Frankfurt am Main 1977–1988.

POSTONE, MOISHE, Nationalsozialismus und Antisemitismus. Ein theoretischer Versuch, in: WERZ, MICHAEL (Hg.), Antisemitismus und Gesellschaft, Frankfurt am Main 1995, S. 29–43.

ROHRBACHER, STEFAN/SCHMIDT, MICHAEL, Judenbilder. Kulturgeschichte antijüdischer Mythen und antisemitischer Vorurteile, Reinbek bei Hamburg 1991.

ROHRBACHER, STEFAN, Gewalt im Biedermeier. Antijüdische Ausschreitungen in Vormärz und Revolution (1815–1848/49), Frankfurt am Main 1993.

RÜRUP, REINHARD, Emanzipation und Antisemitismus. Studien zur „Judenfrage" der bürgerlichen Gesellschaft, Göttingen 1975.

SCHEIT, GERHARD, Verborgener Staat, lebendiges Geld. Zur Dramaturgie des Antisemitismus, Freiburg i. Br. 1999.

SCHOEPS, JULIUS H./SCHLÖR, JOACHIM (Hg.), Antisemitismus. Vorurteile und Mythen, München 1995.

DERS./SILBERMANN, ALPHONS (Hg.), Antisemitismus nach dem Holocaust, Bestandsaufnahme und Erscheinungsformen in deutschsprachigen Ländern, Köln 1986.

SCHOEPS, JULIUS H., Deutsch-jüdische Symbiose oder Die mißglückte Emanzipation, Berlin 2001.

SIEGELE-WENSCHKEWITZ, LEONORE (Hg.), Christlicher Antijudaismus und Antisemitismus. Theologische und kirchliche Programme Deutscher Christen, Frankfurt a. M. 1994.

STRAUSS, HERBERT A./BERGMANN, WERNER/HOFFMANN, CHRISTHARD (Hg.), Der Antisemitismus der Gegenwart, Frankfurt a. M. 1990.

STRAUSS, HERBERT A./KAMPE, NORBERT (Hrsg.), Antisemitismus. Von der Judenfeindschaft zum Holocaust, Frankfurt a. M. 1988.

VOLKOV, SHULAMIT, Antisemitismus als kultureller Code. Zehn Essays, München 2000.

WAIBEL, HARRY, Rechtsextremismus in der DDR bis 1989. Neofaschistische, antisemitische und xenophobische Einstellungen und Gewalttaten von Jugendlichen unter besonderer Berücksichtigung der DDR-spezifischen historischen, politischen und ideologischen Bedingungen und Ursachen, Berlin 1995.

WALK, JOSEPH (Hg.), Das Sonderrecht für die Juden im NS-Staat. Eine Sammlung der gesetzlichen Maßnahmen und Richtlinien. Inhalt und Bedeutung, Heidelberg 1996.

WALTER, DIRK, Antisemitische Kriminalität und Gewalt. Judenfeindschaft in der Weimarer Republik, Bonn 1999.

WEISS, JOHN, Der lange Weg zum Holocaust. Die Geschichte der Judenfeindschaft in Deutschland und Österreich, Hamburg 1997.

WERZ, MICHAEL/CLAUSSEN, DETLEV (Hg.), Antisemitismus und Gesellschaft. Zur Diskussion um Auschwitz, Kulturindustrie und Gewalt, Frankfurt am Main 1995.

Geschichte der Juden und des Antisemitismus in Sachsen

„Auftrag für die Zukunft" – Juden und Synagoge in Görlitz, hg. v. d. Sächsischen Landeszentrale für politische Bildung, Dresden 1995.

Alter Jüdischer Friedhof in der Dresdner Neustadt, hg. von einem Autorenkollektiv unter Leitung von FRANK THIELE, Dresden 2000.

BERGMANN, HERBERT, Juden in Sebnitz und ihr Schicksal, Sebnitz 1999.

BERTRAM, ELLEN, Menschen ohne Grabstein. Die aus Leipzig deportierten und ermordeten Juden, hg. v. Brigitte u. Rolf Kralovitz in Verbindung m. d. Ephraim Carlebach Stiftung u. d. Israelitischen Religionsgemeinde zu Leipzig, Leipzig 2001.

BÖHME, HERBERT, Wo sind sie geblieben? Das Novemberpogrom 1938 und die Auer Juden. Eine dokumentarische Untersuchung, o. O. [Aue], o. J. [1989].

BRENNER, HENNY, „Das Lied ist aus". Ein jüdisches Schicksal in Dresden, Zürich 2001.

BUCHOLTZ, ERIKA, Henri Hinrichsen und der Musikverlag C. F. Peters. Deutsch-jüdisches Bürgertum in Leipzig von 1891 bis 1938, Tübingen 2001.

BROCKE, MICHAEL/MÜLLER, CHRISTIANE, Haus des Lebens. Jüdische Friedhöfe in Deutschland, Leipzig 2001.
(Darin: Sachsen, insbes. Chemnitz, Dresden und Leipzig)

CHRISTL, ANDREAS, Juden in Meißen, Nossen 2000.

DIAMANT, ADOLF, Chronik der Juden in Chemnitz, heute Karl-Marx-Stadt. Aufstieg und Untergang einer jüdischen Gemeinde in Sachsen, Frankfurt am Main 1970.

DERS., Zur Chronik der Juden in Zwickau. Dem Gedenken einer kleinen jüdischen Gemeinde in Sachsen, Frankfurt am Main 1971.

DERS., Chronik der Juden in Dresden. Von den ersten Juden bis zur Blüte der Gemeinde und deren Ausrottung, Darmstadt 1973.

DERS., Deportationsbuch der in den Jahren 1942 bis 1945 von Leipzig aus gewaltsam verschickten Juden, Frankfurt/Main 1991.

DERS., Chronik der Juden in Leipzig. Aufstieg, Vernichtung, und Neuanfang, Chemnitz Leipzig 1993.

DERS., Juden in Annaberg im Erzgebirge. Zur Geschichte einer untergegangenen jüdischen Gemeinde, Chemnitz 1995.

DERS., Ostjuden in Chemnitz 1911–1945, Chemnitz 2001.

Einst & jetzt. Zur Geschichte der Dresdner Synagoge und ihrer Gemeinde, Dresden 2001.

ESCHWEGE, HELMUT, Fremd unter meinesgleichen. Erinnerungen eines Dresdner Juden, Berlin 1991.

Festschrift zum 75jährigen Bestehen der Leipziger Gemeindesynagoge, 1855–1930, hg. v. d. Ephraim Carlebach Stiftung [Nachdruck der Ausgabe von 1930], Berlin 1994.

FUCHS, KONRAD, Ein Konzern aus Sachsen. Das Kaufhaus Schocken als Spiegelbild deutscher Wirtschaft und Politik 1901–1953, Stuttgart 1990.

FRIEDRICHS, CHRISTOPHER R., Jüdische Jugend im Biedermeier. Ein unbekanntes Tagebuch aus Dresden 1833–1837, Baalsdorf 1997.

GLASER, GERHARD, Die neue Synagoge zu Dresden am historischen Ort, in: Sächsische Heimatblätter 48 (2001) 1, S. 19–24.

GOLDENBOGEN, NORA, Antisemitismus und „Säuberungen" in Sachsen (1949–1953), in: MARIO KEßLER (Hg.), Arbeiterbewegung und Antisemitismus. Entwicklungslinien im 20. Jahrhundert, Köln 1993, S. 121–128.

DIES./SUSANNE HAHN/CARIS-PETRA HEIDEL (Hg.), Medizin und Judentum, Dresden 1994.

GOLDENBOGEN, NORA (Hg.), Hygiene und Judentum, Dresden 1995.

DIES., „Man wird keinen von ihnen wiedersehen". Die Vernichtung der Dresdner Juden 1938–1945, in: HANNES HEER (Hg.), Im Herzen der Finsternis: Victor Klemperer als Chronist der NS-Zeit, Berlin 1997.

GRAF, CURT, Das Recht der israelitischen Religionsgemeinschaft im Königreich Sachsen, Diss., Frankfurt/Main 1914.

GRIEBEL, KATRIN/KÖNIG, ROMAN, Juden in Bautzen – zwischen Duldung und Verfolgung, in: Von Budissin nach Bautzen. Beiträge zur Geschichte der Stadt Bautzen, Bautzen 2002, S. 135–147.

GRUBEL, FRED, Schreib das auf eine Tafel, die mit ihnen bleibt. Jüdisches Leben im 20. Jahrhundert, Wien 1998.

HAASE, NORBERT/JERSCH-WENZEL, STEFI/SIMON, HERMANN (Hg.), Die Erinnerung hat ein Gesicht. Fotografien und Dokumente zur nationalsozialistischen Judenverfolgung in Dresden 1933–1945, bearb. v. MARCUS GRYGLEWSKI, Leipzig 1998.

HEBENSTREIT, UTA, Die Verfolgung jüdischer Ärzte in Leipzig in den Jahren der nationalsozialistischen Diktatur – Schicksale Vertriebener, Diss., Univ. Leipzig 1997.

HEINTZE, BEATRIX, Walter Cramer, die Kammgarnspinnerei Stöhr & Co. und die sogenannte „Judenfrage", Leipzig 2003.

HELD, STEFFEN, Von der Entrechtung zur Deportation. Die Juden in Sachsen, In: VOLLNHALS, CLEMENS (Hg.), Sachsen in der NS-Zeit, Leipzig 2000, S. 200–223.

HELD, STEFFEN, Zwischen Tradition und Vermächtnis. Die Israelitische Religionsgemeinde zu Leipzig nach 1945, Hamburg 1995.

HERRLICH, MARIO, Jüdische Ärzte in den Kreishauptmannschaften Dresden-Bautzen, Chemnitz und Zwickau vor und nach 1933 in Deutschland, Diss., Univ. Leipzig 1995.

HILTNER, BEATE, Salomon Jadassohn, Leipzig 1995.

HÖHME, MICHAEL, Schwierigkeiten mit der Wahrheit. Zur Geschichte jüdischer Bürger der Stadt Döbeln in der Zeit des Nationalsozialismus, in: Sächsische Heimatblätter 48 (2002) 4/5, S. 314–318.

HÖPPNER, SOLVEJG/MANFRED JAHN, Jüdische Vereine und Organisationen in Chemnitz, Dresden und Leipzig 1918 bis 1933. Ein Überblick, Dresden 1997.

HÖPPNER, SOLVEJG, „Ostjude ist jeder, der nach mir kommt ..." Jüdische Einwanderer in Sachsen im Kaiserreich und in der Weimarer Republik, in: WERNER BRAMKE/ULRICH HEß (Hg.), Wirtschaft und Gesellschaft in Sachsen im 20. Jahrhundert, Leipzig 1998, S. 343–370.

DIES., Der Talmud-Thora-Verein und die Etablierung des orthodoxen Kultus in der Israelitischen Religionsgemeinde zu Leipzig, in: HARTMUT ZWAHR/UWE SCHIRMER/HENNING STEINFÜHRER (Hg.), Leipzig, Mitteldeutschland und Europa. Festgabe für Manfred Straube und Manfred Unger zum 70. Geburtstag, Beucha 2000, S. 171–180.

DIES., Juden in Sachsen während der Revolution 1848/49, in: Mai 1849 – Dresden. Tagungsband, KARIN JESCHKE/GUNDA ULBRICHT (Hg.), Dresden 2000, S. 134–143.

HOYER, SIEGFRIED, Die Verbindungen jüdischer Studenten an der Universität Leipzig vor dem ersten Weltkrieg, in: GDS-Archiv für Hochschul- und Studentengeschichte Nr. 5 (2000), S. 59–76.

DERS., Judaistische Studien an der Universität Leipzig bis 1933, in: HARTMUT ZWAHR/UWE SCHIRMER/HENNING STEINFÜHRER (Hg.), Leipzig, Mitteldeutschland und Europa. Festgabe für Manfred Straube und Manfred Unger zum 70. Geburtstag, Beucha 2000, S. 211–218.

Judaica Lipsiensia. Zur Geschichte der Juden in Leipzig, hg. v. d. Ephraim Carlebach Stiftung, Leipzig 1994.

Juden in der Oberlausitz, Bautzen 1998.

Juden in Sachsen. Ihr Leben und Leiden, hg. v. d. Gesellschaft für Christlich-Jüdische Zusammenarbeit Dresden e. V., Leipzig 1994.

Jüdisches Leben in der Bergstadt Freiberg.

Teil 1: Eine Spurensuche. Projektarbeit einer Schülergruppe am Freiberg-Kolleg unter Leitung von MANFRED DÜSING, Freiberg 1992.

Teil 2: Glück Auf, mein Freiberg! Erinnerungen und Lebensschicksale jüdischer Bürger in den sächsischen Bergstädten Freiberg und Oederan, Freiberg 1995.

KAIM, ISIDOR, Geschichte der Juden in Sachsen, Leipzig 1840.

KALKBRENNER, ANKE, Das Henriettensitft. Zwischen Asylheim und Alten-Damenstift. Die Geschichte eines Jüdischen Altenheims, Dresden 1999.

KELLER, KATRIN, Des Markgrafen Kammerknechte. Aspekte einer Geschichte der Juden in Sachsen im Mittelalter, in: HARTMUT ZWAHR/UWE SCHIRMER/HENNING STEINFÜHRER (Hg.), Leipzig, Mitteldeutschland und Europa. Festgabe für Manfred Straube und Manfred Unger zum 70. Geburtstag, Beucha 2000, S. 275–286.

KEMPTER, KLAUS, Die Jellineks 1820–1855. Eine familienbiographische Studie zum deutsch-jüdischen Bildungsbürgertum, Düsseldorf 1998.

KLEMPERER, VICTOR, Ich will Zeugnis ablegen bis zum letzten. Tagebücher 1933–1941, 2 Bde., hg. v. Walter Nowojski unter Mitarb. v. Hadwig Klemperer, Berlin 1997.

KÖLTZSCH, FRITZ, Kursachsen und die Juden in der Zeit Brühls, Leipzig 1928.

KOWALZIK, BARBARA, Wir waren eure Nachbarn. Die Juden im Leipziger Waldstraßenviertel, Leipzig 1996.

DIES., Jüdisches Erwerbsleben in der inneren Nordvorstadt Leipzigs 1900–1933, Leipzig 1999.

DIES., Das jüdische Schulwerk in Leipzig 1912–1933, Köln 2002.

KRALOVITZ, ROLF, Der gelbe Stern in Leipzig, Köln 1992.

KRESCHNAK, WERNER, Die Verfolgung der Juden in Chemnitz während der faschistischen Diktatur von 1933 bis 1945, Karl-Marx-Stadt 1988.

KREUTNER, SIMSON JAKOB, Mein Leipzig. Gedenken an die Juden meiner Stadt, Leipzig 1992.

LÄSSIG, SIMONE, Regionale Spezifika und grenzüberschreitende Beziehungsgeflechte. Juden in Böhmen und Sachsen am Beginn des Emanzipationsprozesses, in: Blätter für deutsche Landesgeschichte 130, 1994, S. 111–142.

DIES., Wie „aufgeklärt" war das Rétablissement? Religiöse Toleranz als Gradmesser, in: UWE SCHIRMER (Hg.), Sachsen 1763–1832. Zwischen Rétablissement und bürgerlichen Reformen, Beucha 1996, S. 40–76.

DIES., Nationalsozialistische „Judenpolitik" und jüdische Selbstbehauptung vor dem Novemberpogrom. Das Beispiel der Dresdner Bankiersfamilie Arnhold, in: REINER POMMERIN (Hg.), Dresden unterm Hakenkreuz, Köln/Weimar/Wien 1998, S. 129–192.

DIES., Emanzipation und kulturelle Verbürgerlichung. Staat und Juden in Sachsen und in Anhalt-Dessau, in: JAMES RETALLACK (Hg.), Sachsen in Deutschland. Politik, Kultur und Gesellschaft 1830–1918, Dresden 2000, S. 33–50.

DIES., Jüdische Privatbanken in Dresden, in: Dresdner Hefte. Beiträge zur Kulturgeschichte 18 (2000), S. 85–97.

LANG, HUBERT, Martin Drucker – Das Ideal eines Rechtsanwalts, Leipzig 1997.

DERS., Juristen jüdischer Herkunft in Leipzig, in: 63. Deutscher Juristentag in Leipzig vom 26.–29. September 2000 (= Beilage zur Neuen Juristischen Wochenschrift 35/2000).

DERS., „Denn die große Frage läuft am Ende nur darauf hinaus, zu wissen, ob die Juden Menschen sind!" Isidor Kaim – der erste jüdische Advokat in Sachsen, in: Leipziger Blätter, Heft 37 (2000), S. 80–82.

LANGE, BERND-LUTZ, Davidstern und Weihnachtsbaum. Erinnerungen von Überlebenden, Leipzig 1992.

LEHMANN, EMIL, Gesammelte Schriften, hg. im Verein mit seinen Kindern von einem Kreis seiner Freunde, Berlin 1899.

LEVY, ALPHONSE, Geschichte der Juden in Sachsen, Berlin 1901.

LORZ, ANDREA, „Suchet der Stadt Bestes!" Lebensbilder jüdischer Unternehmer aus Leipzig, Leipzig 1996.

DIES., „Strebe vorwärts!" Lebensbilder jüdischer Unternehmer in Leipzig, Leipzig 1999.

DIES., Das Schuhhaus Nordheimer. Lebensbilder jüdischer Unternehmer in Leipzig, Leipzig 2002.

MARKGRAF, RICHARD, Zur Geschichte der Juden auf den Messen in Leipzig 1664–1839, Diss., Bischofswerda 1894.

MÜHSAM, PAUL, Ich bin ein Mensch gewesen. Lebenserinnerungen, Gerlingen 1989.

MUHS, RUDOLF, Verfassungsgebung und Judenfrage, in: Dresdner Hefte. Beiträge zur Kulturgeschichte 26 (1991), S. 31–35.

NEUBERT, ANDREAS, Jüdische Wohlfahrtspflege in Chemnitz 1871–1939, in: Jüdische Sozialarbeit in Deutschland, Dresden 2000, S. 63–77.

Neue Synagoge Chemnitz. Festschrift zur Einweihung der Synagoge und des Jüdischen Gemeindezentrums Chemnitz, hg. v. d. Jüdischen Gemeinde Chemnitz u. d. Förderverein Bau der Synagoge Chemnitz, Chemnitz 2002.

NEUFELD, SIEGBERT, Die Juden im thüringisch-sächsischen Gebiet während des Mittelalters, Halle 1927.

NITSCHE, JÜRGEN/RÖCHER, RUTH (Hg.), Juden in Chemnitz. Die Geschichte der Gemeinde und ihrer Mitglieder. Mit einer Dokumentation des Jüdischen Friedhofs, Dresden 2002.

PÖTZSCH, HANSJÖRG, Antisemitismus in der Region. Antisemitische Erscheinungsformen in Sachsen, Hessen, Hessen-Nassau und Braunschweig, Wiesbaden 2000.

REINHOLD, JOSEF, Die jüdische Bevölkerungsminorität in der Wirtschaft Sachsens zwischen Reichsgründung und NS-Herrschaft, in: Sächsische Heimatblätter 43 (1997) 1, S. 40–47.

DERS., Zwischen Aufbruch und Beharrung. Juden und jüdische Gemeinde in Leipzig während des 19. Jahrhunderts, Dresden 1999.

RETALLACK, JAMES, Die „liberalen" Konservativen? Konservatismus und Antisemitismus im industriellen Sachsen, In: SIMONE LÄSSIG/KARL HEINRICH POHL (Hg.), Sachsen im Kaiserreich. Politik, Wirtschaft und Gesellschaft im Umbruch, Dresden 1997, S. 133–148.

DERS., Herrenmenschen und Demagogentum. Konservative und Antisemiten in Sachsen und Baden, in: JAMES RETALLACK (Hg.), Sachsen in

Deutschland. Politik, Kultur und Gesellschaft 1830–1918, Dresden 2000, S. 115–141.

SAMSON, SCHLOMO, Zwischen Finsternis und Licht. Erinnerungen eines Leipziger Juden, Jerusalem 1995.

SCHINDLER, AGATA (Bearb.), Aktenzeichen „unerwünscht". Dresdner Musikschicksale und nationalsozialistische Judenverfolgung 1933–1945, hg. v. der Stiftung Sächsische Gedenkstätten zur Erinnerung an die Opfer politischer Gewaltherrschaft, Dresden 1999.

SCHINKÖTH, THOMAS, Jüdische Musiker in Leipzig, 1855–1945, Altenburg 1994.

SCHMIDT, HANNES, Zur Geschichte der Israelitischen Religionsgemeinde Plauen i. V., Plauen 1989.

SCHMIDT, WALTRAUD, Ansiedlung von Juden im mittelalterlichen Plauen, in: Mitteilungen des Vereins für vogtländische Geschichte, Volks- und Landeskunde 3 (1994), S. 4–10.

SCHRÖDER, ULRICH, Schicksale jüdischer Zahnärzte und Dentisten in Leipzig nach 1933, Diss., Univ. Leipzig 1991.

SEIDEL, CLAUDIA, Juden in Riesa, in: Sächsische Heimatblätter, 45 (1999) 4, S. 242–245.

SPECHT, FRANZISKA, Zwischen Ghetto und Selbstbehauptung. Musikalisches Leben der Juden in Sachsen 1933–1941, Altenburg 2000.

Spurensuche – Juden in Dresden. Ein Begleiter durch die Stadt, hg. v. HATiKVA e. V. Bildungs- und Begegnungsstätte für Jüdische Geschichte und Kultur Sachsen, Hamburg 1995.

Spurensuche. Jüdische Mitbürger in Chemnitz. Stätten ihren Lebens und Wirkens, Orte der Erinnerung, hg. v. Stadtarchiv Chemnitz, Chemnitz 2002.

STECKLINA, GERD, Traditionelle jüdische Wohltätigkeit, Vereins- und Stiftungswesen am Beispiel der Israelitischen Religionsgemeinde zu Dresden, in: Jüdische Sozialarbeit in Deutschland, Dresden 2002, S. 78–99.

STROISCH, MARINA, Der Zwickauer Israelitischen Gemeinde zum Gedenken, in: Zwickauer Heimatblätter 1 (1993) 3, S. 35–39.

THAMER, HANS U., Nationalsozialistischer Bildersturm in Leipzig. Oberbürgermeister Dr. Goerdeler und die nationalsozialistische Judenpolitik, in: BOTSTEIN, LEON (Hg.), Felix Mendelssohn, Mitwelt und Nachwelt. Bericht zum ersten Leipziger Mendelssohn-Kolloquium am 8. und 9. Juni 1993, Leipzig 1996, S. 54–60.

UNGER; MANFRED, Die „Endlösung" in Leipzig. Dokumente zur Geschichte der Judenverfolgung 1933–1945, in: Zeitschrift für Geschichtswissenschaft 11 (1963) 5, S. 941–957.

DERS., Die Juden in Leipzig unter der Herrschaft des Nationalsozialismus, in: ARNO HERZIG/INA LORENZ (Hg. in Zusammenarbeit mit SASKIA ROHDE), Verdrängung und Vernichtung der Juden unter dem Nationalsozialismus, Hamburg 1992, S. 267–289.

DERS., Leipziger Anwalt in der ersten Hälfte des 20. Jahrhunderts und Präsident des deutschen Anwaltvereins: Martin Drucker, in: Sächsische Heimatblätter 42 (1996) 3, S. 173–184.

DERS., Zu Antisemitismus und Judenverfolgung in Leipzig: Das Jahr 1935, in: Leipziger Kalender 1999, hg. v. d. Stadt Leipzig, Leipzig 1999, S. 291–312.

DERS., Das Institutum Judaicum Delitzschianum und seine Stellung zum Antisemitismus, In: KARL CZOK/VOLKER TITEL (Hg.), Leipzig und Sachsen. Beiträge zur Stadt- und Landesgeschichte vom 15. bis 20. Jahrhundert. Siegfried Hoyer zum 70. Geburtstag, Beucha 2000, S. 110–160.

Was wir von ehemaligen jüdischen Bürgern unserer Kreisstadt Grimma wissen und wissen sollten, Informationsblatt 1/90 des Kulturbundes der DDR, Kreisvorstand Heimatgeschichte Grimma.

WILDE, MANFRED, Jüdische Wohnplätze und Freihöfe im Spätmittelalter. Sonderrechtsbereiche in nordsächsischen Städten, in: Jahrbuch für Regionalgeschichte 22 (2003), S. 37–57.

WUSTMANN, CORNELIA, „Das Ideal will nicht gelobt, es will gelebt werden". Jüdische Wohlfahrt am Beispiel der wohltätigen jüdischen Stiftungen in Dresden und Leipzig, St. Katharinen 2002.

Zwischen Integration und Vernichtung. Jüdisches Leben in Dresden im 19. und 20. Jahrhundert, Dresdner Hefte, Heft 45 (1996).

Autorenverzeichnis

WERNER BERGMANN, geb. 1950, Dr. phil., Professor am Zentrum für Antisemitismusforschung, Technische Universität Berlin.
Veröffentlichungen u. a.: Antisemitism in Germany. The Post Nazi Epoch Since 1945 (mit Rainer Erb), New Brunswick 1997; Antisemitismus in öffentlichen Konflikten. Kollektives Lernen in der politischen Kultur der Bundesrepublik 1949–1989, Frankfurt a. M. 1997; Vom Vorurteil zum Völkermord. Entwicklungslinien des Antisemitismus, Freiburg 1997 (hg. zs. mit W. Benz); Antisemitismus in beiden Teilen Deutschlands von 1945 bis heute, in: W. Schubarth/R. Stöss (Hg.), Rechtsextremismus in der Bundesrepublik Deutschland, Opladen 2001; Geschichte des Antisemitismus, München 2002.

WERNER BRAMKE, geb. 1938, Dr. phil., Professor am Historischen Seminar der Universität Leipzig; Mitglied des Kuratoriums des Simon-Dubnow-Instituts für Jüdische Geschichte und Kultur, Leipzig; Mitglied des Vorstandes des Zentrums für Höhere Studien der Universität Leipzig.
Veröffentlichungen u. a.: Der unbekannte Widerstand in Westsachsen 1933–1945, in: Jahrbuch für Regionalgeschichte 13 (1986); Handwerk und Handwerker in der Weimarer Republik, in: Jahrbuch für Geschichte 36 (1988); Die Novemberrevolution in Deutschland und ihre Wirkung auf die deutsche Klassengesellschaft (zs. mit Ulrich Heß), in: Zeitschrift für Geschichtswissenschaft 36 (1988) 12; Sachsen und Mitteldeutschland. Politische, wirtschaftliche und soziale Wandlungen im 20. Jahrhundert (hg. zs. mit Ulrich Heß), Weimar u. a. 1995; Region und Regionalität in der Sozialgeschichte des 20. Jahrhunderts (hg. zs. mit Ulrich Heß), Leipzig 1995; Wirtschaft und Gesellschaft in Sachsen im 20. Jahrhundert (hg. zs. mit Ulrich Heß), Leipzig 1998; Freiräume und Grenzen eines Historikers, Leipzig 1998.

NORA GOLDENBOGEN, geb. 1949, Dr. phil., Diplomlehrerin für Deutsch und Geschichte, Promotion zur deutschen Geschichte in der frühen Neuzeit, bis 1989 Lehrerin, Gründungsmitglied von HATiKVA – Bildungs- und Begegnungsstätte für jüdische Geschichte und Kultur Sachsen e. V., seit 1996 Jugendbildungsreferentin bei HATiKVA; Vorstandsmitglied der Jüdischen Gemeinde zu Dresden.
Veröffentlichungen u. a. in: Mario Kessler (Hg.), Antisemitismus und Arbeiterbewegung, Bonn 1993; Nora Goldenbogen/Susanne Hahn/Caris-Petra Heidel (Hg.), Medizin und Judentum, Dresden 1994; HATiKVA (Hg.), Spurensuche. Juden in Dresden. Ein Begleiter durch die Stadt, Dresden 1995; Zwischen Integration und Vernichtung. Jüdisches Leben in Dresden im 19. und 20. Jahrhundert, Dresdner Hefte, Heft 45/1996; in: Günther B. Ginzel, Der Anfang nach dem Ende. Jüdisches Leben in Deutschland 1945 bis heute, Düsseldorf 1996; Gedenkstätten für die Opfer des Nationalsozialismus. Eine Dokumentation, Band II, Bonn 1999; Einst & jetzt. Zur Geschichte der Dresdner Synagoge und ihrer Gemeinde, Dresden 2001.

KATRIN GRIEBEL, geb. 1956, Diplomphilosophin, Zittau.
Forschungen zur Geschichte der Juden in der Oberlausitz seit 1993; Dokumentation zur Geschichte der Juden in Zittau 1995; Wanderausstellung

„Menschen unter uns? Zur Geschichte der Juden in der Oberlausitz" in fünf Museen der Oberlausitz 1998/99.
Veröffentlichungen: Spuren jüdischen Lebens in Zittau, in: Juden in der Oberlausitz, Bautzen 1998, S. 150–189; Juden in Bautzen – zwischen Duldung und Verfolgung, in: Von Budissin nach Bautzen. Beiträge zur Geschichte der Stadt Bautzen, Bautzen 2002, S. 135–147 (zs. mit Roman König).

STEFFEN HELD, geb. 1964, Diplomhistoriker, Leipzig.
Veröffentlichungen zur Geschichte und Kultur der Juden in Leipzig/Sachsen im 19. u. 20. Jh.; Forschungen insbesondere zu Professionalisierung, Beziehungs- sowie Geschlechtergeschichte in den juristischen Berufen sowie zur Leipziger Stadtgeschichte in der NS-Zeit; z. Z. Arbeit an einer Studie über jüdische Juristen in Leipzig 1871–1945.

THOMAS HENNE, Privatdozent Dr. jur., LL.M. (Berkeley), 1998–2001 Habilitationsstipendiat der Deutschen Forschungsgemeinschaft am Max-Planck-Institut für Europäische Rechtsgeschichte, 2001–2002 dort Wiss. Mitarbeiter. Habilitation im Sommer 2002 am Juristischen Fachbereich der Universität Frankfurt/M; Zusätzlich Lehraufträge für Rechtsgeschichte und Zivilrecht in Frankfurt/M. und Budapest. 2002/03 Lehrstuhlvertreter an der Humboldt-Universität zu Berlin; Dissertation zum Verwaltungsrechtsschutz im 19. Jahrhundert; Habilitationsschrift zur Rechtsharmonisierung durch das „Reichsgericht" der 1870er Jahre (z. Z. im Druck).
Veröffentlichungen zum Thema „Antisemitismus in Justiz und Rechtswissenschaft": Der christlich fundierte Antijudaismus Savignys und seine Umsetzung in der Rechtspraxis (zusammen mit C. Kretschmann), in: Zeitschrift der Savigny-Stiftung für Rechtsgeschichte, Germanistische Abteilung, Jg. 2002, S. 250–315; Friedrich Carl von Savignys Antijudaismus und die ‚Nebenpolitik' der Berliner Universität gegen das preußische Emanzipationsedikt von 1812. Anmerkungen zu einem berühmten Fall der Universitätsgerichtsbarkeit, in: Rüdiger vom Bruch (Hg.), Jahrbuch für Universitätsgeschichte, 5 (2002), S. 217–226 (zusammen mit C. Kretschmann); Beiträge der Rechtsgeschichte zur Antisemitismusforschung, in: Werner Bergmann (Hg.), Antisemitismus in den Wissenschaften (erscheint 2003). Außerdem Publikationen zur Verwaltungsrechts- und Justizgeschichte und zur Rechtsgeschichte im 20. Jahrhundert.

SOLVEJG HÖPPNER, geb. 1965, Diplomhistorikerin, z. Z. Mitarbeiterin in einem Beratungsprojekt gegen Rechtsextremismus in Sachsen (Mobiles Beratungsteam des Kulturbüros Sachsen), Leipzig.
Forschungen und Veröffentlichungen zur Geschichte der Juden in Sachsen im 19. und 20. Jahrhundert, insbesondere zum kommunistisch-jüdischen Widerstand gegen die NS-Diktatur 1933/34 und zur Migration (v. a. Einwanderung osteuropäischer Juden von den 1830er bis in die 1920er Jahre).

SIEGFRIED HOLLITZER, geb. 1929, Studium der Dramaturgie, ab 1951 im Dienst der Inneren Mission, seit 1983 invalidisiert, Leipzig.

Zeitschriftenbeiträge und Vorträge u. a. über Janusz Korczak, Kurt Gerstein, Raoul Wallenberg, Eugen Gollomb, Juden in Dänemark, Juden in Finnland, Juden in SBZ und DDR.

SIEGFRIED HOYER, geb. 1928, Studium der Geschichte und Romanistik 1950–1954 in Leipzig, 1960 Promotion (über die Gründung der Universität Leipzig), 1966 Habilitation, 1968 Dozent und 1977 ord. Professor für deutsche Geschichte an der Universität Leipzig, 1990–1992 Direktor der Fachrichtung Geschichte, 1992 umberufen zum Professor für Geschichte der Frühen Neuzeit, 1993 Ruhestand, Mitglied der Historischen Kommission an der Sächsischen Akademie der Wissenschaften. Hauptforschungsgebiet: spätes Mittelalter und Frühe Neuzeit (sozialreligiöse und soziale Bewegungen), seit 1993 u. a. Arbeiten zur Leipziger Universitätsgeschichte; Veröffentlichungen u. a.: Der deutsche Bauernkrieg 1524–1526 (mit Manfred Bensing), Berlin 1965 (5. Aufl. 1987); Mitarbeit an: Alma Mater Lipsiensis. Geschichte der Karl-Marx-Universität, Leipzig 1984.

MARIO KEßLER, geb. 1955, Dr. phil., Wiss. Mitarbeiter am Zentrum für Zeithistorische Forschung und Privatdozent am Historischen Institut der Universität Potsdam.
Veröffentlichungen: Antisemitismus, Zionismus und Sozialismus. Arbeiterbewegung und jüdische Frage im 20. Jahrhundert, Mainz 1993 (2. Aufl. 1994); Zionismus und internationale Arbeiterbewegung 1897–1933, Berlin 1994; Die SED und die Juden – zwischen Repression und Toleranz. Politische Entwicklungen bis 1967, Berlin 1995; Heroische Illusion und Stalin-Terror. Beiträge zur Kommunismus-Forschung, Hamburg 1999; Exilerfahrung in Wissenschaft und Politik. Remigrierte Historiker in der frühen DDR, Köln etc. 2001; Exil und Nach-Exil. Vertriebene Intellektuelle im 20. Jahrhundert, Hamburg 2002. Dazu umfangreiche Tätigkeit als Herausgeber, zuletzt: Ketzer im Kommunismus. 23 biographische Essays, Hamburg 2000 (zs. mit Theodor Bergmann).

SIMONE LÄSSIG, geb. 1964, Dr. phil. habil., Privatdozentin am Institut für Geschichte der Universität Dresden, z. Z. Research Fellow am Deutschen Historischen Institut Washington, DC.
Forschungsschwerpunkte: Sozial- und Kulturgeschichte des 18.–20. Jahrhunderts, Jüdische Geschichte, Philanthropie, Migration, Entwicklung soziokultureller Eliten.
Veröffentlichungen u. a.: Wahlrechtskampf und Wahlreformen in Sachsen, 1895–1909, Weimar/Köln: 1996; Reichstagswahlen im Königreich Sachsen (1871–1918), Leipzig 1998; Modernisierung und Region. Studien zu Wahlen, Wahlrecht und Politischer Kultur im Wilhelminischen Deutschland, (hg. zs. mit Karl Heinrich Pohl/James Retallack), Bielefeld 1995/1998; Sachsen im Kaiserreich. Politik, Wirtschaft und Gesellschaft im Umbruch, (hg. zs. mit Karl Heinrich Pohl), Weimar/Köln 1997; Stagnation or Reform? The Political Elites in the Federal States of Wilhelmine Germany, in: Parliaments, Estates and Representation, 1997, S. 195–208; Nationalsozialistische „Judenpolitik" und jüdische Selbstbehauptung vor dem Novemberpogrom. Das Beispiel der Bankiersfamilie Arnhold, in: R. Pommerin (Hg.), Dresden unterm Haken-

kreuz, Weimar/Köln: Böhlau 1998, S. 129–192; Sprachwandel und Verbürgerlichung. Zur Bedeutung der Sprache im innerjüdischen Moderni-
sierungsprozess des frühen 19. Jahrhunderts, in: Historische Zeitschrift 270
(2000), S. 617–668; Mäzenatisches Handeln und politische Bürgerlichkeit. Zur
politischen und sozialen Dimension der kulturellen Praxis von Juden und
anderen Bürgern in den Kommunen des deutschen Kaiserreichs, Jahrbuch
zur Liberalismusforschung 12 (2001), S. 75–112. The Emergence of a Middle-
Class Religiosity. Social and Cultural Aspects of the German-Jewish Reform
Movement, in: R. Liedtke/D. Rechter (eds.): Towards Normality?
Acculturation and Modern German Jewry, Tübingen 2003, S. 127–158.

HANSJÖRG PÖTZSCH, geb 1960, Dr. phil., Historiker, Braunschweig.
Veröffentlichungen: Antisemitismus in der Region. Antisemitische Erscheinungsformen in Sachsen, Hessen, Hessen-Nassau und Braunschweig
1870–1914, Wiesbaden 2000; Das Braunschweiger Schützenwesen. 450 Jahre Geschichte der Braunschweiger Schützengesellschaft 1545, Braunschweig 1995. Aufsätze und Beiträge zur Geschichte des Braunschweiger
Schützenwesens, zur deutsch-jüdischen Geschichte in Braunschweig, zu den
Welfen und ihrem Verhältnis zu Braunschweig sowie zur modernen Kunst
in der Stadt Goslar. In Bearbeitung: Das Archiv des Evangelisch-Sozialen
Kongresses; Findbuch für das Archiv des Evangelisch-Sozialen Kongresses. Mitarbeit: Quellenedition zum Evangelisch-Sozialen Kongreß 1890–1945
(Hg. Prof. Dr. Klaus E. Pollmann).

JOSEF REINHOLD, geb. 1939, Prof. Dr. phil., bis 2003 wiss. Mitarbeiter am
Historischen Seminar der Universität Leipzig.
Forschungen und Veröffentlichungen zur Geschichte der Leipziger Juden,
in bezug auf das Thema des Bandes besonders zu erwähnen: Zwischen
Aufbruch und Beharrung. Juden und jüdische Gemeinde in Leipzig wäh-
rend des 19. Jahrhunderts, Dresden 1999.

WALTRAUD SCHMIDT, geb. 1934, Lehrerin, später Mitarbeiterin im Kultur-
amt der Stadtverwaltung Plauen, seit 1994 Rentnerin, Rößnitz.
Forschungen zur Heimatgeschichte, spez. Juden im Vogtland; Veröffentlichungen: Beiträge in der Lokalpresse, den Vogtländischen Heimatblättern,
dem Vogtländischen Jahrbuch, der Jahresschrift des Vereins für vogtländische Geschichte, Volks- und Landeskunde; 700 Jahre Rößnitz. Zur Geschichte eines vogtländischen Dorfes, 1997; Der jüdische Friedhof in Plauen,
2001, unveröffentlichtes Manuskript.

FRANZISKA SPECHT, geb. 1971, Dr. phil., Studium der Fächer Musik und
Deutsch für Lehramt an Gymnasien an der Universität Leipzig, Berlin.
Für Forschungen über Musikgeschichte Sachsens im NS-Staat 1997 För-
derpreis für junge Komponisten und Musikwissenschaftler des Sächsi-
schen Musikbundes und der Stadt Leipzig. 1999 Promotion zum Thema
Zwischen Ghetto und Selbstbehauptung. Musikalisches Leben der Juden
in Sachsen 1933–1941.
Vorträge und Veröffentlichungen zum Forschungsgegenstand.